Sammlung Kilpper

Registerband

mit lexikalem
Anhang

von Theophile Sauvageot

PHAIDON VERLAG

AKADEMISCHE/ATHENAION

SAMMLUNG KILPPER

Herstellung/Lektorat/Gestaltung: SVS – Stuttgart
Druck/Bindung: Mohndruck Graphische Betriebe GmbH, Gütersloh
ISBN 3-88851-094-5

Inhaltsverzeichnis

Vorwort ... 11

Die Welt der Etrusker (Bd. 1) ... 13
- Karte: Die etruskische Expansion in der Poebene ... 15
- Karte: Die etruskische Expansion nach Latium u. Campanien ... 16
- Karte: Das antike Etrurien ... 17
- Inhaltsverzeichnis ... 18
- Stich/Sachwortregister ... 19

Römertum und Völkerwanderung (Bd. 2) ... 21
- Karte: Das Imperium Romanum zur Zeit Caesars ... 23
- Karte: Gallien zur Zeit Caesars (Stämme u. Gebiete) ... 24
- Karte: Der Gang der römischen Okkupation ... 25
- Karte: Die germanischen Völkerwanderungen ... 26
- Karte: Die Völker Germaniens ... 27
- Inhaltsverzeichnis ... 28
- Stich/Sachwortregister ... 29

Vorgeschichtliche Welt (Bd. 3) ... 33
- Übersicht: Die Formationen der Erdgeschichte ... 35
- Inhaltsverzeichnis ... 36
- Stich/Sachwortregister ... 38

Das Alte China (Bd. 4) ... 41
- Karte: China um 300 v. Chr. ... 43
- Karte: China in der Neuzeit ... 44
- Zeittafel zur chinesischen Geschichte ... 45
- Inhaltsverzeichnis ... 46
- Stich/Sachwortregister ... 47

Die Welt der Bibel (Bd. 5) ... 49
- Karte ... 51
- Zeittafel ... 52
- Inhaltsverzeichnis ... 53
- Stich/Sachwortregister ... 54

Kreta, Mykene, Troja (Bd. 6) ... 59
- Karte ... 61
- Zeittafel der minoischen Kultur ... 62
- Zeittafel: Kreta, Griechenland, Troja ... 63
- Inhaltsverzeichnis ... 64
- Stich/Sachwortregister ... 65

Das Frühe Indien (Bd. 7) ... 71
- Karte: Das Territorium der iran. und ind. Frühkulturen ... 73

– Karte: Kulturen der »dunklen« Jahrhunderte in Indien 74
– Karte: Fundorte der Harappakultur und benachbarten Kulturen 75
– Periodische Zeittafel (Iran/Indien) 76
– Zeittafel »Kunst & Kultur« im Vergleich mit Europa 77
– Inhaltsverzeichnis 78
– Stich/Sachwortregister 79
Die Welt der Kelten (Bd. 8) 83
– Karte: Die keltische Expansion 85
– Zeittafel (1250 v. Chr.–790 n. Chr.) 86
– Inhaltsverzeichnis 87
– Stich/Sachwortregister 88
Die Welt der Perser (Bd. 9) 91
– Karte 93
– Karte: Die Alte Welt im Jahre 480 n. Chr. (nach Eduard Meyer) 94
– Zeittafel 96
– Inhaltsverzeichnis 98
– Stich/Sachwortregister 99
Die Nordgermanen (Bd. 10) 103
– Karte 105
– Zeittafel 106
– Inhaltsverzeichnis 107
– Stich/Sachwortregister 108
Die Welt der Hethiter (Bd. 11) 111
– Karte 113
– Inhaltsverzeichnis 114
– Stich/Sachwortregister 115
Ur, Assur und Babylon (Bd. 12) 119
– Karte 121
– Zeittafel 122
– Inhaltsverzeichnis 123
– Stich/Sachwortregister 124
Das Alte Amerika (Bd. 13) 131
– Karte: Die Verbreitung des Bodenbaus in vorkolumbischer Zeit 133
– Karte: Das alte Mexiko 134
– Karte: Das Maya-Land 135
– Karte: Mittelamerika 136
– Karte: Der nördliche Andenraum 137
– Karte: Alt-Peru 138
– Zeittafel (2348 v. Chr.–1470 n. Chr.) 139
– Inhaltsverzeichnis 140
– Stich/Sachwortregister 141

Die Welt der Ägypter (Bd. 14) ... 145
- Karte: Ägypten und Nubien, südlicher Teil ... 147
- Karte: Ägypten, nördlicher Teil ... 148
- Zeittafel der ägyptischen Geschichte ... 149
- Inhaltsverzeichnis ... 150
- Stich/Sachwortregister ... 151

Zeittafel nach Herodot v. Halikarnass ... 155
Zeittafel nach Thukydides ... 157
Zeittafel nach Tacitus ... 161

GESAMTREGISTER (in alphabetischer Folge) ... 163
- Buchstabe Aa -Al ... 165
- Buchstabe Al -Ar ... 166
- Buchstabe Ar -Ba ... 167
- Buchstabe Ba -Bo ... 168
- Buchstabe Bo -Ch ... 169
- Buchstabe Ch -Da ... 170
- Buchstabe Da -Dy ... 171
- Buchstabe Dy -Ew ... 172
- Buchstabe Ex -Fü ... 173
- Buchstabe Fü -Gl ... 174
- Buchstabe Gl -Gr ... 175
- Buchstabe Gr -Ha ... 176
- Buchstabe Ha -Ho ... 177
- Buchstabe Ho -It ... 178
- Buchstabe It -Ka ... 179
- Buchstabe Ka -Kö ... 180
- Buchstabe Kö -Kü ... 181
- Buchstabe Kü -Le ... 182
- Buchstabe Le -Ma ... 183
- Buchstabe Ma -Me ... 184
- Buchstabe Me -My ... 185
- Buchstabe My -Ny ... 186
- Buchstabe Oa -Pe ... 187
- Buchstabe Pe -Pr ... 188
- Buchstabe Pr -Re ... 189
- Buchstabe Re -Sa ... 190
- Buchstabe Sa -Sc ... 191
- Buchstabe Sc -So ... 192
- Buchstabe So -St ... 193
- Buchstabe St -Te ... 194
- Buchstabe Te -Tr ... 195

– Buchstabe Tr –Ve 196
– Buchstabe Ve –We 197
– Buchstabe We–Zy 198

ORTSREGISTER/NAMENSREGISTER mit GEOGRAPHISCHEM INDEX unter Einarbeitung der Stämme, Fundorte sowie der wichtigsten Merkmale und kulturhistorisch bedeutsamen Entwicklungen in alphabetischer Folge 199
– Buchstabe Aa –Ad 201
– Buchstabe Ad –Ag 202
– Buchstabe Ah –Al 203
– Buchstabe Al –Am 204
– Buchstabe Am–An 205
– Buchstabe An –An 206
– Buchstabe An –Ar 207
– Buchstabe Ar –Ar 208
– Buchstabe Ar –As 209
– Buchstabe As –Au 210
– Buchstabe Au –Ba 211
– Buchstabe Ba –Ba 212
– Buchstabe Ba –Bi 213
– Buchstabe Bi –Br 214
– Buchstabe Br –Ca 215
– Buchstabe Ca –Ch 216
– Buchstabe Ch –Ch 217
– Buchstabe Ch –Cl 218
– Buchstabe Cl –Cu 219
– Buchstabe Cu –De 220
– Buchstabe De –Di 221
– Buchstabe Di –Dr 222
– Buchstabe Dr –Em 223
– Buchstabe Em–Es 224
– Buchstabe Es –Fa 225
– Buchstabe Fa –Ga 226
– Buchstabe Ga –Go 227
– Buchstabe Go –Ha 228
– Buchstabe Ha –Ha 229
– Buchstabe Ha –He 230
– Buchstabe He –Hi 231
– Buchstabe Hi –Hs 232
– Buchstabe Hs –Ib 233
– Buchstabe Ib –Ip 234
– Buchstabe Ip –Ja 235

- Buchstabe Ja -Ju 236
- Buchstabe Ju -Ka 237
- Buchstabe Ka -Ka 238
- Buchstabe Ka -Ki 239
- Buchstabe Ki -Ko 240
- Buchstabe Ko -Ku 241
- Buchstabe Ku -La 242
- Buchstabe La -Le 243
- Buchstabe Le -Lo 244
- Buchstabe Lo -Mä 245
- Buchstabe Ma-Ma 246
- Buchstabe Ma-Ma 247
- Buchstabe Ma-Mc 248
- Buchstabe Me-Me 249
- Buchstabe Me-Mi 250
- Buchstabe Mi -Mu 251
- Buchstabe Mu-Na 252
- Buchstabe Na -Ne 253
- Buchstabe Ne -Ni 254
- Buchstabe Ni -No 255
- Buchstabe No-Op 256
- Buchstabe Op-Pa 257
- Buchstabe Pa -Pa 258
- Buchstabe Pa -Pe 259
- Buchstabe Pe -Ph 260
- Buchstabe Ph -Po 261
- Buchstabe Po -Pr 262
- Buchstabe Pr -Py 263
- Buchstabe Py -Ra 264
- Buchstabe Ra -Ro 265
- Buchstabe Ro -Sa 266
- Buchstabe Sa -Sa 267
- Buchstabe Sa -Se 268
- Buchstabe Se -Sh 269
- Buchstabe Sh -Si 270
- Buchstabe Si -So 271
- Buchstabe So -Su 272
- Buchstabe Su -Se 273
- Buchstabe Si -Ta 274
- Buchstabe Ta -Te 275
- Buchstabe Te -Th 276
- Buchstabe Th -Ti 277

- Buchstabe Ti -Tr 278
- Buchstabe Tr -Uc 279
- Buchstabe Ud -Va 280
- Buchstabe Va -Ve 281
- Buchstabe Vi -We 282
- Buchstabe We-Ye 283
- Buchstabe Ye -Zw 284

ZEITDIAGRAMM ALTER ORIENT 285
- Orient I 286
- Orient II 287

VERGLEICHENDE ZEITTAFEL (700 000 v. Chr.–1500 n. Chr.) 289

Vorwort und Einleitung

Der vorliegende Registerband zu der Reihe »Große Kulturen« in der Sammlung Kilpper wurde erstmalig erarbeitet. Als Grundlage dienten die Bandregister, deren Stichworte wurden in alphabetischer Anordnung in das Gesamtregister übernommen. Zusätzlich zu dem Gesamtregister wurde ein lexikaler Anhang hinzugefügt. Hier finden sich besonders Namens/Ortsbegriffe, Fundorte, Sprachgruppen und auch Völkerstämme. Zu dem jeweiligen Stichwort folgt eine Kurzbeschreibung, es wurden zum Teil bereits Begriffe aufgenommen, die erst in den nachfolgenden Bänden späterer Erscheinungstermine ausführlich behandelt werden. Aus diesem Grunde ist der Zeitrahmen auch etwa bis zum 8. Jhdt. n. Chr. (Karl dem Großen) erweitert worden.

Die vorliegende Serie »Frühzeit«, mit dem bereits etwas vorgreifenden Band »Römertum und Völkerwanderung« ist die Basis für insgesamt 30 Bände aus der Reihe »Große Kulturen«.

AUFBAU des Gesamtregisters

Die Reihenfolge der Einzelbände im Inhaltsverzeichnis ist gleichzeitig die Kennziffer des Bandes im Gesamtregister. (z. B.: Welt der Etrusker = Bd. 1 = 1/Seitenangabe des Stichwortes). Begriffe, die in mehreren Bänden aufgenommen wurden, werden zusammen mit den jeweiligen Seitenangaben unter einem Stichwort verzeichnet.

Die Bandangabe wird jeweils mit einem Schrägstrich von den nachfolgenden Seitenangaben getrennt, bei mehrfacher Nennung erfolgt die Trennung durch Interpunktion.

Zur besseren Unterscheidung bei Mehrfachnennungen in verschiedenen Bänden sind die arabischen Bandziffern halbfett gedruckt.

Die Bandfolgenummerierung ist zusätzlich zum Inhaltsverzeichnis auf der rechten Klappe des Schutzumschlages zu finden.

ERGÄNZUNG des Gesamtregisters

Der lexikale Anhang (Index) führt Stichworte mit Kurzerläuterungen auf, die zum Teil im Text der vorliegenden Bände nicht oder nur kurz behandelt werden. Zusätzlich wird durch den Index eine Kurzorientierung ermöglicht, die durch die beigefügten Karten, sowie durch die Zeittafeln und das Zeitdiagramm am Ende des Bandes noch wesentlich erleichtert wird.

Eine vergleichende Zeittafel bietet zusätzlich ab Seite 289 die Hauptmerkmale der Zeit von 700 000 v. Chr. bis 1500 n. Chr. auf einen Blick. Wir weisen in diesem Zusammenhang für die Zeit vor 700 000 v. Chr. auf die Übersicht der Formationen der Erdgeschichte auf Seite 35 hin.

Die Welt der Etrusker
(Bd. 1)

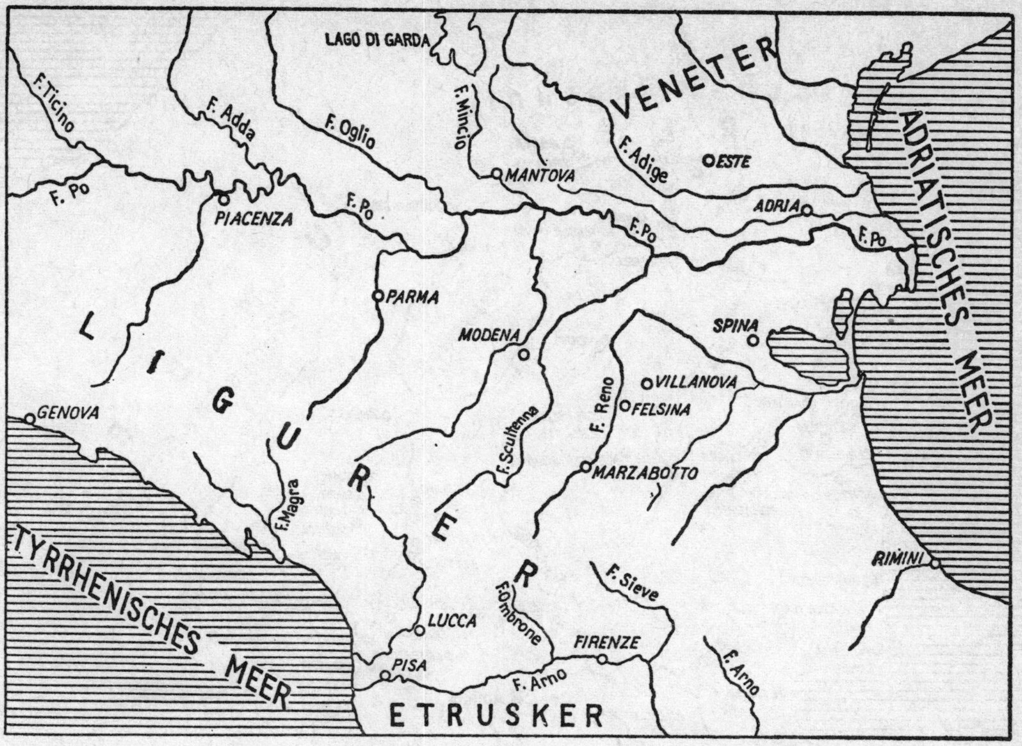

Die etruskische Expansion in die Poebene

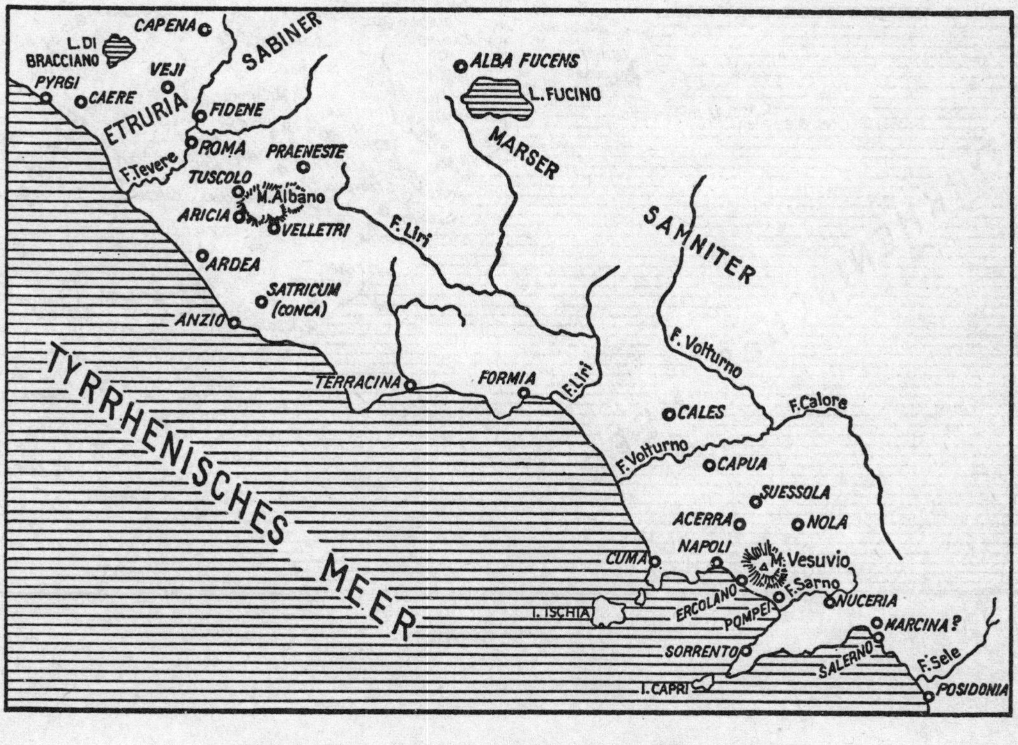

Die etruskische Expansion nach Latium und Campanien

Das antike Etrurien

Inhalt

I.	Das antike Etrurien	7
II.	Die Kunst	16
III.	Caere	27
IV.	Veji und das Gebiet der Falisker und Capenaten	36
V.	Tarquinia – Das Gebiet der Felsgräber – Vientium – Tuscania	44
VI.	Vulci – Statonia	55
VII.	Saturnia – Marsiliana – Bolsena – Volsinii – Orvieto	64
VIII.	Vetulonia	73
IX.	Populonia – Volterra	80
X.	Chiusi – Arezzo – Cortona – Perugia	90
XI.	Religion und Sprache	101
XII.	Verwaltung und Herkunft	113
Literaturhinweise		124
Tafeln		129
Erläuterungen und Quellennachweise		253
Register		281
Karten		282

Register
(in alphabetischer Folge)

Acerra 11
Adria 10
Ämter 114
Äneas 8
Ager Picentinus 11
Agram 9
Agylla 8
Akropolis 67
Alalia 8
Alphabet 8, 10
Antikes Etrurien 5
Apennin 7
Arezzo 5, 90, 97
Aristodemos von Cumae 12
Arno 7
Arnotales 9
Athen 11
Attika 11
Beamte 115
Bergwerke 78
Bologna 11, 88
Bolsena 5, 64
Bronzeleber 103
Bronzen 10, 32, 75
Buccherokeramik 12
Bücher 102
Bund der zwölf Städte 118
Busca 9
Caecina 9
Caere 5, 27
Canino 62
Capena 41
Capenaten 5
Capua 11
Cato 8
Chianatales 97
Chiusi 5, 90
Cortona 5, 8, 90, 97, 98
Cosa 8
Dennis 57
Diodor 8, 82
Dionysios von Halikarnass 7, 98
Ducati 10
Eisenindustrie 83
Eisenzeit 16
Elfenbeinarbeiten 34
Erz 28
Etrusker 7
Falerii 41
Falisker 5, 39
Farnese 62
Felsgräber 5, 52
Felsina 10
Festus 13
Fiesole 89
Florenz 9
Flotte 23
Fossagräber 19
Gallier 9
Gefäße 10
Genua 9
Goldschmuck 33
Gozzadini 10
Grabbeigabe 8, 64
Grabstele 77
Grenier 10
Griechen 7
Großplastik 30
Hafen 11
Handel 78
Handwerkserzeugnisse 7
Herculaneum 11
Herkunft 5, 113
Herodot 8, 121
Importstücke 76
Inschriften 7, 54, 110
Irnthi 11
Ischia di Castro 62
Kalkstein 71
Kammergräber 29
Kampanien 12
Kanal 11
Karthager 8
Karthago 9
Kaufleute 10
Keramik 76
König Porsenna von Chiusi 12
Kolonien 8
Korinth 28
Korsika 8
Kultgebäude 22
Kultur 10
Kunst 5, 10, 24
Kupfer 82
Latiner 12
Latium 12
Livius 9, 12
Luna-Marmorbrüche 9
Luni 9
Magra 7, 9
Malerei 46, 94
Mantua 10
Marcina 11
Marsiliana 5, 64
Marzabotto 10, 11, 88
Meer 11
Melpum 10
Modena 10
Montalto di Castro 62
Mythos 25
Nekropole 10, 11, 29
Nenfro 71
Nicaea 8
Nizza 9
Nocera 11
Nola 11
Ocno 9
Ombrone 9
Orient 28
Orvieto 5, 64, 72
Parma 10
Peloponnesischer Krieg 7
Perugia 5, 8, 9, 90, 99
Pescia Romana 62
Phöniker 28
Phokäer 8
Piacenza 10
Piemont 9
Pisa 7, 8, 88
Plastik 21
Plinius 11, 61
Poebene 9
Poggio Buco 62
Poggio dei Settecamini 71
Pompei 11
Populonia 5, 80
Porsenna 8, 13
Pyrgi 8, 27
Rasenna 7
Reliefbilder 49
Religion 5, 101
Reno 9
Römer 7
Rom 40
Satricum 12
Saturnia 5, 64
Schachtgräber 45
Schlacht von Ariccia 12
Schrift 10
Seeherrschaft 10
Seestadt 79
Servius 9
Sorrent 11
Spina 10
Sprache 5, 7, 101, 109
Stadt 10
Statonia 5
Statuen 49
Syrien 28
Tacitus 13
Tarchon 9
Tarquinia 5, 44
Tarquinius Superbus 12
Telamone 8
Tempel 22, 51
Tempel der Minerva 40
Thezle 11
Thukydides 7
Tiber 7
Ticinus 9
Tomba Campanari 60
Tomba del Deposito de' Dei 17
Tomba François 60
Toskana 7
Trasimenische See 7
Tuscania 5, 44
Tusker 7
Tyrrhener 7
Tyrrhenisches Meer 7
Tyrsener 7
Urnen 85
Varro 13
Vasen 11, 33, 56
Veji 5, 22
Velcha 11
Velsu 11
Veneter 9
Vergil 9
Verrius 9
Verwaltung 5, 113
Vetulonia 5, 73
Via S. Leonardo 70
Vientium 5
Villa Giulia 18, 58
Villanova-Kultur 16
Visentium 44
Volsinii 5, 64, 68
Volterra 5, 80, 83
Vulci 5, 13
Waffen 81
Wandmalerei 50
Werkstätten 81
Zahlen 112
Zypern 28

Römertum und Völkerwanderung
(Bd. 2)

Das Imperium Romanum zur Zeit des Gallischen Krieges und des Bürgerkrieges

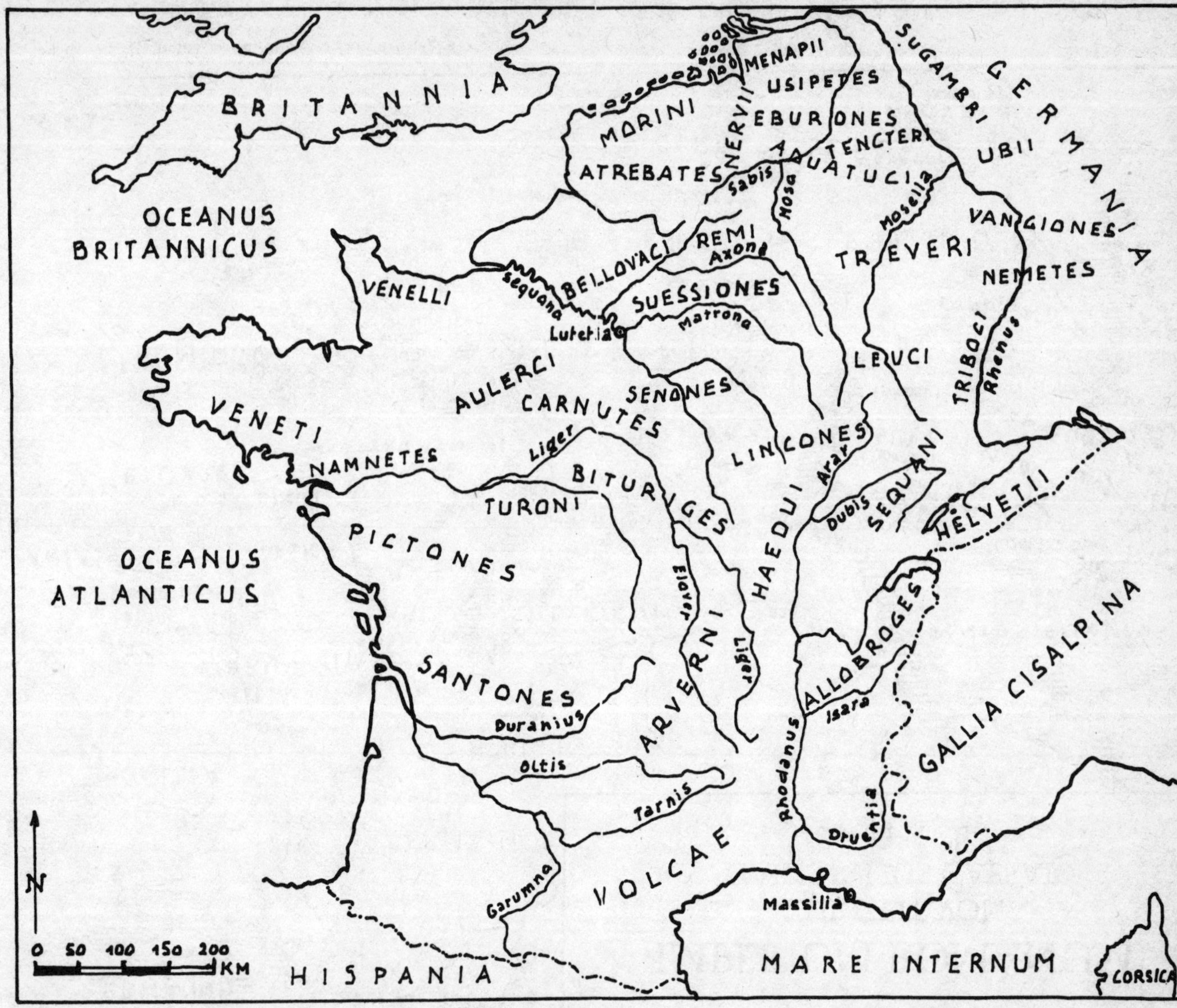

Gallien zur Zeit von Caesar: Die einzelnen Stämme und ihre Gebiete

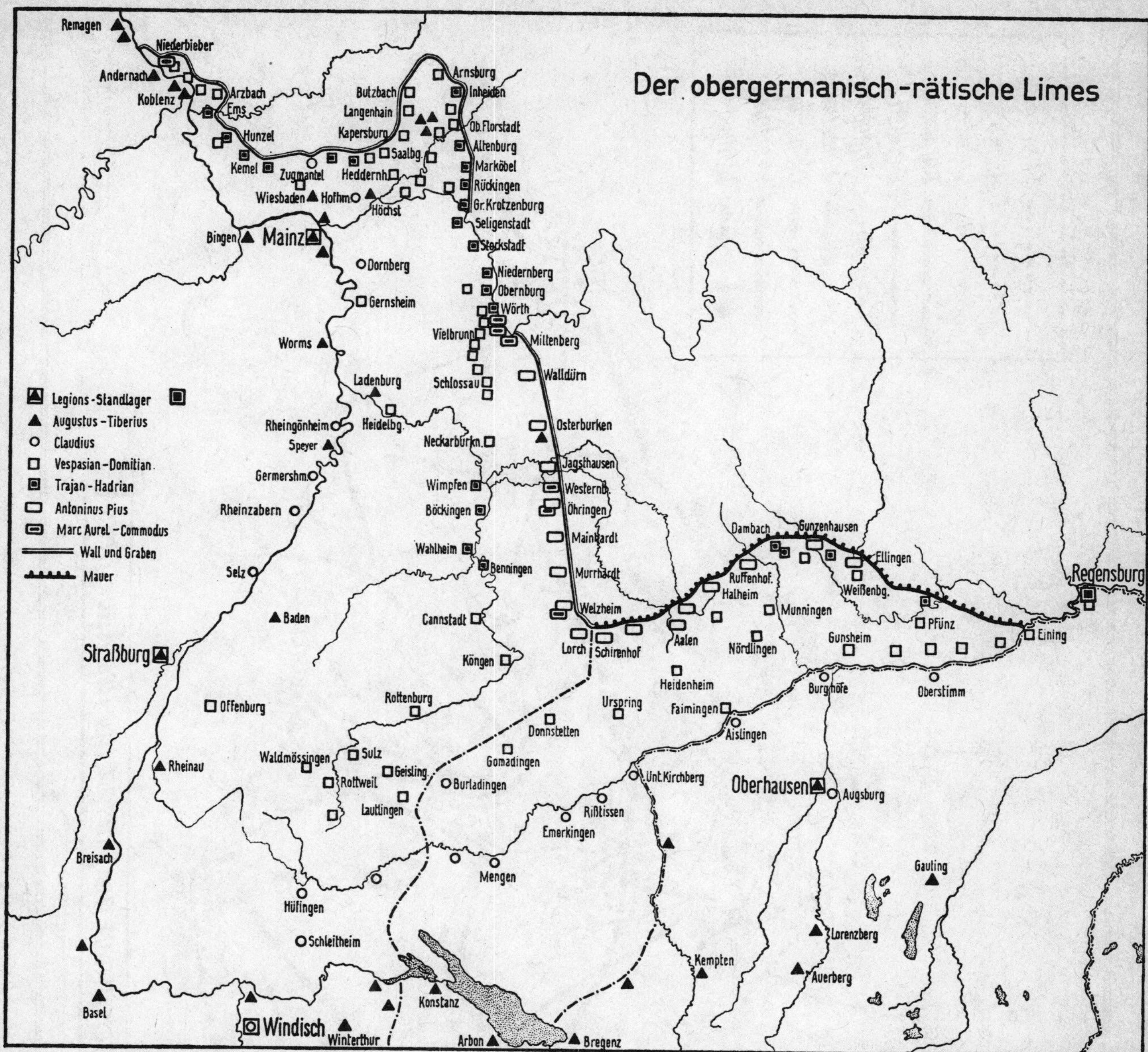

Plan A: Der Gang der römischen Okkupation.
Entwurf und Zeichnung: K. Nahrgang, Dreieichenhain (Hessen)

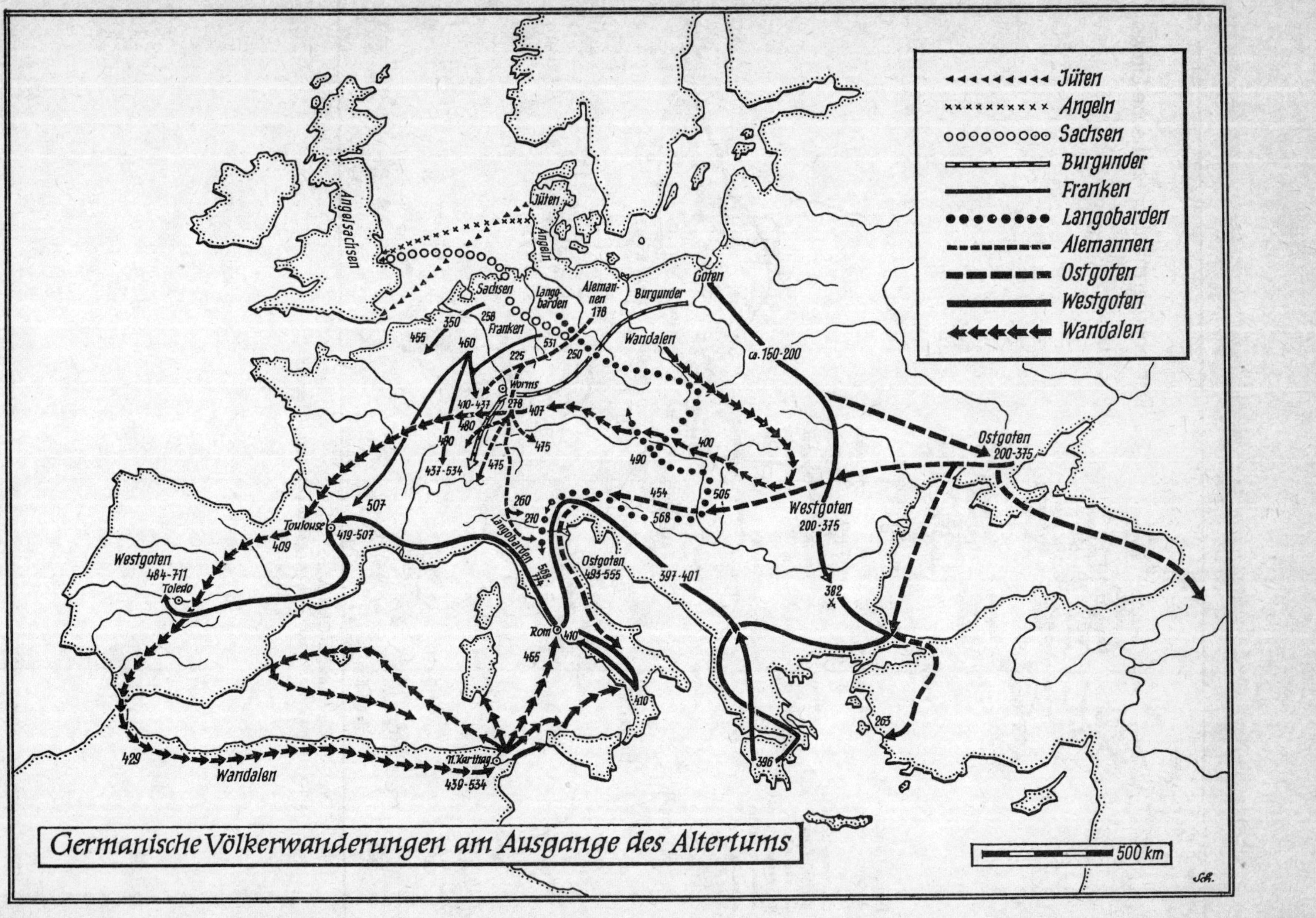

Germanische Völkerwanderungen am Ausgange des Altertums

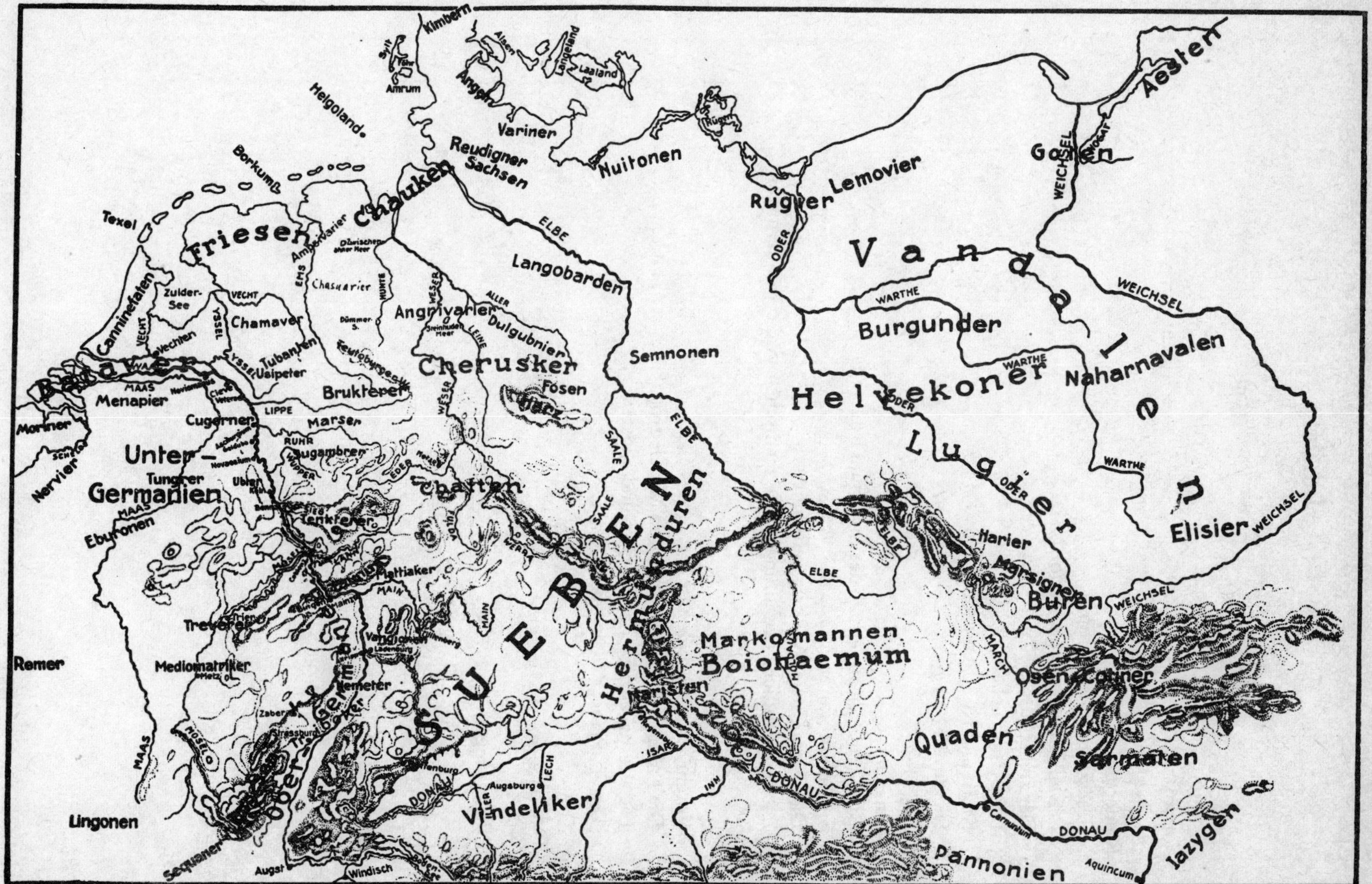

Die Völker Germaniens

Inhalt

Vorwort 7

Römertum
- Besetzung Mitteleuropas 9
- Die militärische Organisation 11
- Der zivile Ausbau 18
- Das private Leben 30
- Kunst und Kunsthandwerk 36
- Die Bevölkerung 44

Germanentum
- Die Germanen außerhalb des Imperium Romanum 47
- Stammeskulturen 50
- Die germanischen Völkerwanderungen 61
- Die geschichtliche Bedeutung der germanischen Völkerwanderungen ... 82

Christentum
- Vorchristliche Religionen 91
- Die Anfänge des Christentums in Mitteleuropa 99
- Die ältesten christlichen Kirchen und Klöster 104
- Karten, Pläne, Zeichnungen 112

Tafeln 129

Erläuterungen 245

Literaturhinweise 256

Register 257

Register

(in alphabetischer Folge)

Aachen 28
Abt Walafrid von der Reichenau 74
Adelsgeschlechter 17
Adler 16
Adlerfibel 67
Adlige Sitte 17
Adrianopel 63
Aethelbert 73
Ägypten 40, 84
Agri decumates 10
Agrippa 13
Ala 24
Alamannen 73
Alarich 63
Alesia 19
Alexanderturm 20
Almandine 57
Alpen 10
Altarbild 38
Altenburg 51
Alte Welt 84
Alzey 15, 35, 107
Ambronen 47
Ammianus Marcellinus 74
Amphitheater 25
Angelsachse 73
Aprikose 35
Araber 63
Arbogast 85
Ardaschir I. 66
Arezzo 12
Ariovist 44, 48
Arius 101
Armin 45
Arzt 36
Athanasius 101
Attila 89
Augsburg 13
Augusta Agrippinensium 23
Augusta Treverorum 24
Augustus 7, 9
Ausonius 33, 100
Ausrüstung 15
Austrogoten 62
Autari 69
Auxiliar-Cohorten 18
Badenweiler 28
Bajuware 77
Bandgrubenbestattungen 61
Barbar 85
Basilika 25, 26, 64, 105
Bataver 49, 72
Bataveraufstand 10
Baugeschichte 12, 106
Baukunst 41
Bauleute 70
Baumsärge 75
Bautechnik 68
Bauwesen 32
Bekleidung 15
Bernstein 56
Bestattungsform 60
Bevölkerung 44
Bewaffnung 15, 75
Bibracte 19
Bildhauer 41
Bildhauerwerkstatt 40
Birne 35
Bischöfe 100
Biviae 95
Bodenreform 28
Bogenschützen 18
Bonn 13
Boppard am Rhein 27
Bordeaux 35
Bornholm 59
Bregenz 27
Bronzekasserolle 57
Bronzezeit 54
Brunnen 29
Buchstabenschrift 87
Bürger 18
Burgund 35, 50, 59, 62
Byzantiner 62
Caesar 9, 48, 84
Cambodunum 27
Canabae 19
Capitolium 20, 26
Carnuntum 13
Casses 95
Cecidit bello Variano 16
Centurio 16
Chatten 18, 74
Chauken 49
Cherusker 74
Chlodowech 78
Chlotar 78
Christentum 5, 74
Christianisierung 100
Christliche Bildkunst 103
Christliche Kirche 101
Christliche Inschriften 102
Civitates 18
Claudius 23
Claudius Civilis 10, 19
Codex Argenteus 86
Cohorten 14
Collegia 33
Colonia 13, 27
Colonia Claudia 23
Corona civilis 16
Corona muralis 16
Cucullus 33
Damnatio memoriae 64
Decumana 14
Decurionen 18
Demosthenes 36
Dexileos 16
Dichtkunst 88
Dietrich von Bern 89
Diluvialzeit 83
Diokletian 24
Dionysos-Mosaik 40
Domänen 18
Domschatz von Monza 69
Donau 10
Donauprovinz 13
Drechslerkunst 74
Edelmetalle 56
Edelsteine 56
Edikt von Pavia 88
Eigelstein 21
Eisenhütte 55
Eisenwarenladen 32
Elbgermanen 54
Engern 72
England 73
Etruskische Frauen 17
Eurich 63
Fabrik- und Handelsbetriebe 30
Feldzeichen 16
Fenchel 35
Fibel 73
Finanzverwaltung 18
Flavus 45
Fluchtburg 19
Fluvius Rhenus 20
Forum 26
Framea 75
Franken 63, 77, 78
Frankenreich 74
Frau 17
Friedhof 56
Friesen 72
Fürstengrab 56, 76
Gallien 9, 18

Gallischer Krieg 48
Garnison 12
Gastwirt 19
Gauburg 63
Gaue 18
Gemüsearten 35
Gepiden 62
Gergovia 19
Germanentum 5, 47
Germania Superior 10
Germanien 10, 18
Germanische Völkerwanderungen 61, 82
Geschlechter 56
Geschlecht der Julier 21
Gewandspange 66
Gladius 17
Glas 56
Glasbläsereien 31
Glasgefäß 24
Glasindustrie 43
Götterdienst 88
Goldblech 69
Goldbrakteaten 71
Goldmünze 57
Goldschmiedekunst 70
Goldschmuck 59
Goten 50, 62
Gotenburg 63
Gotland 56
Gottheit 20, 94
Grabbeigabe 57
Grabdenkmal 39
Grabkammer 59
Grabstein 16
Graburnen 85
Gräber 16, 59
Gregor von Tours 74
Greifenkopfschnalle 66
Große Jupitersäule 21
Großkunst 42
Gurke 35
Hadrian 27
Händler 19
Hafen 13, 23
Hain 98
Hakenkreuz 72
Hallstattperiode 30
Handelsbetriebe 30
Handelsbeziehungen 30
Handelsherren 25
Handelsleben 33
Handwerksbetrieb 31
Hauskapelle 17
Hausmeier 78
Heer 17
Heidentor 27
Heilkunde 35
Heldensage 76, 89
Helm 17, 76
Helvetier 13
Hermanfrid 71
Herminonen 48, 50
Hermunduren 49
Herzog Pemmo 70
Herzogtümer 74
Hiebmesser 60
Hillevionen 48
Hippokrates 36
Hohe Straße 23
Holzbauweise 32
Hunnen 62, 69
Hunnenschlacht 63
Iller 27
Imagines maiorum 17
Imperium 9
Imperium Romanum 44
Import 59
Inferior 10
Ingväonen 48
Istväonen 48
Italien 64
Ituraeer 45
Jäger 83
Jüngere Bronzezeit 65
Jüngere Steinzeit 51, 84
Jüten 73
Julius Caesar 19
Jupiter-Juno-Minerva 91
Kärnten 46
Kaiserin Agrippina 23
Kaiser Julian 74
Kaiser Trajan 18
Kaiserthermen 25
Kaiserzeit 30
Kampf 88
Kapelle 98
Karl der Große 7
Karl Martell 78
Kastanie 35
Kastel 20
Kavalleristen 16
Kelten 35, 44, 94
Keltensturm 84
Keltische Religion 95
Keltische Kultstätten 98
Kempten im Allgäu 27
Keramik 53, 56, 67
Ketzerverfolgung 92
Kimbern 47
Kimberneinfall 13
Kirche 87
Kirchen 104
Kirchenbau 103, 112 ff.
Kirsche 35
Kleinkunst 12, 41
Klima 83
Klimasturz 61
Klöster 102, 104, 112 ff.
Kloster Lorsch 32, 70, 105
Knappe 16
Köln 13
Körper 61
Körperbau 51
Körperbestattung 74
Korinthische Kriege 16
Krankenpflege 35
Kreuz 72
Kreuznach 15
Krim 62
Krimgoten 63
Kultbauten 98
Kunst 15, 36
Kunstgewerbe 42
Kunsthandwerk 36
Landwirtschaft 31
Langobarden 49, 53, 62
Langschwert 60
Lanze 75, 79
Lauriacum 14
Lederwerkstatt 31
Legaten 18
Legionen 12
Leier 75
Lex Alamannorum 74, 88
Lex Anglorum et Werinorum, hoc est Thuringorum 87
Lex Baiwariorum 88
Lex Burgundica 87
Lex Salica 87
Liberti 21
Limes 10
Literarische Überlieferung 12
Liutprand 70
Lombardei 69
Losrunen 85
Lugier 58
Lyon 23
Mähren 59
Magistri comacini 70
Magnuskirche in Worms 106
Mainz 12, 106
Manufaktur 31
Marbod 50

Marc Aurel 44
Markomannen 48
Markomannenkrieg 10
Maskenhelme 17
Matronenstein 94
Mercur 92
Metallarbeiten 65
Metallpanzer 16
Metz 29
Militärische Organisation 11
Militärmusik 18
Mithrasheiligtum 40
Mittelalter 26
Mode 43
Mogo 19
Mogontiacum 19
Mongolensturm 85
Mosaikbild 23
Mosel 19, 35
Mosella 33
Municipium 27
Mutationes 29
Mutter- und Fruchtbarkeitsgottheit 94
Naturkatastrophe 47
Nemeter 48
Nero 10, 16, 19, 21
Neuß 13
Nibelungenlied 89
Nordische Bronzezeit 75
Numantia 12
Numerus 14
Nymphen 95
Oberhausen 13
Obst 35
Odowakar 62
Öffentliche Bäder 35
Offizier 14
Offiziersquartier 12
Ohrlöffel 57
Olten 26
Oppida 19
Orient 42, 96
Ostfalen 72
Ostgermanen 50, 58
Ostgoten 62, 69
Ostkelten 46
Ostrom 7, 62
Pactus Alamannorum 74, 88
Palastkapelle Karls des Großen 107
Pannonischer Aufstand 10
Paulus Diaconus 69
Petersilie 35
Pfahlbautenkultur 84
Pferde 48
Pferdezucht 71
Pfirsich 35
Pflaume 35
Pietroassa 67
Pilum 17
Pinzette 57
Pippin der Ältere 78
Plastiken 38, 81
Plinius 17, 48, 49, 62
Porta Nigra 25
Porta praetoria 14
Porta principalis dextra 14
Poseidonios 48
Praefectus fabrum 16
Praetentura 14
Praetorium 12
Preßtechnik 69
Privates Leben 30
Probus 35
Ptolemaios 48, 62
Quaden 48
Quadruviae 95
Quitte 35
Rätien 10
Ramiro I 65
Ratsherr 18
Rauraker 26
Ravenna 63
Reichsabtei von Lorsch 108
Reichsgrenze 11
Reiter 17, 71
Reiterschwadron 14
Relief 38
Rettich 35
Rhein 9, 19, 20, 35
Ritterstand 17
Römerstädte 19
Römertum 5, 7
Römische Artillerie 17
Römische Campagna 29
Römisches Reich Deutscher Nationen 7
Römische Rheinflotte 13
Römische Staatsreligion 91
Romanum 9
Rothari 70
Rugier 50, 62, 69
Rundschild 79
Runeninschrift 76
Runenschrift 85
Saalbau 15, 105
Saalburg im Taunus 14
Sachsen 49, 72
Sassanidisch 66
Saturnius 19
Schalenurne 54
Schatz 26
Schatzfund 66
Schild 17
Schleuder 18
Schlösser 32
Schlüssel 32
Schmied 31
Schmiedetechnik 60
Schmuck 57, 75, 80
Schmuckstück 66
Scholae 33
Schreinerei 31
Schulten, A. 12
Schwaben 54
Schwert 17
Scramasax 75, 79
Securis francisca 75
Seeland 56
Semnonen 48
Siedlungsform 74
Silber 44, 56
Silberblech 69
Sinistra 14
Sinus saxonicus 73
Situla 54
Skulptur 15
Slowakei 59
Sonnenrad 72
Spangenhelm 76
Spatha 76, 79
Stadt 19
Stadtmauer 26
Stammeskulturen 50
Stammesrecht 88
Standquartier 12
Steiermark 46
Steinbau 32, 70
Steinbrücke 25
Steininschrift 12
Straßen 28
Sturmflut 61, 84
Südgermanen 86
Südwestdeutschland 74
Sutton Hoo 73
Sweben 48, 54
Symbol 76
Symbolrunen 85
Tacitus 26, 46, 48, 51, 54, 62, 87
Tafelgeschirr 44
Technik 53
Tempel 20, 98
Terpen 53
Terrakottafiguren 23
Terra sigillata 30

Teutoburger Wald 10
Teutonen 47
Theater 27
Theoderich 62
Theodor Mommsen 10
Theudelinde 69
Thüringer 71
Tiberius 17, 49
Tiberius-Schwert 17
Todesrunde 85
Töpfereien 31
Tolbiacum 78
Tolosanisches Gotenreich 64
Tongeschirr 30, 72
Totenbäume 75
Totenklage 88
Trajanssäule in Rom 18
Transportschiff 33
Tribun 16
Tribunalia 52
Trier 18
Trierer Dom 24
Triviae 95
Tuchfabrikation 33
Ubier 13
Ulfila 256
Urnen 61
Urnenbestattung 58
Valens 63
Valentinian II. 85
Valetudinarium 35
Vandilier 48, 58
Varusschlacht 11
Vespasian 10
Viae vicinales 28
Via principalis 23
Villa rustica 25
Vindelicien 10
Vindonissa 13
Vita S. Galli 102
Völkerwanderung 84
Vorchristliche Religion 91
Waffenschmied 60
Walafrid → Strabo 102
Wall 18
Wallbauten 51
Wallfahrtskapelle zu Dieburg 105
Walnuß 35
Wandalen 50, 59, 62
Wangier 48
Wasserleitung 23
Wasserversorgung 29
WCs 29
Weihekrone 67
Weinbau 33, 35
Weltreich 19
Westen 62, 72
Westgoten 63, 78
Weströmisches Reich 24, 85
Westrom 7, 24, 85
Wien 14
Wiesbaden 28
Wikinger 86
Windisch 13
Wirtschaft 30
Wisigoten 62
Wodan 102
Worms 27
Wulfila 86
Wurfbeil 75
Wurfmaschine 17
Xanten 13
Xantener Dom 105
Ziviler Ausbau 18
Zwiebel 35
Zwölftafelgesetz 16

Vorgeschichtliche Welt

(Bd. 3)

Übersicht: Formationen der Erdgeschichte

	Formation	Tiere	Pflanzen	Gesteine	Bodenschätze	Alter/ca. Jahre
Präkambrium 3 000 000 000– 571 000 000	Archaikum		Einzeller Blaualgen	Kristalline Schiefer Granit Gneis		3 000 000 000
	Algonkium	Radiolarien Medusen Gliederwürmer Armfüßler		Sandstein Porphyr Dolomite	Gold Manganerz Eisenerz	1 000 000 000
Paläozoikum 570 000 000–226 000 000	Kambrium	Trilobite Schwämme Schalenkrebse Schnecken Kopffüßler Seegurken		Schiefer Kalke Quarzit		570 000 000
	Ordovizium	Korallen Muscheln Seeigel Seesterne Kieferlose	Grünalgen	s. o.	s. o.	450 000 000
	Silur	Skorpione Tausendfüßler Panzerfische	Niedere Gefäßpflanzen	Mergel	Steinsalz Erdöl	440 000 000
	Devon	Milben Asselspinnen Urinsekten Haie Amphibien Lungenfische Quasten/Strahlflosser	Pilze Bärlappgewächse Farne Schachtelhalme	s. o.	s. o.	395 000 000
	Karbon	Krebse Hundertfüßler Eintagsfliegen Riesenlibellen Urschaben Reptilien	Moose Samenfarne Nadelbäume	Dolomite Diabase	Steinkohle Braunkohle	345 000 000
	Perm	Libellen Käfer Wanzen Netzflügler Therapsiden	Gingkogewächse	Tone Porphyre	Kalisalze Gips Kupferschiefer	280 000 000
Mesozoikum 225 000 000–66 000 000	Trias	Krokodile Dinosaurier Schildkröten Tintenfische Asseln Ichthyosaurier		Buntsandstein	Bleierz Zinkerz	225 000 000
	Jura	Hautflügler Zweiflügler Schmetterlinge Flugsaurier Schlangen Urvögel Insektenfresser			Kohlenflöze	195 000 000
	Kreide	Kraken Beuteltiere	Palmen Gräser Laubbäume	Kreide		136 000 000
Neozoikum 65 000 000–heute	Tertiär	Nagetiere Raubtiere Wale Urhuftiere Un/Paarhufer Rüsseltiere Faultiere Seekühe Primaten	Drachenbaum	Sande Marmor	Salze	65 000 000
	Quartär	Mensch		Torfe Schotter		2 000 000

(Die in dieser Zeittafel aufgenommenen Stichworte erheben keinen Anspruch auf Vollständigkeit. Nur das Ersterscheinen ist jeweils verzeichnet, das Aussterben oder der Untergang einzelner Formen wurde nicht aufgenommen. Die weitere Unterteilung der einzelnen Zeitalter und Formationen ist den Einzelbänden zu entnehmen.)

Inhalt

Vorwort 7

Die Welt der Eiszeitjäger 9

Körperliche Erscheinung des Menschen – Schmuck – Werkzeug – Jagdwild – Jagdmethoden – Behausung – Kunst – Kultform des Totemismus – Gräber

Die nacheiszeitlichen Jäger- und Fischerkulturen 25

Fortleben des Jägertums in den Randzonen der vorgeschichtlichen Welt – Der Mensch als Gegenstand der Kunst – Älteste Haustiere – Kultur der Muschelhaufen – Felsbilder in Spanien, Skandinavien, Karelien – »Naturalistische« Darstellung

Die Kultur des jungsteinzeitlichen Bauerntums 33

Einwanderung von Bauernvölkern – Anfänge der Keramik – Donauländische Kultur, Bandkeramik – Dorfgemeinschaften – Nordische Jungsteinzeitkultur, Megalithgräber – Streitaxtkultur, Schnurkeramik – Glockenbecherkultur – Mitteldeutsche Mischkulturen – „Pfahlbauten" – Kleidung, Geräte – Kunsthandwerk – Soziales Leben – Das Problem der Indogermanen

Hochblüte im Zeichen der Bronze 57

Kupfer und Bronze – Großbauten aus Stein in Westeuropa – Bronzekultur in Nordeuropa – Kleidung, Geräte – Goldreichtum – Schiffe, Wagen – Wirtschaftsleben – Kunst, Musik – Felsbilder, Gräber – Religiöse Vorstellungen – Straubinger Kultur – Aunjetitzer Kultur – Hügelgräberkultur – Urnenfelderkultur – Ungarische Bronzekultur – Handelsbeziehungen – Ursprünge der Germanen, Illyrier, Kelten

Eisenzeit 98

Älteste Eisenfunde – Katastrophen um die Wende zum 1. Jahrtausend – Die „geometrische" Periode der Kunst – Villanova-Kultur – Hausurnen – Golasecca- und venetische Kultur – Der europäische Südosten – Hallstatt – Die Odergruppe – Hallstattkultur in Südwestdeutschland – Siedlungsformen – Bauwesen – Wirtschaftsformen – Kunst

Tafeln 127

Erläuterungen, Literaturhinweise 233

Register 243

Register

Namens-/Sachwort-Verzeichnis
(in alphabetischer Folge)

Abri 16
Absatzbeil 65
Ackerbau 72
Adelsburgen 123
Aeneolithikum 60
Ägypten 59, 60, 82
Ältere Steinzeit 34
Älteste Haustiere 25, 26
Afrikanische Nordküste 40
Ahnenkult 80
Allées couvertes 40
Altarstein 62
Alt-Rössen 46
Altsteinzeit 28
– liche Jäger 28
Amenhotep IV. 82
Amphora 41
Antennenschwert 65
Assurnasirpal II. 99
Aunjetitzer Kultur 5, 83
Avdeevo 17
Babylonier 94
Bad Cannstatt 118
Bandkeramik 5, 33
Bauernland 109
Bauerntum 5, 33
Bauernvölker 5, 33
Bauform 50
Baumsärge 67
Baumsargbestattungen 66
Bauwesen 6, 98
Bayerseich 84
Behausung 5, 9
Bergbau 58
Bergmannssiedlung 111
Bergwerke 111
Bernstein 54, 113
Bilder 109
Bison 14, 20
Bogen 15, 43
Boiotische Orchomenos 60
Boot 78
Bootäxte 43
Brandbestattung 46
Brassempouy 10
Brillenspirale 85
Britische Inseln 89
Bronze 5, 59, 66
Bronzebeil 66
Bronzegerät 91
Bronzekultur 5, 64
Bronzezeit 50, 64, 90, 102, 116
Bronzezeitgräber 68
Caesar 80
Charkow 42
Condottieri 110
Cornwall 59
Côte sauvage 62
Cro-Magnon-Menschen 9
Cypraea 10
Das Problem der Indogermanen 33
Der Tote von Aurignac 23
Diluviales Jägertum 55
Diluviale Kunstwerke 20
Diluvialkultur 9
Diluvialzeit 20
Diluvium 25, 34
Dimini 50
Dolch 59
Dörfer 42, 88
Dorfbildung 33 ff.
Doigt de la fée 61
Donauländische Kultur 5, 33, 46
Donautiefland 108
Doppelbeil 54
Dorfgemeinschaften 5, 33
Durchbruchtechnik 125
Eberstadt in Oberhessen 46
Echnaton 82
Egtved in Jütland 67
Einzelgräberkultur 42
Eisen 99
Eisenfunde 99
Eisenhandel 113
Eisentechnik 98
Eisenzeit 5, 91, 108
Eiszeitjäger 5, 14
Elch 29
England 59
Erntevölker 33 ff.
Etrurien 104
Familie 37
Familienhaus 37
Fauna 13
Faustkämpfe 108
Faustkeil 11
Feenfinger 61
Feldstuhl 62
Fell 33, 66
Felsbilder 5, 25, 76
Felsgravierung 15
Felsmalereien 25
Festzug 108
Feuerstein 33 ff.
Fibel 66
Fischerkulturen 5, 27
Flechten 53
Flora 9 ff., 25 ff., 33 ff., 57 ff., 98, 101
Fokos 91
Font de Gaume 20
Frau 53, 66
Frauentanz von Cogul 26
Friedhöfe 107
Fürstengräber 117, 123
Fußbecher 87
Gefäßmalerei 36
Gehöft 33 ff.
Geräte 5, 33
Germanen 5, 96, 97
Gesichtsurnen 113
Gesundheitspflege 57 ff.
Gewänder 66
Glasinac in Bosnien 108
Glauben 80
Glockenbecher 43
Glockenbecherkultur 5, 33
Gokstad 79
Golasecca-Kultur 6
Gold 57, 89
„Goldener Hut“ von Schifferstadt 85
Goldgefäße 62
Goldreichtum 5
Goldschmuck 57
Gonsenheim 44
Gottheit 80
Grab 5, 11, 63
Grabbräuche 77
Grabformen 46, 77
Grabmal 63
Grabriten 80
Griffangel 65
Griffzungenschwert 65
Groß-Gartach bei Heilbronn 46
Grubenwohnung 17
Haar 66
Hängebecken 74
Hallstatt 6, 111, 112
Hallstattzeit 117
Handel 94
Handelsbeziehungen 5
Handelsstraße 113
Handelsverkehr 89
Handwerker 83

Harpune 27, 30
Harth 38, 52
Haus 37, 73, 121
Hausgedanken im Grabbrauch 40
Haustiere 5, 26, 53
Hausurnen 73, 78, 106
Heiligtum 63
Helmsdorf 83
Henge 89
Henge-Denkmäler 63
Herodot 48
Herrensitze 50
Hesiod 98
Hethiter 94
Hirsch 27
Höhlen 15, 20, 30
Höhlenbär 14
Höhlenbilder 30
Höhlenlöwe 20
Hocker 22
Holz 66
Holzzeit 11
Homer 98
Homo Aurignacensis 9
Homo Neandertalensis 9
Honig 24
Hortfunde 92
Hortfund von Bygholm 64
Hügelgräberkultur 5, 84, 85
Hünengräber 40
Hund 26, 27
Hundersingen 118
Idole 53
Ilias 63
Illyria 96
Illyrier 5, 67, 97
Illyrische Sprache 97
Indogermanen 5, 56
Inschrift von Pasiega 18
Irland 81
Jägerkultur 5, 13
Jägertum 54
Jagd 12, 13, 25
Jagdmethoden 5
Jagdwild 5
Jordansmühl in Schlesien 53
Jütland 27
Judenburg 111
Jungsteinzeit 36, 49
Jungsteinzeitforschung 56
Jungsteinzeitliche Kunst 53
Jungsteinzeitliche Bauernkultur 28
Kaiser 96
Kamm 25, 61
Kampf 25, 108
Karelien 5, 27, 31
Karelische Felsbilder 31
Karl Schumacher 119
Karnak 61
Kelsterbach 41, 44
Kelten 5, 97
Keramik 5, 33, 34, 82, 87, 91
Kerbschnitt-Technik 85, 116
Kerlescan 61
Kermario 61
Kiesel 17
Klappern 87
Kleidung 5, 33, 66
Kleidungsstücke 51
Kleine Feldhofer Grotte 235
Klimaoptimum 100
Köln 34
Königsgrab 79
Körperpflege 67
Kommandostäbe 52
Kostjenki 17
Knochengerät 12
Kragenflaschen 39
Kreta 94, 95
Krieger 43, 108
Kugelamphoren 47
Kultbild 81
Kultform 5
Kulthöhle 19
Kultur der Muschelhaufen 5, 28
Kulturelles Leben 116
Kulturreste 49
Kultwagen 111
Kunst 5, 6, 18, 74
Kunsthandwerk 5, 33
Kupfer 58
Kupferkultur 58
Kupferperlen 44
Kuppelhütten 73
Labrador 33
Lacus Venetus 96
La Mouthe 17
Landwirtschaft 38
La Pasiega bei Puente Viesgo 18
Lausitzische Kultur 86
Laussel 20
Lebenserwartung 54
Leder 66
Le Roc 20
Le Roc in der Charente 18
Les Rideaux 10
Limfjord 27
Lindental 38
Literarische Überlieferung 81
Long barrows 90
Lüneburg 111
Lukrez 98
Lunulae 89
Luren 76
Lykurg-Münzen 99
Mäander 21, 105
Mainz 10
Mähren 17
Männer 26, 54
Magdalenenberg 117
Malocchio 114
Mammut 14
Mammutkälber 20
Mandibula Heidelbergensis 9
Marokko 59
Mas d'Azil 18
Mastabas 60
Mazedonien 48
Medinet Habu 99
Megalithgräber 5, 33, 39, 40
Megaron 50, 88
Menec 61
Menhire 61
Messingwerk von Ebenswalde 69
Metall 55
Metallhandwerk 107
Metallurgie 98
Metallzeit 60
Mikrolithen 12
Mineralien 11
Minos 94
Mischkulturen 5
Mitteldeutsche Mischkulturen 33
Mitteldeutschland 83
Mittelmeer 94
Mittelrheingebiet 83
Mittelsteinzeitlich 28
Mödling b. Wien 110
Monaco 11
Mondbilder 110
Muscheln 27
Muschelhaufen 27
Musik 5, 75
Musterkoffer von Koppenow 93
Mykene 94, 95
Neandertaler 9
Neolithikum 43
Neolithische Bauernkultur 55
Neuenheim bei Heidelberg 46
Neuere Wissenschaft 91
Nierstein am Rhein 46
Nordische Jungsteinzeitkultur 33
Nordische Bronzekultur 64
Nuraghen 60
Oberitalien 71
Odergruppe 6
Odermündung 42
Odyssee 92
Onegasee 31
Orkney-Inseln 55
Ornamentik 74
Oseberg 79
Oskar Montelius 64
Ovalbauten 73

Pectunculus 10
Peloponnes 95
Petersfelshöhle 11
Pfahlbaukultur 50, 89
Pfahlbauten 33, 48, 49, 88, 100, 121
Pfahlhausurnen 115 ff.
Pfeil 43
Pferd 54, 108
Pferd am Zügel 26
Pflug 33, 65
Pfostenhäuser 42
Pyramiden 60
Quibéron 62
Rad 71
Ramses' III 99, 100
Randbeil 65
Ras Schamra 100
Red lady 11
Reliefs 20, 108
Religion 57 ff.
Religiöse Vorstellungen 5
Ren 16
Rössener Kultur 46
Rom 96
Ronzano 65
Ruder, -er 78
Ruderbänke 78
Säntisgebiet 16
Säugetiere 29
Säule von Delhi 98
Salem-Alb-Kultur 119
Salz 111
Salzbergbau 111
Salzgewinnung 112
Salzmünde 46
Sammlertum 13
Sardinien 60
Sargons II. 99
Savignano 19
Scheibenrad 71
Scheide 67
Schiffe 5, 63, 71
Schlitten 71
Schmuck 5, 9, 10
Schnitztechnik 116
Schnurkeramik 5, 33, 41, 42
Schnurzonenbecher 44
Schrift 94
Schrifttexte der Ägypter 94
Schwedenhelm 36
Schweiz 88
Schweizer Seen 48
Schwert 67
Schwertstab 59
Seefahrer 72
Seeverkehr 92
Segelantrieb 70
Sesklo 50
Siebenbürgen 109
Siedlung 73
Siedlungsformen 6
Sigmaringen 11
Silber 57
Silberhandel 92
Sippen 37
Skandinavien 5
Ski 71
Soldaten 96
Sonnenkult 81
Sonnensymbol 63, 69, 81
Sonnentempel 63
„Sonnenwagen" von Trundholm 69
Soziales Leben 5, 33
Soziale Struktur 116
Spätdiluviale Zierkunst 35
Spanien 5, 25
Sparta 99
Speicherurnen 78
Spiralkeramik 50
Spiralmuster 36
Spitzen 27
Steiermark 110
Stein 12
Steinbauten 90
Steinbearbeitungstechnik 52
Steinbeil 34
Steingerät 34, 43
Steinreihen 62
Steinzeit 50
Steinzeitbauern 37
Steinzeitdorf 52
Stetten 20
Stonehenge 62
Straubinger Kultur 5
Streitäxte 42
Streitaxtkultur 5, 33, 41
Strettweg 111
Südwestdeutsche Rössen 46
Südwestdeutschland 6, 83
Tacitus 80
Tafelmusik 108
Tanz 25
Tauschhandel 51
Thaingen 20
Thüringen 36, 83
Tiefstichkeramik 39
Tiere 11
Tiglatpilesar I. 99
Töpferei 53
Ton 53
Tongefäße 34, 35, 68
Tonware 86
Totemismus 23, 54
Tote 43, 66
Totenkulte 77
Totenmasken 110
Transportmittel 69
Trassem an der Mosel 83
Trianguläre Dolche 59
Trinkbecher 69
Trinkhörner 87
Tripolje 36, 50
Trochus 10
Trois Frères 15
Troja 100
Tüllenbeil 65
Uferrandsiedlungen 49
Ugarit 100
Ungarische Bronzekultur 5
Ungarn 90
Ur-Germanen 96
Urnenfelderkultur 5, 86
Ursprünge der Germanen 5
Vasen 87, 124
Vendel in Upland 78
Venetikos kolpos 96
Venetische Kultur 6
Venus von Willendorf 10, 19
Vieh 37
Viehhaltung 72
Viehzucht 26
Viereckshäuser 73
Villanova-Kultur 6, 125
Villanova-Urne 109
Völkerwanderungen 45
Volkstrachten 67
Volo 50
Vorderer Orient 59
Waffe 12, 125
Wagen 5, 57 ff., 108, 109
Wagenrennen 108
Wagentypen 71
Wal 29
Wasserfahrzeuge 29, 70
Weben 53
Weißes Meer 31
Werkzeug 5, 11, 12, 35, 99
Wikinger 79
Wildkirchlihöhle 16
Wildpferd 15
Wildschwein 27
Wirtschaftliches Leben 5, 72
Wirtschaftsformen 6
Wisent 14
Wisternitz 19
Wohnung 5, 9, 16
Worms 83
Zahlungsmittel 74
Zauberkraft 80
Zelthütten 73
Zierstile 53
Zinn 58, 89
Zinn-Inseln 59
Zonenkeramik 43

Das alte China
(Bd. 4)

China in der Zeit der Kämpfenden Staaten, um 300 v. Chr.

(Nach A. Herrmann)

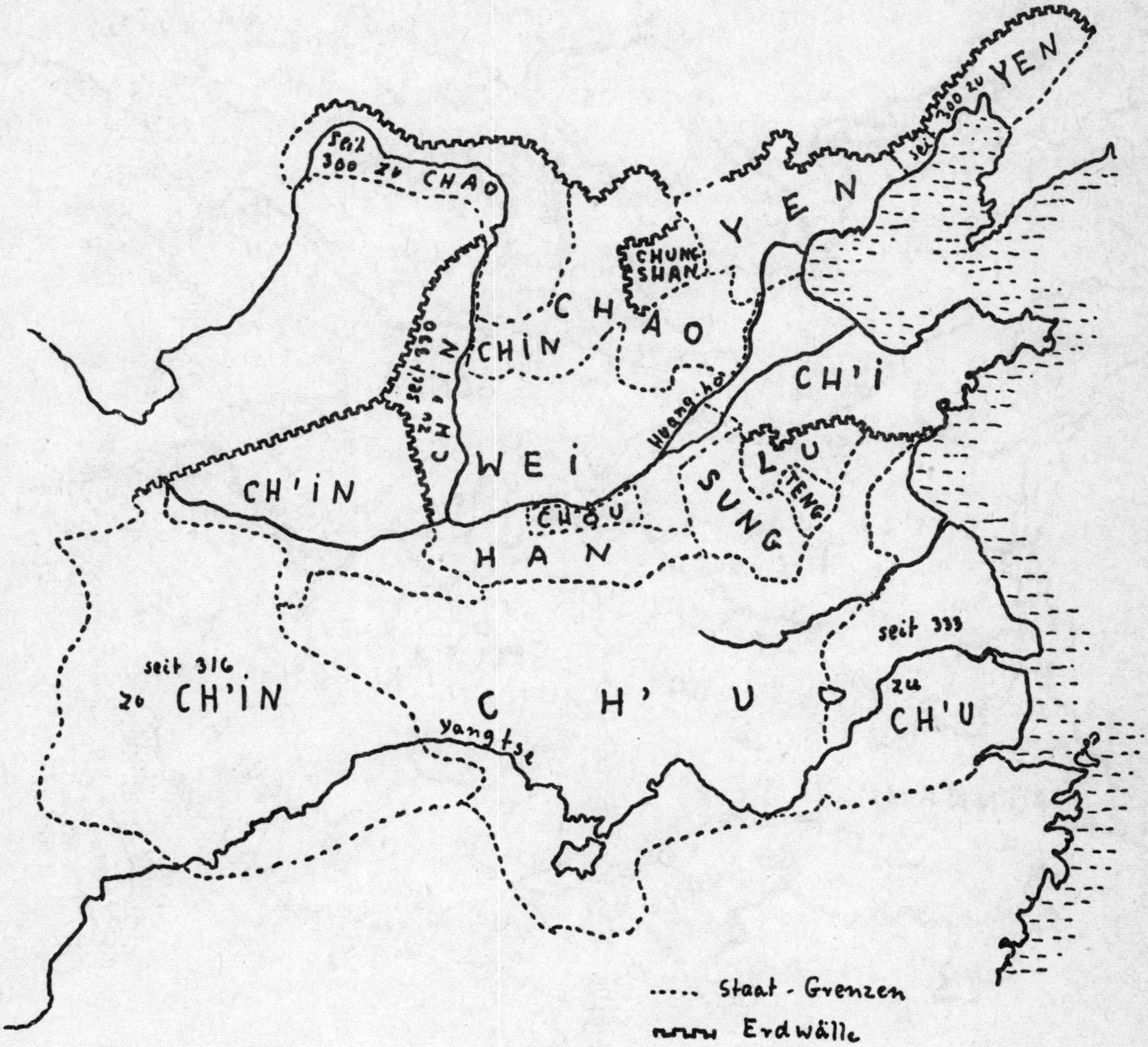

China in der Neuzeit

Zeittafel zur chinesischen Geschichte

Dynastien

Hsia	–1523 (1766)* v. Chr.		
Shang oder Yin	1523–1028 (1766–1122)		
Chou	1027 (1122)–256	West-Chou	1027–771
		Ost-Chou	770–256
		Frühling- und Herbst-Annalen	722–481
		Kämpfende Staaten	480–221
Ch'in	221–206		
Han	206 v. Chr. bis 221 n. Chr.	West-Han	206 v. Chr. bis 9 n. Chr.
		Hsin (Wang Mang)	9–23 n. Chr.
		Ost-Han	25–221 n. Chr.
Drei Königreiche	220–265		
West- und Ost-Chin	265–420		
Sechs Dynastien	420–581		
Sui	581–618		
T'ang	618–906		
Sung	906–1279		
Yüan	1260–1368		
Ming	1368–1644		
Ch'ing	1644–1912		

* In ( ) traditionelle Chronologie.

Inhaltsverzeichnis

Zeittafel 6
Anleitung für die Aussprache der chinesischen Wörter 6
I. Einleitung 7
II. Die Neusteinzeit 19
III. Shang 18
Stadtkultur – Dämonen 21
Sakralgefäße – Bronzekunst 31
Götter – I-ching 41
Schrift – Orakel – Kalender 46
Sklaven – Bauern – Krieger 50
Gerät – Schmuck – Bauten 53
IV. Chou 59
Politische Geschichte 60
Staat – Gesellschaft – Gelehrte 66
Religion – Kunst 70
Die klassischen Bücher 74
Konfuzius und seine Schüler 79
Mohisten – Legalisten 87
Der Taoismus 88
Kunst der Spät-Chou-Zeit 91
Literatur und Kunst in Ch'u 100
Die Kämpfenden Staaten – Kaiser Shih huang Ti 104
V. Han 108
Landbesitzer – Beamte – Gelehrte 108
Handel – Krieg – Aufstand 111
Kunst – Grabbeigaben – Gerät 113
Aberglaube – Bilder 118
Karten von China 121
Abbildungen 123
Erläuterungen und Quellennachweise der Abbildungen 217
Literaturhinweise 227
Register 230

Register

Aberglaube 119
Adel 52
Andersson 13
Anyang 39, 51
Astronomie 65
Aufstand 112
Bauern 26, 51
Baukunst 117
Bauteile 57
Bauten 54
Beamte 109
Bibliothek 86
Bilder 119
Bilderschrift 47
Bronzekunst 31
Bücher 77
Bürger 31
Ch'ang-sha 102
Chia 33
Chih 33
Ch'in 6
Ch'ing 6
Chou 60, 6
Chou-Zeit 40, 92, 117
Ch'u 101
Chüeh 33
Dämonen 21
Der Taoismus 89
Die klassischen Bücher 74
Drachen 28
Drei Königreiche 6
Eberhard 12, 13
Elefant 29
Eule 29
Florance Waterbury 26
Form 33
Frau 47
Fürst von Pao 65
Gebäude 18
Gebrauchsstücke 55
Gefäße 18, 31
Gelehrte 66, 109
Gerät 54, 114
Geschichtsschreibung 48
Gesellschaft 66
Glauben 29
Götter 41
Grabbeigaben 114, 119
Grabräuberei 7
Großplastik 55
Han 109, 6
Handel 112
Han-Zeit 116
Hao 64
Hasen 29
Haustier 25
Hentze 15, 26, 28
Herrenschicht 56
Herrscher 25, 65
Himmel 40
Hirsch 29
Honan 13
Hsia 18, 6
Hsia-Dynastie 18
Hsin 6
Hsi Wang Mu 64
Hu 32
I-ching 41, 43
Ideale 67
Inschriften 18
Instrumente 34
Jade 55
Jäger 25
Jägerkultur 40
Kaiser 113
Kaiser Shih Huang Ti 105
Kalender 46
Kansu 13
Kansu-Keramik 14
Kaufleute 66
Keramik 13, 30
Kind 47
Knochenorakel 50
Kochtopf 31
König 63
Königsnamen 19
Königs Yu 65
König Wen 61
König Wu 61
Konfuzius 80
Kosmos 45
Krieg 25, 52, 112
Krieger 51, 54
Kriegszüge 58
Ku 34
Kuei 32
Künstler 39
Kult 31
Kultur der schwarzen Keramik 16
Kunst 30, 54, 70, 92, 101, 114
Lackarbeit 103
Landbesitzer 109
Legalisten 88
Lehnsherren 65
Lei-wen 31, 39
Literatur 53, 73, 101
Loehr 19
Loyang 64
Lung-shan 50
Lung-shan-Schrift 17
Lun-yü 81
Machtkämpfe 66
Mann 53
Menschenopfer 51
Ming 6
Mohisten 88
Münzen 69
Musiker 34
Naturkräfte 14
Nordchina 13
Oberschicht 54
Opfer 31
Opfergeräte 37
Orakel 45, 46
Ornamentik 25
Ost-Chou 6
Ost-Han 6
P'an 34
Pao Szu 65
Pflanzen 14
Plastik 40
Politische Geschichte 60
Priester 54
Reichtum 59
Reiswein 31
Religion 35, 54, 70
Rhinozeros 29
Riten 15
Sakralbronzen 18
Sakralgefäße 31
Schmuck 18, 54
Schrift 46
Schriftkundige 54
Schriftzeichen 47
Sechs Dynastien 6
Shang 18, 6
Shang Ti 42

Shang-Zeit 25
Shansi 18
Shantung 16
Shê 42
Shih Huang Ti 112
Sinanthropos Pekinensis 12
Sklaven 51
Skulpturen 55
Staat 66
Staatsmacht 59
Stadt 31, 54
Stadtkultur 21
Städtische Kultur 69
Stilmerkmale 38
Sui 6
Sung 6
Symbole 15, 25
T'ang 6
Tao 59
T'ao-t'ieh 25, 39
Tauschwirtschaft 69
Technik 36
Tiere 14
Tiger 29
Tradition 20
Untertan 53
Vasallen 64
Vater 47
Verwaltungsbeamte 54
Wachs 35
Waffen 18, 37, 52
Wahrsager 54
Wang Mang 113
Wasserbüffel 29
Waterbury 28
Wei-Tal 64
Weltanschauung 43
West-Chou 6
West-Han 6
West- und Ost-Chin 6
Wild 29
Yang 40, 45
Yang-shao 13
Yin 29, 40, 6
Yu 32
Yüan 6

Die Welt der Bibel

(Bd. 5)

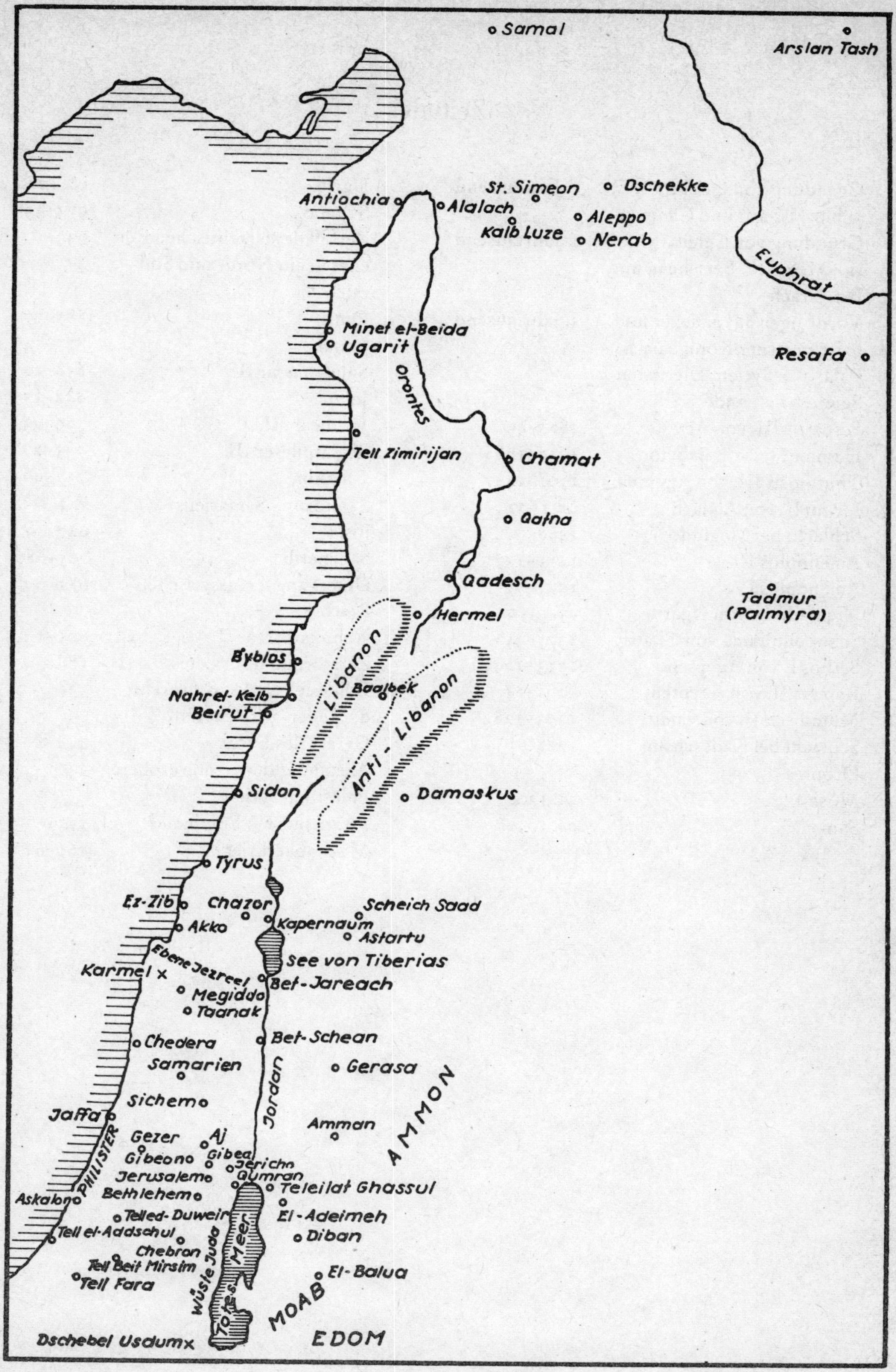

Samal
Arslan Tash
St. Simeon
Dschekke
Antiochia
Alalach
Aleppo
Kalb Luze
Nerab
Euphrat
Minet el-Beida
Ugarit
Resafa
Orontes
Tell Zimirijan
Chamat
Qatna
Qadesch
Tadmur
(Palmyra)
Hermel
Byblos
Libanon
Baalbek
Nahrel-Kelb
Beirut
Anti-Libanon
Sidon
Damaskus
Tyrus
Ez-Zib
Chazor
Scheich Saad
Akko
Kapernaum
Astartu
Ebene Jezreel
See von Tiberias
Karmel
Bet-Jareach
Megiddo
Taanak
Chedera
Bet-Schean
Samarien
Gerasa
Sichem
Jordan
AMMON
Jaffa
Amman
Gezer
Aj
Gibeon
Gibea
Jericho
Jerusalem
Qumran
Teleilat Ghassul
PHILISTER
Askalon
Bethlehem
El-Adeimeh
Telled-Duweir
Tell el-Addschul
Diban
Chebron
Tell Beit Mirsim
El-Balua
Tell Fara
Wüste Juda
Totes Meer
MOAB
Dschebel Usdum
EDOM

Zeittafel

Gründung von Jericho, Byblos, Ugarit und Chamat	5. Jahrtausend
Gründung von Teleilat Ghassul, Megiddo, Betschean und Bet-Jerach	4. Jahrtausend
Vordringen ägyptischer und babylonischer Könige nach Palästina-Syrien, Die ersten Semiten im Lande	3. Jahrtausend
Sesostris III. von Ägypten	1887–49
Hammurapi von Babylon	1730–1688
Thutmosis III. von Ägypten	1501–1447
Idrimi II. von Alalach	ca. 1500
Schlacht bei Megiddo	1468
Amenophis III.	1411–1375
Amenophis IV.	1375–57
Niqmadu II. von Ugarit	ca. 1350
Schuppiluliuma von Chatti	1375–35
Sethos I. von Ägypten	1313–1292
Ramses II. von Ägypten	1292–25
Mutallisch II. von Chatti	1303–1282
Schlacht bei Kadesch am Orontes	1288
Mose	ca. 1200
Saul	ca. 1050

David	ca. 1000
Salomo	973–33
Zerfall des israelitischen Reiches in ein Nord- und Südreich	933
Omri	887–77
Achab	877–54
Salmanassar III.	858–24
Jehu	842–15
Jerobeam II.	783–43
Tiglatpileser III.	745–27
Chizkija	727–699
Zerstörung Samariens	722
Josia	640–09
Sancherib	705–680
Untergang des assyrischen Reiches	612
Nebukadnezar II.	605–562
Zerstörung Jerusalems	586
Edikt des Cyrus, Rückkehr der Juden aus dem Exil	538
Gesetz des Ezra	444
Alexander der Große erobert Palästina-Syrien	330
Antiochus IV. Epiphanes	175
Makkabäerkrieg	166–64

Inhaltsverzeichnis

I. Das Land und seine Lage 7

II. Die ersten drei Jahrtausende 10

III. Die Blütezeit der kanaanäischen Kultur 16
1. Der Kampf der Großmächte um Palästina-Syrien 16
2. Die Zeit von El-Amarna 19
3. Die kanaanäischen Stadtkönigtümer 28
4. Das religöse Leben der Kanaanäer 36
5. Kunst und geistige Kultur der kanaanäischen Zeit 49

IV. Israel und seine Nachbarn 59
1. Die Philister. Mose und die Richter 59
2. Einführung des Königtums – Saul, David, Salomo 71
3. Teilung des Reiches Israel 79
4. Untergang der beiden israelitischen Staaten 86
5. Religion, Kunst und Literatur im israelitischen Volkstum 91

V. Nachwort: Der Einbruch der griechisch-römischen Welt 112
Zeittafel 119
Tafeln 123
Erläuterungen und Quellennachweise der Abbildungen 233
Literaturhinweise 241
Register 243

Register

(in alphabetischer Folge)

Abdi-Chepa 23
Abimelek 71
Abraham 99
Abschalom 76
Achab 81
Achazja 83
Achmose 17
Adonija 76
Ächtungstexte 17
Ägäische Inseln 58
Ägypten 9
Ägyptische Dynastien 17
Ägyptische Kunst 58
Afrika 9
Aj 68
Alalach 33
Aleppo 8, 18, 33, 117
Alexander der Große 114
Alphabet 26
Altar 47
Altchristliche Baukunst 117
Altes Testament 24, 52, 72
Altsemitische Grabinschriften 34
Altsemitische Schrift 26
Amenophis II. 19
Amenophis III. 19
Ammoniter 70
Amon 29
Amos 62, 84, 93
Amurru 21
Anat 38, 54
Anatolien 9, 58
Antilibanon 8
Antiochia 117
Antiochus IV 114
Apis 29
Araber 8
Asarhaddon 89
Aschdod 62
Asien 9
Askalon 25, 62
Assyrische Könige 34
Aufstand des Bar Kochba 115
Avaris 17
Baal 37
Baalbek 117
Babylonien 14
Babylonier 112
Babylonische Mythen 95
Babylonische Schrift 20
Bar-Rekub 33
Basiliken 117
Batscheba 76
Bau 100
Bauten 116
Beerdigung 10
Beethoven 98
Beirut 8
Benajahu 76
Benhadad I. 32
Benhadad II. 32, 81
Benhadad III. 32
Benjamin 72
Berg Jahwes 93
Beruta 34
Beschneidung 99
Bethlehem 117
Betschean 13, 15, 35
Bibel 52, 77, 83
Bibliotheken 28
Biblisches Königsbuch 82
Biblische Quellen 67
Bildad 106
Bildhauerkunst 50
Briefe 21, 109
Bronze 49
Buch der Psalmen 94
Buch der Richter 68
Buch des Predigers 108
Buches der Könige 76
Buches Hiob 95, 106
Buchstabenschrift 51
Bund der Stadtkönige 67
Bundesbuch 66, 99
Byblos 13, 29, 34
Byzanz 117
Chabiru 22
Chabiru-Hebräer 17, 29
Chaggit 76
Chamat 32
Chaschekem 14
Chasmonäer 115
Chattuschil III. 25
Chazael 32
Chebron 75
Chederā 13
Chirichibi 46
Chizkija 87
Chons 29
Christen 96
Christliche Urgemeinde 116
Christus 66, 116
Churaja 97
Cl. Schaeffer 26
Cromlech 11
Dämonen 13
Damaskus 8, 32, 83
Das Gesetzbuch 89
David 71, 73, 76, 102
Debora 8
Delila 71
Diadochen 114
Dichtkunst 79
Die Jagden Baals 47
Dolmen 10
Doppelgottheit Koschar-Chasis 53
Dor 30
dramatische Psalmen 104
Ebene von Jezreel 7
Ed. Dhorme 25
Ehe 98
Ehebruch 99
Einbruch der griechisch-römischen Welt 112
Eisens 62
Ekron 62
El 39
El-Amarna 19, 22
Elat von Sidon 34
Elefantenjagden 18
Elfenbeinarbeiten 50
Elia 81
Eliphaz 106
El-Kubbi 35
Ephraim 32
Epiphanes 114
Epos 51
Epos von Daniel 52, 99
Epos von Kuriti 97
Epos von Kuriti und Churaja 55
Erbe 99
Eschbaal 75
Eschmunazer II. 34
Euphrat 18
Europa 9
Ezechiel 112
Ezras 108
Fabel 105
Familie 98
Familienrecht 99
Fayence 50
Felszeichnungen 10
Frau 22, 99

Freigrab 49
Fürst 30
Fürsten von Byblos 29
Fürsten von Palästina 17
Fürst Rib-Addu 29
Fürst von Byblos 21, 30
Fürst von Sichem 21
Gapan 38
Gat 62, 73
Gaza 18, 62
Gebete 94
Gedankenwelt 97
Gehorsam 99
Geistige Kultur 49, 51
Gerasa 117
Gesangbuch der alttestamentlichen Welt 94
Geschichtsdarstellung des Alten Testamentes 69
Geschichtsschreibung 109
Gesetzbuch 89
Gesetzesparagraphen 99
Gesetzgeber 63
Gibea 71
Götterfiguren 15
Götter Schu 29
Götterwelt 19, 36
Göttin Ascherat 39
Gold 29, 49
Gott 23, 54, 69, 80
Gottesknechtslieder 94
Gottheit Koschar-Chasis 41
Grabkammer 100
Griechen 35
Großmächte 16
Gubla 25
Gudea von Lagasch 14
Haartracht 13, Titelbild
Häuser 51
Hafen 30
Haifa 35
Handelswege 9
Harem 79
Hathor 29
Hausurnen 13
Hebräern 22
Hebräische Handschriften 115
Heilmittel 51
Herkunft der Philister 62
Hermel 117
Herodes der Große 115
Heroensagen 96
Hethiter 22, 29, 60, 75
Hethiterkönig Murschil I. 18
Hiob 106
Hofstil 21
Hohes Lied 103
Holz 30
Hosea 84
Hyksos 17
Hymnen 116
Idrimi II 33
Ilim-ilimma 33
Illyrier 63
Inschriften 30
Insel Kaphtor 62
Isis 29
Israel 25, 59
Israelitisches Volkstum 92
Jagd 10, 47
Jahwe 64, 112
Jakob 93, 99
Jam 46
Jamchad 33
Jarim-Lim 33
Jechimelek 31
Jehu 83
Jenoam 25
Jenseits 96
Jeremia 62
Jericho 8, 11
Jerobeam I. 80
Jerobeam II. 84
Jerusalem 75, 113
Jesaja 8, 86
Jezreel 83
Joachaz 90
Joasch 84
Jojaqin 90
Joram 82
Jordan 8
Jordantal 35
Joschapat 82
Josua 67
Juda 75, 113
Jude 108
Judentum 114
Jüdische Sekten 116
Jünger 83
Kaiser Augustus 115
Kalender 110
Kanaan 25
Kanaanäer 36
Kanaanäisches Baal 68
Kanaanäische Kultur 16
Kanaanäische Psalmenfragmente 23
Kanaanäische Stadtkönigtümer 28
Kanalanlage 35
Kanon 109
Karawanen 78
Karmel-Gebirges 7
Karthago 35
Keilschrift 25
Keilschrift-Alphabet 26
Kilwa 10
Kinder 22, 99
K. Kenyon 11
Kleidung 100
Kloster 117
König 30
König Cyrus von Persien 112
König des Sommers 46
König Thutmosis IV. 19
König Josija 89
König Niqmadu 28
König Psammetich I. 89
König Achiram 30
König Amenemhet 16
König Sancherib 87
Königsbuch 109
König Sethos I. 24
König Mescha von Moab 82
König von Chazor 67
König Thutmosis III. 17
Königtum 71
König von Ägypten 23
König von Alaschia 22
König von Babel 96
König von Ugarit 22
Körperpflege 100
Kreta 62
Kreter 62
Krieg der Söhne des Lichtes mit den Söhnen der Finsternis 116
Kult 47
Kultgerät 48
Kultische Lieder 103
Kultus 95
Kunst 49, 91
Kunstgewerbe 101
Kunstwerke 116
Kupfer 62
Lea 99
Lederrollen 115
Legende 109
Lehrer der Gerechtigkeit 116
Leontes 8
Leviratsehe 99
Libanon 8
Libyen 25
Liebeslieder 103
Lieder des Lamek 102
Literarische Quellen Ägyptens 14
Literatur 91, 102
Liturgische Hymne 94

L. Woolley 33
Makkabäerkriege 115
Malereien 13
Manasse 88
Manetho Hyksos 17
Mann 22, 99
Marquet-Krause 14
Materielle Kultur 100
M. Dunand 25
Megalithkultur Palästina-Syriens 10
Megalithleute 13
Megiddo 8, 13, 35, 77
Memphis 29
Menhire 10
Mernephta 25
Mesopotamien 9, 29, 58, 112
Messianische Idee 92
Messias 77
Micha 93
Midianiter 64, 67
Mo 37
Moabiter 70
Mondgott Jareach 46
Monotheismus 98
Mose 59, 60, 63, 89
Murschil II. 24
Mythen 47
Mythendichtung 51
Mythologie 95
Mythos 95
Mythos vom Kampfe des Baal mit dem Meeresgotte Jam 45
Mythos von Anat 37
Mythos von Nikal 46
Naram-Sin 14
Natur 97
Naziräer 68
Nebukadnezar 32
Nebukadnezar II. 91
Nehemia 113
Neko II. 90
Neues Testament 66, 96
Nildelta 17
Niqmadus II. 28
Niqmepa 33
Nordreich 82, 84
Novelle 107
Nubien 19
Omar-Moschee 78
Omri 83
Ordensregeln 68
Orontes 8
Palästinafahrer 117
Palästina-Syriens 7
Palmyra 116
Panamu 33
Paradies 96
Patriarchen 59
Pekach 86
Pentapolis 62
Petra 117
Pferde 7
Pharaonen 20
Pharisäer 115
Philister 59, 62
Philister Goljat 16
Phönizier 35
Polygamie 99
Prediger 108
Predigt 96
Priester Zadoq 76
Prinzessin Ita 16
Privates Leben 98
Propheten 62, 69, 92
Prophet Elia 82
Prophet Elisa 8
Prophet Ezechiel 62, 94
Prophet Hosea 93
Prophet Jeremia 65, 91
Prophet Jesaja 93
Prophet Nathan 76
Prophet Zephanja 62
Psalme 19, 20, 104
Psalm Amenophis' IV. 19
Ptolemäer 114
Qadesch am Orontes 29
Qatna 16, 32
Quellen 16
Rachegesang 102
Rachel 99
Rätsel 104
Ramses II. 25, 30
Rechabeam 79
Rechtsleben 51
Rechtsordnung 67
Redensarten 104
Reformatoren 63
Regelbuch 116
Regenzeiten 10
Rekabiten 69
Religiöses Leben 36
Religiöse Lyrik 51, 65, 94
Religion 63, 91
Resafa 117
Richter 59
Rundbau 11
Sachure 14
Sadduzäer 115
Sage 8, 63
Sage von der Sintflut 96
Salomon 71, 76, 78
Samal 32
Samaritanerin 66
Samuel 72
Samuelis-Bücher 109
Sarah 99
Sargon I. 14
Saul 71, 96, 102
Schalen 50
Schattenreiche der Toten 96
Schiff 14, 30, 62
Schimschon 71
Schmuck 100
Schrift 25
Schriftpropheten 92
Schularbeiten 51
Schulbetrieb 51
Schupiluliuma 28
Sebaste 117
Seevölker 61
Seleukiden 114
Sendschirli 33
Sethos I. 30
Sidon 34
Siegeslied 102
Silber 29, 49
Sinaitische Schrift 26
Sinuche 16
Sklavin 99
Sonne 12, 19
Sonnengöttin Schapasch 42
Sonnenhymnus Amenophis' IV. 19
Sphinx 16
Sprache 20
Sprichwörter 104
Spruchdichtung 104
Spruchsammlungen 106
Staat 62
Staat von Samal 33
Stadtkönigtümer 14, 29
Stadt Megiddo 18
Stammeszeichen 99
Statthalter 115
Steinkiste 13
Steinzeit 10
Stele 35
Sternenkult 12
Strafgericht Gottes 94
Südreich 82, 83
Sündenfall 96
Symbolik 12
Syrien 8, 15, 30
Syrische Küstenstädte 34
Taanak 8
Tadmur 116

Taku 33
Teilung des Reiches Israel 26, 79
Teleilāt-Ghassūl 13
Tell 8
Tell ed-Duweir 92
Tell-el-Mutesellim 35
Tempel 30
Tempel zu Jerusalem 78
Thot 29
Thutmosis I. 18
Thutmosis III. 18, 19, 29
Tierarzenei 51
Tiglatpileser III. 32
Tirhakas 32
Todesgott Mot 42
Töpfe 50
Totes Meer 115
Trauerlied 104
Tudchaliasch II. 19
Tyrus 32, 34
Ugar 38
Ugarit 26, 29, 34
Untergang der beiden israelitischen Staaten 86
Unterwelt 43
Unterweltsmythos 96
Urkunden 115
Vater 99
Verkehrsstraße 78
Volk Israel 68
Volkslied 102
Waffen 10
Wasserleitungen 51
Weisheitsliteratur 105
Welt der Toten 48
Welt des Okkultismus 96
Wissenschaft 110
Wohnungsgrab 49
Zauberei 96
Zehn Gebote 64
Zinn 62
Zophar 106

Kreta, Mykene, Troja
(Bd. 6)

THRAKIEN
MAKEDONIEN
THESSALIEN
Olymp
Dardanellen
Troia
Lemnos
Poliochni
Korfu
IONISCHE INSELN
Dimini
Sesklo
Thermi
Lesbos
Leukas
EUBOIA
BOIOTIEN
Orchomenos
Chios
ATTIKA
PELOPONNES
ELIS
Kakovatos
Korinth
Athen
ARGOLIS
Mykene
Tiryns
ARKADIEN
Aigina
Samos
Syros
Delos
MESSENIEN
LAKONIEN
Paros
Naxos
Siphnos
Pylos
Vaphio
Amorgos
Phylakopi
Melos
Kap Malea
Thera
Kythera
KRETA
Knossos
Golf v. Mirabello
Jda
Mallia
Mesara
Pseira
Palaikastro
Hagia Triada
Phaistos
Gournia

Zeittafel der minoischen Kultur

	Chronologisches System von N. Platon	Absolute Chronologie	Vergleich mit dem System von Evans	Vergleich mit der ägyptischen Chronologie	Vergleich mit der mesopotamischen Chronologie
Protominoische Zeit	*Neolithikum*		*Neolithikum*		Perioden von Hassuna Samarra, Halaf (V. Jahrtausend)
	Frühneolithisch I	6000–4000	Frühneolithisch	*Vordynastisch* (vor 3100)	
	Frühneolithisch II		Mittelneolithisch		Periode von Obeid (um 3500)
	Mittelneolithisch	4000–3000		*Frühdynastisch* I.–III. Dynastie (3100–2612)	Periode Djemdet Nasr (um 3000)
	Spätneolithisch	3000–2600	Spätneolithisch		
	Vorpalatiale Zeit		*Frühminoisch*	*Altes Reich*	
	Phase I	2600–2400	Frühminoisch I	IV.–V. Dynastie (2612–2280)	Erste Dynastie von Ur (um 2500)
	Phase II	2400–2200	Frühminoisch II		Priode von Akkad (2400–2200)
	Phase III	2200–2000	Frühminoisch III Mittelminoisch Mittelminoisch Ia	*I. Zwischenreich* VII.–X. Dynastie (ca. 2280–2040)	Invasion der Gouti (um 2200) Neusumerische Zeit (um 2100)
Minoische Zeit	*Paläopalatiale Zeit*				Dritte Dynastie von Ur
	Phase I	2000–1900	Mittelminoisch Ib	*Mittleres Reich* XI.–XIII. Dynastie (2133–1625)	Erste Dynastie von Babylon (1894–1595)
	Phase II	1900–1800	Mittelminoisch IIa		
	Phase III	1800–1700	Mittelminoisch IIb		Hammurabi (1792–1750)
	Neopalatiale Zeit			*II. Zwischenreich* (Hyksos) XIV.–XVII. Dynastie	
	Phase I	1700–1600	Mittelminoisch IIIa, b	(1720–1527)	
	Phase II	1600–1450	*Spätminoisch* Spätminoisch Ia, b	*Neues Reich* XVIII. Dynastie (1570–1320)	
	Phase III	1450–1400	Spätminoisch II		
	Postpalatiale Zeit				Kassitische Dynastie (1595–1155)
	Phase I	1400–1320	Spätminoisch IIIa	XIX. Dynastie (1320–1200)	
	Phase II	1320–1260	Spätminoisch IIIb		
	Phase III	1260–1150		XX. Dynastie (1200–1085)	Tiglath-Phalasar I. König von Assyrien und Babylonien (1116–1078)
	Subminoische Zeit	1150–1000	*Subminoisch*		

Zeittafel

Alle diese Zahlenangaben sind auf mittelbarem Wege durch Verbindungen mit der ägyptischen und vorderasiatischen Chronologie gewonnen. Sie stellen daher nur allgemeine Annäherungswerte dar.

1. Kreta

Bis 2600	Neolithikum und Subneolithikum.
2600–2000	Minoische Frühzeit, Frühminoisch I–III, Hafenstädte in Ostkreta, Rundgräber in der Mesara, Siegel, Bilderschrift.
2000–1700	Zeit der ersten Paläste, Mittelminoisch I–II, Kamareskeramik.
1700–1400	Blütezeit der Paläste, Mittelminoisch III–Spätminoisch II.
	A) 1700–1500 Blüte des Naturalismus, Linearschrift A.
	B) 1500–1425 Palaststil in der Keramik, Linearschrift B, Eindringen der Achäer.
Um 1400	Zerstörung von Knossos.
1400–1150	Minoische Spätzeit, Spätminoisch III.
1150–1050	Subminoische Zeit.
1050 ff.	Geometrische Zeit.

2. Griechenland

Bis 2500	Neolithikum, Sesklostufe.
2500–2300	Subneolithikum, Diministufe.
2500–1900	Frühhelladische Kultur, Urfirniszeit.
1900–1570	Mittelhelladische Kultur, Eindringen der Achäer.
1570–1500	Frühmykenische Kultur, Schachtgräberzeit.
1500–1400	Mittelmykenische Kultur, Vordringen der Achäer nach Kreta.
1400–1125	Spätmykenische Kultur.
Um 1150	Zerstörung von Mykene und Tiryns, Ägäische Wanderung.
1125–1050	Submykenische Kultur, Ende der Bronzezeit.
1050–700	Geometrische Kultur, Griechische Frühzeit.
750–700	Homer, Ilias und Odyssee.

3. Troia

2600–2400	Troia I, Beginn der Metallzeit.
2400–2200	Troia II, Schliemanns Ilion, Zerstörung durch Brand.
2200–1750	Troia III–V, Übergangserscheinungen.
1750–1300	Troia VI, Zerstörung durch Erdbeben.
1300–1240	Troia VII A, Wiederaufbau von VI, Zerstörung durch Eroberung.
1240–1100	Troia VII B, Eindringen der Phryger aus dem Balkangebiet.
1100 ff.	Troia VIII, Beginn der Eisenzeit, griechische Besiedelung.

Inhalt

I. Die Voraussetzungen 7

II. Der Aufstieg 11
Ausklang der Steinzeit 11
Die frühe Metallzeit 15
Troja 15
Das griechische Festland. Die frühhelladische Kultur 22
Die Kykladen 26
Kreta. Die frühminoische Kultur 28

III. Das Inselreich des Minos 37
Paläste, Städte, Gräber 37
Das Menschenbild 55
Gesellschaft und Wirtschaft 61
Religion und Kultus 68
Kunst und Kunsthandwerk 73
Geschichtliches 88

IV. Die griechische Heldenzeit 90
Burgen und Gräber 90
Das Menschenbild 104
Staat und Wirtschaft 111
Religion und Kultus 117
Kunst und Kunsthandwerk 118
Ausgang und Neubildungen 121

Zeittafel 125

Tafeln 129

Erläuterungen und Quellennachweise der Tafeln 201

Literaturhinweise 207

Namen- und Sachregister 209

Namen – Sachwortregister
(in alphabetischer Folge)

Abendland 43, 68
Abgabe 62
Absolute monarchische Gewalt 116
Achäer 116
Achäerinnen 110
Achat 34
Ackerbauer 11
Ackerbürger 52
Adel 42
Aeneolithikum 17
Ägäis 13
Ägäisches Meer 31
Ägypten 7, 31, 35, 37, 66, 87, 113
Ägyptische Pyramide 95
Affe 34
Afrikanische See 31
Agamemnon 90, 122
Ahnenkult 101
Aigisthos 101
Akrobaten 57
Akropolis 11
Akropolis von Athen 98
Alabanda 36
Alabasterplatten 42
Alte Welt 8
Altertum 43, 101
Amethyst 34
Amnisos 52, 65, 70
Amorgos 26
Amphoren 19, 87
Ano Englianos 98
Antike Kunst 43
Aphidna 118
Arbeiter 63
Architektur 102
Argolis 65, 90, 96
Argos 23, 90
Ariadne 29
Arkalochori 70
Arthur Evans 29
Arzt 65
Askoi 24
Askos 27
Aspis 98
Athen 11
Athena 118
Athena Nike 98
Atride Agamemnon 90
Atriden 98
Ausgang und Neubildungen 5
Ausklang der Steinzeit 5, 11
Außenhandels 66

Bad 43
Badezimmer 97
Bäcker 65
Bäume 72
Barbotineware 33
Bastion 93
Bauformen 103
Baugeschichte 43
Baukunst 92
Baumeister 96
Baumgöttin 73
Baumkultus 70
Becher 19, 84
Berggöttin 73
Bergkristall 34
Beter 56
Beterinnen 60
Beute 101
Beutezüge 112
Bewaffnung 57, 107
Bienen 64
Bilder 56, 78
Bilderschrift 69
Blütezeit 35, 65
Böttcher 65
Bogen 57
Bogenmacher 65
Boiotien 12
Brennstoff 64
Bronzen 82
Bronzezeit 23, 121, 122
Bruchstein 16
Brücken 65
Buchhalterstil 63
Buchstabenschrift 123
Buchungen 65
Burg 16, 23, 26, 92
Burgberg 92
Burgen und Gräber 5, 90
Burgmauer 93
Burg von Mykene 89, 96

Candia 37
Chalandriani 26
Cilicien 114
Cypern 65, 67, 114

Daidalos 29
Dalmatien 65
Dardanellen 116, 122
Das griechische Festland 5
Das Inselreich des Minos 5
Das Menschenbild 5
Dattelpalme 64
Deckelbüchse 27
Dekorative Kunst 86
Delos 7
Dendra 98
Denkmäler 95
Der Aufstieg 5
D. G. Hogarth 30
Die frühe Metallzeit 5, 15
Die griechische Heldenzeit 5
Die Kykladen 5
Die Voraussetzungen 5
Dimini 44, 95
Diminischicht 14
Diskos von Phaistos 61
D. Mackenzie 30
Dörfer 32
Dörpfeld 96
Doris 121

Dorische Wanderung 91, 121
Dromos 55, 101

Eigentum 33
Eileithyia 70
Einfamilienhäuser 52
Einfuhr 64
Elfenbein 31
Empfangsbau 52
Ephesos 90
Epiphanie 69
Epiphanieglauben 72
Erdbeben 89, 122
Erdgöttin 73, 118
Erdgottheit 97
Euboia 65
Euphrat 67

Fabelwesen 69
Fallgrube 97
Faustkämpfer 57
Fayence 31, 82
F. Chapouthier 30
Feier 68
Festland 113
Festungskommandanten 97
Festungsmauer 16
Festungswerke 97
F. Halbherr 30
Flotte 67
Formensprache 35
Frauen 33, 56, 68, 108
Frauenbilder 28
Frauenwohnung 97
Fresken 119
Freskomalerei 42, 74, 95
Frühhelladische Kultur 25
Frühminoische Kultur 28
Frühzeit 70
Fürsten 52, 117

Gärten 64
Gebet 60
Geschichtliches 5
Geschmeide 17, 33
Gesellschaft 61
Gesellschaft und Wirtschaft 5
Gesichtsvasen 19
Getreide 62
Getreidearten 64
Gewebe 31, 63
Gewerbe 67
Gewicht 64
Gewürze 64
Glockenrock 33
Götter 56, 68, 69
Götterwelt 118
Göttin 69
Gold 17
Goldenes Zeitalter 91
Goldschmied 65
Goldschmuck 17
Golf von Navarino 98
Golf von Mirabello 31
Gottesverehrung 70
Gottheit 68
Gournia 32, 50, 52, 87
Grabbau 53
Grabbeigaben 32
Grabform 100, 101
Grabhöhlen 13
Grabkammer 52
Grabpalast 55
Gräber 32, 52
Gräberkult 70
Gräberrund 94
Griechenland 8
Griechische Heldenzeit 90
Griechische Kunst 59
Griechisches Festland 91
Griechischer Mythos 73
Großmacht 114
Gruft 53
Güteraustausch 31

Haar 56, 59
Häuser 32, 51
Hafen 65
Hafenstädte 31
Hagia 53
Hagia Triada 30, 49, 64, 69, 70
Hagios Andreas 26
Hagios Elias 92
Hagios Kosmas 26
Halle 50
Handel 24, 52
Handelsbeziehungen 31
Handelswege 115, 123
Handwerk 65
Handwerker 115
Hauptfarben 75
Haupthafen 65
Hauskapellen 68
Heeresorganisation 90
Heiligtümer 33, 63, 68, 69
Heizungsanlage 42
Heldensage 56
Hellenismus 43, 69
Helm 57
Helmtypen 57
Herden 62
Heroenglauben 117
Heros 117
Herren 112
Herrenhäuser 32, 52
Herrin der Tiere 73
Hethitisches Reich 122
Hierapetra 31
Hieroglyphen 34
Hieroglyphenschrift 61
Hochsitz 97
Höhlen 70
Höhlengrab 102
Höhlenkult 70
Hofadel 52
Hofmauer 16
Hoftracht 33, 59
Hohlmaße 64
Holz 16
Holzfäller 65
Homer 7, 8, 29, 58, 90
Hügelgrab 24

Iberische Halbinsel 95
Ida 70
Idole 68
Ilias 29, 90
Illissos 36
Illyrisch 121
Indogermanisch 62
Inschriften 61
Iran 12
Isopata 55, 66
Iuktas 37, 70

Jäger 65
Jägerin 73
Jagd 57, 60, 112
Jagdwild 64
Jaspis 34
J. D. S. Pendlebury 30
J. Hazzidakis 30
John Chadwick 61
Jüngere Steinzeit 14
Jungen 34

Kairatos 38
Kamaresmalerei 87
Kamaresware 33
Kammergräber 103
Kammern 97
Kap Maleas 31
Karer 7
Karneol 34
Karpathos 9
Kasematten 97
Kaufleute 115
Keftiu 67
Keilschrifttexte 115
Keramik 14, 18, 24, 66, 68, 89, 113, 120
Kerzenständer 42
Kilikien 12
Klassisches Altertum 123
Klassisches Griechentum 36
Kleidungsstück 106
Kleinasien 31, 115
Kleiner Palast 75
Kleinplastik 33
Klytaimestra 101
Knaben 37, 62
Knossos 13, 29, 30, 37, 43, 51, 68, 95
Koch 65
König 56
Körperschmuck 106
Kolonien 115
Kolophon 115
Kopfbedeckung 33
Kopfschmuck 57
Korakies 52
Korinth 90
Korinthos 36
Korridore 97
Kreta 5, 8, 9, 28, 31, 119
Kreter 56
Kretischer Handel 114
Kretische Fürsten 52
Kretische Mesara 95
Kretische Religion 93
Krieger 57
Kriegführung 65
Kriegsrat 90
Kriegsrüstung 57
Kult 42
Kultbilder 68, 69
Kultfassade 93
Kulthandlungen 39
Kulthörner 71
Kultische Formen 69
Kultische Tracht 72
Kultischer Tanz 72
Kultszenen 118
Kultus 54, 61
Kunst 43
Kunst des Altertums 69
Kunst und Kunsthandwerk 5, 73, 118
Kuppelgrab 101, 104
Kykladen 26
Kykladenidole 27
Kykladenkultur 26, 66, 88
Kythera 9

Labranda 36
Labyrinthos 36
Labyrinth 29
Lampen 42, 64
Landbesitz 32
Landwirtschaft 65
Lanze 57
La Petite Parisienne 60
Lapislazuli 18
Lasithi 47
Lastesel 66
Leben 53
Lehm 16
Leibgarde 58
Leichenverbrennung 23
Lemnos 20
Lesbos 20
Leukas 23
Libyer 57
Lichthof 51
Linear B 89
Linearschrift A 61, 89
Linearschrift B 61
Löwe 34, 69, 93
Löwentor 70, 93
L. Pernier 30
Luxus 42
Lykien 9

Mädchen 37
Männerwohnung 97
Magazine 39, 97
Maiander 35
Maler 75
Malerei 86, 123
Mallia 30, 45
Malta 95
Mann 56, 62
Mari 67
Marmor 27, 33
Martin P. 71
Maurer 65
Mavrospilio 55
Medinet Habu 121
Megara 23
Megaron 13, 16, 95, 97
Menschenbild 55, 104
Mesara 31, 65
Metalle 15
Metallhandel 17
Metallschätze 31
Metallzeit 28
Michael Ventris 61
Milet 90
Miniaturfresken 79
Miniaturfresko 68
Minoische Kultur 88
Minoische Schrift 34
Minos 88
Minoische Gruppe 92
Mittelgriechenland 23
Mittelhelladische Keramik 96
Mittelhelladische Kultur 92
Mittelkreta 70
Mittelmeerhandel 113
Mittelminoisch 32
Mittleres Reich 88
Mnesikles 99

Monopolstellung 52
Morgenland 68
Musik 28
Mutter 73
Mykalessos 36
Mykenai 61
Mykene 7, 8, 65, 90, 96
Mykenische Kultur 65

Natur 43
Nauplia 96
Naxos 26
Neolithikum 11, 14
Nephrit 18
Nestor 90
Nibelungenlied 91
Nil 88, 122
Nildelta 121
Nilsson 71
Niru Chani 52
Nuraghen Sardiniens 95

Odyssee 29, 70, 98
Odysseus 29
Öl 31
Ölproduktion 64
Oktopoden 59, 87
Oliven 64
Olivenernte 64
Olymp 9
Olympia 20
Olympische Götter 73
Olynthos 36
Opfer 37, 54, 68
Orient 28, 35

Paläste 68, 95
Paläste, Städte, Gräber 5, 37
Palaikastro 32, 50, 51
Palast 41, 45, 92, 94
Palastburg 104
Palastgöttin 118
Palasttöpfereien 86
Pantheon 73, 102
Panzer 57
Papyrus 63
Paros 26
Pausanias 101
Peloponnes 23
Personenverkehr 66
Petsofa 70
Pfeilersaal 42, 97
Pferd 58, 116
Pferdehaltung 65
Pflanze 68
Pflasterung 65
Phaistos 30, 46, 75
Pharai 62
Pharao Chian 66
Philister 122
Phokis 12, 118
Phylakopi 26
Pithoi 19, 39
Plastik 81
Podium 97
Polizeistationen 65
Portal 41
Priester 56
Priesterinnen 60
Pseira 50
Psychro im Lasithigebirge 70
Purpur 31
Purpurfischerei 31
Pylos 61, 65, 90
Pyramide 92

Rampe 49
Ramses III. 121
Rassetypus 56
Rasthäuser 65
Raub 101
Raumdekoration 79
R. B. Seager 30
Relief 85
Religion 61, 71
Religion und Kultus 5, 68, 117
Renaissance 43
Rhodos 88
Rhyton 83
Rind 34, 64
Risalite 49
Ruderer 65
Ruderschiff 58
Rüstung 112
Rundgräber 95

Saal 95
Sänfte 72
Sänger 64
Säule 69
Säulenhallen 97
Sage 67
Samos 115
Sardinien 65
Sarkophag 54
Saumpferde 66
Schachtgräber 100, 108
Schafe 64
Schatzfund 17
Schatzhaus des Atreus 101
Schichtengrabung 30
Schiffbauer 65
Schiffe 31, 66, 90
Schild 57
Schildgöttin 73
Schlacht 112
Schlange 70
Schliemann 17, 20, 29
Schliemann – Troja 7
Schmied 65
Schmuck 57, 59
Schnabelkannen 24
Schnabeltasse 24, 27
Schneider 65
Schnittervase 84
Schönheitsbegriff 56
Schrift 112
Schriftdenkmäler 7, 61
Schützerin 118
Schuld 62
Schuppenpanzer 57
Schurz 56
Schutzwaffen 57
Schweine 64
Schwert 57
See 112
Seemacht 68
Seeverkehr 31
Seeweg 31
Siedlung 99
Siedlungen 23
Siedlungsform 99
Siedlungsgeschichte 30
Siegelbilder 72
Siegel 33
Silbenschrift 61, 123

Silber 17
Silberbarren 17
Siphnos 26
Sistrum 64
Sklaven 63
Sklavinnen 62
Smyrna 90
Spätzeit 53
Sparta 71, 90
Speicherbauten 28
Sperrfort 98
Spiele 68
Staat und Wirtschaft 5, 111
Städte 99
Statthalter 97
Steatit 34
Steatitgefäße 83
Stein 13
Steingefäße 27
Steinkult 70
Steinkupferzeit 17
Steinrelief 119
Steinsetzungen 24
Stele 119
Steuerlisten 62
Stieropfer 71
Stierspiele 71
Straßennetz 65
Straußeneier 31
Streitwagen 58
St. Xanthudides 30
Syrien 12, 31, 114
Syros 26, 27

Tänzerinnen 60
Tanz 60
Tempelgrab 52, 95
Termessos 36
Terrakotta 12, 42, 70, 82
Theben 61, 67, 121
Thessalien 12, 13
Tholoi 32
Tholosgräber 98
Thrakisch 121
Thron 94
Thukydides 7
Thutmosis III 66
Tier 68
Tinte 63
Tiryn 23, 36, 95, 96, 97
Tod 53
Töpfer 65
Ton 13, 19
Tongefäße 12, 33, 113
Tonmodell 66
Torsion 35
Tote 23
Totenglauben 55
Totenkult 53
Tracht 56
Tragstuhl 72
Treppen, 97
Triada 53
Trinkgeschirr 17
Troja 5, 15, 17, 20, 44, 90, 98
– nische Krieg 91
Tylissos 52

Ugarit 67
Unterhaltung 60
Urfirniskeramik 22
Urkunden 61

Vaphio 71
Vasen 120
Vathypetros 52
Verehrung 72
Verwaltung 63, 65, 114
Viehzüchter 11
Völkerstraße 15
Vogel 34
Volksglaube 73
Volkstum 36
Vorderer Orient 7
Vorgeschichtliche Welt 8
Vorgriechische Sprache 35

Wälder 67
Waffen 18, 65
Waffenbündnisse 90
Waffenschmied 65
Wagen 58
Walker 65
Wandmalereien 74
Wanne 97
Warentransport 65
Wasserversorgung 97
Weihegaben 68, 72
Weihegeschenke 33, 42, 56
Wein 31
Weinbau 64
Weißmalerei 32
Werkzeuge 63
Wirtschaft 61, 114
Wirtschaftsräume 96
Wohnhäuser 94
Wohnhöhlen 13
Wohnräume 48
Wohnung 28, 94

Zafer Papoura 55
Zahlzeichen 62
Zepter 90
Zeremonien 56
Zeus 37, 70
Ziege Amaltheia 73
Zimmermann 65
Zweistromland 37
Zwinger 96
Zypressenholz 31
Zypressenstämme 16

Das Frühe Indien
(Bd. 7)

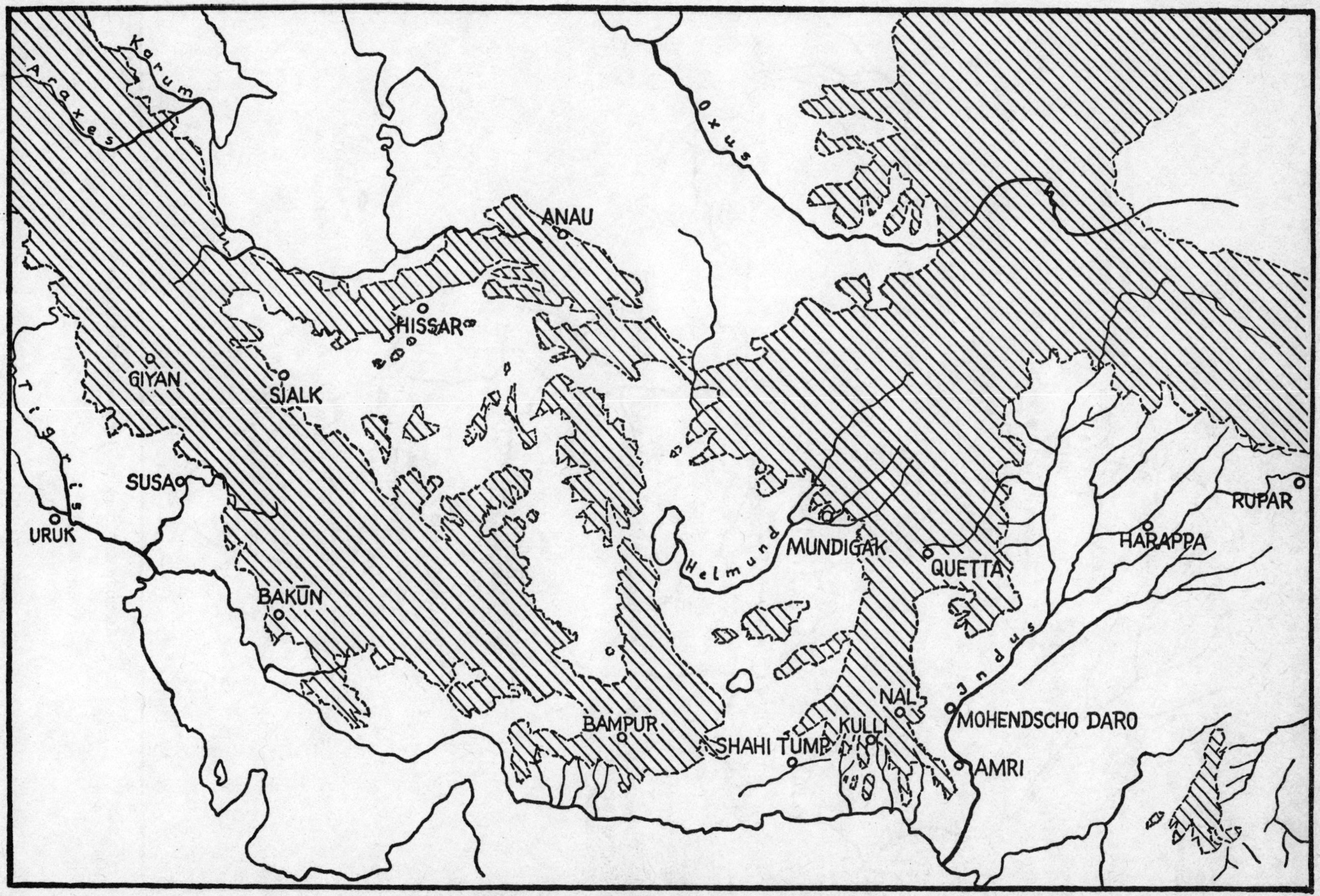

Das Territorium der iranischen und indischen Frühkulturen

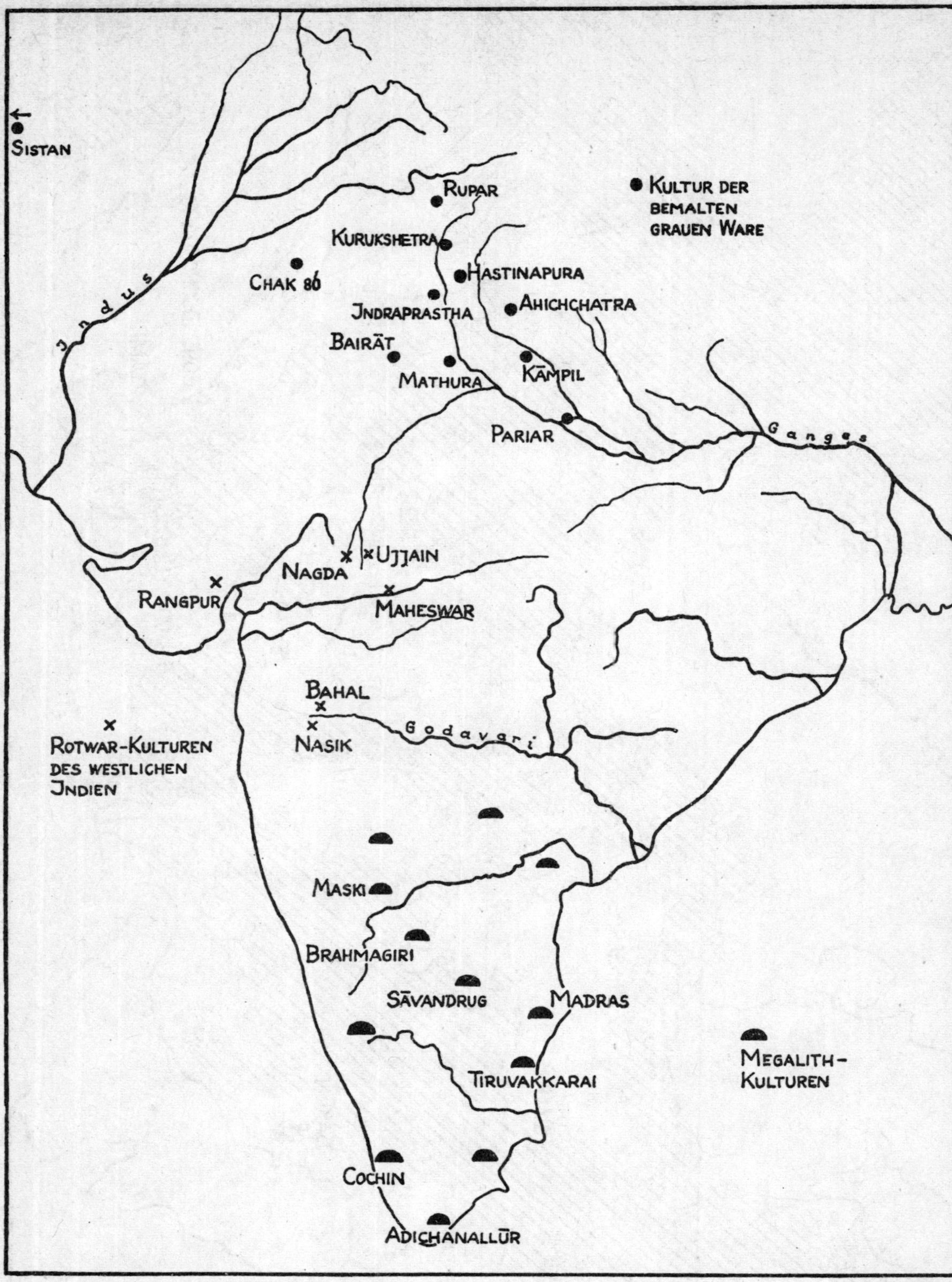

Kulturen der „dunklen" Jahrhunderte in Indien

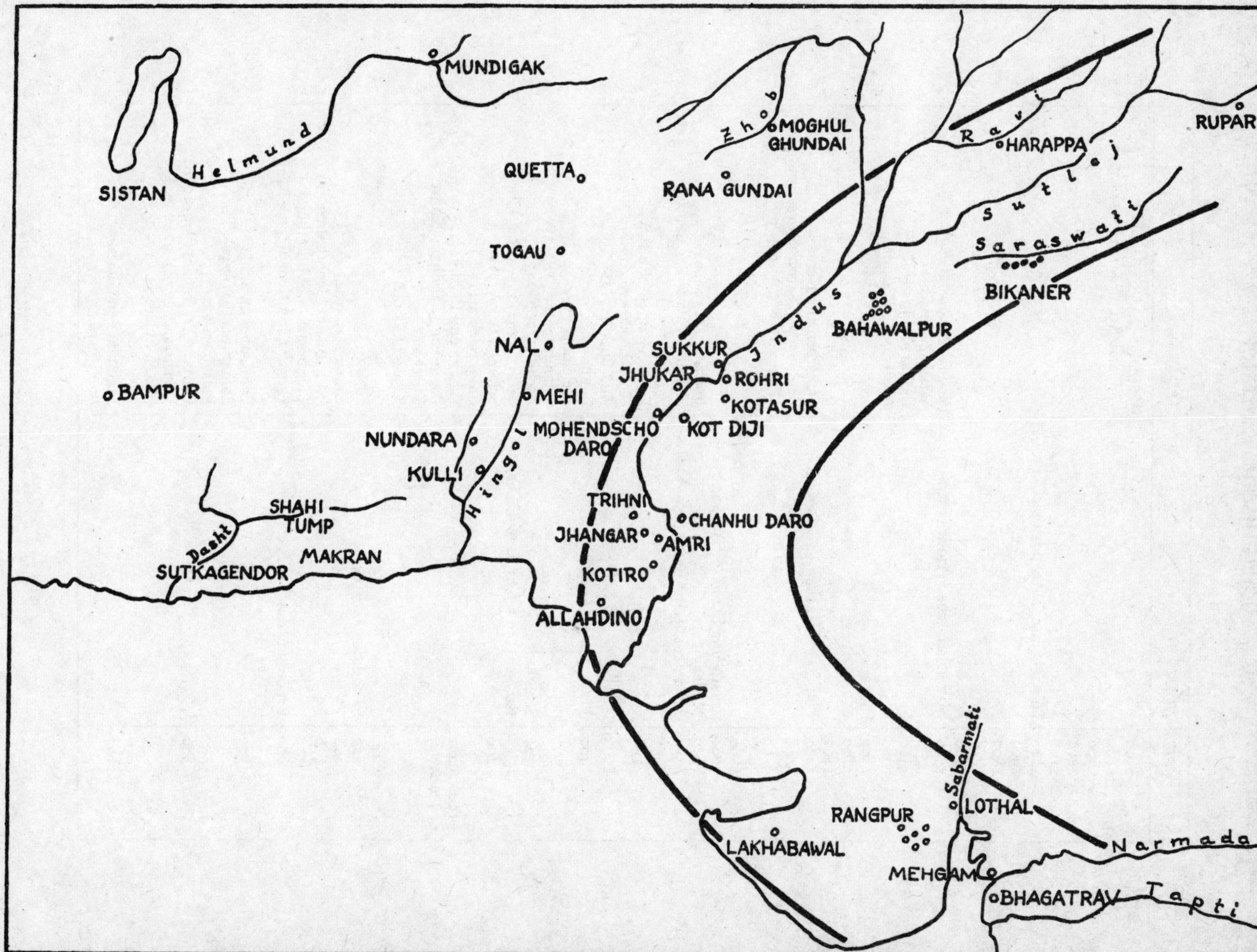

Fundorte der Harappakultur und benachbarter Kulturen

Periodische Zeittafel

(Iran/Indien)

ZEIT	*IRAN*	*INDIEN*
2500		Kot Diji
2400		Industal-Kultur (ca. 2500–1500)
2300		
2200		
2100		
2000	Paläoelamische Periode (2000–1500)	
1900		
1800		
1700		
1600		
1500	Mittelelamische Periode (1500–1000)	Ende der Industal-Kultur »arische« Invasion
1400		Jhukar und Jhangar Altwedische Periode
1300		
1200		
1100		
1000	Eisenzeit, Neuelamische Periode	Ockerbemalte Keramik Beginn der Nekropole von Swat (?) »Painted Grey Ware«
900		
800		
700	Zerstörung Elams (653)	
600	Meder Achämenidisches Reich (559–330)	Bimbisara (544–493) Gandhara als achämenidische Satrapie (518)
500		Eisenzeit und »N.B.P.W.« »Punch-marked coins« Tod Buddhas (486)
400	Alexander (334–330)	Panini Alexander (327–325) Chandragupta (323–300)
300	Seleukiden Parther (250 v. Chr.–226 n. Chr.)	Aschoka (268–233) Satawahana (230–200 n. Chr.)
200		Schunga (187–75) Indogriechen (180–ca. 70)
100 v. Chr. *Zeitenwende*		Schaka und Parther (70–50 n. Chr.) Beginn der Gandhara-Kunst Kuschan Kanischka (78?)
100 n. Chr.		
200	Sassaniden (226–651)	
300		Gupta (320–500)
400		Invasion der Hephthaliter
500		Toramana und Mihirakula
600	Eroberung durch die Araber (637–651)	Harscha von Kanauj (606–647)
700		Die Araber im Sind (712) Lalitaditya (725–756) Pala (740–1125)
800		Gurjara-Prathihara (740–1036) Raschtrakuta (757–973) Hindu-Schahi (9.–10. Jh.)
900		
1000		Mahmud von Ghazna (998–1030)

Zeittafel
Indien, Großindien im Vergleich mit Europa
(Kunst & Kultur)

	Indien	Groß-Indien	Europa
3000 v. Chr.	Indus-Kultur (3000–1500 v. Chr.)		Minoische Kultur
2000 v. Chr.			Mykene
1000 v. Chr.	Vedische Zeit (1500–500 v. Chr.)		Griechische Kunst
500 v. Chr.	Shâkyamuni Buddha		
Zeitwende	Frühbuddhistische Kunst (250 v. Chr.–50 n. Chr.)		Römische Kunst
100 n. Chr.	Kushâna-Kunst (50–300 n. Chr.)	Buddhist. Kunst in Ceylon und Afghanistan	
500 n. Chr.	Gupta-Kunst (300–600 n. Chr.)		Byzanz
900 n. Chr.	Frühmittelalterliche Kunst (600–900 n. Chr.)	Borobudur (Java) Pagân (Burma)	Romanik
1200 n. Chr.	Spätmittelalterliche Kunst (900–1300 n. Chr.)	Angkor Vat und Angkor Thom in Kambodscha	
1300 n. Chr.	Islamische Eroberung und Ende der Hindu-Kunst im Norden	Buddhistische Kunst in Thailand	Gotik Spätgotik
1400 n. Chr.	Späte Hindu-Kunst Südindiens	Tantristische Kunst in Nepal	Frührenaissance
1500 n. Chr.	Jaina-Miniaturen	Lama-Kunst in Tibet	Hochrenaissance Manierismus
1600 n. Chr.	Râjput-Malerei (1600–1800 n. Chr.)	Volkskunst von Bali	Barock
1700 n. Chr.			Rokoko
1800 n. Chr.	Kângrâ-Malerei (1700–1850)	Spätbuddhistische Kunst in Thailand	Klassizismus Romantik Realismus
1900 n. Chr.	Moderne, westlich beeinflußte Kunst	Moderne Kunst	Moderne Kunst

Inhalt

Einleitung 7

I. Bauern im indo-afghanischen Grenzgebiet 16

II. Städte und Staaten Indiens im dritten und zweiten Jahrtausend 32

III. Archäologische Quellen aus der Zeit des Zusammenbruchs der frühindischen Kultur und der großen Völkerbewegungen 78

IV. Das altindische Erbe in archäologischer Sicht 97

Abbildungen 111

Karten 121

Erläuterungen zu den Abbildungen 125

Tafeln 129

Erläuterungen und Quellennachweise der Tafeln 201

Literaturhinweise 207

Namen- und Sachregister 211

Register

(in alphabetischer Folge)

Achämeniden 39
Ägypten 16, 30, 37, 58
Äxte 38
Afghanistan 23, 68, 75
Afrika 26
A. Ghosh 15
Ahmedabad 43
Akkadzeit 61
Alexander 34
Alexander Cunningham 8
Alexander d. Große 34, 98
Altindisches Erbe 97
Amor und Psyche 57
Amri 14, 26, 30, 40
Antennenschwerter 87
Antilope 60
Apis-Ritual 58
Archiktektur 107
Arier 79
Ariertheorie 84
Arisch-vedische Kultur 34
Armi-Kultur 26
Armreifen 47
Arretinerware 92
Aschoka 93
Asiatic Society 8
Assur 69
Aurel Stein 14
Ausdehnung 71
Avestisches Vendidad 80
Babylon 58, 69
Bachhofer 104
Backstein 12
Badewesen 37
Baludschistan 16, 42, 68
Bandhni 27
Banerjee, N. R. 103
Barbaren 78
Barletta 58
Bauen 44
Bauern 16
Baumgottheit 53
Baumwolle 36
Baumwollpflanzen 43
Bauten 42, 73
Bautypen 108
Bauwerke 22
Befestigungsanlagen 38
Beile 87
Beischlaf 56
Bestattungsfeld von Rupar 83
Bestattungsgefäße 83
Bewässerung 36
Bhagatrav 39
Bhir-Hügel 102
Bhita 103
Bikaner 89
Bildhauer 105
Bildkunst 61
Bildschmuck 28
Bildtypen 45
Blei 67
Bo-Baum 105
Bogenschützen 59
Bombay 94
Bombay-Staat 90
Bos indicus 45
Brahmagiri 92
Braidwood 17
Broach 15
Bronze 40, 48, 67
Bronzezeitliche Kulturen 86
Buckelrind 19
Buddha 105
Buddhismus 39
Buddhistisch 99
Buddhistische Bauwerke 100
Buddhistische Literatur 61
Büffel 46
Bürgerhäuser 44
Buff-Ware-Kulturen 29
Buntkeramik 30, 86, 90
Burgen 38
Burgen der Dasyus 79
Burgess, James 8, 104
Burhes, Sir A. 12
Casal 23
Chalkolithikum 21
Chandravalli 92
Chanhu Daro 14, 35
Chaurao 27
Childe, G. 39, 40
China 16
Chou 40
Christian Lassen 9
Christoph von Fürer-Haimendorf 93
Chronologie 28, 70
Cohn, W. 12
Colonel E. J. Ross 15
Cunningham 8, 32
Curtius 11
Damb buthi 27
Damb Sadaat 22
Damghan 18
Dasa 78
Dasyu 78
Datierung 68
Datteln 36
Daya Ram Sahni 13
Dehli 15, 88
Dekkan 92
Denkmäler 70
Dezimalsystem 67
Dikshit, K. N. 14
Dilmun 69
Dilmun-Handel 70
Dolche 38
Dolmen 92
Dom von Palermo 58
Donald E. McCown 27, 29
Doppeläxte 87
Dorfkultur 83
Dravider 93
Dravidische Sprachen 81
Dreiecke 83
Dreizahl 60
Dr. Fazal Ahmed Khan 15
Dr. Karl Schmidt 12
Droysen 97
Dschainismus 39, 99
Dürre 75
Dynastielisten 33
Einhorn 60, 62
E. J. H. Mackay 14, 66
Elam 46
Elefant 46
Ensi 43
Erbsen 36
Erzählung 52
Esel 19
Europa 26
Europa-Mythus 58
E. Waldschmidt 78
Export 67
Fabelwesen 62
Fairservis 22, 23
Fayenceperlen 65
Fergusson 104
Fibeln 65
Fische 42
Fischer 27, 42
Flächenkunst 42
Flußsystem 71
Frankfort 61
Frau 47
Frauen 20
Frauenstatuetten 47
Freiheitskampf 39
Freiskulptur 108

Froschkönig 57
Fruchtbarkeit 20
Fruchtbarkeitsgottheit 20
Fruchtbarkeitssymbole 22
Fußringe 47
Futtertrog 46
Garuda 61
Gaur 45
Gedicht 94
Gefäßbestattungen 92
Gefäßformen 90
Geometrische Zeichen 63
Geräteformen 67
Gerätschaften 64
Gerste 36
Geschichtsparallelität 99
Geschlechtliche Fruchtbarkeit 20
Gesellschaft 46
Getreidespeicher 37
Gewichte 66
Gewichtssystem 66
Gezer 58
Gharial 46, 59
Ghazi Shah 27
Gleichnis 108
Godavari 90
Goethe 11
Götterbilder 105
Göttersiegel 55
Gold 8, 67
Gordon 24, 86
Gordon Childe 39, 40
Gosh 15, 89
Gott 54
Gott Shiva 56
Gottheiten 53
Gräberfeld H 83
Gräberfeldleute 84
Gräberware 83
Grauwareschichten 89
Grenzen 39
Griechenland 98
Grimm 57
Großreich der Maurya 98
Grünwedel 104
Gürtel 65
Gundestrup 55
Gungeria 87
Häuser 73
Hakenkreuze 25
Halaf 30
Halsketten 24
Halsschmuck 21
Hals- und Gürtelschmuck 47
Handel 43, 67
Handspiegel 66
Harappa 12, 35
Hargreaves 14
Harpunen 87
Hase 46
Hassuna 30
Hastinapura 88, 102
Hauptgott der Indoarier 79
Hauptstraßen 35
Hausurnen 22
Heilige Flüsse 37
Heine-Geldern 88
Heras, H. 33
Herrscherbauten 38
Herrscherinschriften 33
H. Hargreaves 14
H. Heras 33
Hinduismus 39, 99
Hinduistische Religion 56
Hirten 42
Hitler 34
Holzbearbeitung 104
Holzskulptur 104
Homerisch 39
Hüftgürtel 65
Hügel 92
Ibex 23, 60
Idole 88
Iharas 108
Import 67, 92
Indienzug Alexanders 98
Indra 79
Indoarier 79
Indus 14, 26
Indus-Kultur 23, 33
Induskunst 62
Indusschrift 58
Indussiegel 13
Industal 7
Inschriften 97
Insel Bahrein 57
Jäger 27
Jagdgruppe 59
James Burgess 8
Jarmo 17, 30
Jericho 17
Jhan gar 14
Jhukar 14
Jhukar-Kultur 82
John Marshall 8, 14, 104
Jones, W. 8
Jungpaläolithikum 21
Jus primae noctis 13
Kalchu-Nimrud 58
Kampfwagen 80
Kandahar 23
Karneolperlen 43
Karneolstein 65
Kastensystem 37, 46
Kastenwesen 37
Kathiawar 40
Kathleen M. Kenyon 17
Kausambi 103
Keltischer Fund 55
Kenyon, K. M. 17
Keramik 91
Ketten 65
Keulen 38
Khadschuraho 58
Kahn, Dr. F. A. 15
Kili Ghul Mohammad 18, 22
Kind 47
Kinderreichtum 20
Kinderspielzeug 66
Kirthar-Berge 14, 27
Kleidung 65
Kleinkunst 106
Kleinplastiken 47
Klingen 27
Klöster 108
K. N. Dikshit 14
Könige von Ur 8
Königssymbolik 57
Körperschmuck 47
Kolonialherrschaft 39
Kosam 103
Kosambi 101
Kot Diji 15, 27, 30
Kreta 30
Kriegsgott Indra 38
Kriegshandwerk 39
Kriegsleute 80
Krishna Deva 27
K. R. U. Todd 27
Künstler 105
Kuliquartiere 37
Kulli-Mehi 30
Kulli-Mehi-Gruppen 25
Kulli-Mehi-Kultur 24, 25
Kultbauten 107
Kultbild 20
Kulthallen 108
Kulturbild 89
Kultur der grauen bemalten Tonware 94
Kultur der groben grauen Ware 94
Kultur der Kupfer-Sammelfunde 87
Kultur der schwarzbemalten roten Ware 94
Kultureinheit 108
Kulturverbindungen 68
Kulturvergleiche 28
Kum 18

Kunst 11, 40, 60, 80, 84
Kunst von Gandhara 109
Kunstwerke 44
Kupfer 43, 67, 87
La Belle et la Bête 57
Längenmaß 67
Landwirtschaft 89
Lapislazuli 57, 67
Lehmmauern 89
Lehmziegel 89
Lehmziegelhäuser 17
Lehre der Dschainas 105
Lingamsymbol 56
Lohri 27
Lothal 15, 73
Mackay 14, 66
Madhya Pradesh 90
Madras 94
Märchen 21, 57
Mahabharata 39
Mahratten 39
Majumdar N. G. 14, 27, 82
Majumdar-Expedition 40
Majumdhar 14
Makran-Küste 24
Malerei 108
Malmotive 90
Marmor 67
Marshall John 8, 14, 104
Maße 66
Mattenweberei 42
Mauryazeit 38
Mc. Cown 27, 29
Meerut 39
Megalithen 90
Megalithische Gräber 92
Megalith-Kultur 93
Megasthenes 107
Mehgam 15
Mesopotamien 16, 30, 31, 35, 46, 67
Metallwerkzeuge 27
Mikrolithische Kulturen 85
Miniaturen 58
Mischtiere 46
Miss de Cardi 23
Mittelindien 86
Mohendscho Daro 14, 15, 26, 35
M. S. Vats 14
Münzen 13, 101
Münzfunde 97
Mundigak 15, 39, 75
Mutter Erde 20
Muttergöttin 20
Mutter Indien 109
M. Ventris 33
Mythen 21
Mythus 58
Nadelschmuck 65
Naga 61
Nagda 90
Nal 24
Nal-Gefäße 74
Nal-Keramik 25
Nal-Nundara 23, 25, 30
Namensträgerin 21
Napoleon 34
Narmada 90
Neolithikum 21
Netze 42
N. G. Majumdar 14
Niebuhr 11
Nordindien 86
Nordwesten 86
Not 75
N. R. Banerjee 103
Öffentliche Arbeitsstätten 37
Öffentliche Bäder 37
Ökonomie 82
Organisation 35
Orissa 103
Orpheus 56
Ostiranische Kultur 87
Paläste 107
Palastbauten 37
Palermo 58
Pandi Wahi 27
Pandschab 7, 81
Parasuram Khera 15
Pataliputra 40, 103, 107
Perlen 43
Perserkönig Kyros 98
Pfauen 83
Pfeilerbau 76
Pfeilspitzen 38
Pferd 20, 80
Pferdedarstellung 89
Pferdekult 56
Pferdeopfer 56
Phallusidol 57
Phallusverehrer 79
Philosophie 80
Phönikisch 58
Piggott, Stuart 15, 21, 88
Pipalblätter 23
Polizeikasernen 37
Portalskulptur von Trani 58
Prakash 90
Priesterbehausungen 37
Priesterfürsten 43
Produktion 43
Provinzhauptstädte 40
Puramdara 79
Quellen 98
Quetta 15, 30
Quetta-Ware 23
Rad der Lehre 105
Rajagriha 103, 107
Rajasthan 85
Rajpur Parsu 88
Rajputen 39
Rana Ghundai 19
Rana Ghundai II 19
Rana Ghundai III 19
Rangpur 39
Ravi 14
R. D. Banerji 13
Recht 36
Red-Ware-Kulturen 29
Regelbücher der Baukunst 108
Reifen 65
Reis 89
Relief 108
Religion 39, 40, 80, 99
R. E. M. Wheeler 9, 14
Rey 18
Rhinozeros 46
Rigveda 38, 78
Rinder 36
Rinderzucht 89
Ringe 87
Robert Shafer 80
Rohmaterialien 67
Rollsiegel 61
Ross 19
Rundsiegel aus Ur 70
Rupar 35, 40
Rupar am Sutlej 102
Samarra 30
Sarnath 105
Sauraschtras 74
Schaf 19, 36, 89
Schild 38
Schlange 61
Schlangenwesen 61
Schleudersteine 38
Schmidt, Dr. Karl 12
Schmuck 24, 107
Schmuckgegenstände 40
Schmuckperlen 71
Schrift 80
Schriftquellen 43, 78, 95
Schrifttum 97, 99
Schrift und Bild 59
Schwarzes Meer 92
Schwein 89
Schwerter 38
Sesam 36
Shafer, Robert 80, 81

Shang-Yin 40
Shivatempel 56
Shorkote 13
Sialk 18
Siedlungen 27
Siegel 40, 45, 51, 74
Siegel aus Ur 70
Silpa Sastras 108
Sippenordnung 21
Sir Alexander Burnes 12
Sirkap 102
Sir Mortimer Wheeler 68
Sirsukh 102
Sisnadeva 79
Sisulpalgarh 103
S. Maria Maggiore in Barletta 58
Smith, V. A. 10
Soma 81
Sonnen 83
Speckstein 50
Spielsteine 65
Spinnwirtel 65
Spitzen 27
Staaten 32
Staatenbildung 98
Staatswesen 85
Stadtanlagen 107
Stadt Kalat 23
Stadt Patna 108
Stadt Taxila 102
Städte 32, 38, 40, 42
Städtebau 35
Städtenamen 33
Städteordnung 37
Städtische Kultur 35
Statuetten 49
Stein, Aurel 14
Steinbeile 95
Steinklingen 19
Steinkreise 92
Steinplastik 105
Stella Kramrisch 106
Stempelsiegel 22, 45
Sterne 83
Stier 45
Stierritual 56
Stuart Piggott 15
Stupa 100, 108
Südindien 81
Sulaiman-Kette 18
Sumer 43
sumerische, babylonische und assyrische Texte 69
Sutkagen 26
Sutkagen Dor 75
Syrien 30, 31
Tänzerin 48
Tapti 90
Tell Halaf 30
Tell-Halaf-Ware 28
Tell von Mundigak 23
Tempel 37
Tempelbauten 38
Tempelwirtschaft 43
Tepe Giyan 42, 57
Tepe Hissar 18
Terrakottafiguren 40
Terrakottastücke 65
Tharro Hill 27
Thron 105
Tiere 20, 42
Tierhaltung 36
Tiersiegel 46
Tiger 46
Töpferwaren 19
Todd, K. R. U. 27
Togau-Niain 30
Togau-Niain-Kultur 25
Ton 40, 89
Tonplastik 106
Tonscherben 19
Tonware 101
Tonziegel 44
Totengefäße 83
Tracht 107
Transportmittel 67
Trihni 14
Tschaityas 108
Tut-anch-amun 8
Ubaid 30
Ubaid-Gruppen 30
Ujjain 90
Vats, M. S. 14
Veden 99
Vedische Texte 79
Ventris, M. 33
Verkehrmittel 67
Verkünder dieser Lehre 105
Vermehrung 20
Verteidigung 38
Viehhaltung 17
Vincent A. Smith 10
Vögel 23, 42
Völkerbewegungen 78
Vogel-Mensch-Mischwesen 61
W. A. Fairservis 15, 17
Waffen 38, 64
Waffentechnik 75
Waldschmidt 12, 72
Wandmalerei 42
Wasserpflanzen 42
Wasserreservoire 22
Wasserverkehr 67
Wehr- und Verteidigungsanlagen 38
Weizen 36
Werkzeuge 17, 64
Wheeler, R. E. M. 9, 14, 68
Wildziege 46
William Cohn 12
William Jones 8
Wirtschaft 67
Wissenschaft 80
Wohnen 44
Wohnkultur 44
Zackelschaf 46
Zebu-Siegel 45
Zhob 30
Zhob-Tal 15
Ziege 36, 42, 89
Zinn 67
Zitadelle 12
Zitadelle von Harappa 38
Zusammenbruch der frühindischen Kultur 78
Zypern 30

Die Welt der Kelten
(Bd. 8)

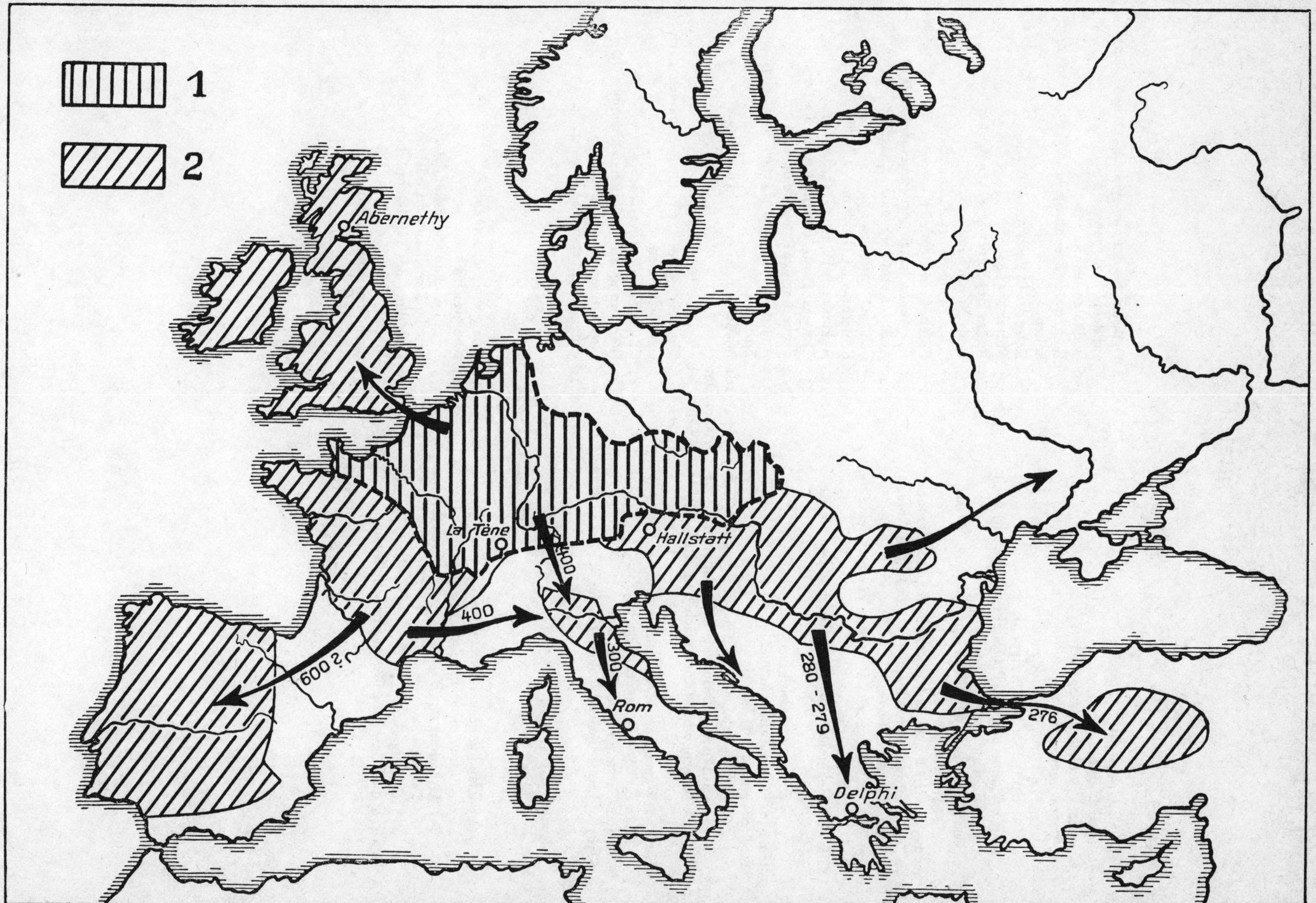

Die keltische Expansion *(nach Aymard)*

1 = Gebiete der La-Tène-Kultur; 2 = Gebiete, die die Kelten später besetzten

Zeittafel

Vorchristliche Zeit

1250–750	Urnenfelder – Bronzezeit.
1250–1150	Unruhezeiten.
Um 900	Protokelten in Spanien (?)
775–725	Kimmerische Vorstöße nach dem Westen.
750–450	Hallstattzeit (Süddeutsche, nordwestalpine, ostfranzösische Gruppen).
Um 750	Wanderung von Protokelten (q-Kelten) nach England (?).
600	Gründung der griechischen Kolonie Massalia (Marseille).
600–500	Griechische Importware in den Hügelgräbern Südwestdeutschlands, Nordostfrankreichs und der Schweiz.
Vor 530	Massaliotischer Periplus, Vorlage der *Ora Maritima* des Avienus.
Um 500	Hekataios' von Milet Bericht über die Kelten.
	Fürstengrab von Vix.
Um 450	Herodots Bericht über die Kelten.
450–300	Früh-La-Tène-Zeit.
450	Anfang der La-Tène-Zeit. Fürstengräber mit etruskischen Bronzekannen. Mittelrheinische Wagengräber (Rodenbach und Klein-Aspergle).
Um 400	Wagengräber der Champagne.
	Keltische Wanderung nach Italien.
Nach 400	Fürstengrab von Reinheim.
387/6	Eroberung von Rom durch die Kelten.
369/8	Gallische Söldner im syrakusanischen Dienst auf dem Peloponnes.
Um 350	Waldalgesheimer Stil.
	Bericht des Pseudo-Skylax über die Donaukelten.
325–320	Reise des Pytheas von Massalia.
300–100	Mittel-La-Tène-Zeit.
Um 300	Beginn des British Iron Age B.
295	Schlacht von Sentinum.
283	Schlacht am Vadimonischen See.
279	Brennos vor Delphi.
278	Die Kelten setzen über den Hellespont.
230	Attalos I. von Pergamon schlägt die Galater.
225	Schlacht von Telamon.
222	Schlacht von Clastidium.
150–125	Ankunft der Belgen in Nordgallien.
133	Eroberung von Numantia durch die Römer.
124	Eroberung der Provence durch die Römer.
113	Angriff der Kimbern gegen die Kelten im Noricum.
102–101	Niederlage der Kimbern und Teutonen.
100 bis um Christi Geb.	Spät-La-Tène-Zeit.
Nach 100	Wanderung von belgischen Stämmen nach Großbritannien.
58–52	Cäsars Feldzüge in Gallien.
Um 50	Wanderung von belgischen Stämmen nach Großbritannien.
25	Galatien wird römische Provinz.

Nachchristliche Zeit

43	Claudius erobert Britannien.
407	Konstantin verläßt Großbritannien.
432	Gründung des Bistums Armagh durch den hl. Patrick.
449	Guortigernus.
Nach 449	die Könige von Gwyned und die Kymry.
470	Königreich der Scoten.
483	Königreich Tara.
575	Der hl. Columban verkündet die Selbständigkeit der Scoten außerhalb Irlands.
600	Gründung des angelsächsischen Königreichs Marcia.
790	Skandinavische Invasionen in Irland.

Inhaltsverzeichnis

Einleitung 7

I. Vom Neolithikum bis zur Hallstattzeit 11
Keltische Sprache – Herkunft der Kelten – Hügelgräber- und Urnenfelderkultur – Die Hallstattzeit

II. Die Keltenwanderungen 24
Die La-Tène-Zeit – Die Wanderungen nach Italien – Kämpfe mit Etruskern und Römern – Die Vorstöße nach dem Balkan und Kleinasien – Wanderungen nach Spanien und den Britischen Inseln – Die Belgen – Der Zug der Kimbern und Teutonen

III. Rückgang und Verfall 40
Rom gegen die Kelten – Cäsars Gallischer Krieg – Das Ende der Kelten in Mittel- und Osteuropa – Die letzten keltischen Reiche auf den Britischen Inseln – Irlands Sonderstellung

IV. Gesellschaft und Lebensformen 50
Gliederung der Gesellschaft – Klientelwesen – Stellung von Mann und Frau – Kriegswesen – Bewaffnung – Eigenschaften und Gewohnheiten der Kelten – Kleidung, Schmuck – Die Barden

V. Bevölkerung, Besiedlung und Handel 70
Die verschiedenen Siedlungsformen – Landwirtschaft – Bergbau – Gewerbe – Handelswege und -beziehungen – Geldwesen, Münzkunst

VI. Religion 91
Die religiöse Welt der Kelten – Götter und Göttinnen – Götterdarstellungen – Kultformen – Heiligtümer – Wahrsagerei – Mythologie – Barden und Druiden

VII. Kunst 108
Architektur – Plastik – Die La-Tène-Kunst

VIII. Nachklang 117

Anhang: Der Fundbestand 121

Zeittafel 127

Karte 128

Abbildungen 129

Erläuterungen und Quellennachweise der Abbildungen 241

Literaturhinweise 252

Register 254

Register

(in alphabetischer Folge)

Abellio 94
Abrinca 13
Abrincatui 13
Ackerbau 70
Ackerlandschaften 77
Adelige 52
Adelsgesellschaft 56
Adriaküste 30
Aduatuker 44
Aeneis 9
Ain-Jura-Doubs-Gruppe 15
Alesia 45, 73
Alexander 29
Alpen 32
Ambidravier 35
Ambiorix 38
Aneroestus 31
Angeln 48
Antigonos Soter 34
Apennin 30
Apollo 97
Architektur 108
Ariovist 42, 43
Attecotti 48
Augustin Thierry 8
Augustus 9
Aurelius Ambrosius 47
Avebury 7
Bad Cannstatt 21
Balkan 32
Barden 64, 69, 103
Bautechnik 71
Belgen 36, 37
Belgien 15
Bellovesus 32
Bergbau 75
Bergomum 30
Beribraker 24
Bernstein 22
Besiedlung 70
Bestattung 14
Bevölkerung 20, 70
Bevölkerungsdichte 70
Bewaffnung 56
Bier 65
Bildnisse 87
Biturigen 24
Böhmen 35
Boier 24, 30, 31, 43
Bologna-Kulturen 19
Boppard 13
Bosch-Gimpera 16
Brandbestattung 20
Brennus 30
Bretagne 7
Bretonisch 7
Briten 47
Britische Inseln 16, 36
Britomarus 31
Brixia 30
Bronze 11, 22, 28, 66
Bronzekultur 19
Bronzemünzen 88
Bronzeschmuck 28
Bronzezeit 14
Buch der Invasionen 17
Burgund 15
Caeroeser 38
Cäsar 13, 24, 35, 40, 42
Caligula 9
Caturix 96
Catuvolcus 38
Celtae 26
Cempsi 24
Cenomanen 30
Cernunnos 94
Cerveteri 30
Champagne 28
Chiusi 30
Cicero 35
Cisalpina 30
Clastidium 32
C. Manlius Vulso 34
Cn. Porcius Cato 35
Commius 46
Concolitanus 31
Condottiere 42
Condruser 38
Corneto-Tarquinia 19
Cornwall 7, 47
Delphi 34
Deus Alisanus 94
Deus Fagus 94
Deus Robur 94
Diener 28
Diodor 62, 63
Dionys 59
Dionys von Syrakus 30
Dolch 21
Dolmen 8
Donau 13, 15, 26
Donnergott 97
Dordogne 15
Drechslerei 80
Dreiheit 97
Druiden 95, 103
Dux britannicus 47
Dylan 7
Eburonen 38
Eigenschaften 64
Einehe 55
Eisen 12, 66
Elbe 27
Elephantenschlacht 34
Emaillierkunstgewerbe 79
Epona 98
Epos 117
Erzählungen 53
Erzgebirge 13
Essen 31
Etrurien 27
Etrusker 29, 30, 31
Etruskische Städte 30
Eumenes II. 34
Exportbemühungen 84
Familie 54
Feldschlacht 30
Festessen 67
Fibeln 22, 28
Flachgräber 15, 26
Fliehburgen 15
Foederati 44
Frau 28, 51
Fürstengräber 18
Fürstenhöfe 27
Fürstin in Vix 21
Fußvolk 57
Gaesaten 31
Galatoi 26
Galli 26
Gallien 27, 28
Gallier 30
Gallischer Krieg 40
Geld 35
Geldwesen 85
Genua 43
Germanen 15, 26, 38
Gerold Walser 38
Gesang 68
Gesellschaft 50, 106
Gewerbe 75
Gewerbetechnik 70
Gewohnheiten 64
Glan 13
Glasfabrikation 81
Glastonbury 39
Götter 92, 96
Götterdarstellungen 99
Göttergestalten 96
Göttergruppe 96
Göttinnen 92
Gold 22, 28, 31, 79
Goldmünzen 79
Goldschmiedekunst 21
Goldstater 89
Grabhügel 15, 26
Gräber 62
Grammatica Celtica 8
Griechenland 21, 27
Guizot 8
Guortigernus 47
Hackmesser 21
Haeduer 42
Häfen 81
Häuptlinge 71
Hallstattkultur 18
Hallstattzeit 11, 18
Halsketten 27
Hammer 97
Hammergott 96
Handel 70, 83
Handelsbeziehungen 27
Handelswege 22, 81
Hannibal 32
Hausbau 21
Heer 34
Heiligtümer 99
Hekataios von Milet 26
Helvetier 10, 43
Henri Martin 8
Herkunft 11
Herodot 26
Hersart de la Villemarqué 8
Hirschgott 97
Hirtenkultur 15
Hochbronzezeit 14
Holland 17
Hügelgräber 11, 28
Hügelgräberkultur 14
Iberische Halbinsel 26
Illyrier 26
Importwaren 21
Inselkelten 47
Insel Thanet 47
Insubrer 30
Interpretatio romana 95
Irisch 7
Irischer Sagenschatz 118
Irland 7, 46
Italien 21
Japhets 8
J. Hawkes 17
J. P. Calloc'h 7
Jullian 69
Jupiter 97
Justinus 32
Kämpfe 29
Kärnten 26
Kampfwagen 28
Kapuze 66
Karner 35
Karthago 29
Kelten in Mittel- und Osteuropa 46
Keltenwanderungen 24
Keltoi 26
Keramik 14, 81
Kimbern 35, 36, 38
Kimmerier 17
Kinder 54
Kleidung 64
Kleinasien 32
Kleinbronzearbeit 111
Klientelwesen 51
Knowitz-Milavecer Kultur 15
Koberstadt-Kultur 24
König Deiotarus 35
König Nikomedes 34
Könige von Gwyned 47
Königin Boudicca 37
König Ochiagon 34
König Amyntas 35
Königtum 55
König Virdomarus 31
Koinon 35
Kolonien 31
Konsul L. Aemilius Papus 31
Konsul M. Livius Drusus 31
Konsul Servius Fulvius Flaccus 35

Kriegswesen 56
Kroatien 35
Küste von Kent 47
Kultformen 99
Kultur 9
Kultwagen 22
Kunst 105, 108
Kupfer 11
Kymry 47
Laber 13
Ladenburg 13
Lahn 13
Landwirtschaft 75
Languedoc 15
Lanzen 26
Lanzenspitzen 21
La-Tène-Kunst 112
La-Tène-Zeit 10, 26
Latiscostamm 21
Latobriger 43
Lausitzer Kultur 15
Lebensformen 50
Lech 13
Leder 22, 66
Lederbearbeitung 80
Legionen 42
Lex Flaminia 31
Lindenschmidt 8
Lingonen 30
Lippe 13
Literarische Quellen 27
Literatur 118
Livier 31
Livius 29
Lukan 96
Lukans Pharsalia 101
Luxus 67
Luxusgegenstände 23
Macpherson 8
Mähren 35
Märchen 117
Mailand 30
Main 13, 15
Makedonien 35
Manching 73
Mann 51
Mantia 30
Manx 7
Markomannen 35
Masken 110
Massalia 27
Meare 39
Megalithdenkmäler 7
Menapier 24
Mercia 47
Metall 11
Metallgürtel 66
Mithradates II. 34
Mont Beuvray 44
Morganwg 8
Mosel-Rhein-Gebiet 29
Münzkunst 85
Mythen 92
Mythologie 103
Neckar 13, 15
Nemeter 24
Neolithikum 11
Nervier 37, 44
Nida 13
Nied 13
Niederrhein 27
Nordbelgen 37
Nordfrankreich 15
Nordschweiz 15
Noricum 19
Nyrax 26
Oberpfalz 15
Österreich 35
Oppida 71, 72, 73
Oppidum 73
Oppidum vom Mont-Lassois 21
Orgetorix 43
Ornamente 28
Ostspanien 16
Paemaner 38
P. Bosch-Gimpera 24
Pelendonen 24, 25
Peloponnes 30
Penhouet 7
Pfahlbautenleute 17
Pfahldörfer 15
Pikten 47
Plastik 108
Po 30
Poebene 29
Poesie 68
Polybios 63
Pompeius 35
Poseidonius 63, 67
Properz 31
Protokelten 17
Provinz York 37
Ptolemäern 35
Pyrenäen 15
Q-Kelten 17
Quellen 91
Radgott 96, 97
Raubzüge 30
Raura 13
Rauraker 13, 24
Reichtum 22
Reiterei 57
Relief 92
Religion 91, 107
Rhein 13
Rheinland 28
Ringe 27
Riten 59
Ritter 52
Römer 29
Rom 9, 30, 42
Roperzh Er Mazon 7
Rory An Ruaiche O'Connor 49
Rubriker 43
Rückgang 40
Ruhr 13
Sachsen 47, 48
Sächsische Seeräuber 47
Sage 30
Salomon Reinach 8
Salzgewinnung 79
Salz- und Eisengewinnung 19
Samniter 31
Santonen 24
Scheunen 71
Schiefer 22
Schiffbauer 80
Schiffe 23, 80
Schilde 26
Schlacht 30
Schlangengott 97
Schlegelgott 97
Schleudertechnik 62
Schmuck 26, 64, 66
Schmucksachen 27
Schotten 47
Schottland 7
Schuster 80
Schwert 20, 21, 26
Segner 38
Segovesus 32
Senonen 30
Sequaner 42
Sextus Pompeius 35
Shakespeare 46
Siedlungsformen 71
Sieg an der Allia 30
Silber 88
Sizilien 30
Sklavenwohnungen 71
Skordisker 35
Skulptur 110
Skythen 18
Söldner 40
Somerset 39
Spanien 36
Sparta 30
Spiegel 28
Sprache 11
Sprachgeschichte 13
St. Bernhard 29
Staatswesen 38
Städte 72
Städtische Kultur 30
Ställe 71
Stamm 54
Statuen 92
Steiermark 26
Steinkulturen 14
Steinzeit 14
Stele von Bologna 30
Stimulus 21
Stoßdegen 21
Strabo 9, 62
Stradonitz 73
Straße des Herkules 81
Suebenkönig 42
Südwestdeutschland 13
Tacitus 95
Tanguy Malmanche 7
Tapferkeit 30
Tauber 13
Tau gallicum 95
Taurisker 35
Technik 81
Telamon 31, 32
Teutonen 36, 38
Theben 30
Theodosius 117
Thraker 26
Thrakien 35
Tiberius 9
Tirol 15
Töpferei 80
Torques 22, 66, 97
Tracht 14
Transport 23
Treverer 24
Trinken 31
Trompeten 63
Tulinger 43
Turonen Thüringens 25
Ulster-Sagenkreis 118
Umbrer 30
Ungarn 35
Urbes 72
Urheimat 12
Urnenfelder 15
Urnenfelderbronzezeit 19
Urnenfelderkultur 11
Ursprache 13
Uther Pendragon 47
Vadimonische See 31
Veji 30
Veneter 24, 30
Verfall 40
Vergil 9
Verkehr 70, 83
Verona 30
Villingen 21
Vindeliker 24
Waffen 20, 26, 27
Waffenschmiede 20
Wagen 57
Wagenbauer 80
Wagengrab 21
Wahrsagerei 103
Wales 47
Walisisch 7
Wanderungen nach Italien 29
Weinhändler 84
Werkzeuge 14, 27
Wissenschaft 105
Wohnhäuser 72
W. Stuckeley 7
Yeats 7
Zauberhandlungen 59
Zeuß 8
Zimmerleute 80
Zürich-Altstetten 21

Die Welt der Perser
(Bd. 9)

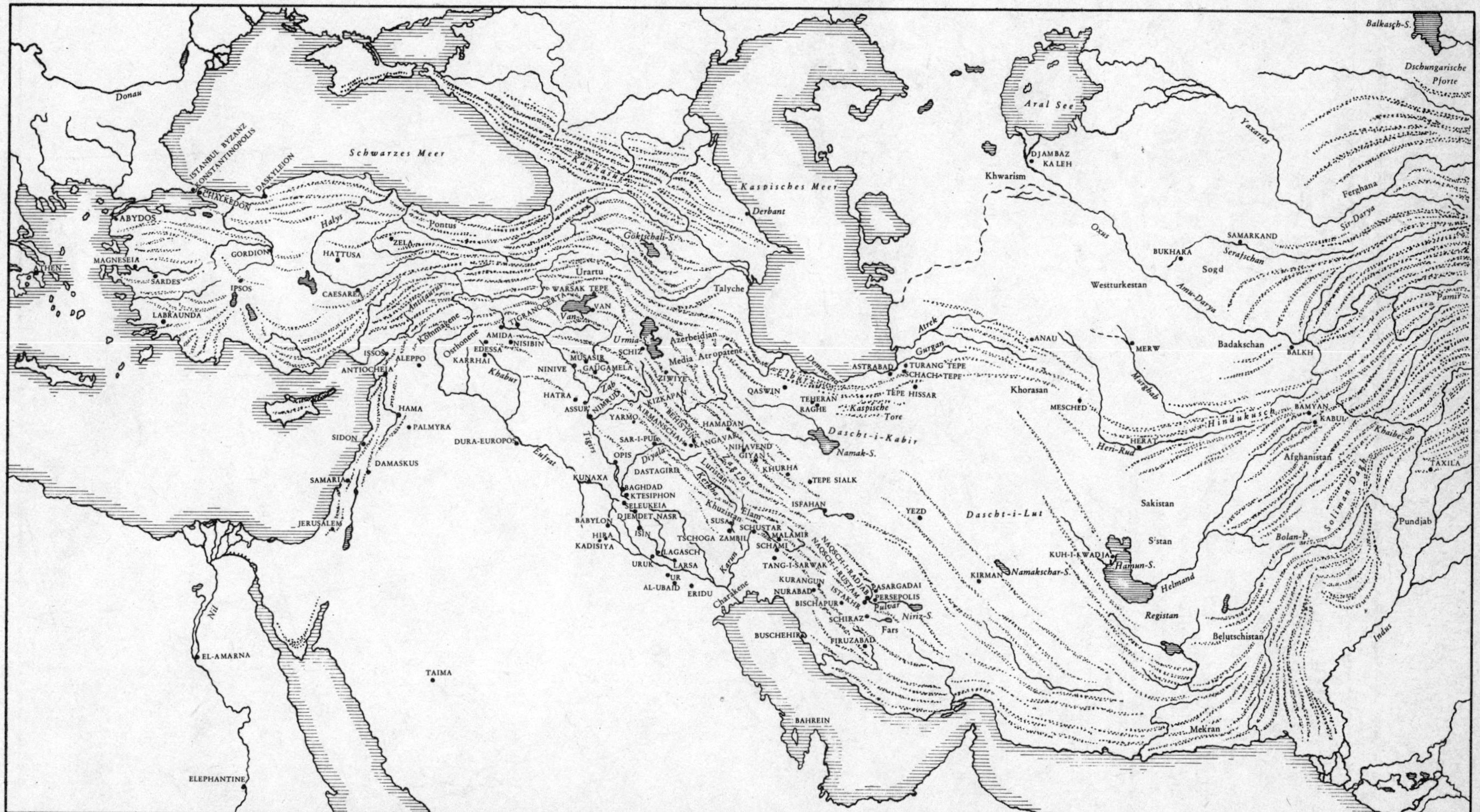
Schwarzes Meer
Kaspisches Meer
Aral See
Balkasch-S.
Dschungarische Pforte
Donau
ISTANBUL BYZANZ KONSTANTINOPOLIS
CHALKEDON
DASKYLEION
ABYDOS
MAGNESEIA
SARDES
ATHEN
LABRAUNDA
GORDION
IPSOS
HATTUSA
CAESAREA
Halys
Pontus
ZELA
Urartu
WARSAK TEPE
VAN
Van
Urmia
TIGRANOCERTA
Kommagene
Osrhoene
AMIDA
NISIBIN
EDESSA
KARRHAI
Khabur
ISSOS
ALEPPO
ANTIOCHEIA
HAMA
PALMYRA
SIDON
DAMASKUS
SAMARIA
JERUSALEM
DURA-EUROPOS
Eufrat
Tigris
Nil
EL-AMARNA
ELEPHANTINE
TAIMA
NINIVE
MUSASIR
GAUGAMELA
HATRA
ASSUR
NIMRUD
Zab
YARMO
SAR-I-PUL
OPIS
DASTAGIRD
KUNAXA
BAGHDAD
KTESIPHON
SELEUKEIA
BABYLON
DJEMDET NASR
HIRA
ISIN
KADISIYA
LAGASCH
URUK
LARSA
UR
AL-UBAID
ERIDU
Charakene
Karun
SUSA
SCHUSTAR
TSCHOGA ZAMBIL
Khuzistan
Elam
Luristan
Diyala
Kerkha
KANGAVAR
KIRMANSCHAH
BEHISTUN
HAMADAN
NIHAVEND
GIYAN
KHURHA
ZIWIYE
SCHIZ
Media
Atropatene
Azerbeidjan
Goktschai-S.
Talyche
Derbant
QASWIN
TEHERAN
RAGHE
Demavend
ASTRABAD
TURANG TEPE
SCHACH TEPE
TEPE HISSAR
Kaspische Tore
Gurgan
Atrek
Dascht-i-Kabir
Namak-S.
TEPE SIALK
ISFAHAN
MALAMIR
SCHAMI
TANG-I-SARWAK
KURANGUN
NURABAD
BISCHAPUR
NAQSCH-I-RADJAB
NAQSCH-I-RUSTAM
ISTAKHR
PASARGADAI
PERSEPOLIS
Pulvar
SCHIRAZ
Niriz-S.
Fars
FIRUZABAD
BUSCHEHIR
BAHREIN
YEZD
Dascht-i-Lut
KIRMAN
Namakschar-S.
KUH-I-KWADJA
Hamun-S.
Sakistan
S'stan
Helmand
Registan
Belutschistan
Mekran
Khwarism
DJAMBAZ KALEH
Oxus
Westturkestan
ANAU
MERW
Murghab
Khorasan
MESCHED
HERAT
Heri-Rud
BUKHARA
SAMARKAND
Serafschan
Sogd
Amu-Darya
Yaxartes
Ferghana
Sir-Darya
Badakschan
BALKH
Pamir
Hindukusch
BAMYAN
KABUL
Afghanistan
Khaiber-P.
TAXILA
Soliman Dagh
Bolan-P.
Pundjab
Indus

DIE ALTE WELT I.

AHRE 480 V. CHR.

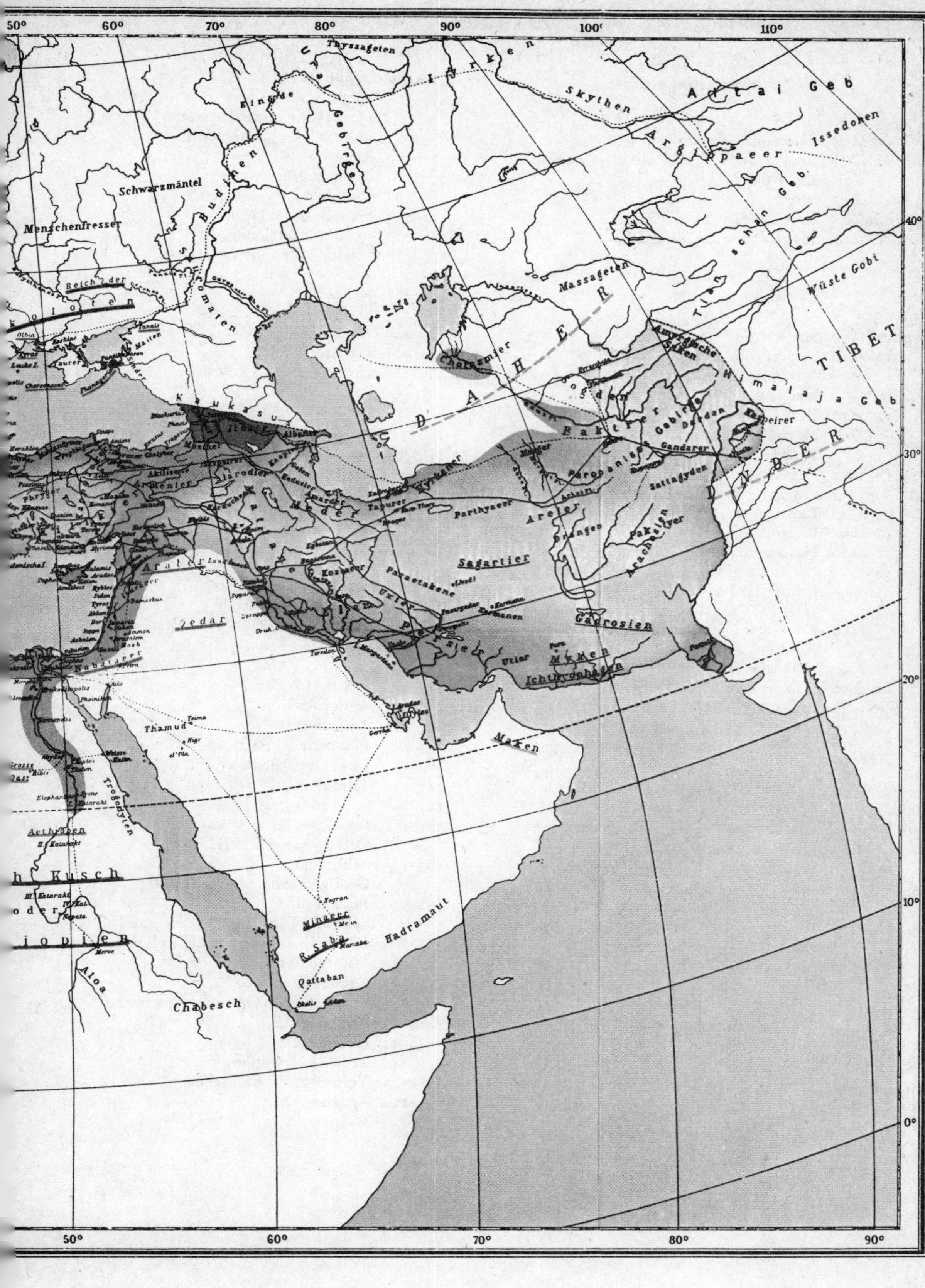

Zeittafel

Vorgeschichte

	Yarmo
Hassuna-Zeit	Kelteminar-Kultur
Tell Halaf-Zeit	Giyan I, Sialk I, Tepe Hissar I, Anau, Tall-i-Bakun.
Al Ubaid-Zeit	Susa I.
Uruk-Zeit	Sialk III, Tepe Hissar II.
ca. 3000	Susa II (Djemdet Nasr-Zeit).

Ältere Geschichte

ab ca. 2800	Sumerische Stadtstaaten.
ca. 2400	Sargon von Akkad.
	Naramsin von Akkad. Sieg über die Lulubi, Guti und Elamiter.
ca. 2150	Puzur-Schuschinak von Elam, Guti-Herrschaft.
	Tepe Hissar III (?).
ca. 1950	Ibisin von Ur wird von Elamitern gefangengenommen.
	Kudur-Mabug von Elam.
1758–1698	Rimsin.
1728–1686	Hammurabi von Babylon.
ca. 1530	Plünderung Babylons durch Murschili, Beginn der Kassiten-Herrschaft.
ca. 1174	Schutruk-Nakhunte I. von Elam.
1160	Kutir-Nakhunte vertreibt den letzten Kassitenkönig aus Babylon.
ca. 1100	Sialk, älteres Grabfeld.
ca. 1000	Sialk, jüngeres Grabfeld.
845/44	Erstes Auftreten der Meder und Perser.
ca. 715	Deiokes von Medien (z. Zt. Sargons II. von Assur 721–705); Einfall der Kimmerier.
	Schutruk-Nahkunte II. von Elam (Zeitgenosse Senakheribs von Assur 704–681).
ca. 675–653	Phraortes von Medien (Zeitgenosse Assurbanipals von Assur 668–628).
	Skythenherrschaft; Huban-Haltasch III. von Elam 648–639; Luristan-Bronzen.
640	Fall von Susa
625–585	Kyaxares.
	612 Fall von Ninive.
585–550	Astyages.

Die Achämeniden

	Achämenes.
ca. 675–640	Teispes.
ca. 640–600	Kyros I., (ca. 640–625 Ariaramnes).
ca. 600–559	Kambyses I.
559–529	Kyros II., der Große.
	550 Revolte gegen Astyages, 546 Sardes, 539 Babylon.
528–522	Kambyses II.
	525 Eroberung Ägyptens, 522 Aufstand Gaumatas.
522–486	Dareios I., der Große.
	512 Skythenfeldzug, 500 Jonischer Aufstand, 490 Marathon.
486–465	Xerxes I.
	480 Salamis, 479 Plataiai.
465–425	Artaxerxes I.
425–405	Dareios II.
	405 Abfall von Ägypten.
405–358	Artaxerxes II.
	401 Aufstand des Kyros, Kunaxa. Satrapenaufstände.
358–338	Artaxerxes III.
	345 Wiedereroberung Ägyptens.
336–330	Dareios III.
	334 Angriff Alexanders, Granikos, 333 Issos, 331 Gaugamela.
(336) 330–323	Alexander der Große.
	327 Indienzug, 324 Friedensfest von Opis.

Die Seleukiden und Arsakiden

305–280	Seleukos I.
280–261	Antiochos I.
261–246	Antiochos II.
	Einbruch der Parther.
	Das baktrische Reich.
248–214	Tiridates.
214–196	Artabanos I.
223–187	Antiochus II.
	Ostzug Antiochos' III.
ca. 160–137	Mithradates I.
	Gefangennahme Demetrios' II.
138–129	Phraates II.
	Saka und Yüh-Chi im Nordosten
	ca. 130 Ende des baktrischen Reiches.
123–87	Mithradates II.
56–37	Orodes II.
	53 Karrhai; im Osten die Kuschanen.
11 n. Chr.–40	Artabanos III.
40–51	Gotarzes II.
116	Trajan in Ktesiphon
148–192	Vologases III. Kanischka (?).
215–224	Artabanos V.

Die Sasaniden

224–240	Ardaschir.
241–272	Schapur I. 260 Edessa; Wirken Manis.
271–276	Bahram I.
276–293	Bahram II.
293–303	Narses.
310–379	Schapur II. 363 Tod Julians.
399–422	Yezdegerd I. Chioniten in Nordostiran.
422–439	Bahram V.
439–459	Yezdegerd II.
479–483	Peroz.
483–531	Khobad. Wirken Mazdaks.
531–579	Khosroes I. Anuschirvan. Sieg über die Chioniten im Bunde mit den Türken. 570 Eroberung Südarabiens.
579–590	Ormuzd.
590–627	Khosroes II. Parvez. 614 Fall von Jerusalem. 617 Fall von Chalkedon, 622 Gegenstoß des Heraklius, 627 Dastagird.
627	Scheroes.
632–651	Yezdegerd III. 634 Angriff der Araber, 637 Kadisiya, 642 Nihavend.

Inhalt

I. Die geographischen Voraussetzungen 7

II. Die ältesten Dorfkulturen 12

III. Der Kontakt mit den mesopotamischen Hochkulturen: Elam und die südwestlichen Vorberge des Zagros 20

IV. Die Einwanderung der Indoiranier 32

V. Die Achämeniden 47

VI. Die Arsakiden 82

VII. Die Sasaniden 98

Zeittafel 125

Tafeln 129

Erläuterungen und Quellennachweise der Tafeln 205

Literaturhinweise 210

Register 215

Register
in alphabetischer Folge

Achämenes 48
Achämeniden 47
Achämenidische Fürsten 66
Acker 10
Adelige 29
Ägypten 12, 26, 40, 49, 56, 64, 79
Afghanistan 17
Akinakes 57
Akkad 21
Akkader 21
Alabaster 11, 19
Alexander 79
Alexandermosaik von Pompeji 79
Alexanderzug 8
Amoriter 25
Amtssprache 25
Amu-Darya 7
Anahita 65
Anarchie 117
Anau 15
Androne 78
Antigonos 82
Antilopen 23
Antiochos I. 84
Antiochos II. 84
Antiochos III. 85
„Apadana“ 74
Aprikosen 87
Araber 118
Arabien 64
Arachosien 64
Aral-See 7
Arbeiter 21
Architektur 95
Ardaschir 98, 103, 104
Aria 64
Aristokraten 77
Armee 33
Armenien 8, 64, 110
Arsakes 84, 85
Arsakiden 88
Arsakidische Macht 85
Artabanos 103
Artabanos I. 85
Artabanos III. 90
Artabanos V. 92
Artaphernes 74
Artaxerxes I. 76
Artaxerxes II. 77
Artaxerxes III. 78
Aryanam 34
Arzt 115
Assur 28
Assurbanipal 30, 52
Assyrerkönig Salmanassar III. 32
Assyrische Macht 42
Assyrische Plünderungszüge 31
Astyages 43, 47
Athen 74, 75
Athener 74
Auxiliarii 90
Babylon 25
Babylonien 64
Babylonische Chronik 50
Babylonische Quellen 44
Bären 23
Bagdad 9
Bahram I. 108
Bahram II. 108
Bahram V. 111
Baktrien 64, 80
Bauern 88, 100
Bautätigkeit 73
Bauten 104
Bauwerke 60
Beamten 21
Behistun-Inschrift 55
Beisetzung der Toten 16
Bergleute 21
Bernstein 11
Bessos 80
Bestattungsart 35
Bestattungsplatz 16, 36
Bildwerke 46
Binnensee 10
Blei 11
Bogenköcher 57
Bogenschützen 71
Bosporus 56
Bronze 19
Bücher 108
Byzantinischer Kaiserhof 9
Byzanz 109, 118
Cäsar 89
Carbon 12
Chinesische Gesandtschaft 87
Chioniten 111, 112
Chorasmia 64
Christen 96, 109
Christentum 109
Chuza 64
Codex Hammurabi 25
Cypern 76
Dach der Welt 8
Daiaukku 38
Darband-i-Gawr 21
Dareios 35, 56, 57, 76
Dareios I. 7, 24, 53
Dareios II. 76
Dareios III. 79
Datis 74
Deiokes 39
Demetrios 85
Demetrios II. 86
Diadochen 82
Diokletian 109
Diorit 11
Djemdet Nasr-Periode 20
Donau 56
Dorfhügel 36
Dorfkultur 12
Dorfsiedlungen 15
Drangiana 64
Edessa 107
Egbatana 50
Eisen 11
Elam 7, 15, 20, 40
Elamiter 21, 23
Enkel 89
Eumenes 82
Euphrat 7, 10, 106
Euthydemos 85
Fabelwesen 104
Fabriken 83
Familie 61
Felsgräber 45
Felsreliefs 94
Feudalfamilien 109
Feudalherr 77
Feudalherren 33, 36, 86
Feudalität 80, 101, 112
Feudalorganisation 93
Feuerheiligtümer 86, 97
Feuerkult 97
Firuzabad 103, 104
Flotte 52, 75
Formen 46
Frau 23, 89
Fürst 22
Fürsten 29, 37, 109
Fürstentum Elymais 85
Fußtruppen 88
Gärten von Isfahan 10
Gandara 64
Gardetruppen 39
Garnisonen 33
Gartenbestellung 10
Gaugamela 79
Geld 100

Gelehrte 77, 78
Gemmen 96
Generäle 31, 82
Gestein 20
Götter 65
Götterpaar 23
Gold 10, 19, 74
Goldschmuck 94
Gotarzes 91
Gottheiten 101
Gottheit Nanna von Ur 27
Gott Marduk von Babylon 27
Gott Mithra 90
Gouverneur 87
Gouverneur von Karthago 116
Gouverneur von Elam 22
Grabbeigaben 35
Grabfunde 35
Grabmal des Königs Antiochos I. 89
Gräber 13, 35
Gralsburg 9
Granatapfel 87
Granikos 79
Griechenland 75
Griechischen Küstenstädte 56
Großkönig 61
Groß-Skulptur 23
Grube 36
Gurgan-Ebene 18
Guti 21
Guti-Fürsten 24
Gymnasium 115
Halbedelsteine 20, 105
Haldis 40
Halule am Tigris 29
Hamadan 39
Hammurabi 25
Hamun-See 10
Handelsabschlüsse 21
Handelsbeziehungen 87
Handelsgüter 10, 20
Handelsstädte 83
Handelswege 83
Handwerker 36, 100
Hanni 31
Harem 115
Harpagos 47
Hattuscha 26
Haupthaar 31
Heer 40, 42, 88
Heeresorganisation 93
Heiliges Kreuz 117
Hellas 74
Hellenen 64
Hellenismus 93
Hellespont 75
Heraklius 116
Herodot 37, 39, 43, 47, 65
Hethiter 26
Hirten 36, 88
Hirtenkultur 18
Hissar 15
Hochadel 61
Hochkommissare 25
Höhlen 13
Hof 77
Holz 11, 20
Huban-Haltasch III. 29, 31
Hüttenwände 15
Hunde 23
Hyrkanien 84
Ibisin 24
Indien 64, 87
Indoiranier 32
Innenpolitik 115
Inonien 64
Inschriften 65
Iran 12, 85, 93, 118
Iranisches Hochland 7
Iranische Kultur 118
Ischtar 65
Isin 25
Issos 79
Jäger 23
Jovian 110
Judäa 40
Juden 96
Justinianus 113
Kadisiya 117
Kaiser Augustus 89
Kaiser Caracalla 92
Kaiserkult 118
Kaiser Mauritius 116
Kaiser Trajan 91
Kambyses I. 47
Kambyses II. 52
Kappadokien 64
Karien 64
Karneolen 10
Karrhai 89
Karter 108
Kassiten 26
Kaufleute 100
Kavallerie 34
Keilschrift 25
Keramik 13, 14
Khalid 117
Khalif Omar 117
Khobad 112
Khosroes 114
Khosroes I. 100, 114
Khosroes I. Anuschirvan 113
Khosroes II. 114, 116
Khuzistan 7
Kimmerier 39
Kleinasien 56
Kleinbauern 36
Kleinkunst 74
König 24, 61
König Bahram II. 24
König der Perser und Meder 50
König der vier Weltteile 25
Könige 33, 103
König Hystaspes 35
Königreich Armenien 90
König Sargon II. 28
König Scheroes 117
Königsfamilie 52
Konstantin d. Gr. 109
Konstantinopolis 109
Kriegführung 93
Kriegszug nach Ägypten 54
Ktesiphon 9
Kudur-Mabug 25
Kudurru 27
Kuduzulusch 25
Künstler 77, 78
Kult 65
Kulthandlungen 23
Kultur 18
Kultusminister 108
Kunst 93
Kunsthandwerk 104
Kupfer 11
Kutir-Nakhunte 27
Kyaxares 42
Kyros 31, 57
Kyros I. 48
Kyros II. 49
Land der Arier 7
Landesgottheit 24
Landwirtschaft 15
Lapislazuli 10
Leben nach dem Tode 16
Legionäre 90
Legionsadler 89
Legitimität 115
Lehnsaufgebote 88
Leibärzte 78
Leonidas von Sparta 75
Libyen 64
Literatur 119
Löwenjagd 103
Lucca 89
Lulubi 21
Lulubi-Fürst Annubanini 22
Luxusartikel 83
Lydien 64

Männer 23
Magier 96, 108
Makedonen 80
Makedonische Armee 80
Mani 9, 108
Manichäische Kirche 108
Manichäismus 119
Marathon 74
Mardonios 75
Marduk 75
Massageten 64
Matriarchal-Organisation 15
Mauerreste 13
Maulesel 34
Mazdakbewegung 113
Meder 40
Medien 64
Medisches Reich 39
Mekran 17, 64
Mesopotamien 7, 12, 20, 93, 116, 117
Mesopotamische Hochkulturen 20
Metall 19, 20
Mih(i)rdates 91
Militärdistrikte 33
Mithra 65
Mithradates I. 85
Mithradates II. 87, 88
Mithradates VI. Eupator von Pontus 88
Mithra-Glauben 90
Mithra-Legende 90
Mobad Karter 108
Mode 31
Mongolen 119
Münzen 96, 105, 125
Mufflon 23
Musasir 40
Musik 111
Mysterienkult 90
Nabukhudrossor 28
Nabupolassar 42
Namak- und der Namakschar-See 10
Nanna 24
Naramsin 21
Neolithische Periode 17
Ninive 116
Nubien 64
Oase 11, 74
Opfer 98
Opis 81
Ormuzd 115
Ornamente 41
Ost-Saka 64
Oxus 34
Pamir 8
Panzer 88
Parmenions 80
Parsa 49
Parsi 119
Parsua 32, 47
Parsumasch 49
Parther 84
Parthien 64
Pasargadai 57
Pater familias 89
Peroz 112
Persepolis 10, 62, 68, 87
Persepolis-Reliefs 57
Persischer Golf 7, 17
Pferd 34, 87
Pfirsich 87
Philipp II. 79
Phönikier 52
Phokas 116
Phraates II. 86
Phraortes 40
Plataiai 75
Politiker 77
Polo 115
Pompeius 89
Priesterschaft 96, 112
Prinz Ochos 78
Prinz Yezdegerd III. 117
Privatverträge 21
Prokonsulat des Crassus 89
Propheten 108
Puzur-Schuschinak 22
Quittungen 21
Raubgut 37
Rebellionen 55
Reichsfeldherr Rustam 117
Reichsfeldzug 75
Reichsgedanken 54
Reichsheer 56
Reich von Man 32, 40
Reiterei 88
Reitervolk 39
Reitsport 115
Relief 37, 45
Religiöse Lehre 112
Religiöse Geschichte 96
Religion der Magier 66
Religion der Meder 46
Religionen 96
Res gestae 107
Residenz 57
Rimsin 25
Rinder 14
Römer 88, 106
Rom 118
Rot- und Damwild 23
Rundskulptur 104
Rustam 117
Sa'ad 117
Saal der „Hundert Säulen" 71
Sänger 116
Sage 116
Saka 86
Sakistan 87
Salamis 76
Salzseen 10
Samarkand 9
Sargon-Dynastie 21
Sargon I. von Akkad 21
Sargon II. 38, 39
Sassaniden 98
Sassanidenreich 109
Satrapen 62, 77
Satrapienordnung 83
Schahnameh 9
Schah Tepe 15
Schamsi Adads V. von Assur 33
Schapur I. 100, 106
Schapur II. 109, 110
Schenkungsurkunde 25
Schlachtfeld 79
Schlacht von Karrhai 88
Schlangen 16
Schrift 12, 119
Schriftsystem 119
Schriftverwendung 20
Schutruk-Nakhunte 21
Schutruk-Nakhunte II. 28
Schutzzölle 37
Schwarzes Meer 56
Schwefel 11
Seeräuber 90
Seide 87
Seidenstraße 8, 87
Seleukos 82
Seleukos I. 82
Sichel 16
Silber 74
Silbergefäße 19
Sir-Darya 7
Sitten 77
Skythen 40, 56, 64
Skythenfeldzug 57
Söhne 89
Sogdiana 64
Sogdien 80
Spartaner 74, 75
Speere 72
Sphinx 78
Staat 39
Staatsreligion 101, 109
Stadtgottheit 24
Stadtstaat 25

Städte 74
Städtebauer 95
Städtische Zivilisation 39
Stämme 33
Stahl 87
Stammesfürsten 7
Steinkiste 36
Stempel- und Rollsiegel 20
Steppe 7, 35
Steppenstämme 44, 56
Steppenvölker 118
Stiere 23
Stoßlanze 57
Streitaxt 72
Sukkal von Elam 24
Sukkal von Susa 24
Sumer 21
Susa 7, 20
Syrien 64, 89
Tall-i-Bakun 15
Teheran 34
Teispes 48
Tempel 25
Tepe 15
Tepe Giyan 15
Tepe Sialk 15
Thatagus 64
Thermopylen 75
Thrakien 56, 64, 76
Thron 63, 113
Thronstreitigkeiten 90
Tiere 104
Tiglat Pileser III. 38, 39
Tigranes 87, 88
Tigris 7, 10
Tiridates 84, 85
Tochter 89
Töpferei 13
Tontafeln 20
Topfscherben 13
Tor von Asien 8
Transithandel 83
Transkaukasien 35
Tripolje-Kultur 18
Truppe 72
Truppengattung 88
Tschoga Zambil 27
Türken 119
Türkise 10
Universalreligion 108
Untasch-Gal 27
Ur 24
Urartäische Kultur 44
Urartu 32
Urfa 89
Uruk-Kultur 20
Vasallen 21
Verbrechen 49
Verrechnungstexte 21
Volk 100, 112
Volkskunst 104
Volksreligion 65
Vologases II. 92
Vologases V. 92
Vorderer Orient 49
Wälder 10
Waffen 15
Wagen 96
Wanderpriester 96
Wasser 15
Weber 105
Weidewirtschaft 10
Wein 87
Weltherrschaft 25
Weltmacht 86
Weltreich 57
Werkzeuge 13
Wesir 103
Wild 23
Wölfe 23
Wüste 10
Xenophon 49
Xerxes 75
Xerxes I. 66
Yang Schao-Kultur 18
Yaxartes 34
Yezdegerd I. 111
Yezdegerd II. 112
Zagros 20
Zagros-Bergketten 7
Zarathustra 101
Zenobia 109
Zentralregierung 62
Ziegen 14
Zinn 11
Zölle 83
Zoroaster 35, 67
Zoroastrismus 101, 119
Zweistromland 7, 20

Die Nordgermanen
(Bd. 10)

Trøndelag
Jämtland
Ångerman-
land
Möre &
Romsdal
Medelpad
Härjedalen
Sogn & Fjordane
Hälsingland
Hedmark
Opland
Hordaland
Gästrik-
land
Buskerud
Dalarna
Akershus
Alt-Uppsala
Telemark
Värmland
Västmanland
Uppland
Rogaland
Vestfold
Oseberg
Östfold
Dals-
land
Birka
Agder
Närke
Södermanland
Bohuslän
(Viken)
Västergötland
Östergötland
Vendsyssel
Gotland
Småland
Himmerland
Halland
Öland
Jütland
Blekinge
Skåne
(Schonen)
Jellinge
Seeland
Fünen
Bornholm
Alsen
Haithabu
Lolland
Falster

Zeittafel

Eiszeit – Inlandeis	Kopenhagen bis 9000 v. Chr. Stockholm bis 7500 v. Chr.
Steinzeit	bis 1500 v. Chr.
Bronzezeit	1500–500 v. Chr.
Skandinavische Eisenzeit	500 v. Chr.–1060 n. Chr.
Keltische Eisenzeit = vorchristliche Eisenzeit	500–0 v. Chr.
Römische Eisenzeit	0–400 n. Chr.
Völkerwanderungszeit	400–600 n. Chr.
Vendelzeit	600–800 n. Chr.
Wikingerzeit	800–1060 n. Chr.

V wird schwedisch, dänisch und norwegisch wie W ausgesprochen, z. B. in Vendel, Valsgärde, Västergötland, Vestfold; A wird wie das deutsche O ausgesprochen.

Inhalt

	Vorwort	7
	Zeittafel	9
I.	Rückblick auf die Stein- und Bronzezeit	10
II.	Die Dorfgemeinschaft vor 2000 Jahren	15
III.	Die große Begegnung	31
IV.	Im finster-feuchten Moor	48
V.	Der Osten meldet sich	59
VI.	Gold und Blut – Künstler und Könige	67
VII.	Am Hof des Sveakönigs	94
VIII.	Die Wikingerzüge	109
	Landkarte	127
	Tafeln	129
	Erläuterungen und Quellennachweise der Tafeln	247
	Literaturhinweise	257
	Namen- und Sachregister	259

Register
(in alphabetischer Folge)

Ackerbau 11
Ackerbauern 11
Äcker 19
Ägypten 11
Ahemil 78
Alemannen 40
Almenwirtschaft 17
Alsen 29
Amerika 124
Anastasius 78
Angeln 40
Araber 118
Arminius 31
Arminius, der Cherusker 30
Armreifen 13
Athanarich 65
Auerochsen 11
Axt 96
Bären 11
Bajuwaren 40
Barbaren 32
Bauer 13
Bauernhäuser 20
Bauernhof 17
Begrenzungswälle 20
Beowulf 87
Bergbau 16
Bergen 17
Bergio 78
Berig 30
Bernstein 37
Besitztum 20
Birka 115
Blut 67
Bodensee 16
Böhmen 27
Bootaxtleute 12
Brandgräber 61
Brandgrubenfelder 25
Bretagne 11
Brettspiel 71
Britannien 21
Bronzegießer 15
Bronzeindustrie 41
Bronzewaffen 15
Bronzezeit 9, 13
Brüder Grimm 32
Burg 77
Burgunder 40
Cadiz 117
Caesar 31
Capua 37
Charuden 34
Chatten 40, 90
Chauken 40
Cherusker 40
Christentum 124
Cuxhaven 14
Dänemark 10, 16
Dänen 78
Dnjepr 120
Dolche 13
Dollerup 40, 42
Dolmen 11
Dorfgemeinschaft 15, 20
Dorfstraße 21
Drachenschatz 87
Drachenschiffe 94, 117
Drachensteven 114
Drei Königshügel 100
Edda 16, 49
Einzelgrabkultur 12
Einzelgräber 12
Eisen 15
Eisenbeil 21
Eisenzeit 15
Eiszeit 9
Elch 11
Empfang in Walhall 95
England 11
Erdgräber 12
Erik 123
Evagre 78
Fervir 78
Feudalherrschaft 18
Feuerstein 10, 96
Fichtelgebirge 27
Finnaithae 78
Fischer 11
Fischnetze 21
Franken 40
Frauen 54
Freya 49
Freyr 49
Friesen 40
Frostnächte 17
Fruchtbarkeitsgott 70
Frühling 17
Fürstensitze 93
Ganggräber 11, 12
Gebo 48
Gefäße 12, 13
Geräte 10
Germanen 27, 31
Gerste 21
Getreide 21
Getreideanbau 11
Gläser 38
Glauben 13
Glomma 17
Gnezdovo 120
Göteborg 12
Götter 19, 70
Götzenbilder 51
Gold 67, 84
Goldbrakteaten 72
Goldmedaillons 71
Goldmünzen 71
Goldschatz 86
Goten 30, 40
Gotenschatz von Szilágy-Somlyó 75
Gotland 15
Grabsitten 24
Grastorf 20
Grauballemann 53
Grebo 61
Grenzbefestigungen 39
Gressenich 41
Griechen 33
Großhügel 13
Großsteingräber 11
Gudbrandsdalen 17
Gürtelschließen 28
Hällristningar 29
Händler 37
Häuptlinge 94
Hafen 41
Hafer 21
Haithabu 115
Hakenpflug 19
Halligdal 17
Hallin 78
Hamburg 10, 117
Handel 18, 116
Harald 125
Harpixring 27
Harz 14
Hasting 117
Heidetorf 20
Heiliger Hain 70
Heldenepos der Götar 92
Helme 13
Hemd 55

Herbst 17
Herrscher 13
Heruler 66, 74, 78
Hessen 27
Himlingöje 44
Hirschgeweihe 51
Hirschhaut 51
Hirse 21
Hjortspring 29
Hjortspringschiff 111
Hlewagast 69
Hoby 42
Hoby-Fund 37
Höhlenmalereien 10
Hof 17, 94
Hol-Fibel 82
Holz 10
Hopfen 21
Hortfunde 24
Hühnengräber 11
Hunde 51
Ilias 33
Illyrier 14
Indoeuropäer 12
Indogermanen 12
Industriezentren 39
Inlandeis 9, 10
Isländische Familiensagen 122
Jäger 11, 13
Jastorf-Kultur 15
Jordates 30
Juellinge 42
Jütland 15
Kaiser Augustus 34
Kamm 96
Karl der Kahle 117
Kasernen 123
Kasserolle 33
Kelten 14, 27
Keltische Eisenzeit 9, 32
Kesselmoore 51
Kiew 120
Kimbern 30, 34
Klima 17
Knochen 10
Knut der Große 125
Köln 41
Könige 67
König Gustav VI. Adolf von Schweden 12
König Horex 118
Königsgeschlecht der Ynglingar 88
Königshügel bei Sundsvall 80
Königtum 116
Körperbestattung 35
Kolumbus 124
Kragehul 57
Krieg 18
Krieger 13, 29, 77
Krieger vom Hetwarenstamm 90
Kriegsgott 70
Kriegskanu 48
Kühe 21, 51
Künstler 67
Künstlerschulen 74
Kult 13
Kultgeräte 13
Kupfer 14
Landwirtschaft 17
Langobarden 40
Lanze 96
Lebensgemeinschaft 24
Lederschuhe 51
Leif 123
Lemnos 34
Leuna 40
Lilla Harg 61
Limes 40
Linköping 49
Liothida 78
Lolland 38
London 124
Luxus 94
Märchen 32
Mann 69
Marbot 30
Maßangaben 56
Merseburg 41
Messer 96
Met 21
Metfaß 88
Mixi 78
Mjärdevi 49
Montelius → Oskar
Moor 29, 48
Moore 19
Moorerz 15
Moorleiche 52
Moorpötte 51
Münzen 64
Nach-Eiszeit 11
Naturgewalten 17
Nibelungenhort 87
Niederrhein 14
Norddeutschland 11
Nordsee 17
Norrköping 49
Norwegen 17, 59
Nutzrecht 20
Nydam 57, 80
Odovakar 66
Odysseus 34
Öland 11, 76
Östergötland 61
Opfergefäße 21
Ornamentik 99
Orosius 57
Oscar Montelius 7
Oslo 17
Otingis 78
Pfahlbauten 16
Pfahlgötzen 50, 119
Pfeile 96
Pferd 21, 51, 69
Philoktet 34
Pinzette 96
Plinius 19, 32
Polen 62
Priamos 33
Prunkfibeln 84
Prunkwagen 48
Ptolemaeus 32
Pytheas von Marseille 21
Radpflug 19
Rätien 19
Ragnar Lodbrok 117
Raido 48
Regensburg 40
Regenzeit 19
Rehe 11
Rentiere 10
Rentiergeweihe 10
Rheinland 27
Riesenhirsche 11
Ringwälle 123
Ritus 36
Römer 32
Römische Eisenzeit 9, 32
Roggen 21
Rom 34, 117
Ruhrgebiet 27
Rundhütten 17
Runen 44
Runenhorn 68
Rus 118
Rutger Sernander 16
Sachsen 40
Sackrau 41
Säugetiere 11
Sagen 32
Salzkammergut 16
Schafe 51
Schere 96
Schiff 29
Schiff in Valsgärde 97

Schiffsbilder 13
Schiffsgräber 100
Schilde 13
Schilf 20
Schleswig-Holstein 10
Schmiede 28
Schmuckfibeln 33
Schmucknadeln 13
Schneestürme 17
Schnurkeramiker 12
Schonen 10, 15
Schriftkundiger 74
Schweinehaut 51
Schwerter 13
Seeland 23
Seeräuberei 116
Semnonen 34
Sernander 23
Sevilla 117
Silberbecher 33
Silberfibel aus Grönby 81
Silberschmiede 63
Skänninge 49
Skandinavien 11
Skandinavische Eisenzeit 9
Sklave 13
Sklavenhandel 116
Småland 61
Smolensk 120
Södermanland 61
Sophokles 34
Soziale Ordnung 24
Sozialklassen 93
Spanien 11
Spiegel 33
Ställe 17
Stahl 96
Stein 10
Steinhaus 36
Steinzeit 9, 12
Steinzeitjäger 10
Stenlille 40
Stettin 14
Steven 29
Stockholm 10
Strabo 22, 32
Streitäxte 12
Stroh 20
Sueben 40
Südrußland 62
Sutton Hoo 105
Svearkönig 94
Svear 60, 78
Sven 125
Svionen 60
Tacitus 32, 49, 53, 54, 57, 60, 70
Tafelgeschirr 33
Taube 33
Teutoburger Wald 31
Teutonen 30
Theoderich 66, 78
Theustes 78
Thing 101
Thinghügel 124
Thüringer 40
Thule 21
Tierfelle 37
Tod 95
Tollundmann 52
Torfmoore 11
Totenschiff 94
Trauerzug 95
Trinkhörner 33, 70
Troja 33
Tundra 10
Tynwald Hill 124
Überseeschiffe 94
Ullr 49
Ultima Thule 22
Ungarn 62
Urgermanen 14
Vadstena 49
Västergötland 12
Vagoth 78
Valsgärde 94
Varus 31
Vendelzeit 9, 107
Verwaltungsorgane 93
Vielfraße 11
Vinland 124
Völkerwanderung 66
Völkerwanderungszeit 9
Vorchristliche Eisenzeit 9
Vrinnevi 49
Waffen 57
Waffengrab 62
Wagenbauer 27
Waldres 17
Walhall 95
Wandalen 30, 40
Wasa 101
Wasser 37
Wasserwege 37
Webstühle 21
Weichsel 14
Weimar 40
Wein 37
Weinkanne 33
Weizen 21
Werkstätten 74
Wetzstein 96
Wik 114
Wikinger 109, 114
Wikingerzeit 9
Wikingerzüge 123
Wild 11
Wildschweine 11
Winterfutter 17
Winterhäuser 17
Wodan 117
Wolga 120
Ynglingatal 88
Ziegen 51
Zinn 14

Die Welt der Hethiter
(Bd. 11)

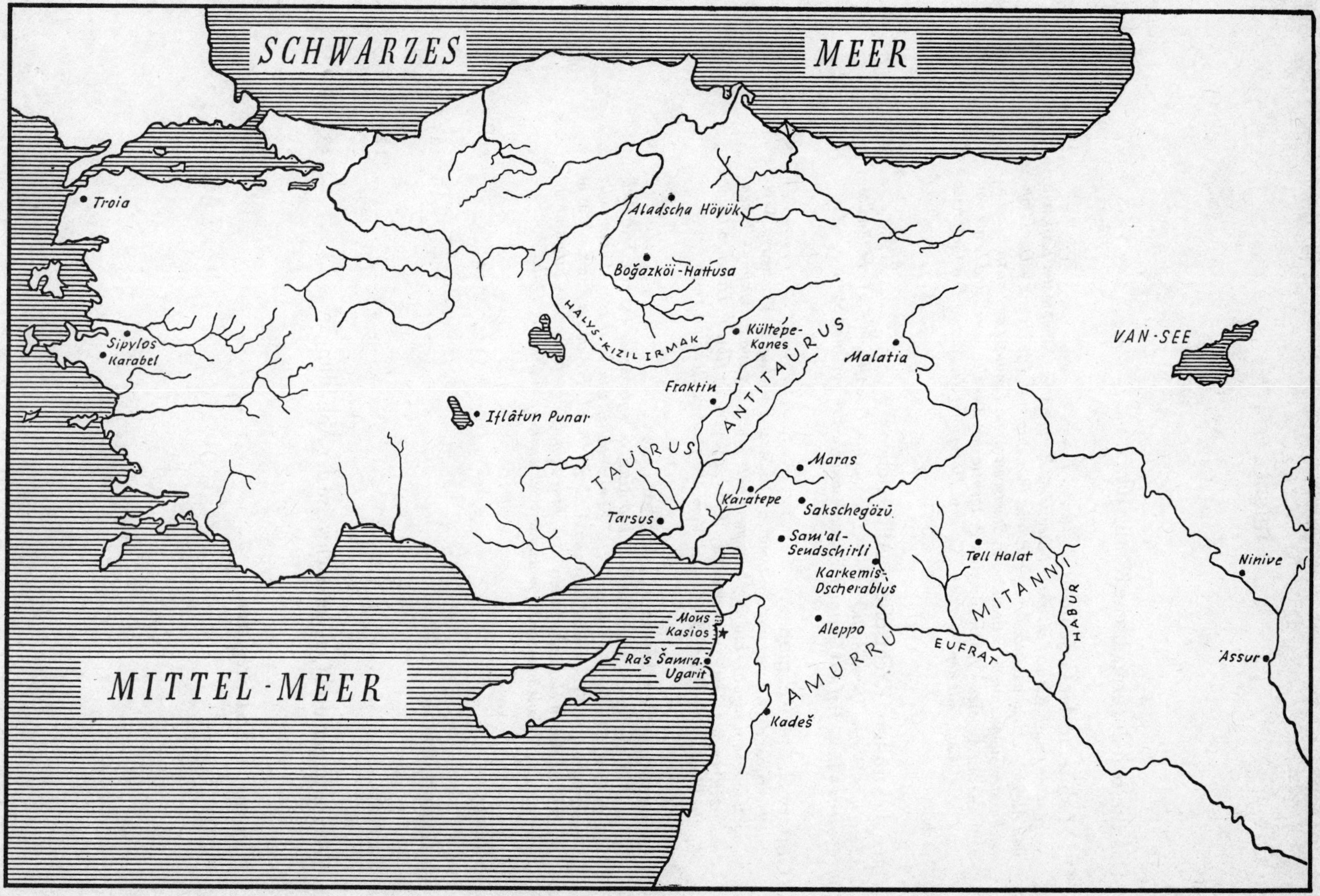
SCHWARZES MEER
MITTEL-MEER
VAN-SEE
Troia
Sipylos
Karabel
Aladscha Höyük
Boğazköi-Hattusa
HALYS-KIZIL IRMAK
Kültepe-Kanes
Malatia
Fraktin
Iflâtun Punar
ANTITAURUS
TAURUS
Maras
Karatepe
Sakschegözü
Tarsus
Sam'al-Seudschirli
Karkemis-Dscherablus
Tell Halat
MITANNI
HABUR
Ninive
Assur
Mons Kasios
Ra's Šamra-Ugarit
Aleppo
EUFRAT
AMURRU
Kadeš

Inhalt

Das älteste indogermanische Kulturvolk 7

Die Hethiter in der Geschichte 16
Sargons Zug nach Kleinasien. Zwei bedeutsame Rechtsgötter. Kämpfe um Karkamis und Aleppo – Das alte Reich. König Hattusils Fürstenspiegel. Die Hyksos – Das Großreich unter Suppiluliuma. Sittenlehre in Staatsverträgen. Einflüsse der Hurriter. Heiratspläne mit Ägypten – König Mursilis' Pestgebete und Annalen. Land und Leute von Ahhija – Kämpfe mit den Ägyptern. Auf dem Höhepunkt der Macht. Das Großreich zerbricht.

Soziale Struktur, Rechtspflege, Alltagsleben 45
Freie und Hörige. Der königliche Hof – Ein humanes Gesetzbuch. Eherecht. Endlose Prozesse – Haus, Hof und Garten. Handwerk und Handel. Spiel und Sport.

Götterwelt und Religion 66
Die Heerschar der Schutz- und Trutzgötter. Das Staatsheiligtum in Yazilikaya. Wettergott und Sonnengott – Ein ungehorsames Götterkind. Tod und Bestattung – Erkennungszeichen der Götter. Krummstab, Hasenschläger, Spielbrett. Hirschgott und Spielgöttin – Ein umständliches Orakel. Vom Aberglauben. Religiöse Feste.

Bildende Kunst, Architektur, Literatur 91
Briefe in Hieroglyphen. Hurritisch oder hethitisch? Schwimmende Formen. Felsreliefs – Festungen, Tempel, Torgebäude. Das Familienrelief von Karkamis. Lebensvolle Tierdarstellungen – Die frühe Kunst von Aladscha Höyük. Freude am Raum – Was in der Bibliothek von Hattusa erhalten blieb. Eine Schildbürgergeschichte – Literatur mit Humor. Die Illujankasgeschichte und andere Schwänke. Ein einseitiges Bild.

Schlußwort 120

Literaturhinweise 125

Tafeln 129

Erläuterungen und Quellennachweise der Abbildungen 237

Namens- und Sachregister 249

Register

(in alphabetischer Folge)

Aberglauben 24, 87
Abraham in Hebron 7
Abrahams 13
Achäer 38
Ägypten 7, 27, 28, 38
Äolier 38
Ahhija 35
Akkadisch 10
akkadisches Großreich 18
Aladscha Höyük 14
Aleppo 16, 20, 27
Alltagsleben 45
Altes Testament 7, 19
Altes Reich 20
Amarna 39
Amenophis 39, 70
Amtstracht 9
Amurrukleid 8
Amurru-Kleidung 40
Anabasis des Xenophon 16
Anatolien 8, 14, 21
Anekdoten 36
Anittas von Kussar 21
Annalen 25, 35
Anu 114
Aramäer 13
Architektur 91
Arnuwandas 35, 43
Arzawa-Hethiter 13
Arzawas 27
Asien 10
Assyrer 13, 22, 44
Babylonier 15
Babylonische Könige 16
Bären 21
Bau 21, 41
Bauern 23
Beamte 23
Bergvölker 18
Bestattung 71
Bibel 9, 118
Bibliotheken 10
Bibliothek von Hattusa 40, 107
Bildende Kunst 91
Bilderschrift 7, 12
Bildnerei 65
Bildwerke 7
Bogenschießen 8
Bündnis 18
Bürger 23
Chaburgebiet 11
Chagar Bazer 11
Chios 15
Chronik 41
David 13
Dialekt 10
Dialog 25
Dichter 22
Diener 24
Dijala 11
Diplomaten 10
Dynastie von Ur 22
Eherecht 51
Epos 120
Erbfolgeerlaß des Telipinu 26
Erbfolgesysteme 26
Erkennungszeichen der Götter 78
Esau 7
Fabel 16
Fechten 8
Felsrelief 91
Festtracht 9
Festungen 96
Finanzen 63
Formen 91
Frau 9
Freie 45
Fürstenspiegel 22
Garten 58
Gasgas 15, 27
Gelehrte 12
Geschichtsdarstellung 41
Gesetzesentwurf 49
Gesetzesrevision 54
Götter 19, 24, 37, 40, 75
Götterbilder nach Dattassa 38
Götterlisten 73
Götter von Kanes 16
Götterwelt 66
Gottheiten 44
Gott Zababa 17
Griechen 15, 38
Groß-Hatti 27
Großkönige 16
Großmächte 10
Großreich von Hattusa 14
Großreichszeit 9
Großreich unter Suppiluliuma 28
Großreich zerbricht 38
Grundgesetz 54
Haar 7
Haly 14
Hammurabi-Zeit 11
Handel 17, 58, 62
Handelsniederlassungen 22
Handwerk 58
Hanis 19
Hantilis 25
Hasenschläger 78
Hatti 27
Hattisch 9
Hattusa 16
Hattusil 22
Hattusil I. 20
Hattusil III. 40
Haus 58, 59
Hausbau 109
Hebron 13
Heere 39
Hellenen 38
Herrenschicht 13
Hethitische Hieroglyphen 11
Hieroglyphen 91
Hieroglyphenschrift 10
Hilfsvölker 40
Hirsch 21
Hirschgott 78
Historiker der Welt 16
Höhepunkt der Macht 38
Hörige 45
Hof 23, 58
Homer 15, 38
Horus 57
Humanes Gesetzbuch 51
Humor 24, 112
Hurriter 13, 25, 28
Hurritermacht 26
Huwaruwas 18
Huzzijas 23
Hyksos 20, 26
Illujankasgeschichte 112
Indogermanen 7
Indogermanisch 9
Industriewaren 17
Inschrift 21
Ionier 38
Joseph 118
Kanaan 7
Kanes 16
Kanisisch 9
Kanzlei 10
Karatepe 12, 21
Karien 15
Karkamis 16, 20, 96
Kaskäer-Stadt 37
Kaufleute 16, 63
Keilschrift 10, 56
Keilschrift-Hethiter 13
Kilikien 13, 15

Kind 8
Kizil Irmak 14
Kizzuwatna 26
Kleinasien 14
König 17
Könige von Kussar 21
König Hattusils Fürstenspiegel 20
Königlicher Hof 45
König Mursili 35
Königreiche 12
Königsfamilie 40
Königsgräber 13
Kolonisierung 13
Krankenheilung 109
Krankheit 35
Kreter 8
Krieger 44
Kriegsausrüstung 8
Kriegszüge 44
Krummstab 78
Kültepe 16
Kulte 44
Kultstatue 98
Kultursprachen 16
Kumarbi 114
Kunst von Aladscha Höyük 103
Land Ahhija 37
Legenden 116
Leoparden 21
Literatur 91, 112
Literatursprache 10
Literatur von Hattusa 44
Löwen 21, 121
Luwisch 9
Lyder 44
Lykien 15
Mann 8
Marduk 17
Mattiwaza 34
Mauern 59
Mitanni 27
Mode 9, 12
Mursilis 23, 35
Mursilis I. 25
Muwatallis 38
Mysien 15
Mythenzug 77
Naram-Sin 18
Nesa 16, 21
Nesisch 9
Neues Reich 27
Nomaden 27
Nordmesopotamien 18
Nur-Ilischu 19
Offiziere 16
Orakel 87
Orthostaten 21
Ostanatolien 14
Palästina 13
Palaisch 9
Pamba 18
Paris 14
Pestgebete 35, 36
Pharaonen 39
Philister 8
Phrygern 44
Pontus 7
Potiphar 118
Priamos 14
Priester 10, 41
Prinzessin 40
Provinzen 40
Prozesse 51
Purushanda 16, 21
Ramses II. 39
Rechenkünste 63
Recht 53
Rechtsgötter 16, 19
Rechtspflege 45
Rechtsprechung 55
Reliefs 44
Religiöse Feste 87
Religion 7, 66
Rennfahrt 8
Ritual 109
Rohstoffe 17
Runda-Sausga 40
Sänger von Kanes 16
Sage 15
Sagenwelt 7
Salatiwar 21
Sargon 16
Scheiterhaufen 77
Schiff 15
Schlacht von Kadesch 39
Schriftgelehrte 43
Schrifttum 7, 25
Schuh 8
Schulgi 19
Schurz 8
Schutz- und Trutzgötter 66
See von Genezareth 13
Seth 57
Sethos I. 39
Seuche 35
Siegel 14
Sittenlehre 28
Söhne Heths 13
Sohn 23
Sohn des Osiris 57
Soldat 8
Soldaten 23
Soldatengott 44
Soldatenvolk 14
Sommer 35
Sonnengott 66
Soziale Struktur 45
Späthethitische Königreiche 44
Spiel 58, 65
Spielbrett 78
Spielgöttin 78
Spinnwirtel 61
Sport 58
Sprache 7, 9, 25
Staat 21
Staatsheiligtum in Yazilikaya 66
Staatsverträge 28
Stadt 17, 21
Stadt Hattusa 9
Standartenform 105
Statur 8
Streitwagen 27
Suppiluliuma 28, 34
Syrien 7, 13
Tanz 65
Taurus 13
Tauschmittel 63
Telipinu 26
Telipinu-Geschichte 74
Tell Braqs 11
Tempel 96
Tempeldienst 41
Thutmosis III. 27
Tierdarstellungen 96
Tierwelt 36
Tigris 11
Tochter 23
Tod 71
Torgebäude 96
Tracht 7
Truppen 39
Tudhalijas 27
Tudhalijas II. 27
Tudhalijas V. 43
Umgangssprache 12
Uniform 8
Ur 18
Van-See 44
Vegetation 76
Verträge 25
Volk 25
Volkstum 7
Vorderasien 7
Vorderer Orient 40
Webstuhl 61
Wehrtüchtigkeit 23
Weltverkehrssprache 10
Wettergott 37, 66

Ur, Assur und Babylon
(Bd. 12)

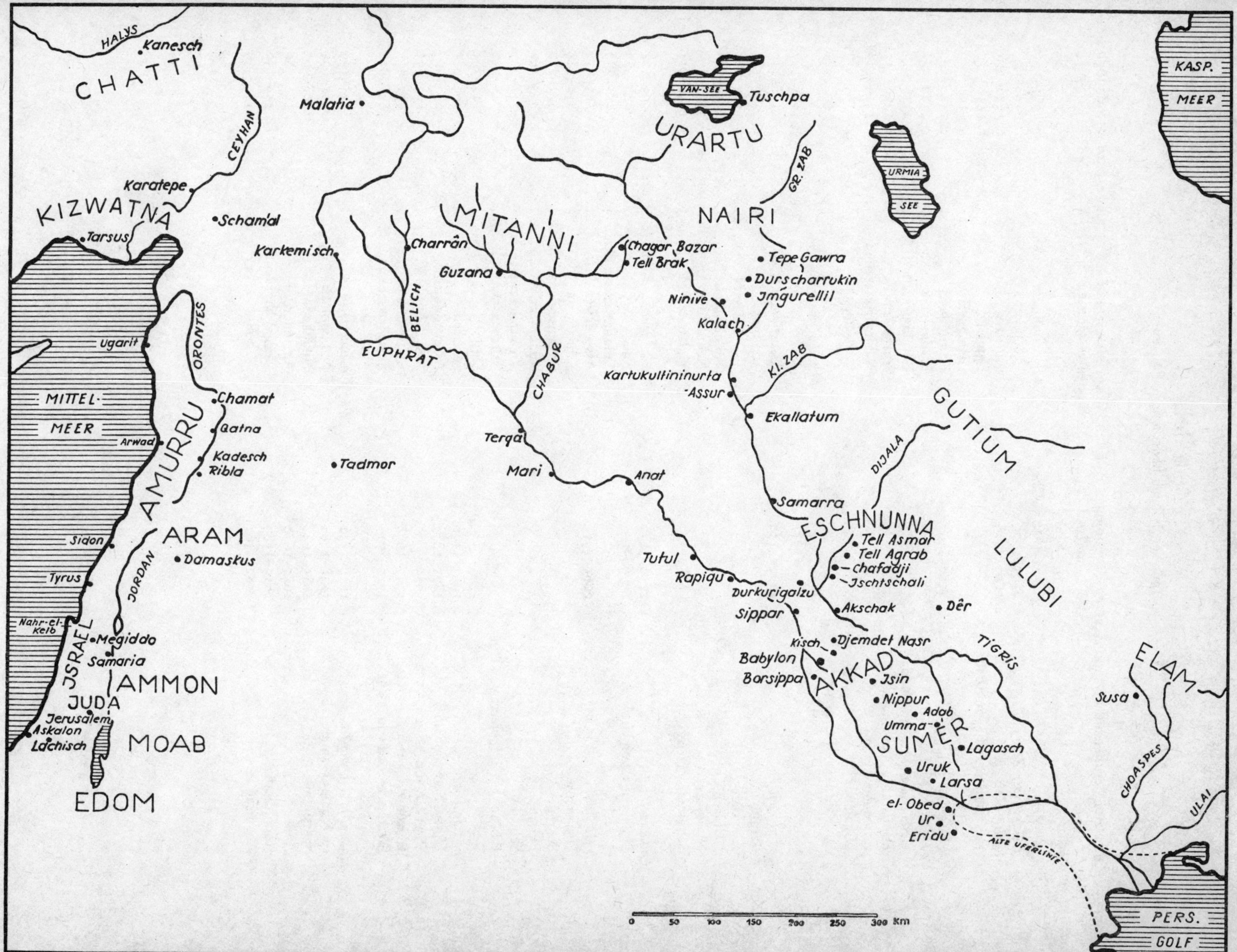
CHATTI
HALYS
Kanesch
CEYHAN
Karatepe
KIZWATNA
Tarsus
Scham'al
Malatia
Karkemisch
Charrân
MITANNI
Guzana
Chagar Bazar
Tell Brak
VAN-SEE
Tuschpa
URARTU
GR. ZAB
URMIA SEE
KASP. MEER
NAIRI
Tepe Gawra
Durscharrukin
Jmgurellil
Ninive
Kalach
BELICH
EUPHRAT
CHABUR
KI. ZAB
Kartukultininurta
Assur
Ekallatum
GUTIUM
DIJALA
ORONTES
Ugarit
MITTEL-
MEER
Chamat
Qatna
Arwad
AMURRU
Kadesch
Ribla
Tadmor
Terqa
Mari
Anat
Samarra
ESCHNUNNA
Tell Asmar
Tell Agrab
Chafadji
Jschtschali
LULUBI
ARAM
Sidon
Damaskus
Tyrus
JORDAN
Tutul
Rapiqu
Durkurigalzu
Sippar
Akschak
Dêr
Nahr-el-Kelb
Megiddo
Samaria
JSRAEL
AMMON
JUDA
Jerusalem
Askalon
Lachisch
MOAB
EDOM
Kisch
Djemdet Nasr
TIGRIS
Babylon
Barsippa
AKKAD
Jsin
Nippur
Adab
Umma
SUMER
Lagasch
Uruk
Larsa
el-Obed
Ur
Eridu
ALTE UFERLINIE
ELAM
Susa
CHOASPES
ULAI
PERS. GOLF
0 50 100 150 200 250 300 Km

Zeittafel

(mit den Namen bedeutender Fürsten)

Die Daten beruhen auf der sog. „Kurzen Chronologie“ (Albright-Cornelius); sie können sich im 2. Jahrtausend möglicherweise um etwa 50 Jahre nach oben verschieben.

Uruk-Zeit	c. 3000–2800 v. Chr.
Djemdet Nasr-Zeit	c. 2800–2700
Mesilim-Zeit	c. 2600
Lugalannemundu von Adab?	
Ur I-Zeit	c. 2500–2360

Lagasch	*Ur*	
Urnansche	Mesannepadda	
Eannatum	Aannepadda	
Entemena		
Lugalanda		
Urukagina	Lugalzaggesi von Uruk	c. 2360

Akkad-Zeit	c. 2350–2150
Sargon	
Rimusch	
Manischtusu	
Naramsin	
Scharkalischarri	
Gutäerzeit	c. 2150–2070
Utuchengal von Uruk	c. 2070
Ur III-Zeit	c. 2065–1955

Urnammu	Gudea von Lagasch
Schulgi	
Bursin	
Schusin	
Ibbisin	Ischbïerra von Isin

Isin-Larsa-Zeit	c. 1955–1700
Lipitischtar von Isin	c. 1875–1865
Sargon I. von Assur	c. 1780
Rimsin von Larsa	c. 1757–1698
Schamschiadad von Assur	1748–1716
Hammurabi-Dynastie	c. 1830–1530
(6. König) Hammurabi	1728–1686
Samsuiluna	1685–1648
Abieschuch	1647–1620
Ammiditana	1619–1583
Ammisaduqa	1582–1562
Samsuditana	1561–1530
Kassitenzeit	c. 1530–1160
Agum II.	c. 1530
Ulamburiasch	c. 1450
Karaïndasch	c. 1420
Kurigalzu I.	c. 1380
Burnaburiasch II.	c. 1350
Kurigalzu II.	1336–1314
Nazimaruttasch	1313–1288
Melischipak	1183–1169
Mittelassyrisches Reich	c. 1380–1078
Assuruballit I.	1356–1320
Adadnarari I.	1297–1266
Salmanassar I.	1265–1235
Tukultininurta I.	1235–1198
Nebukadnezar I. v. Babylon	c. 1128–?
Tiglatpileser I.	1116–1078
Neuassyrisches Reich	909–612
Adadnirari II.	909–889
Tukultininurta II.	888–884
Assurnasirpal II.	883–859
Salmanassar III.	858–824
Schamschiadad V.	823–810
Adadnirari III.	809–782
Tiglatpileser III.	745–727
Salmanassar V.	726–722
Sargon II.	721–705
Sanherib	704–681
Asarhaddon	680–669
Assurbanipal	668–631
Assuretililani	631–627
Sinscharischkun	627–612
Chaldäerreich	625–539
Nabopolassar	625–605
Nebukadnezar II.	604–562
Amelmarduk	561–560
Nergalscharussur	559–556
Nabonid	555–539

Inhalt

I. Kapitel: Das älteste Sumer ... 7
II. Kapitel: Die Djemdet Nasr-Zeit ... 12
III. Kapitel: Kisch und die Städte am Dijala ... 18
IV. Kapitel: 1. Dynastie von Ur und Vorherrschaft von Lagasch ... 25
V. Kapitel: Das Reich von Akkad ... 34
VI. Kapitel: Sumerische Renaissance ... 42
VII. Kapitel: Der Aufstieg der Westsemiten ... 56
VIII. Kapitel: Hammurabi und seine Zeit ... 67
IX. Kapitel: Die Kassiten ... 75
X. Kapitel: Die mittelassyrische Zeit ... 86
XI. Kapitel: Das neuassyrische Reich ... 97
XII. Kapitel: Die Chaldäerkönige und Nabonid ... 113
Zeittafel ... 122
Namen- und Sachregister ... 123
Tafeln ... 129
Erläuterungen und Quellennachweise der Abbildungen ... 237
Literaturhinweise ... 247

Namen- und Sachwortregister

(in alphabetischer Folge)

Aannepadda 29, 122
Abieschuch 122
Abiratta 75
Ackerbau 31, 57
Adab 10
Adadnarari I. 122
Adadnirari II. 122
Adadnirari III. 101, 102, 122
Adel 91
Adonis 9
Äcker 20
Ägypten 75
Ägypter 98
Affen 47
Agum II. 75, 122
Ahas von Juda 102
Ahia 74
Akkad 34, 38
Akkader 35
Akkaderfürsten 37
Akkad-Zeit 122
Akkaka 73
Alabaster 23
Aleppo 61, 72
Algebraische Mittel 62
Altar 16
Alter Orient 120
Altes Testament 73, 104
Amanus 36
Amarna 76, 97
Amarnazeit 77
Amelmarduk 122
Amenophis 76
Amenophis III. und IV. 76, 86
Amenophis IV. 77
Ammiditana 122
Ammisaduqa 122
A. Moortgat 30
Amos 74
Amri 13
Amurru 101
An 9, 14, 42
Anatolien 80
Annalen 103
Annalistik 94, 120
Antilopen 47
Anu-Adad-Tempel 108
Anunnaki 114
Apku 88
Aqarquf 76
Araber 98, 120
Aramäer 102
Aratta 13
Architektur 10, 96, 120
Arier 75
Armenien 71
Arzt 47, 52
Asarhaddon 98, 105, 122
Aschnan 55
Aschschurheiligtum 88
Asmar 23
Assur 59, 70, 77, 80
Assurbanipal 97, 106, 122
Assurbelkala 99
Assurdān II. 99
Assuretililani 122
Assurnasirpal I. 99
Assurnasirpal II. 122
Assurnirari V. 102
Assuruballit 86
Assuruballit I. 86, 122
Assyrerheer 78
Assyrien 35, 56, 70, 77
Astrologie 62
Astrologische Forschung 101
Astronomie 62, 120
Awilninurta 69
Azipiranu 36
Baba 32
Babel 78, 115
Babylon 35, 54, 70, 80, 113
Babylonien 101
Babylonische Chronik 105
Bär 47
Bagdad 77
Balawat 101
Ballett 81
Banitu-Kanal 114
Baranamtarra 27
Bartatua 105
Bau 27
Bauernstand 102
Baumeister 104
Beamte 42, 47, 72, 100
Beamtenapparat 35
Beamtenstand 100
Belagerungsmaschinen 102
Ben Isai 73
Bergvölker 70
Berossus 120
Bestattungsweise 40
Beterstatuetten 22
Bettgestell 25
Bevölkerung 92
Bewässerungskanal 7
Bewässerungssystem 12
Bewaffnung 32
Bezoar 47
Bibel 55, 102, 120
Bibliothek 97
Bildende Kunst 72
Bildhauerei 23
Bildkunst 38
Bildschaffen 14
Bismaja 29
Bit akiti 104
Blitzkrieg 87
Bogen 15
Boghazköi 97
Borsippa 101
Brettspiel 114
Briefe 103
Brot 7
Buch Samuelis 99
Bücherführen 51
Bücher 109
Bürger 8, 69
Bürgerhaus 40
Bürgerliches Leben 106
Bürgerliches Recht 68
Bundesbuch 67
Burija 75
Burnaburiasch II. 77, 122
Bursin 48, 122
Byzanz 120
Chabur 80
Chafadji 14, 21, 23
Chaldäer 116
Chaldäerkönige 113
Chaldäerreich 122
Chamat 61
Charrān 61
Chattusa 80
Chattusili III. 80
Chorsabad 103
Chronik P 78
Chronologie 52, 53
Churriter 71
Codex 67
Dabbatum 48
Dämonenlehre 85
Dagan 36, 74
Damaskus 101
Dame 115
Dame von Warka 16
Damhirsch 47

Dattelhain 8
Dattel 10
David, König von Israel 73
Demawend-Gebirge 102
Descht-Kevir 24, 105
Dichtung 93, 120
Dienerschaft 47
Diplomatie 80, 120
Divisionstabellen 110
Djebel-el-Arak 12
Djebel Hamrin 44
Djemdet Nasr-Zeit 122
Djerablus 87
Djocha 27
Dromos 30
Dumuzi 8, 9, 15
Durscharrukin 103
Dynastie 26
Eanna 7
Eannatum 27, 122
Eapzû 9
Ebabbar 32
Echnaton 77, 80
Edele 47
Edom 101
Egibi Söhne 116
Ekur 19
Elam 27, 35, 36, 49, 70, 98
Elamiter 101
Elia 74
Elisa 74
El-Obed 29, 31
Elulu 91
Eninnu 46
Enki 8, 9, 19, 27
Enki Lahar 55
Enlil 27, 29, 36, 42, 54
Enmerkar 9, 13
Ensi 9
Entemena 27, 122
Enten 55
Epen 83
Ereschkigal 9, 55
Erfinder 104
Eribaadad 86
Eridu 8, 9, 43
Ernte 10
Esangila 84, 113
Eschnunna 61, 70
Esel 47
Euphrat 7, 8, 10, 28, 113
Euphratkai 7
Ezechiel 115
Fabelwesen 100
Fahnenträger 32
Fahrer 24
Familie 27
Feldmark 10
Feldzeichen 32
Felle 10
Fischfang 31
Flächenberechnungen 62
Frau 7, 115
Freskomalerei 120
Frömmigkeit 111
Fürst 10, 37, 69
Fürstinnen 23
Fußbank 25
Fußvolkes 32
Gabbiilanieresch 100
Gärten 20
Gärtner 104
Galla 55
Galla-Dämonen 9
Gatumdug 27
Gazellen 47
Geistesleben 54
Gemälde 103
Gemüse 10
Gemüseanbau 91
Gemüseplantagen 8
General Schamschiilu 102
Gerichtsort 10
Gerste 7
Geschichtsschreibung 52
Geschichtswissenschaft 53
Gesetze 50, 71
Gesetzgebung 120
Getreidehandel 116
Gewerbe 31
Gilgamensch 20
Gilgamenschepos 83
Girsu 25
Glauben 15, 54
Glaubens- und Geistesleben 81
Glauben und religiöse Übung 110
Glyptik 81
Goethe 95
Götter 28, 31, 32, 81
Göttersagen 120
Götterstatuen 46
Gottheiten 72
Gouverneur 69
Gräber 31
Griechenland 54, 120
Großgrundbesitz 91
Großhandel 116
Großkaufleute 42
Grundeigentum 69
Grundrechnungsarten 62
Gudea 45, 53
Gudea von Lagasch 122
Gutäer 35
Gutäerzeit 122
Gutium 98
Haartracht 38
Haar- und Barttracht 23
Händler 10
Hängende Gärten 101
Häute 10
Hammurabi 61, 67
Hammurabi-Codex 68
Hammurabi-Dynastie 248
Handel 31, 57, 68, 80, 120
Handelskolonie 47
Handelsstadt 25
Handwerker 10, 31, 100
Harappa 13
Haremsdamen 47
Harfen 30
Haus 47
Heer 25, 35, 102
Heerwesen 32
Heilgötter und Ärzte 80
Heilige Hochzeit 30
Heldenerzählungen 120
Herdhaustempel 19
Hethiter 74, 120
Hethiterkönig Mursili I. 74
Hiob 54
Hiob-Dichtung 55
Hirschkühe 47
Historische Wissenschaft 94
Hit 35
Hochtempel 15
Hochzeit 23
Hocker 25
Hof 80
Hofbeamte 7
Hofstaat 25
Hohepriesterin 9
Hosea 74
Howard Carter 29
Ibbisin 49, 58, 122
Immobiliengeschäfte 116
Import 27
Inanna 8, 9, 28, 32
Inanna-Heiligtums 7
Infanterie 32
Inhaltsbestimmungen 62
Iran 71
Irischum I. 60
Ischbïerra 58, 122
Ischtartempel 108
Ischtschali 14, 71
Isin 58
Isin-Larsa-Zeit 58, 122
Israel 54, 101

Jäger 14
Jagd 31, 92
Jasmachadad 56
Jeremia 74
Jerusalem 118
Jesaja 74
Josephus 118
Kadaschman-Enlil II. 80
Kai 25
Kaiserkult 35
Kalach 87
Kalkstein 8
Kanäle 25, 113
Kanalbauer 10
Kannen 25
Karaïndasch 76, 122
Karawanenstraße 60
Karkemisch 61
Kartukultininurta 88
Kaschtiliasch IV. 78
Kaspisches Meer 102
Kassiten 75
Kassitenzeit 122
Kaufleute 10
Kaufmannschaft 116
Kaukasus 75
Keilschrift 27, 76
Keilschriftwissenschaft 97
Keramik 13
Ki 54
Kisch 19, 26, 28
Klasse 51
Kleidung 23
Kleinasien 75
Kleinkunst 15
Klerus 97
König 15, 20, 23, 88
König David 99
Königsfriedhof von Ur 29
Königsliste 31, 53
König von Sumer und Akkad 59
König von Ur 58
Körperstrafe 94
Kopfplastiken 23
Korn 7, 10
Kreta 120
Krieger 22, 30, 32, 72
Kriegsführung 89
Kriegstechnik 32
Kriegs- und Transportschiffe 104
Kriegswesen 92
Krone 52, 69, 91
Kubaba 26
Kudurru 79
Kültepe 47
Künstler 15, 22, 31
Kuh-i-Karbusch 37
Kuh-i-Uschtaran 37
Kulträume 22
Kultsitte 16
Kultus 120
Kunst 14, 62, 85, 93, 96, 110, 120
Kunst des Wagenlenkens 24
Kunsthandwerk 15
Kunstschätze 72
Kupferplastik 36
Kupferquadriga 24
Kupfer- und Bronzeplastik 23
Kur 44, 55
Kurigalzu I. 76, 122
Kurigalzu II. 78, 122
Kurnugea 9, 15
Kyaxares 117
Laden 25
Lagasch 10, 23, 43, 122
Landkarte 36
Landmesser 110
Landwirt 104
Landwirtschaft 91, 98
Laokoon 23
Lapislazuli 54
Lehmziegel 8
Lehrer 51
Leibwächter 47
Leier 30
Leviratspflicht 94
Libanon 36, 90
Liebschaften 115
Limes 118
Lipitischtar von Isin 122
Listen 27
Literatur 37, 53, 62, 93
Literatur der Hethiter 36
Liturgie 65
Löwen 15, 100
Lugalanda 27, 122
Lugalannemundu 29
Lugalkinischedudu 27
Lugalzaggesi 28, 34, 122
Lukur 48
Mach 32
Mähnenschaf 47
Magan 37
Magazin 7
Mahlzeiten 115
Manischtusu 36, 122
Maqlu 95
Mardin 61
Marduk 71, 114
Mardukzakirschum 101
Mari 32, 61, 97
Mari-Tell Hariri 56
Marut 75
Mathematik 120
Mauern 21
Meder 101
Mederfürsten 105
Medizin 52, 120
Melischipak 79, 122
Meluchcha 8
Mesannepadda 29, 122
Mesilim 19, 27
Mesilimzeit 23, 122
Mesopotamien 34, 98
Militärpartei 97
Miniaturen 15
Mittelassyrisches Reich 122
Mittelassyrische Zeit 86
Mittleres Reich 32
Mohendjo Daro 13
Mosaiken 8
Mose 55, 72
Mossul 13
Muchchum 74
Münze 116
Muqajjar 29
Muraschu 116
Muriq Tidnim 48
Musik 63
Musikanten 47
Musikantinnen 47
Myrrhe 8
Mythen 32, 54
Mythische Figuren 14
Nabonid 113, 118, 122
Nabopolassar 116, 122
Nabopolassar-Chronik 117
Nabu-kudurri-ussur 117
Nahr-el-Kelb 106
Nalua 46
Namchani 42
Nanna 27, 29, 32, 43
Nansche 27
Naplanum 58
Naramsin 37, 122
Nathan 74, 99
Nationalgefühl 92
Navarra 120
Nazimaruttasch 78, 122
Nebo 97, 101
Nebukadnezar 117
Nebukadnezar I. 88
Nebukadnezar II. 113
Nefudwüste 119
Nemettienlil 113
Nergalscharussur 118, 122
Neuassyrisches Reich 97, 122
Neubabylonisches Reiches 118

Niffer 19
Nil 76
Nimrod 55
Nimrud 87, 100
Ninabuhadu 28
Ninchursang 27, 28, 32
Ningal 32, 43
Ningirsu 26, 27, 32
Ninive 36, 87
Ninlil 29
Ninmach 32
Ninos 87
Ninschubad 31
Ninsun 32
Nintu 24, 32
Ninurta 55
Nippur 10, 28, 43, 59, 97
Nisaba 28, 32
Nordmesopotamien 58, 75
Nordsyrien 74
Notabeln 42
Obermesopotamien 70
Öl 10
Offiziere 32, 42
Onager 24
Opferspenden 16
Ornamente 103
Osttigrisland 35
Paläste 21
Palästina 101
Palast 20
Palast von Mari 72
Pantheon 16, 31
Paragraphen 71
Pazuzu 95
Pferdezucht 81
Pflug 10
Pharao Necho 117
Pharaonen 77, 81
Philister 101
Philologie 52, 53, 120
Philosophische Texte 120
Phönizier 120
Pir Hüssein 37
Plastik 96, 120
Politik 57, 98
Potenz 62
Priester 7, 8, 15, 16, 21, 23, 25, 42
Priesterinnen 21
Priesterlehre 82
Priesterschaft 82
Prinzen 42
Prinzenerziehung 57
Privatwirtschaft 52
Propheten 73
Prophetenstand 73
Prozeß 68
Pulu 102
Pyramiden 114
Qal'ēh 37
Qatna 61
Raqqatum 73
Ras Schamra 97
Rechnen 51
Rechnungen 27
Recht 50
Rechtsgelehrte 94
Rechtsleben 65
Regierungssitz 10
Reich des Todes 9
Relief 10, 15, 29, 38
Reliefkunst 81, 98
Reliefschmuck 100
Religiöser Staatssozialismus 10
Religiosität 85
Repräsentation 57
Rimsin 61, 70
Rimsin von Larsa 122
Rimusch 122
Rind 47
Rohrsessel 25
Rollsiegelbilder 10, 13, 39, 81, 96
Rollsiegelschneider 7
Rom 120
Sänger 47
Sängerinnen 47
Salmanassar I. 87, 100, 122
Salmanassar III. 101, 102, 122
Salmanassar V. 102, 122
Salzwüste 105
Samsuditana 74, 122
Samsuiluna 74, 122
Sanherib 104, 122
Sargon 29, 34, 36, 103, 122
Sargon I. 60
Sargon II. 122
Sargon I. von Assur 122
Sargon von Akkad 34
Sarpanitus 114
Schaf 47
Schafzucht 31
Schagschag 25
Schamasch 35
Schamaschchasir 69
Schamschiadad 56, 61
Schamschiadad I. 57
Schamschiadad V. 101, 122
Schamschiadad von Assur 122
Schara 32
Scharkalischarri 122
Schatt el-Hai 14, 26
Schatzkammer 21
Schauschschatar 86
Schiffe 36
Schlacht bei Karkemisch 117
Schlangen 23
Schmiede 7
Schöpfungsmythen 120
Schraubenziege 47
Schreiber 7, 10, 31, 52
Schrift 9, 10
Schubat-Enlil 61
Schulgi 47, 48, 122
Schulwesen 50
Schurpu 95
Schuruppak 23
Schusin 48, 122
Schwarzer Obelisk 101
Schwein 47
Schwurgerichtsverhandlung 66
Semiten 18, 36
Sido 101
Siegelzylinder 15
Silbenschrift 10
Sinscharischkun 122
Sklaven 7
Sklavenverkauf 116
Soldaten 7, 27, 100
Speer 15
Surnasirpal II. 100
Staat 80
Stadt 10, 69, 88, 100
Stadtmauern 20
Stadtstaaten 13
Städtebauer 110
Städtische Kultur 13
Steinbock 47
Steinmetze 7
Sternwarte 101
Stiere 7
Strategie 57
Strauße 47
Streitwagen 32
Südbabylonien 69
Südpalästina 103
Sultantepe 97
Sumer 9
Sumerische Königsliste 19
Sumerische Renaissance 42
Surija 75
Susa 36, 67
Syrien 35, 54, 70, 90
Taharka 105
Talion 67
Tammuz 9
Taurus 36
Technisierung 23
Tell Agrab 14, 21

Tell Asmar 14, 21
Tell Atchana 47
Tell Brak 13, 16, 37, 39
Tell Hariri 18
Tell Harmal 62
Tello 97
Tell Oheimir 18
Tema 119
Tempel 10, 22, 31, 40, 42, 52, 91
Tempelbau 13, 21, 81, 98
Tempel C 13
Tempel D 13
Tempeldienerinnen 8
Tempelfrauen 23
Tempelhirten 7
Tempeloval von Chafadji 21
Tempelscheune 7
Tempelschule 7
Tempelwirtschaft 11
Tempelzella 10
Terqa 57
Thiamat 71
Thron 9, 102
Tiara 9
Tiglatpileser 89
Tiglatpileser I. 86, 89, 91, 99, 100, 122
Tiglatpileser III. 102, 122
Tigris 14, 28
Til Barsib 102
Tilmun 8, 35
Tisch 25
Tischler 7
Töpfe 25
Töpfer 7
Tonkrüge 25
Tontafeln 7, 47
Trabanten 47
Tribut 102
Truhen 25
Truppe 32, 98, 111
Tukultininurta 100
Tukultininurta I. 78, 87, 122
Tukultininurta II. 122
Turm zu Babel 113
Tuschpa 102
Tuschratta 86
Tutanchamun 29
Tyrus 101, 105, 118
Ugarit 72
Ugme 53
Ulamburiasch 76, 122
Umma 10, 25, 27
Unterwelt 9
Unuk-Uruk 8
Ur 10, 23, 31, 47, 49, 122
Urartu 101, 103
Ur I 32
Ur I-Zeit 122
Ur III 58, 59
Ur III-Zeit 122
Urkunde 103
Urnammus 48, 122
Urnansche 26, 122
Urningirsu 53
Urozean 55
Uruatri (Urartu) 87
Uruk 7, 28, 43
Urukagina 25, 28, 122
Uruk-Zeit 122
Urzababa 34
Uschu 46
Utu 14, 28, 32
Utuchengal 43, 44
Utuchengal von Uruk 122
Utukki limnuti 95
Vieh 7
Viehherden 10
Vierergespann 24
Vorderasien 71
Wadi Brisa 118
Waffe 15
Wagenlenkkunst 81
Waradsin 61
Waschukkanni 80
Wasserhebewerk 104
Wasserwirtschaftler 10
Weiden 20
Weihgaben 16
Weihplatten 23
Weihrauch 8
Weisheitssprüche 120
Weltschöpfung 83
Werkzeuge 30
Westsemiten 56, 58, 70
Wildschwein 47
Wildtiere 47
Wirtschaft 57
Wirtschaftsrecht 120
Wisent 47
Wissenschaft 51, 62, 93
W. K. Loftus 20
Wohnbauten 21
Wohnviertel 20
Wurzel 62
Zababa 32
Zabalu 45
Zahlenschrift 10
Zauberwesen und Hexerei 94
Zella 8
Zentralisierung 35
Ziege 47
Ziegelglasur 103
Zikkurrat 21
Zimrilim 61, 70, 72
Zottenrock 23
Zweistromland 74
Zypern 35

Das Alte Amerika
(Bd. 13)

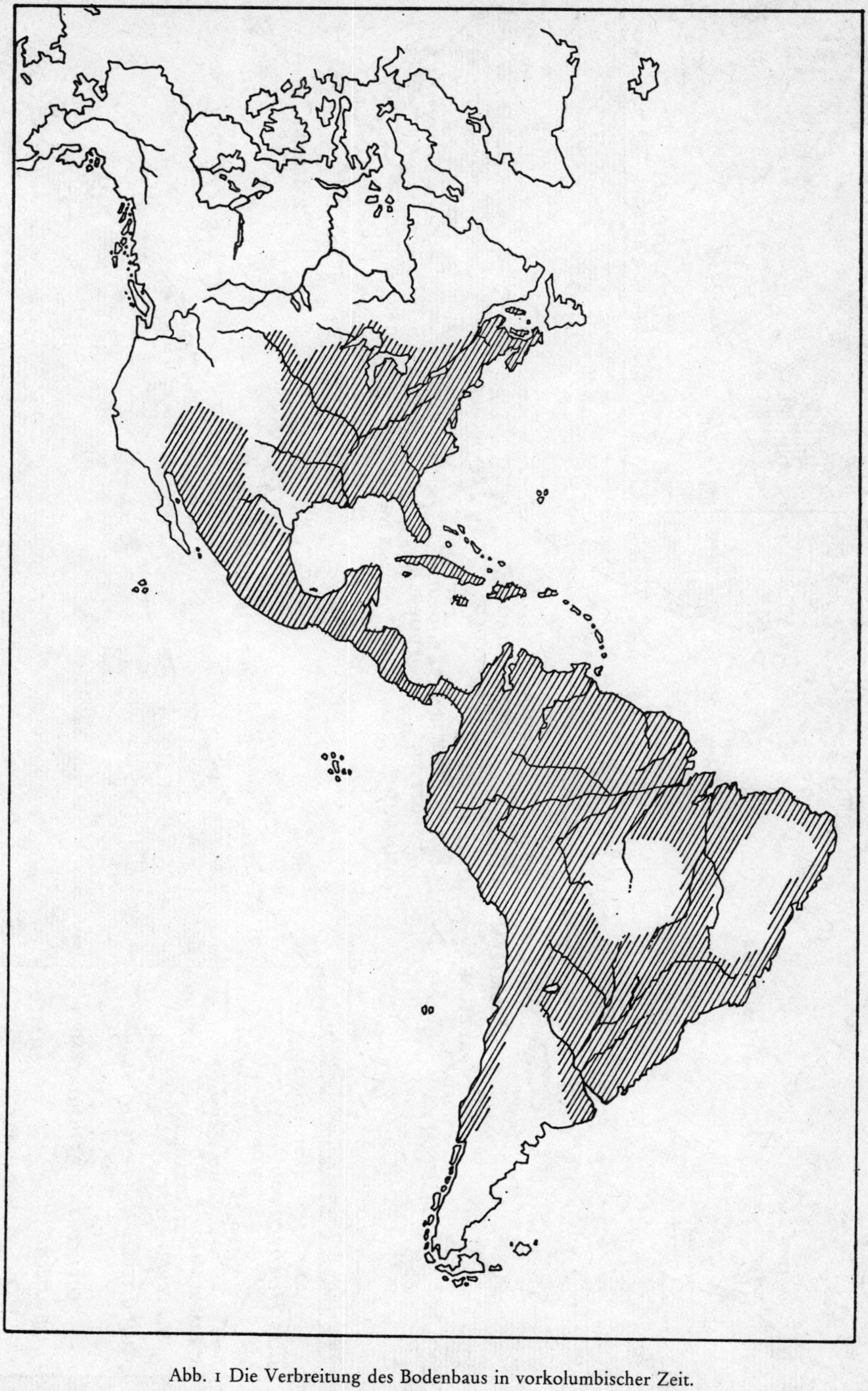

Abb. 1 Die Verbreitung des Bodenbaus in vorkolumbischer Zeit.

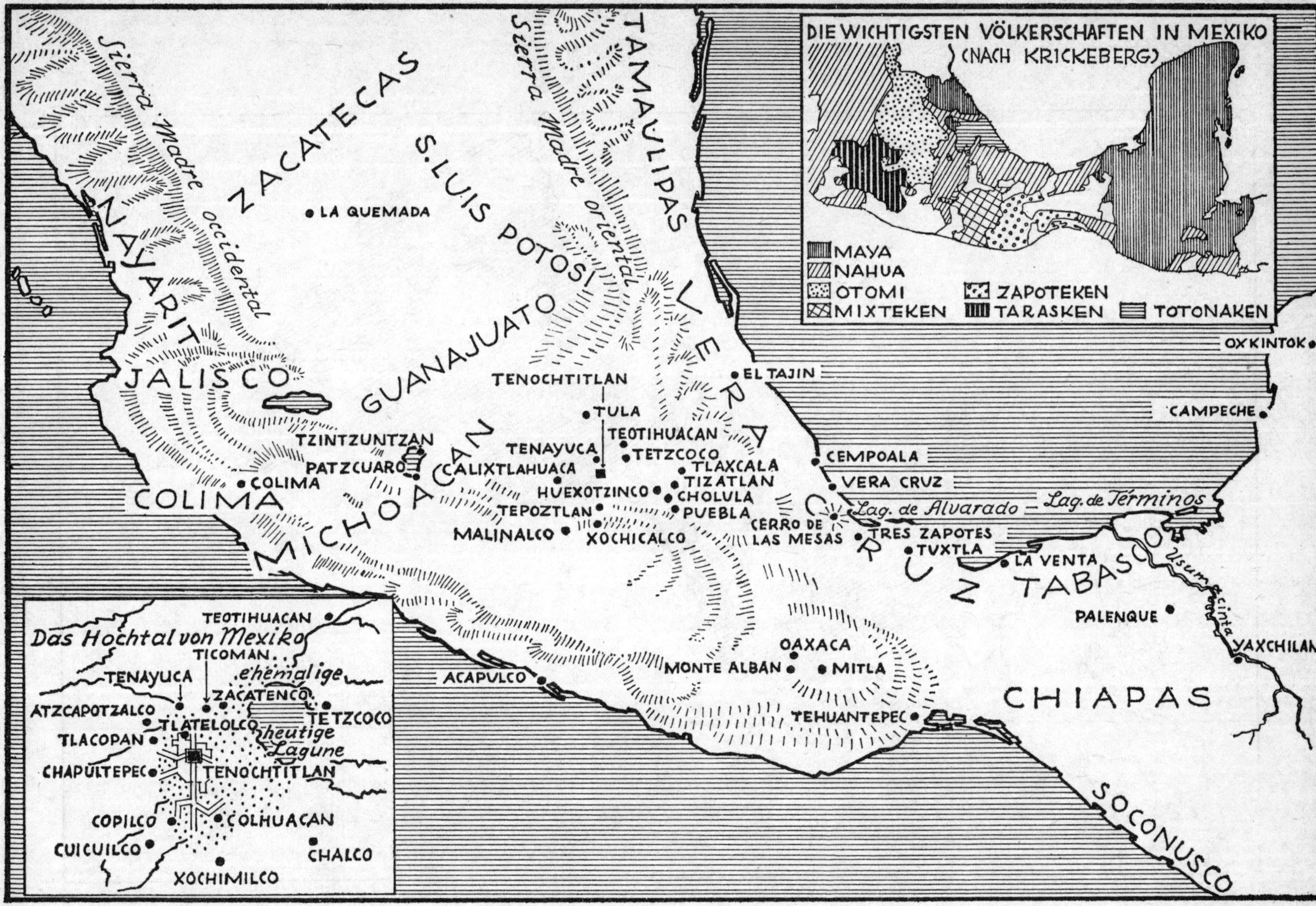

Das alte Mexiko

Das Maya-Land

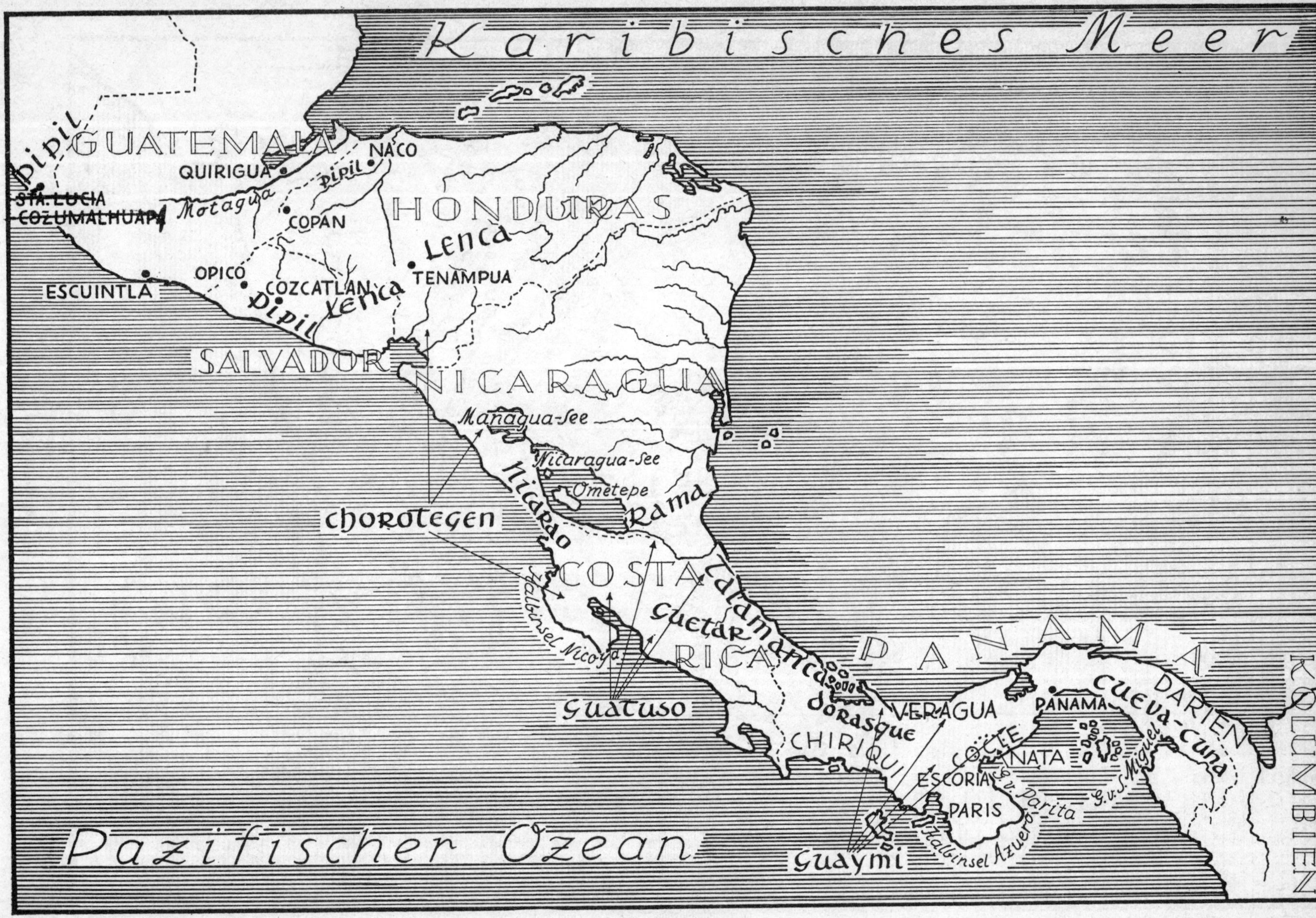

Mittelamerika

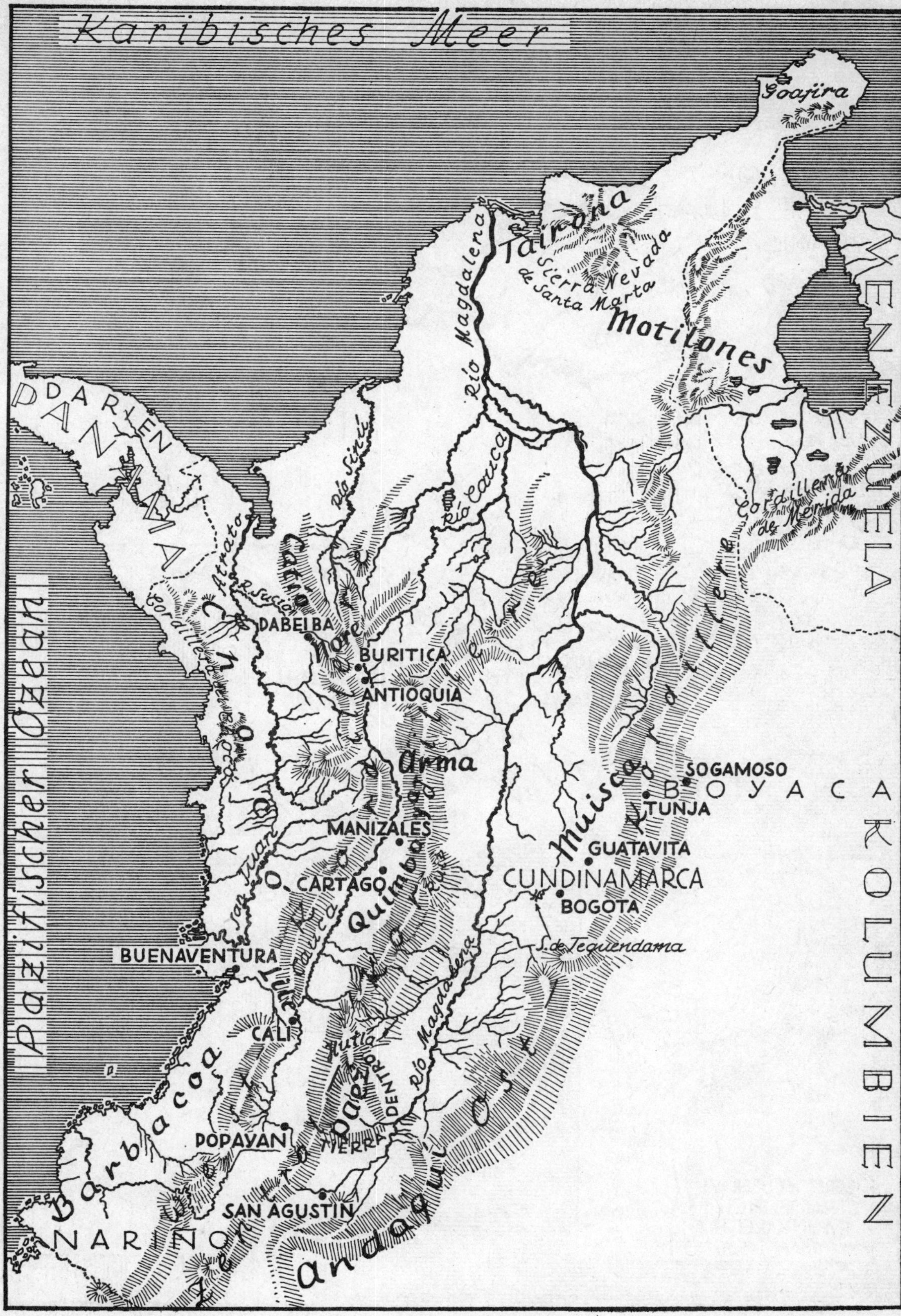

Der nördliche Andenraum

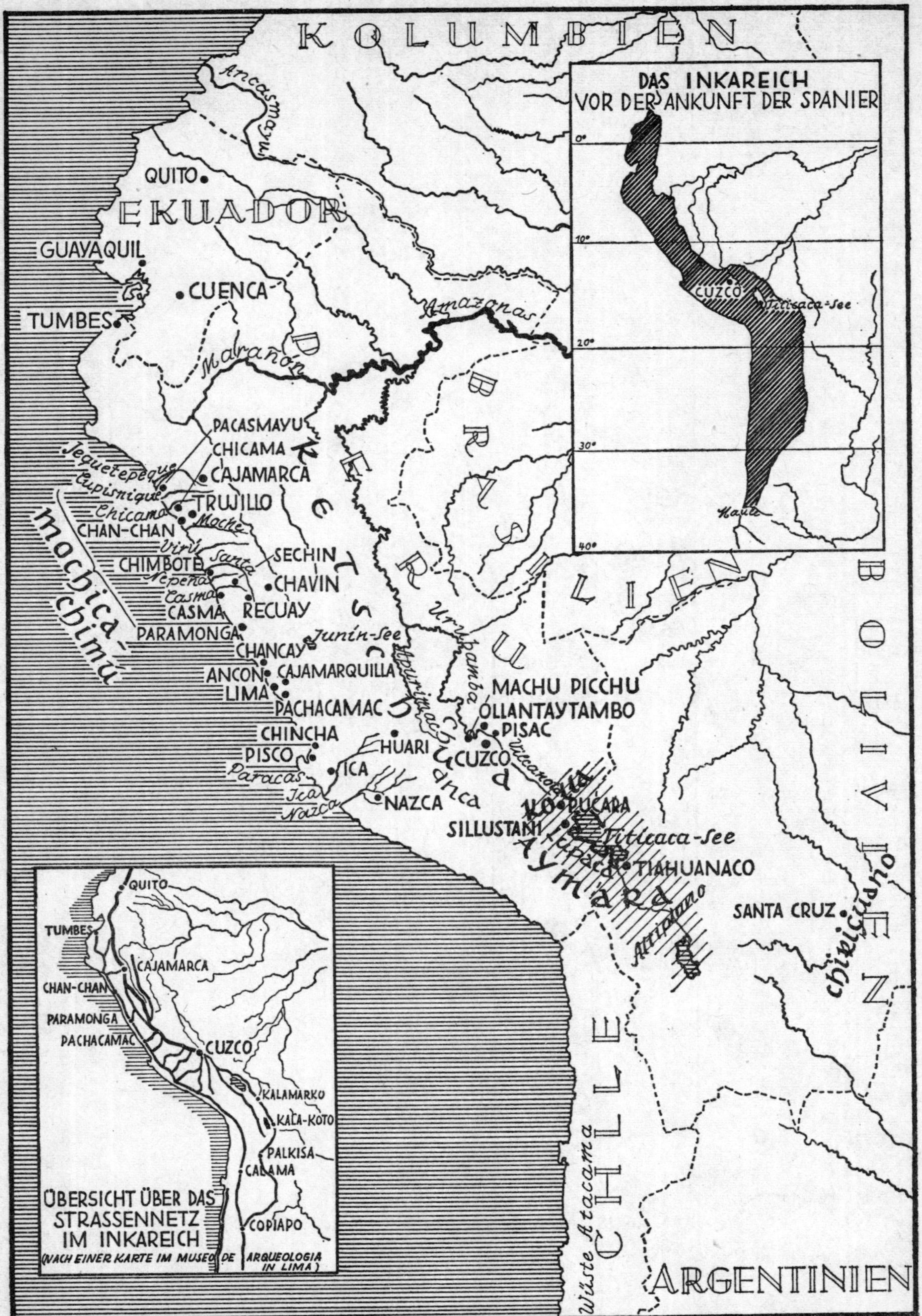
KOLUMBIEN
DAS INKAREICH VOR DER ANKUNFT DER SPANIER
CUZCO
Titicaca-See
Maule
QUITO
EKUADOR
GUAYAQUIL
CUENCA
TUMBES
Ancasmayu
Amazonas
Marañon
PERU
BRASILIEN
PACASMAYU
CHICAMA
CAJAMARCA
TRUJILLO
CHAN-CHAN
Jequetepeque
Cupisnique
Chicama
Moche
Viru
Santa
Nepeña
Casma
CHIMBOTE
SECHIN
CHAVIN
RECUAY
CASMA
PARAMONGA
mochica-chimú
Kechua
Junin-See
CHANCAY
ANCON
CAJAMARQUILLA
LIMA
PACHACAMAC
Urubamba
Apurimac
MACHU PICCHU
OLLANTAYTAMBO
PISAC
CHINCHA
PISCO
HUARI
CUZCO
Paracas
ICA
Ica
Nazca
NAZCA
Vilcanota
Kolla
PUCARA
SILLUSTANI
Titicaca-See
Lupaca
TIAHUANACO
Aymara
Altiplano
BOLIVIEN
SANTA CRUZ
chiriguano
CHILE
Wüste Atacama
ARGENTINIEN
QUITO
TUMBES
CAJAMARCA
CHAN-CHAN
PARAMONGA
PACHACAMAC
CUZCO
KALAMARKO
KACA-KOTO
PALKISA
CALAMA
COPIAPO
ÜBERSICHT ÜBER DAS STRASSENNETZ IM INKAREICH
(NACH EINER KARTE IM MUSEO DE ARQUEOLOGIA IN LIMA)

Alt-Peru

Zeittafel ausgewählter Vergleichsdaten aus der Geschichte der Mexikaner und Maya sowie aus dem mittleren Andengebiet

	Mexikaner	Maya	Mittleres Andengebiet
v. Chr.	Olmeken (1154 ± 300) Älteres Archaikum (1456 ± 250) Jüngeres Archaikum (472 ± 250)	Keram. Epoche Mamom Chicanel	Präkeramische Pflanzer (2348 ± 230) Töpferei (1225 ± 125) Küsten-Chavín (715 ± 200) Chavín Paracas Cavernas Paracas Necropolis (307) Chiripa Salinar / Gallinazo Nazca (261)
n. Chr.	Tres Zapotes (31) Tuxtla (162) Cerro de las Mesas (468, 593) Monte Albán (298) Teotihuacan (236 ± 65) Tajín Tolteken (856—1168) Tarasken Chichimeken Cempoala Tenochtitlan (1370) Eroberung von Atzcapotzalco (1430)	Leidener Platte (320) Stelendaten (328—889) Tzakol (317—633) Tepeu (633—731) Liga von Mayapan (1007—1204) Herrschaft der Cocom (1204—1441) Ende der zentralen Gewalt (1441)	Mochica Recuay Tiahuanaco Pucara Huari Nazca (636) Küsten-Tiahuanaco Chimú Chullpa-Kultur Chanapata Killke Die Inka erobern Chimor (um 1450) Unterwerfung der Aimara (1430 bis 1470) „Inca imperial“

Inhalt

Einleitung 7

Völker und Kulturen im alten Mexiko 13
Archaiker und Olmeken – Die Theokratische Zeit – Der Einbruch des Nordens: Tolteken und Chichimeken – Kultur und Reich der Azteken

Die Maya, die Griechen Amerikas 36
Das „Alte" und das „Neue" Reich – Schrift, Zahlensystem und Kalender – Handel, Gesellschaftliche Struktur, Religiöse Vorstellungen – Bildende Kunst, Architektur, Städtebau

Amerikas Reiche Küste und Goldkastilien 53
Norden und Süden begegnen sich – Tolteken in Mittelamerika, Erben olmekischer Kunst, Nicarao und Chorotegen – Duodezfürstentümer des Isthmus – Das Festland strahlt zu den Inseln aus

El Dorado 66
Ein Land der Gegensätze – Herren und Barbaren im Caucatal – Im Lande des vergoldeten Menschen – Monumentale vorgeschichtliche Kunst

Die Geschichte der Kulturen von Altperu 86
Der Chavín-Horizont – Alte Oasenkulturen der Küste – Ein Wallfahrtsort in 4000 m Höhe – Nachklassische Zeit – Das Reich von Chimor – Ein sozialistischer Großstaat vor 400 Jahren

Schluß 111
Zusammenschau – Kontinentale und Interkontinentale Wege

Zeittafel 117

Tafeln 121

Erläuterungen und Quellennachweise der Tafeln 191

Ausgewähltes Schrifttum 197

Namens- und Ortsregister 199

Register
(in alphabetischer Folge)

Acamapich 27
Acapulco 27
Ackerbau 80
Adelige 28
Adler 29
Alba de → Hernández
Ägypten 25, 37
Ärzte 79
Ahnen 80
Ahuitzotl 27
Alexander v. Humboldt 13
Alfonso Caso 13
Alpaka 8
Altes Reich 36, 37
Altperu 86
Alvarado → Pedro
Amazonas 11, 68
Amerikas Reiche Küste 53
Anasazi-Kultur 11
Anbauwirtschaft 60
Andiden 10
Archaiker 13
Architektur 25, 47
Arizona 11
Axayacatl 27
Azcapotzalco 22
Azteken 23
aztekische Staatsführung 28
Bachue 80
Ballspiel 34
Ballspielplätze 26
Barbaren 69
Bataten 60
Bauernvolk 36
Baugeschichte 17
Baustoff 75
Bauten 25
Beamte 29
Beamtentum 29
Benalcázar 68
Beyer → Hermann
Berufssoldaten 29
Bildende Kunst 47
Bilderschrift 43
Blom → Franz
Bodenbauer 14
Brachykephalen 10
Brasiliden 9
Brücken 28
Calixtlahuacas 13
Calpolec 28, 29
Calpulli 29
Camino de los muertos 17
Cartagena 68
Caso → Alfonso
Cauca 68
Cerro de las Mesas 15
Chacmool 21
Chavin-Horizont 88
Chiapas 36
Chibcha 59
Chicama-Tal 11
Chichen Itzá 38
Chichimekische Zeit 21
Chile 11
Chimalpahin 13
Chinampas 23
Chinarinde 7
Cholula 18
Chorotegen 53, 54
Chronologie 43
Ciudadela 17
Cobá 38
Cochise 10, 13
Cocijo-eza 18
Cocijo-pij 18
Codices 35, 41
Colima 15, 27
Colorado 11
Conquista 8
Copán 38
Cortés → Hernán
C 14-Methode 37
Dobaiba 73
Domanien 29
Dreibund 27
Duodezfürstentümer 59
Eduard Seler 13
El Dorado 66
Eltern 30
Erdgöttin 20
Ernst Förstemann 36
Facharbeiter 29
Familie 28
Familienrecht 30
Federarbeiten 24
Federarbeiter 29
Federtechnik 24
Felsbilder 79
Fernhändler 28, 29
Festungen 26
Feudale Staaten 78
Feuerkult 33
Fischer 11
Flutkatastrophen 46
Förstemann → Ernst
Folsom 10
Francisco Pizarro 7
Franz Blom 36
Franz Termer 36
Frauen 29, 56
Frühlingsfest 33
Fürstentümer 22
Galería de los danzantes 19
Geburtsadel 29
Geld 18
Gemeinwesen 57
George C. Vaillant 13
Geräte 56
Geschlechtsverkehr 32
Gesellschaftliche Struktur 44
Gesetze 80
Gewittergottheit 58
Gewohnheitsrecht 62
Götter 32
Götterwelt 31
Gold 61
Goldarbeit 76
Goldkastilien 53
Goldländer 59
Goldschmiede 29
Gottheit 46
Gottheiten 17, 79
Gräber 17, 25, 83
Grenzkastelle 26
Guanajuato 15
Guatemala 36
Häuser 14
Handel 44
Handelsverträge 29
Handwerkerzünfte 29
Heilkunde 34
Helmut de Terra 10
Hermann Beyer 13, 36
Hernán Cortés 7, 13
Hernández de Alba 82
Herren 69
Herrentum 61
Herrin unseres Fleisches 31
Herr unseres Fleisches 31
Hexenmeister 34
Himmel 31
Himmelsbeobachtung 34

Himmelsgewölbe 46
Himmelssymbol 46
Hochkultur 55
Hochland von Guatemala 38
Hörige 30
Hoheitszeichen 29
Hohepriester 34
Hohokam-Kultur 11
Holz- und Knochenbearbeitung
Huaxteken 20
Huemac 22
Huitzilopochtli 26
Humboldt von, → Alexander
Ignacio Marquina 13
Indianer 9
Isthmus 59
Itzcoatl 27
Ixtlixochitl 13
J. E. Thompson 36
Jacales 24
Jäger 11
Jagd 32, 56
Jaguar 29
Jaguarbild 15
Jalisco 15
Kakao 7
Kalender 22, 34, 40, 43
Kaminaljuyú 18, 38
Kariben 63
Karten 28
Kartoffel 7
Kaufmannschaft 29
Kautschuk 34
Kazikenmacht 71
Keramik 20, 38
Kinder 30
König 29
Könige 79
Kokastrauch 7
Kolumbien 59
Konquistadoren 72
Kordilleren 11
Kostarika 59
Krankheiten 34, 80
Krickeberg → Walter 14
Krieg 31, 56
Krieger 29
Kriegsführer 28
Kult 32, 58
Kultanlagen 26
Kultfeste 33
Kultische Bauwerke 26
Kultur 23
Kunst 81
Lagiden 9
Lama 8
Landgüter 29
Landwirtschaft 25
La Plata 11
La Venta 15
Lehen 29
Lustgärten 29
Mais 7, 56, 60
Malinalcos 13
Maniok 11, 60
Margiden 9
Marktpolizei 29
Marquina → Ignacio
Max Uhle 53
Maya 36
Melonen 60
Menschenopfer 33
Mesoamerika 25
Metallarbeiter 76
Metate 24
Mexiko 11
Michoacan 15
Mictlan 31
Mitla 19
Mittelamerika 54
Mixteken 14, 19
Moctezuma 27
Moctezuma II. 27
„Mond"-Pyramide 18
Monte Albán 13, 19
Montejo 7
Marley → Sylvanus
Muisca 74
Musikinstrumente 33
Mutter 57
M. W. Stirling 13
Mythisches Weltbild 31
Nachrichtendienst 28
Nahrungspflanze 56
Nahua 14, 22, 27
Naturkatastrophen 34
Nayarit 15
Nekropolis 93
Neolithikum 11
„Neues" Reich 36
Neumexiko 10, 11
Nicarao 54
Norden 53
Novizenzeit 79
Núñez, Balboa de → Vasco
Oasenkulturen 90
Oaxaca 18, 27
Oberschicht 29
Öffentliche Gewalt 76
Olmeken 13, 15
Olmekischer Stelenkult 53
Opfer 29, 58
Opfertode 30
Orakel 18, 34
Orinoko 11, 68
Otomí 14
Oxkintók 38
Palenque 38
Palmas 20
Pampiden 10
Panama 59
Paul Schellhas 36
Pazifiden 10
Pedro Alvarado 7
Piedras Negras 38
Pilli 29
Pizarro → Francisco
Pipil 54
Plastiken 17
Pochteca 29
Polygamie 57
Priester 32, 34, 46, 79
Priesterfürsten 17
Priesterschaft 46
Pueblos 11
Punalandschaft 8
Pyramide 31
Quetzalcoatl 17
Rechenkunst 43
Rechtsordnung 30
Rechtsprechung 77
Regengott 17
Regenwald 37
Reich 23
Religiöse Vorstellungen 17, 44
Ressortminister 29
Richter 29
Rohstoffe 17
Rothäute 10
Salt River 11
Salz 61
Sammler 11
San Agustín 82
Sandia 10
Schellhas → Paul
Schlangenfürst 46
Schokolade 8
Schrift 22, 35, 40
Schrifttum 37
Schwester 57
Schwesternheirat 77
Seler → Eduard
Siedlung wie Natá 60
Silviden 9
Sklaven 30
Skulpturen 15
Soconusco 27
Sonne 18, 32

Spanier 27, 28
Spanische Chroniken 80
Spionage 29
Staatsgüter 29
Staatsrat 28
Städte 51
Städtebau 47
Stände 78
Statthalter 28
Stein 75
Steinbauten 15
Steinbauwerke 49
Steinschneider 29
Stirling →M. W.
Straßen 28
Süden 53
Sylvanus Morley 36
Tabak 7
Taino 64
Tajín 13
Tapioka 7
Tarasken 14, 15, 25
Technik 70
Tecutli 29
Tello 89, 93
Temer →Franz
Tempel 25, 58
Tempeldiener 34
Tempelland 29
Tempelpyramiden 26
Tempelstadt 16, 17
Tenayuca 26
Tenochtitlan 22, 26, 27
Teotihuacan 16, 55
Tepaneken 22
Tepexpan 10
Tetzcoco 22, 27
Tezozomoc 13
Theokratische Kultur 16
Theokratische Zeit 16
Thompson →J. E.
Tiere 32
Tikal 38
Tizoc 27
Tlacatecutli 28
Tlacopan 27
Tlaloc 26
Tlatelolco 29
Tlaxcala 22
Tochter 57
Tollans 22
Tolteken 50, 52
Toltekische Könige 21
Toltekische Zeit 21
Tomate 7
Tonacacihuatl 31
Tonacatecutli 31
Tonfiguren 15
Tongefäße 15
Tote 31
Totonaken 14, 19
Tres Zapotes 15
Tributbezirke 28
Tributeinnehmer 28
Truthahn 8
Tulas 13
Tulum 38
„Tzakol"-Periode 18
Uaxactún 38
Uhle →Max
Unterwelt 31
Urbesiedlung 9
Urbevölkerung 63
Utah 11
Vaillant →George 14
Vanille 7
Vasco Núñez de Balboa 68
Verdienstadel 29
Verkehrswesen 28
Volksgruppen 61
Vorgeschichtliche Kunst 81
Waffen 15
Wahrsager 34
Walter Krickeberg 13
Webekunst 75, 80
Weltbild 34, 46
Werkzeuge 15, 56
Wertmesser 29
Wetter 80
Windgott 20
Wirtschaft 14
Würdesymbole 29
Xochicalco 18
Yaxchilán 38
Yukatan 37, 39
Zaachilla 18
Zahlen 40
Zahlensystem 40
Zapoteken 14, 18
Zauberer 34, 79
Zeichen 35
Zentralgewalt 28
Zentraliden 10

Die Welt der Ägypter
(Bd. 14)

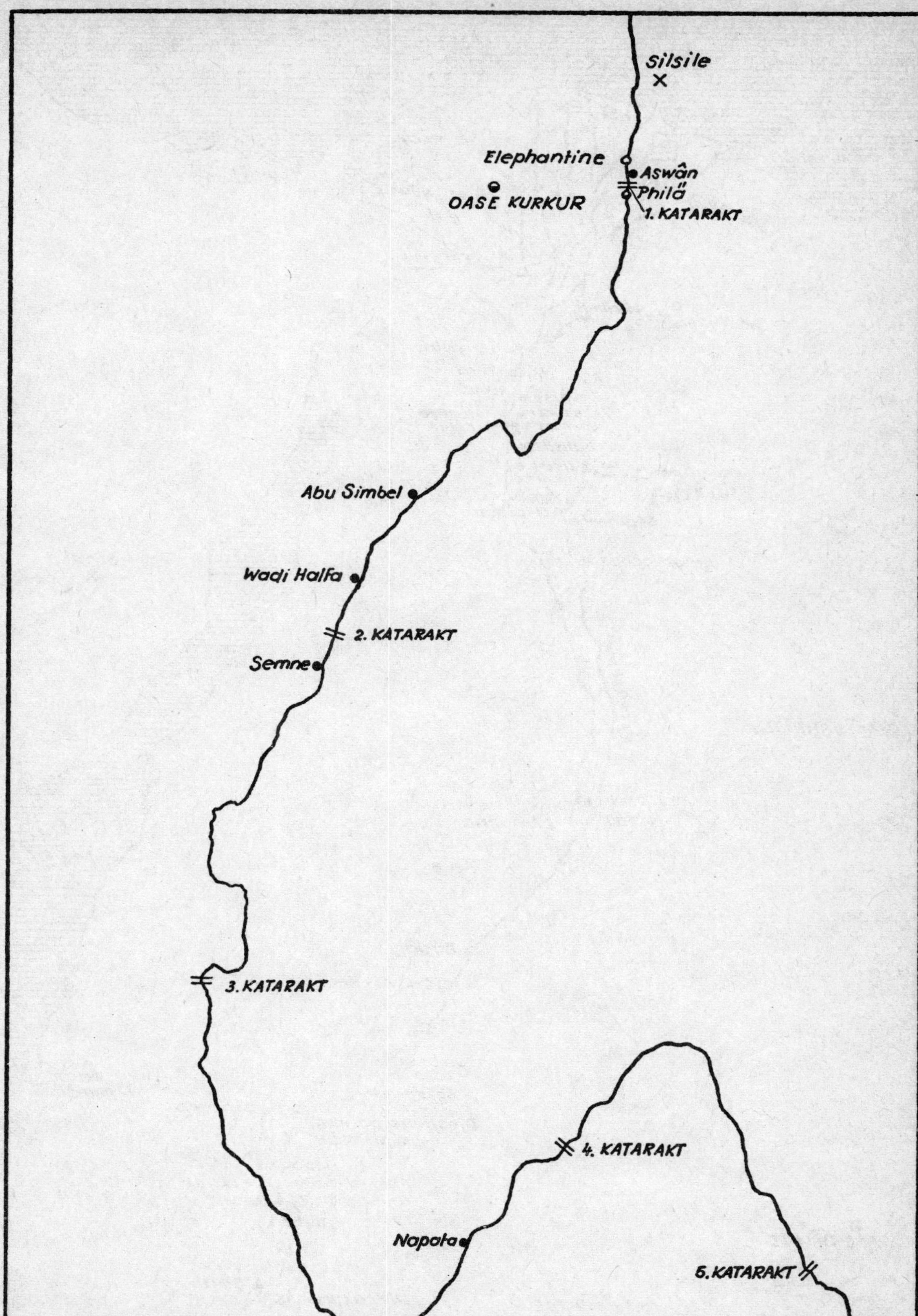

Ägypten und Nubien, südlicher Teil

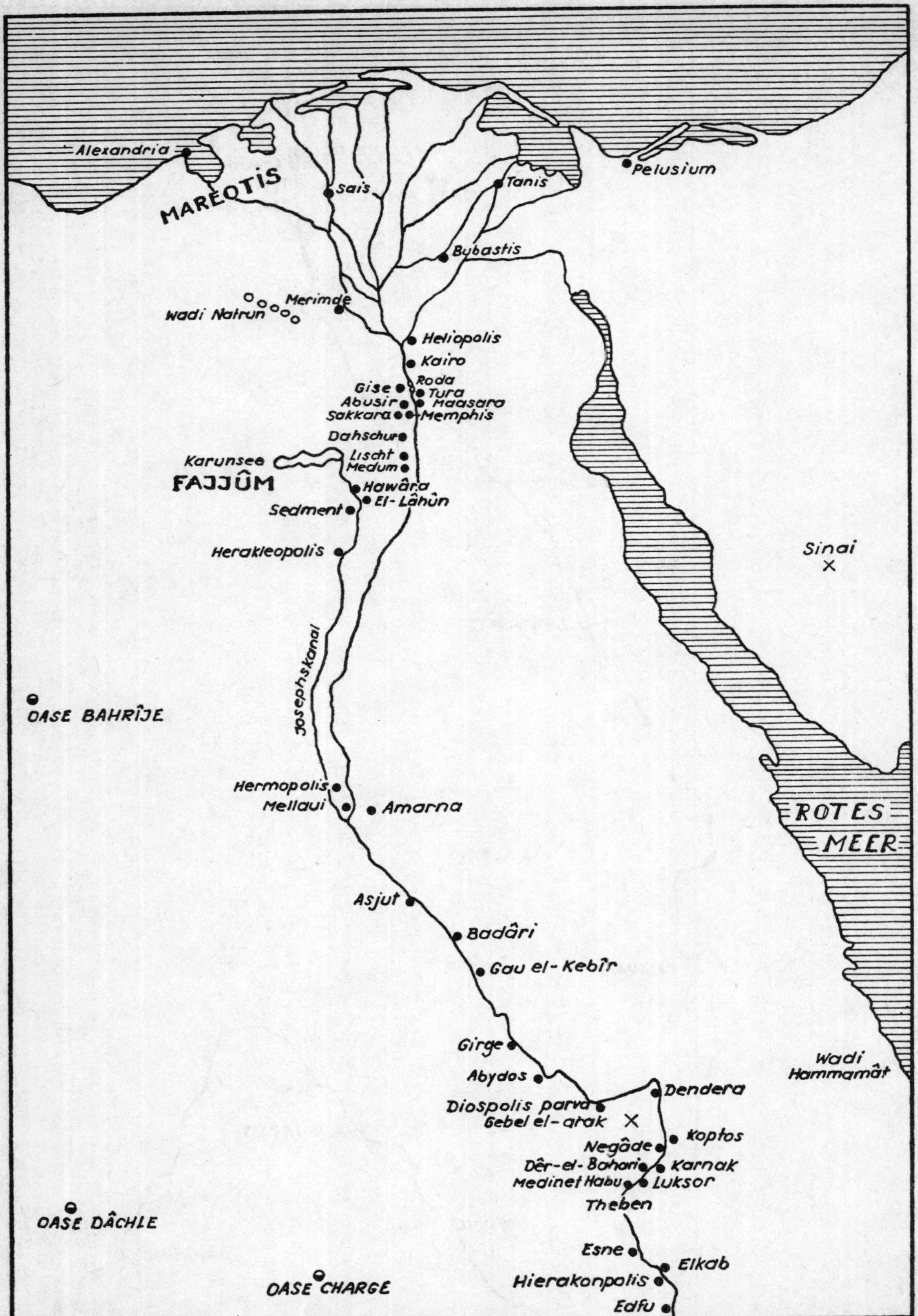

Ägypten, nördlicher Teil

Zeittafel der ägyptischen Geschichte

Vorzeit: Jungsteinzeit und Kupfersteinzeit	5000–2900 v. Chr.
Frühzeit: 1. und 2. Dynastie, Reichseinigungszeit	2900–2660 v. Chr.
Altes Reich:	2660–2160 v. Chr.
3. Dynastie: Djoser	2660–2590 v. Chr.
4. Dynastie: Die großen Pyramidenerbauer Snofru, Cheops, Chephren und Mykerinos	2590–2470 v. Chr.
5. Dynastie: Sonnenreligion wird Staatsreligion. Beginnender Feudalismus	2470–2320 v. Chr.
6. Dynastie: Restaurationsversuch, Zusammenbruch des Reiches	2320–2160 v. Chr.
1. Zwischenzeit: 7.–10. Dynastie, lokale Dynasten	2160–2040 v. Chr.
Mittleres Reich	2040–1650 v. Chr.
11. Dynastie: Neue Einigung durch ein oberägypt. Gaufürstengeschlecht	2040–1991 v. Chr.
12. Dynastie: Blüte unter den Königen Ammenemês und Sesostris	1991–1785 v. Chr.
13./14. Dynastie: Zerfall des Reiches	1785–1650 v. Chr.
II. Zwischenzeit: 15./16. Dynastie, Herrschaft der Hyksos	1650–1552 v. Chr.
17. Dynastie: Befreiung von der Hyksosherrschaft	1650–1552 v. Chr.
Neues Reich:	1552–1306 v. Chr.
18. Dynastie: Könige Amenophis und Thutmosis, Königin Hatschepsut, Ägypten wird Weltmacht, Krisis unter Amenophis IV. (Achenaten) – Tutanchamum – Aja (sogenannte Amarnazeit 1364–1334)	1552–1334 v. Chr.
19. Dynastie: Haremhab, Könige Sethos und Ramses, Merneptah und Nachfolger	1334–1186 v. Chr.
20. Dynastie: Sethnacht, Ramses III.–XI.	1186–1070 v. Chr.
III. Zwischenzeit: Übergang zur Spätzeit	1070–712 v .Chr.
21. Dynastie: Herihor und die Gottesherrschaft des Amun	1070–945 v. Chr.
22./24. Dynastie: Herrschaft libyscher Söldnerführer	945–712 v. Chr.
Spätzeit:	712–332 v. Chr.
25. Dynastie: Äthiopen und Assyrer kämpfen um die Herrschaft	
26. Dynastie: Blüte unter den Königen Psammetich, Necho, Apries und Amasis	664–525 v. Chr.
27. Dynastie: Herrschaft der Perser	525–404 v. Chr.
28./30. Dynastie: Nationale Herrscher schütteln die Perserherrschaft ab	404–343 v. Chr.
31. Dynastie: Zweite Perserherrschaft	343–332 v. Chr.
Die griechische Zeit:	332–30 v. Chr.
Alexander der Große	332–323 v. Chr.
Die Ptolemäer	323–30 v. Chr.
Die römische Zeit:	30 v. Chr.–395 n. Chr.
Von der Schlacht bei Aktium und dem Tode der Kleopatra bis zur Teilung des römischen Reiches. Ägypten kommt unter byzantinische Herrschaft.	

Inhaltsverzeichnis

I. Kapitel: Landschaft und Mensch ... 7
II. Kapitel: Die Geburt der ägyptischen Kultur ... 19
III. Kapitel: Pyramidenzeit ... 31
IV. Kapitel: Feudalzeit ... 41
V. Kapitel: Klassik ... 61
VI. Kapitel: Die Weltherrschaft ... 75
VII. Kapitel: Krisis ... 95
VIII. Kapitel: Ermattung ... 105
IX. Kapitel: Vergreisung ... 119

Zeittafel ... 125

Karten ... 126

Tafeln ... 129

Erläuterungen und Quellennachweise der Abbildungen ... 201

Literaturhinweise ... 206

Namen- und Sachregister ... 212

Namen – Sachregister
(in alphabetischer Ordnung)

Abu Simbel 114, 116
Abydos 68, 90, 105, 116
Achaier 106
Ackerbau 9
Actium 120
Adel 28, 36, 44
ägyptischer Stil 24
ägyptische Kultur 19
ältesten Spuren von Menschen 12
Akaiwascha 106
Alexander der Große 120
Altes Reich 45
Altes Testament 106
Amarna 98
Amarnareliefs 103
Amarnazeit 99
Amenophis 97
Amenophis I. 75
Amenophis II. 77
Amenophis III. 77, 78, 87, 95, 98, 111
Amenophis IV. 93, 95, 96, 98, 112
Ammenemês 61
Ammenemês I. 71
Ammenemês III. 62
Amt 43
Amun 113
Amunpriesterschaft 112
Amunshymnus 113
Annalistik 28
Arbeiter 32, 45, 81
Archaismus 122
Askalon 106
Astronomie 72
Aswân 7
Aten 96
Atum 41
Badârikultur 15
Bären 82
Bauern 28, 32, 81
Bauerntum 13
Bauholz 33
Baukunst 36, 86
Bautätigkeit 114
Bauten 123
Beamten 45
Beamtenadel 32, 43
Beamtenschaft 108
Beamtenstaat 31
Beamtentum 81
Bergkristall 82
Bergwerke 82
Bier 111
Bildnisse 39, 88, 123
Blei 82
Brusttafeln 71
Bürgertum 44, 63
Cäsar 120
Chaboras 76
Cheops 31
Cheopspyramide 37
Chephren 31
Dämonen 28
Danaer 106
Danuna 106
Delta 109
Demokratisierung 48
Demokrit 59
Dezentralisierung 46
Diademe 71
Dienerfiguren 52
Dienstboten 82
Diodor 62
Djefai-hapi 69
Djoser 31, 37
Dorfgemeinschaft 28
Dürre 7
Dynastien 31, 34, 35, 41, 42, 43, 50, 52, 54, 61, 72, 92
– 2. Dynastie 31
– 3. Dynastie 34
– 4. Dynastie 31, 35
– 5. Dynastie 35, 41, 42, 72
– 6. Dynastie 43, 52, 54
– 10. Dynastie 50
– 11. Dynastie 41, 61
– 12. Dynastie 61
– 18. Dynastie 92
Echnaton 97
Edelhölzer 33
Ed. Meyer 86
Edelsteine 33
Elefanten 82
Elephantine 7
Elfenbein 82
Erbfolge 43
Ermattung 105
Esel 8
Euphrat 75, 76
Feldzüge 91
Felsgräber 69
Feudalherrn 43
Feudalstaat 44
Feudalzeit 41
Frau 43
Fürstenfamilien 63
Fürstenhöfe 45
Fürstentochter 43
Gau 122
Gaufürstenfamilien 44
Gebete 113
Gehälter 32
Geldentwertung 112
General Thot 91
gesellschaftliche Entwicklung 99, 120
Gesellschaftsordnung 101
Gestein 10
Getreide 8, 82
Gewürze 33
Gezer 106
Gise 32
Götterdreiheit 113
Göttersysteme 100
Götterverehrung 116
Gold 33
Gott 19, 34
Gottheit 121
Grabreliefs 123
Gräber 82
Grundbesitz 43, 46
Habu 111
Halbedelsteine 82
Halsketten 71
Hammurabi 76
Handwerker 32, 45, 81
Haremhab 98, 105
Hathor 114
Hatschepsut 82
Havûra 62
Heer 81, 107, 108
Heilkunst 58
Heliopolis 96, 113
Herakleopolis 41
Herodot 62
Hethiter 98, 111

Hethiterkönig 98
Hethiterkriege 105
Hethiterreiche 112
Hieroglyphenschrift 26
Hippokrates 59
Hohepriester 96
Honig 82
Horizont des Aten 97
Horus 28, 35
Hungersnot 7
Hyksos 62
Hyksoskriege 92
Hyksoszeit 64
Isis 35
Israel 106
J. H. Breasted 91
Jagd 9
Jenoam 106
Jenseits 85, 116
Jenseitsglauben 100
Kadesch 105, 116
Kairo 7
Kalender 26, 27
Kambyses 120
Kanaan 106
Karnak 109, 116
Karnaktempel 116
Karneol 71
Karunsee 62
Kauf 43
Kaufmann 83
Kinnbart 24
Klassik 61
Kleopatra 120
König 19, 38
König Cheops 32
Königsbilder 88
Königsnovelle 91
Königtum 31, 41, 47, 79, 100, 107, 120
Kolossalstatuen 115
Koptos 33
kretische Paläste 106
kretische Seeherrschaft 106
Kriegswesen 64
Krisis 95
Krokodil 122
Krone 24
Künstler 45
Kultus 83
Kunst 22, 54, 102, 114
Kupfer 33, 82
Landschaft 7, 11
Lapislazuli 71, 82
Lehen 43
Lehnsträger 43
Libanon 82
Libyen 106
Libyer 111
Liebeslyrik 117
Lieder 117
Literatur 54, 55, 90, 116
Literatursprache 71
Löhne 32, 111
Lukki 106
Luksor 80, 116
Lyderreich 46
Lykier 106
Magie 122
Malachit 71, 82
Manetho 90
Mastaba 38
Mathematik 73
Medinet 111
Medinet Habu 109, 114, 116
Medizin 58, 74
Memphis 34, 113, 119
Mensch 7
Mentuhotep II. 41, 61, 62, 69
Mentuhotep IV. 61
Mereruka 51
Merikarê 50, 71
Merneptah 106
Mesopotamien 29
Metalle 82
Metallguß 28
Militärdiktatur 107
Mitanni 113
Mittleres Reich 61, 75
Mobiliar 89, 111
Mord 111
Moringabaum 8
Mumien 111
Mumifizierung 86
Musikantinnen 82
Mykerinos 31
Mythen 28, 100
Necho 119
Negâde I 15
Negâde II 15
Nephthys 35
Neues Reich 75, 107
Nil 7, 109
Nofretiti 98
nomadische Jäger 28
Nordafrika 106
Nubien 62
Oberägypten 36
Öl 82
On Atum 34
On-Heliopolis 41
Opfertisch 40
Orakelwesen 113
Ortsgötter 42
Osiris 35, 47
Osirisglauben 47
Osirismythos 35
Osirisreligion 68
Palästina 106, 109, 111
Papyrus 26, 110
Papyrus Harris 111
Paramses 105
Parfüms 89
Peleset 106
Pelusium 120
Perser 120
Pferd 64, 82
Philister 106
Phiops I. 43, 44
Phiops II. 41
Phönizien 106, 111
Plünderung 111
polytheistisches Göttersystem 28
Priesterschaft 42, 44
Priestertum 108
Privatgrab 51
Privatplastik 115
Proletariat 110
Propheten 100
Prunkschurz 24
Prunkwaffen 71
Psammetich III. 120
Ptah 34, 35, 113
Ptolemäer 120
Ptolemäus II. 90
Puntexpedition 88
Pyramiden 37, 46, 50
Pyramidenbauten 32
Pyramidenzeit 31
Ramesseum 116
Ramessiden 113
Ramessidenzeit 112
Ramses II. 105, 110, 111
Ramses III. 106, 109, 111, 112
Ramses IV. 109, 111
Ramses IX. 107, 110
Rechtschaffenheit 101
Rechtswesen 65
Reichsbeamte 20
Reichsfriedhof 43
Reliefs 39, 52, 115
religiöses Denken 16, 33

religiöses Leben 112
Religion 83, 121
Religiosität 67
Reschef 113
Rê 41, 42, 96, 113
Rê-Religion 47
Rinder 82, 111
Riten 87
Rizinusstaude 8
Roda 7
Rotes Meer 109
Rundbildnerei 123
Rundplastik 51, 70
Sakkara 122
Salben 89
Sardinien 106
Schabaka 33
Schafe 82
Schekelesch 106
Scherden 106
Scheschonk I. 119
Schiffer 32
Schlachtfeldpalette 23
Schmiedeberufe 28
Schminken 89
Schmuck 89
Schrift 25
Schrifterfindung 28
Schu 34
Schulschriften 117
Schutzdekrete 44
Seevölker 111
Sesostris I. 71
Sesostris II. 65
Sesostris III. 62
Seth 35, 113
Sethos I. 90, 105, 106, 111
Sile 98
Sinai 25, 45
Sizilien 106
Skepsis 48
Sklaven 82, 111
Sklavinnen 82
Snofru 31
Söldner 107
Sohn der Sonne 42
Soldaten 81
Sommer 27
Sonnengott 42
Sonnenheiligtümer 51
Sonnenhymnus 99
Sonnenlehre 42, 51
Sonnenscheibe 96
soziale Frage 110
Sphinx 90
Sphinxalleen 87
Spiegel 89
Sprache 54
Staatsreligion 42, 112
Staatswesen 28
Stände 47
Steinbrüche 33, 82
Steinplastik 38
Stilentwicklung 53
Südpalästina 45
Syrer 111
Syrien 109
Tänzerinnen 82
Taltempel 37
Tausch 43
Tauschmittel 46
Tefnut 34
Teje 95
Tempelwirtschaft 116
Thebaner 63
Theben 79, 97
Thronfolger 42
Thronsessel 39
Thronstreitigkeiten 42
Thutmosis I. 75
Thutmosis II. 75
Thutmosis III. 75, 76, 87, 91, 92, 110
Thutmosis IV. 77, 90, 92, 99
Ti 51
Tiere 82
Tierkult 122
Tierschwanz 24
Tierverehrung 122
Tod 85, 116
Totenbuch 84
Totengericht 50
Totenkult 32
Totenpriester 121
Truppen 45
Türkis 71, 82
Turscha 106
Tuschratta 95, 98, 113
Tutanchamun 98, 112
Tyrsener 106
Überschwemmung 27
Unterägypten 36
Vergreisung 119
Vertrag 66
Viehzüchter 28, 32
Volk 21, 81
Volkssprache 104
Vorsteher von Oberägypten 44
Vorzeit 23
Wadi Hammamat 109
Waffen 111
Wagen 64, 82
Wandbilder 116
Wandmalereien 39
Wasserwirtschaft 8
Wein 82, 111
Weisheitslehren 117
Weltherrschaft 75
Winter 27
Wirtschaft 45, 64, 82, 111
Wirtschaftsform 32
Wirtschaftsverfall 46
Wissenschaft 57, 72
Zauber 113
Zeitrechnung 28
Zeremoniell 20
Ziegen 82

Zeittafel

Ägypten	Babylon/Assyrien	Kleinasien/Lydien	Medien	Persien	Griechenland	Italien/Westen
um 3000: Min-Menes vereinigt Ober- und Unterägypten und gründet die Hauptstadt Memphis (»Weiße Mauer«). **Altes Reich (2850–2052)** 2650–2190: 3.–6. Dyn. *(Pyramidenzeit):* 3. Dyn. Djoser (»Stufenpyramide« von Sakkara); 4. Dyn. 2600–2480: Snofru (Pyramiden von Dahschur und Medum), Cheops, Chephren u. Mykerinos (Pyramiden von Gizeh); 5. Dyn.: Die Sonnenreligion wird Staatsreligion (Heliopolis); 6. Dyn. 2350–2190: Nitokris (allmähl. Zusammenbruch des Einheitsstaates). 2190–2052: 7.–12. Dyn. *(Herakleopolitenzeit):* Entstehung wichtiger Kultzentren: Re-Aton von Heliopolis, Ptah von Memphis, Thot von Hermopolis. Osiris wird Totenkönig. Hieroglyphenschrift. Einteilung des Landes in Gaue und Gaufürsten. Wachsende Macht der Gaufürsten. **Mittleres Reich (2052– um 1570)** 1991–1786: 12. Dyn. Größte Ausdehnung u. Glanzzeit d. Reiches unter Sesostris III. (1878–1841) und Moiris (Amenemhêt III. 1841–1792): Handelswege nach d. Roten Meer, Sinai, Punt, Kreta u. Byblos; Anlage des Moiris-Sees u. Bau von Pyramide u. Totentempel bei Hawara (»Labyrinth«). 1778–1610: 13./14. Dyn.: Einfall der Hyksos aus dem Norden (1650): starke ethnol. u. soz. Veränderungen. **Neues Reich (1570–715)** 1570–1545 Vertreibung der Hyksos durch Ahmose 1501–1480 Größte Machtentfaltung unter Königin Hatschepsut (Terrassentempel von Deir el Bari) 1480–1448 Tutmosis III. 1413–1377 Amenophis III. 1377–1358 Amenophis IV. (später Echnaton) verh. mit Nofretete. Verehrung d. Sonnenscheibe, »Sonnengesang«. 1345–1200: 19. Dyn. Sethos I. und Ramses II. (Rhampsinitos) kämpfen gegen die Hethiter. 1197–1165 Ramses III. Angriffe der Seevölker und Libyer. um 950 Scheschonk **Die Spätzeit (715–332)** 715–663 Aithiop. Fremdherrschaft 662 Eroberung Ägyptens durch Assurbanipal 663–609 Psammetich I.: Ansiedlung ionischer Söldner u. Gründung von Naukratis. 609–594 Nekos: Umsegelung Afrikas 594–588 Psammetich II. 588–569 Apries 569–525 Amasis 525 Amasis' Sohn Psammetich III. wird von Kambyses geschlagen. *Ägypten wird persische Provinz.*	um 2500 Ansiedlung der Assyrer am oberen Tigris und Großen Zab. Hauptstadt Assur. **1800–1375 Altassyr. Reich** um 1800 Eroberung d. nordbabylonischen Gebietes. 1749–1717 Schamschiadad I. Sein Sohn wird von 1728–1686 Hammurabi besiegt. **Babylon** wird Zentrum des Reiches (»Codex Hammurabi«, Gilgamesch-Epos) 1530–1160 Kassitenzeit (iran. Volksstamm) **1375–1047 Mittelassyr. Reich** **883–612 Neuassyr. Reich** 883–859 Assurnasirpal II. 858–824 Salmanasser III. 810–772 Semiramis (Samuramat) 722–705 Sargon II. 709 Unterwerfung Zyperns 704–681 Sanherib: Unterwerfung Judas u. Zerstörung Babylons; Ausbau Ninives. 668–626 Sadarnapal (Assurbanipal): Zerstörung Thebens, Eroberung Babylons. **625–539 Neubabylon. Reich** 604–562 Nebukadnezar II.: Blüte d. Reiches, »Turm zu Babel« 555–539 Labynetos (Nabunid) 539 Eroberung Babyloniens durch Kyros II. *Babylonien wird pers. Provinz.*	um 2000 Vorstoß der Hethiter in das von Prottohattiern besiedelte Zentralkleinasien. Nach schweren Kämpfen Gründung eines Reiches (Hauptstadt: Kussar). **1640–1380 Altes Hethiterreich,** gegr. durch Labarna. Unter seinem Nachfolger Hattusilis I. wird Hattusa Hauptstadt. 1531 Mursilis I. erobert Babylon **1380–1200 Neues Hethiterreich** 1380–1346: Unter Suppiluliuma wird das Hethiterreich Großmacht **um 1190 Untergang des hethitischen Großreiches** durch die in Kleinasien einwandernden thrakischen Stämme der Thyner, Bithyner, Phryger und Myser. Beginn der griech. Besiedlung an der kleinasiatischen Westküste. Seit 750 Eindringen der von den Skythen aus Südrußland verdrängten Kimmerier nach Kleinasien. **um 800 Bildung eines Phrygischen Reiches** (Hauptstadt: Gordion); größter Herrscher der wegen seines legendären Goldreichtums bekannte König Midas. Nach dem Zusammenbruch des Phrygerreiches **Aufkommen des Lyderreiches** unter den Memnaden: 689–652 Gyges (stürzt Kandanles) 652–610 Ardys 610–605 Sadyattes 605–560 Alyattes 560–546 Kroisos (Erfindung des gemünzten Geldes) 546 Niederlage bei Pteria gegen Kyros. *Lydien wird persische Provinz.*	835 Erste Erwähnung von Medien (Mada) und Persien (Parsua) durch den Assyrerkönig Salmanasser III. 715 Gefangennahme von Deiokes (Daiaukuu), dem Gründer des Mederreichs um 700 Achaimenes. Regierungsbeginn der Achaimeniden in Persien unter medischer Oberhoheit. 687–634 Phraortes 634–585 Kyaxares (Begründer der medischen Großmacht) 585–550 Astyages. Gegen ihn erhebt sich der persische Vasallenkönig Kyros II. (550).	675–640 Teispes. Eroberung von Anschan nordwestl. d. Pers. Golfes. 640–600 Kyros I. 600–558 Kambyses I. 558–529 Kyros II. 529–522 Kambyses II. 522 Bardija-Smerdis 521–486 Dareios I. 486–465 Xerxes I.	um 1900: Griech. Einwanderung auf den Balkan. um 1500: Achaier (Aioler) besetzen Zypern und Pamphylien. um 1200: Dorische Wanderung: Nordwestgriech. Stämme gehen nach Thessalien. Abzug der nichtgriech. Bevölkerung Kretas nach Karien. um 1000: Ioner besiedeln die kleinasiat. Küste und Inseln. Ionischer Städtebund unter Führung von Milet. um 900: Phoiniker besetzen einen Teil Zyperns. um 800: Übernahme der phoinikischen Schrift durch die Griechen. Griechen besiedeln Küstenplätze von Spanien. 776: Erste griechische Olympiade. um 750: Homers *Ilias* und *Odyssee* **Sparta** 740–720: 1. Messenischer Krieg. Eroberung Messeniens durch Theopompos. um 700: Verfassungsgebung in Sparta. 680–650: König Pheidon. Vormachtstellung von Argos. 660–640: 2. Messen. Krieg: Aufstand und Niederwerfung der Messenier. 550 Peloponnesischer Bund unter militärischer Führung von Sparta. 657–580: Tyrannis in Korinth: Kypselos, Periandros, Psammetichos 600–570: Tyrannis des Kleisthenes von Sikyon. 537–522: Tyrannis des Polykrates von Samos. **Athen** um 624: Gesetzgebung Drakons 594: Gesetzgebung Solons 560–510: Tyrannis in Athen: Peisistratos, Hippias, Hipparch. 510: Sturz der Tyrannis durch den Alkmaioniden Kleisthenes. 509–507: Verfassungsreform des Kleisthenes 500–494: Ionischer Aufstand gegen die Perser. 490: Marathon 480: Thermopylen; Salamis 479: Plataiai	Ab 900: Einwanderung der Etrusker (Tyrrhener, Tyrsener) aus Kleinasien in das Gebiet zwischen Tiber und Arno. 814: Gründung Karthagos durch die Poiniker. Griechische Gründungen auf Sizilien: 734: Syrakus 729: Zankle 688: Gela 600: Kamarina Griechen in Kyrene. 582: Akragas 540: Schlacht bei Alalia.

ZEITTAFEL

Jahre v. Chr.	Ereignisse	Thykyd.
ca. 1600 bis 1400	Letzte Hochblüte und Niedergang der kretischen Kultur. Sagenhafte Seeherrschaft des Königs Minos.	I 4
ca. 1400 bis 1200	Vormachtstellung von Mykenä.	I 9–10
um 1200	Zerstörung von Troia VII A (Troianischer Krieg der Sage, nach antiker Berechnung: 1193–1184).	I 10–11
ca. 1100 bis 1000	Einwanderung der Dorer in den Peloponnes. Beginn der griechischen Kolonisation an der Westküste Kleinasiens.	I 12
ca. 750 bis 500	Zeitalter der großen griechischen Kolonisation. Gründung von griechischen Städten in Unteritalien, Sizilien und an den Küsten des Schwarzen Meeres.	I 13–18
um 735	Gründung von Syrakus.	VI 3
um 664	Seeschlacht zwischen Korinthern und Kerkyräern: die älteste zwischen griechischen Flotten.	I 13
559–529	Kyros, König von Persien.	I 13
529–522	Kambyses, König von Persien.	I 13
522–486	Dareios I., König von Persien	I 13
um 546	Unterwerfung des Lyderreiches (Kroisos) und der griechischen Kolonien in Kleinasien durch die Perser.	I 15
525	Unterwerfung Ägyptens durch die Perser.	
561–510	Herrschaft der Peisistratiden über Athen.	I 20
514	Attentat des Harmodios und Aristogeiton.	I 20 VI 54–59
um 500	Ende des Zeitalters der Tyrannis für das griechische Mutterland.	I 18
499–494	Vergebliche Erhebung der kleinasiatischen Griechen gegen die Perser (Ionischer Aufstand).	
490	Persische Flottenexpedition gegen Griechenland. Sieg der Athener bei Marathon.	I 18
486–465	Xerxes I., König von Persien.	
482–481	Bau der athenischen Flotte (Themistokles).	I 14
480	Feldzug des Xerxes gegen Griechenland. Schlacht in den Thermopylen. Eroberung Athens durch die Perser. Seesieg der Griechen bei Salamis.	I 18
479	Schlachten bei Platäa und Mykale. Rückzug der Perser aus Griechenland. Befreiung der Ionier von der Perserherrschaft.	I 18
479/78	Athenischer Mauerbau.	I 89–93
478	Begründung des delisch-attischen Seebundes zum Schutz gegen die	I 18

	Perser. Sparta beruft seinen Oberfeldherrn Pausanias ab und zieht sich aus der Seekriegführung zurück.	I 94–99
um 470	Athenische Strafexpedition gegen Naxos. Verbannung des Themistokles aus Athen. Ende des Pausanias.	I 98 135 128–134
um 467	Sieg der Griechen unter Kimon über die Perser am Eurymedon.	I 100
um 465	Abfall von Thasos vom attischen Bund.	I 100
464–425	Artaxerxes I., König von Persien.	
464–460	Krieg der Spartaner gegen die aufständischen Heloten und Messenier.	I 101–103
um 461	Verbannung des Kimon aus Athen. Hervortreten des Perikles.	
458	Schlachten bei Halieis, Kekryphaleia usw.	I 105
457	Schlachten bei Tanagra und Önophyta.	I 108
454	Athenische Niederlage in Ägypten nach sechsjährigem Feldzug. Die Bundeskasse von Delos nach Athen überführt.	I 109–110
451	Rückkehr Kimons. Fünfjähriger Waffenstillstand zwischen Athen und Sparta.	I 112
449	Friedensschluß mit Persien (Kalliasfriede).	
446	Athenische Feldzüge in Böotien und auf Euböa.	I 113–114
446–445	Dreißigjähriger Friede zwischen Athen und Sparta.	I 115
440–439	Krieg der Athener gegen Samos.	I 115–117
435–433	Konflikt zwischen Korinth und Kerkyra (Kerkyraïka), in den Athen verwickelt wird.	I 24–55
433–432	Konflikt zwischen Korinth und Athen um Potidäa (Potidäatika).	I 56–66
432	Die Athener verhängen eine Handelssperre über Megara (Megarisches Psephisma).	I 67
Spätsommer 432	Beschwerden der Peloponnesier in Sparta, Volksversammlung der Spartaner, in welcher der Krieg gegen Athen beschlossen wird.	I 67–88
Herbst 432	Vollversammlung des peloponnesischen Bundes, in welcher der Krieg beschlossen wird. Ablehnung eines spartanischen Ultimatums durch Athen.	I 119–125 I 139–145
431–404	Der Peloponnesische Krieg.	
431	Überfall der Thebaner auf Platäa. Erster Einfall der Peloponnesier in Attika.	II 2 ff.
430	Ausbruch der Seuche in Athen.	II 47
429	Tod des Perikles.	II 65
427	Zerstörung von Platäa.	III 68
425	Kämpfe um Pylos und Sphakteria.	IV 3–41
424–404	Dareios II. Nothos, König von Persien.	
424	Schlacht bei Delion.	IV 89–101
422	Tod des Kleon und Brasidas.	V 10
421	Fünfzigjähriger Friedensvertrag zwischen Athen und Sparta (Friede des Nikias).	V 15–25

418	Schlacht bei Mantinea.	V 65–74
416	Überfall der Athener auf Melos.	V 84–116
415	Ausfahrt der Athener gegen Sizilien.	VI 1 ff.
414	Bruch des Nikias-Friedens.	VI 105
413	Wiederaufnahme der direkten Kriegführung zwischen Sparta und Athen. Untergang des athenischen Heeres in Sizilien.	VII 18 VII 47–87
412	Bündnis zwischen Sparta und Persien.	VIII 18
411	Revolution in Athen.	VIII 63–97
411	Seesieg der Athener bei Kynossema.	VIII 104–106
410	Seesieg der Athener bei Kyzikos.	
407	Seesieg der Spartaner bei Notion.	
406	Seesieg der Athener bei den Arginusen.	
405	Seesieg der Spartaner bei Aigospotamoi. Völlige Einschließung von Athen.	
404	Kapitulation Athens.	

ZEITTAFEL

Jahre n.Chr.	Ereignisse	Tacitus
14	Kaiser Augustus stirbt	
	Tiberius wird Kaiser (14–37)	
	Kriegszüge des Germanicus durch Germanien	
23	Seianus, der Befehlshaber der Prätorianer, wird Günstling des Tiberius	
28	Aufstand in Friesland	
29	Agrippina wird verbannt	
30	(33?) Jesus von Nazareth wird gekreuzigt	
31	Seianus wird gestürzt und getötet	
33	Agrippina stirbt	
37	Kaiser Tiberius stirbt	
	Caligula wird Kaiser (37–41)	
	Nero wird geboren (Kaiser von 54–68)	
39	Kriegszug des Caligula durch Gallien	
	Titus wird geboren (Kaiser von 79–81)	
41	Kaiser Caligula wird ermordet	
	Claudius wird Kaiser (41–54)	
43	Britannien wird erobert und Provinz	
45	Paulus beginnt seine Missionsreisen	
48	Claudius läßt Messalina hinrichten	
50	Köln, die Koloniestadt der Ubier, wird gegründet	
51	Domitian wird geboren (Kaiser von 81–96)	
53	Traian wird geboren (Kaiser von 98–117)	
54	Kaiser Claudius wird von seiner Gattin Agrippina vergiftet	
	Nero wird Kaiser (54–68)	
um 55	Tacitus wird geboren	
58	Armenien wird erobert	
	Krieg mit den Chatten	
59	Nero läßt seine Mutter Agrippina ermorden	
62	Nero läßt seine Gattin Octavia ermorden und heiratet Poppäa Sabina	
	Plinius d. J. wird geboren	
61	Aufstand in Britannien unter Königin Boadicea	
64	Brand von Rom	
65	Verschwörung des Calpurnius Piso	
66	Nero bereist Griechenland	
68	Nero wird zum ›Feind des Vaterlandes‹ erklärt und umgebracht	
	Galba wird Kaiser	
69	Galba wird erschlagen	

Otho wird Kaiser. Er regiert 95 Tage
Vitellius wird Kaiser und kommt bei der Erstürmung Roms um
Vespasian wird Kaiser (69–79)
– Krieg des Civilis in Gallien
70 Jerusalem wird erobert und zerstört
71 Aufstand der Bataver in Gallien
75 Zeitpunkt des ›Dialog‹ des Tacitus
76 Hadrian wird geboren (Kaiser von 117–138)
77 Verlobung des Tacitus mit der Tochter des Agricola
78 Heirat des Tacitus
Agricola erobert den Rest Britanniens
um 79 Quästur des Tacitus
79 Vespasian stirbt
Titus wird Kaiser (79–81)
Ausbruch des Vesuvs, Pompeji wird verschüttet
81 Kaiser Titus stirbt
Domitian wird Kaiser (81–96)
Ädilat (?) oder Tribunat (?) des Tacitus
83 Domitian beginnt den Bau des germanischen Limes
86 Niederlage der Römer gegen die Markomannen und Quaden
88 Tacitus ist Prätor
um 89 Tacitus geht als Legat (?) in die Provinz (89–93 od. 97?)
93 Saturnius läßt sich zum Gegenkaiser ausrufen, wird aber besiegt
Agricola stirbt
96 Kaiser Domitian wird ermordet
Nerva wird Kaiser (96–98)86-ΛIX
97 Tacitus ist Konsul (suffectus für den verstorbenen Konsul Verginius Rufus)
98 Kaiser Nerva stirbt
Traian wird Kaiser (98–117)
Tacitus schreibt den ›Agricola‹ und die ›Germania‹
um 98/99 Tacitus ist Proconsul in Asien
100 Tacitus vertritt die Anklage im Prozeß gegen den Marius Priscus
100–107 Tacitus gibt die Historien heraus
um 103 Tacitus schreibt den ›Dialog‹
109 Plinius d. J. stirbt
115–117 Tacitus gibt die Annalen heraus
117 Kaiser Traian stirbt
Hadrian wird Kaiser (117–138)
um 117/120 Tod des Tacitus

Gesamtregister

(Bd. 1–14)
in alphabetischer Folge

Aachen II-28
Aannepadda XII-29, 122
Abdi-Chepa V-23
Abellio VIII-94
Abendland VI-43, 68
Aberglaube IV-119; XI-24, 87
Abgabe VI-62
Abieschuch XII-122
Abimelek V-71
Abiratta XII-75
Abraham V-99; XI-13
Abraham in Hebron XI-7
Abri III-16
Abrinca VIII-13
Abrincatui VIII-13
Absatzbeil III-65
Abschalom V-76
Absolute monarchische Gewalt VI-116
Abt Walafrid von der Reichenau II-74
Abu Simbel XIV-114, 116
Abydos XIV-68, 90, 105, 116
Acamapich XIII-27
Acapulco XIII-27
Acerra I-11
Achab V-81
Achäer VI-116; XI-38
Achäerinnen VI-110
Achämenes IX-48
Achämeniden VII-39; IX-47
Achämenidische Fürsten IX-66
Achaier XIV-106
Achat VI-34
Achazja V-83
Achmose V-17
Acker IX-10
Ackerbau III-72; VIII-70; X-11; XII-31, 57; XIII-80; XIV-9
Ackerbauer VI-11
Ackerbauern X-11
Ackerbürger VI-52
Ackerlandschaften VIII-77
Actium XIV-120
Adab XII-10
Adadnarari I. XII-122
Adadnirari II. XII-122
Adadnirari III. XII-101, 102, 122
Adel IV-52; VI-42; XII-91; XIV-28, 36, 44
Adelige VIII-52; IX-29; XIII-28
Adelsburgen III-123
Adelsgeschlechter II-17
Adelsgesellschaft VIII-56
Adler II-16; XIII-29
Adlerfibel II-67
Adlige Sitte II-17
Adonija V-76
Adonis XII-9
Adria I-10
Adriaküste VIII-30
Adrianopel II-63
Aduatuker VIII-44
Aeneis VIII-9
Aeneolithikum III-60; VI-17
Aethelbert II-73
Ächtungstexte V-17
Äcker X-19; XII-20
Ägäis VI-13
Ägäische Inseln V-58
Ägäisches Meer VI-31
Ägypten II-40, 84; III-59, 60, 82; V-9; VI-7, 31, 35, 37, 66, 87, 113; VII-16, 30, 37, 58; IX-12, 26, 40, 49, 56, 64, 79; X-11; XI-7, 27, 28, 38; XII-75; XIII-25, 37
Ägypter XII-98
Ägyptische Dynastien V-17
ägyptische Kultur XIV-19
Ägyptische Kunst V-58
Ägyptische Pyramide VI-95
Ägyptischer Stil XIV-24
Ältere Steinzeit III-34
Älteste Haustiere III-25, 26
Ältesten Spuren von Menschen XIV-12
Ämter I-114
Äneas I-8
Äolier XI-38
Ärzte XIII-79
Äxte VII-38
Affe VI-34; XII-47
Afghanistan VII-23, 68, 75; IX-17
Afrika V-9; VII-26
Afrikanische Nordküste III-40
Afrikanische See VI-31
Agamemnon VI-90, 122
Ager Picentinus I-11
A. Ghosh VII-15
Agram I-9
Agri decumates II-10
Agrippa II-13
Agum II. XII-75, 122
Agylla I-8
Ahas von Juda XII-102
Ahemil X-78
Ahhija XI-35
Ahia XII-74
Ahmedabad VII-43
Ahnen XIII-80
Ahnenkult III-80; VI-101
Ahuitzotl XIII-27
Aigisthos VI-101
Ain-Jura-Doubs-Gruppe VIII-15
Aj V-68
Akaiwascha XIV-106
Akinakes IX-57
Akkad IX-21; XII-34, 38
Akkader IX-21; XII-35
Akkaderfürsten XII-37
Akkadisch XI-10
Akkadisches Großreich XI-18
Akkadzeit VII-61; XII-122
Akkaka XII-73
Akrobaten VI-57
Akropolis I-67; VI-11
Akropolis von Athen VI-98
Ala II-24
Alabanda VI-36
Alabaster IX-11, 19; XII-23
Alabasterplatten VI-42
Aladscha Höyük XI-14
Alalach V-33
Alalia I-8
Alamannen II-73
Alarich II-63
Alba de → Hernández
Alemannen X-40
Aleppo V-8, 18, 33, 117; XI-16, 20, 27; XII-61, 72
Alesia II-19; VIII-45, 73
Alexander VII-34; VIII-29; IX-79
Alexander Cunningham VII-8
Alexander der Große V-114; VII-34, 98; XIV-120
Alexandermosaik von Pompeji IX-79
Alexanderturm II-20
Alexander v. Humboldt XIII-13
Alexanderzug IX-8
Alfonso Caso XIII-13
Algebraische Mittel XII-62
Allées couvertes III-40
Alltagsleben XI-45
Almandine II-57
Almenwirtschaft X-17
Alpaka XIII-8
Alpen II-10; VIII-32
Alphabet I-8, 10; V-26
Alsen X-29
Altar V-47; XII-16
Altarbild II-38
Altarstein III-62

Altchristliche Baukunst V-117
Altenburg II-51
Alter Orient XII-120
Altertum VI-43, 101
Altes Reich XI-20; XIII-36, 37; XIV-45
Altes Testament V-24, 52, 72; XI-7, 19; XII-73, 104; XIV-106
Alte Welt II-84; VI-8
Altindisches Erbe VII-97
Altperu XIII-86
Alt-Rössen III-46
Altsemitische Grabinschriften V-34
Altsemitische Schrift V-26
Altsteinzeit III-28
- liche Jäger III-28
Alvarado → Pedro
Alzey II-15, 35, 107
Amanus XII-36
Amarna XI-39; XII-76, 97; XIV-98
Amarnareliefs XIV-103
Amarnazeit XII-77, XIV-99
Amazonas XIII-11, 68
Ambidravier VIII-35
Ambiorix VIII-38
Ambronen II-47
Amelmarduk XII-122
Amenhotep IV. III-82
Amenophis XI-39, 70; XII-76; XIV-97
Amenophis I. XIV-75
Amenophis II. V-19; XIV-77
Amenophis III. V-19; XIV-77, 78, 87, 95, 98, 111
Amenophis III. und IV. XII-76, 86
Amenophis IV. XII-77; XIV-93, 95, 96, 98, 112
Amerika X-124
Amerikas Reiche Küste XIII-53
Amethyst VI-34
Ammenemês XIV-61
Ammenemês I. XIV-71
Ammenemês III. XIV-62
Ammianus Marcellinus II-74
Ammiditana XII-122
Ammisaduqa XII-122
Ammoniter V-70
Amnisos VI-52, 65, 70
Amon V-29
A. Moortgat XII-30
Amorgos VI-26
Amoriter IX-25
Amor und Psyche VII-57
Amos V-62, 84, 93; XII-74
Amphitheater II-25
Amphora III-41
Amphoren VI-19, 87
Amri VII-14, 26, 30, 40; XII-13
Amt XIV-43
Amtssprache IX-25
Amtstracht XI-9
Amu-Darya IX-7
Amun XIV-113
Amunpriesterschaft XIV-112
Amunshymnus XIV-113
Amurru V-21; XII-101
Amurrukleid XI-8
Amurru-Kleidung XI-40
An XII-9, 14, 42
Anabasis des Xenophon XI-16
Anahita IX-65
Anarchie IX-117
Anasazi-Kultur XIII-11
Anastasius X-78
Anat V-38, 54
Anatolien V-9, 58; XI-8, 14, 21; XII-80
Anbau IX-15
Anbauwirtschaft XIII-60
Andersson IV-13
Andiden XIII-10
Androne IX-78
Anekdoten XI-36
Aneroestus VIII-31
Angeln VIII-48; X-40
Angelsachse II-73
Anittas von Kussar XI-21
Annalen XI-25, 35; XII-103
Annalistik XII-94, 120; XIV-28
Ano Englianos VI-98
Antennenschwert III-65; VII-87
Antigonos IX-82
Antigonos Soter VIII-34
Antike Kunst VI-43
Antikes Etrurien I-5
Antilibanon V-8
Antilope VII-60; IX-23; XII-47
Antiochia V-117
Antiochos I. IX-84
Antiochos II. IX-84
Antiochos III. IX-85
Antiochus IV V-114
Anu XI-114
Anu-Adad-Tempel XII-108
Anunnaki XII-114
Anyang IV-39, 51
„Apadana" IX-74
Apennin I-7; VIII-30
Aphidna VI-118
Apis V-29
Apis-Ritual VII-58
Apku XII-88
Apollo VIII-97
Aprikose II-35; IX-87
Aqarquf XII-76
Araber II-63; V-8; IX-118; X-118; XII-98, 120
Arabien IX-64
Arachosien IX-64
Aral-See IX-7
Aramäer XI-13; XII-102
Aratta XII-13
Arbeiter VI-63; IX-21; XIV-32, 45, 81
Arbogast II-85
Archaiker XIII-13
Archaismus XIV-122
Architektur VI-102; VII-107; VIII-108; IX-95; XI-91; XII-10, 96, 120; XIII-25, 47
Ardaschir IX-98, 103, 104
Ardaschir I. II-66
Arezzo I-5, 90, 97; II-12
Argolis VI-65, 90, 96
Argos VI-23, 90
Aria IX-64
Ariadne VI-29
Arier VII-79; XII-75
Ariertheorie VII-84
Ariovist II-44, 48; VIII-42, 43
Arisch-vedische Kultur VII-34
Aristodemos von Cumae I-12
Aristokraten IX-77
Arius II-101
Arizona XIII-11
Arkalochori VI-70
Armee IX-33
Armenien IX-8, 64, 110; XII-71
Armi-Kultur VII-26
Armin II-45
Arminius X-31
Arminius, der Cherusker X-30
Armreifen VII-47; X-13
Arno I-7
Arnotales I-9
Arnuwandas XI-35, 43
Arretinerware VII-92
Arsakes IX-84, 85

Arsakiden IX-88
Arsakidische Macht IX-85
Artabanos IX-103
Artabanos I. IX-85
Artabanos III. IX-90
Artabanos V. IX-92
Artaphernes IX-74
Artaxerxes I. IX-76
Artaxerxes II. IX-77
Artaxerxes III. IX-78
Arthur Evans VI-29
Aryanam IX-34
Arzawa-Hethiter XI-13
Arzawas XI-27
Arzt II-36; VI-65; IX-115; XII-47, 52
Asarhaddon V-89; XII-98, 105, 122
Aschdod V-62
Aschnan XII-55
Aschoka VII-93
Aschschurheiligtum XII-88
Asiatic Society VII-8
Asien V-9; XI-10
Askalon V-25, 62; XIV-106
Askoi VI-24
Askos VI-27
Asmar XII-23
Aspis VI-98
Assur VII-69; IX-28; XII-59, 70, 77, 80
Assurbanipal IX-30, 52; XII-97, 106, 122
Assurnasirpal II. III-99; XII-122
Assurbelkala XII-99
Assurdān II. XII-99
Assuretililani XII-122
Assurnasirpal I. XII-99
Assurnirari V. XII-102
Assuruballit XII-86
Assuruballit I. XII-86, 122
Assyrer XI-13, 22, 44
Assyrerheer XII-78
Assyrerkönig Salmanassar III. IX-32
Assyrien XII-35, 56, 70, 77
Assyrische Könige V-34
Assyrische Macht IX-42
Assyrische Plünderungszüge IX-31
Astrologie XII-62
Astrologische Forschung XII-101
Astronomie IV-65; XII-62, 120; XIV-72
Astyages IX-43, 47
Aswân XIV-7
Aten XIV-96
Athanarich X-65
Athanasius II-101
Athen I-11; VI-11; IX-74, 75
Athena VI-118
Athena Nike VI-98
Athener IX-74
Atride Agamemnon VI-90
Atriden VI-98
Attecotti VIII-48
Attika I-11
Attila II-89
Atum XIV-41
Auerochsen X-11
Aufstand IV-112
Aufstand des Bar Kochba V-115
Augsburg II-13
Augusta Agrippinensium II-23
Augusta Treverorum II-24
Augustin Thierry VIII-8
Augustus II-7, 9; VIII-9
Aunjetitzer Kultur III-5, 83
Aurelius Ambrosius VIII-47
Aurel Stein VII-14
Ausdehnung VII-71
Ausgang und Neubildungen VI-5
Ausklang der Steinzeit VI-5, 11
Ausonius II-33, 100
Ausrüstung II-15
Außenhandel VI-66, 11
Austrogoten II-62
Autari II-69
Auxiliar-Cohorten II-18
Auxiliarii IX-90
Avaris V-17
Avdeevo III-17
Avebury VIII-7
Avestisches Vendidad VII-80
Awilninurta XII-69
Axayacatl XIII-27
Axt X-96
Azcapotzalco XIII-22
Azipiranu XII-36
Azteken XIII-23
aztekische Staatsführung XIII-28

Baal V-37
Baalbek V-117
Baba XII-32
Babel XII-78, 115
Babylon VII-58, 69; IX-25; XII-35, 54, 70, 80, 113
Babylonien V-14; IX-64; XII-101
Babylonier III-94; V-112; XI-15
Babylonische Chronik IX-50; XII-105
Babylonische Könige XI-16
Babylonische Mythen V-95
Babylonische Quellen IX-44
Babylonische Schrift V-20
Bachhofer VII-104
Bachue XIII-80
Backstein VII-12
Bad VI-43
Badârikultur XIV-15
Bad Cannstatt III-118; VIII-21
Badenweiler II-28
Badewesen VII-37
Badezimmer VI-97
Bäcker VI-65
Bär XII-47
Bären IX-23; X-11; XI-21; XIV-82
Bäume VI-72
Bagdad IX-9; XII-77
Bahram I. IX-108
Bahram II. IX-108
Bahram V. IX-111
Bajuware II-77
Bajuwaren X-40
Baktrien IX-64, 80
Balawat XII-101
Balkan VIII-32
Ballett XII-81
Ballspiel XIII-34
Ballspielplätze XIII-26
Baludschistan VII-16, 42, 68
Bandgrubenbestattungen II-61
Bandhni VII-27
Bandkeramik III-5, 33
Banerjee, N. R. VII-103
Banitu-Kanal XII-114
Baranamtarra XII-27
Barbar II-85
Barbaren VII-78; X-32; XIII-69
Barbotineware VI-33
Barden VIII-64, 69, 103
Barletta VII-58
Bar-Rekub V-33
Bartatua XII-105
Basilika II-25, 26, 64, 105
Basiliken V-117
Bastion VI-93
Bataten XIII-60
Bataver II-49, 72
Bataveraufstand II-10
Batscheba V-76
Bau V-100; XI-21, 41; XII-27
Bauen VII-44
Bauer X-13
Bauern IV-26, 51; VII-16; IX-88, 100; XI-23; XIV-28, 32, 81
Bauernhäuser X-20

Bauernhof X-17
Bauernland III-109
Bauernstand XII-102
Bauerntum III-5, 33; XIV-13
Bauernvölker III-5, 33; XIII-36
Bauform III-50
Bauformen VI-103
Baugeschichte II-12, 106; VI-43; XIII-17
Bauholz XIV-33
Baukunst II-41; IV-117; VI-92; XIV-36, 86
Bauleute II-70
Baumeister VI-96; XII-104
Baumgöttin VI-73
Baumgottheit VII-53
Baumkultus VI-70
Baumsärge II-75; III-67
Baumsargbestattungen III-66
Baumwolle VII-36
Baumwollpflanzen VII-43
Baustoff XIII-75
Bautätigkeit IX-73; XIV-114
Bautechnik II-68; VIII-71
Bauteile IV-57
Bauten IV-54; V-116; VII-42, 73; IX-104; XIII-25; XIV-123
Bautypen VII-108
Bauwerke VII-22; IX-60
Bauwesen II-32; III-6, 98
Bayerseich III-84
Beamte I-115; IV-109; XI-23; XII-42, 47, 72, 100; IX-21; XIII-29; XIV-45
Beamtenadel XIV-32, 43
Beamtenapparat XII-35
Beamtenschaft XIV-108
Beamtenstaat XIV-31
Beamtenstand XII-100
Beamtentum XIII-29; XIV-81
Becher VI-19, 84
Beerdigung V-10
Beethoven V-98
Befestigungsanlagen VII-38
Begrenzungswälle X-20
Behausung III-5, 9
Behistun-Inschrift IX-55
Beile VII-87
Beirut V-8
Beischlaf VII-56
Beisetzung der Toten IX-16
Bekleidung II-15
Belagerungsmaschinen XII-102
Belgen VIII-36, 37
Belgien VIII-15
Bellovesus VIII-32
Benajahu V-76
Benalcázar XIII-68
Benhadad I. V-32
Benhadad II. V-32, 81
Benhadad III. V-32
Ben Isai XII-73
Benjamin V-72
Beowulf X-87
Bergbau III-58; VIII-75; X-16
Bergen X-17
Berggöttin VI-73
Bergio X-78
Berg Jahwes V-93
Bergkristall VI-34; XIV-82
Bergleute IX-21
Bergmannssiedlung III-111
Bergomum VIII-30
Bergvölker XI-18; XII-70
Bergwerke I-78; III-111; XIV-82
Beribraker VIII-24
Berig X-30
Bernstein II-56; III-54, 113; VIII-22; IX-11; X-37
Berossus XII-120
Berufssoldaten XIII-29
Beruta V-34
Beschneidung V-99
Besiedlung VIII-70
Besitztum X-20
Bessos IX-80
Bestattung VIII-14; XI-71
Bestattungsart IX-35
Bestattungsfeld von Rupar VII-83
Bestattungsform II-60
Bestattungsgefäße VII-83
Bestattungsplatz IX-16, 36
Bestattungsweise XII-40
Beter VI-56
Beterinnen VI-60
Beterstatuetten XII-22
Bethlehem V-117
Betschean V-13, 15, 35
Bettgestell XII-25
Beute VI-101
Beutezüge VI-112
Bevölkerung II-44; VIII-20, 70; XII-92
Bevölkerungsdichte VIII-70
Bewässerung VII-36
Bewässerungskanal XII-7
Bewässerungssystem XII-12
Bewaffnung II-15, 75; VI-57, 107; VIII-56; XII-32
Beyer → Hermann
Bezoar XII-47
Bhagatrav VII-39
Bhir-Hügel VII-102
Bhita VII-103
Bibel V-52, 77, 83; XI-9, 118; XII-55, 102, 120
Bibliothek IV-86; XII-97
Bibliotheken V-28; XI-10
Bibliothek von Hattusa XI-40, 107
Biblische Quellen V-67
Biblisches Königsbuch V-82
Bibracte II-19
Bienen VI-64
Bier VIII-65; XIV-111
Bikaner VII-89
Bildad V-106
Bildende Kunst XI-91; XII-72; XIII-47
Bilder III-109; IV-119; VI-56, 78
Bilderschrift IV-47; VI-69; XI-7, 12; XIII-43
Bildhauer II-41; VII-105
Bildhauerei XII-23
Bildhauerkunst V-50
Bildhauerwerkstatt II-40
Bildkunst VII-61; XII-38
Bildnerei XI-65
Bildnisse VIII-87; XIV-39, 88, 123
Bildschaffen XII-14
Bildschmuck VII-28
Bildtypen VII-45
Bildwerke IX-46; XI-7
Binnensee IX-10
Birka X-115
Birne II-35
Bischöfe II-100
Bismaja XII-29
Bison III-14, 20
Bit akiti XII-104
Biturigen VIII-24
Biviae II-95
Blei VII-67; IX-11; XIV-82
Blitzkrieg XII-87
Blom → Franz
Blütezeit VI-35, 65
Blut X-67
Bo-Baum VII-105
Bodenbauer XIII-14
Bodenreform II-28
Bodensee X-16
Böhmen VIII-35; X-27
Böttcher VI-65
Bogen III-15, 43; VI-57; XII-15
Bogenköcher IX-57

Bogenmacher VI-65
Bogenschießen XI-8
Bogenschützen II-18; VII-59; IX-71
Boghazköi XII-97
Boier VIII-24, 30, 31, 43
Boiotien VI-12
Boiotische Orchomenos III-60
Bologna I-11, 88
Bologna-Kulturen VIII-19
Bolsena I-5, 64
Bombay VII-94
Bombay-Staat VII-90
Bonn II-13
Boot III-78
Bootäxte III-43
Bootaxtleute X-12
Boppard VIII-13
Boppard am Rhein II-27
Bordeaux II-35
Bornholm II-59
Borsippa XII-101
Bosch-Gimpera VIII-16
Bos indicus VII-45
Bosporus IX-56
Brachykephalen XIII-10
Brahmagiri VII-92
Braidwood VII-17
Brandbestattung III-46; VIII-20
Brandgräber X-61
Brandgrubenfelder X-25
Brasiliden XIII-9
Brassempouy III-10
Bregenz II-27
Brennstoff VI-64
Brennus VIII-30
Bretagne VIII-7; X-11
Bretonisch VIII-7
Brettspiel X-71; XII-114
Briefe V-21, 109; XII-103
Brillenspirale III-85
Britannien X-21
Briten VIII-47
Britische Inseln III-89; VIII-16, 36
Britomarus VIII-31
Brixia VIII-30
Broach VII-15
Bronze III-5, 59, 66; V-49; VII-40, 48, 67; VIII-11, 22, 28, 66; IX-19
Bronzebeil III-66
Bronzegerät III-91
Bronzegießer X-15
Bronzeindustrie X-41
Bronzekasserolle II-57
Bronzekultur III-5, 64; VIII-19
Bronzekunst IV-31
Bronzeleber I-103
Bronzemünzen VIII-88
Bronzen I-10, 32, 75; VI-82
Bronzeschmuck VIII-28
Bronzewaffen X-15
Bronzezeit II-54; III-50, 64, 90, 102, 116; VI-23, 121, 122; VIII-14; X-9, 13
Bronzezeitgräber III-68
Bronzezeitliche Kulturen VII-86
Brot XII-7
Bruchstein VI-16
Brücken VI-65; XIII-28
Brüder Grimm X-32
Brunnen II-29
Brusttafeln XIV-71
Buccherokeramik I-12
Buch der Invasionen VIII-17
Buch der Psalmen V-94
Buch der Richter V-68
Buch des Predigers V-108
Buches der Könige V-76
Buches Hiob V-95, 106
Buchhalterstil VI-63
Buch Samuelis XII-99
Buchstabenschrift II-87; V-51; VI-123
Buchungen VI-65
Buckelrind VII-19
Buddha VII-105
Buddhismus VII-39
Buddhistisch VII-99
Buddhistische Bauwerke VII-100
Buddhistische Literatur VII-61
Bücher I-102; IV-77; IX-108; XII-109
Bücherführen XII-51
Büffel VII-46
Bündnis XI-18
Bürger II-18; IV-31; XI-23; XII-8, 69
Bürgerhäuser VII-44
Bürgerhaus XII-40
Bürgerliches Leben XII-106
Bürgerliches Recht XII-68
Bürgertum XIV-44, 63
Buff-Ware-Kulturen VII-29
Bund der Stadtkönige V-67
Bund der zwölf Städte I-118
Bundesbuch V-66, 99; XII-67
Buntkeramik VII-30, 86, 90
Burg VI-16, 23, 26, 92; VII-38; X-77
Burgberg VI-92
Burgen der Dasyus VII-79
Burgen und Gräber VI-5, 90
Burgess, James VII-8, 104
Burgmauer VI-93
Burgund II-35, 50, 59, 62; VIII-15
Burgunder X-40
Burg von Mykene VI-89, 96 8
Burhes, Sir A. VII-12
Burija XII-75
Burnaburiasch II. XII-77, 122
Bursin XII-48, 122
Busca I-9
Byblos V-13, 29, 34
Byzantiner II-62
Byzantinischer Kaiserhof IX-9
Byzanz V-117; XII-120; IX-109, 118

Cadiz X-117
Caecina I-9
Caere I-5, 27
Caeroeser VIII-38
Caesar II-9, 48, 84; III-80; VIII-13, 24, 35, 40, 42; IX-89; X-31; XIV-120
Caligula VIII-9
Calixtlahuacas XIII-13
Calpolec XIII-28, 29
Calpulli XIII-29
Cambodunum II-27
Camino de los muertos XIII-17
Canabae II-19
Candia VI-37
Canino I-62
Capena I-41
Capenaten I-5
Capitolium II-20, 26
Capua I-11; X-37
Carbon IX-12
Carnuntum II-13
Cartagena XIII-68
Casal VII-23
Caso → Alfonso
Casses II-95
Cato I-8
Caturix VIII-96
Catuvolcus VIII-38
Cauca XIII-68
Cecidit bello Variano II-16
Celtae VIII-26
Cempsi VIII-24
Cenomanen VIII-30
Centurio II-16
Cernunnos VIII-94
Cerro de las Mesas XIII-15
Cerveteri VIII-30
Chabiru V-22

Chabiru-Hebräer V-17, 29
Chaboras XIV-76
Chabur XII-80
Chaburgebiet XI-11
Chacmool XIII-21
Chafadji XII-14, 21, 23
Chagar Bazer XI-11
Chaggit V-76
Chalandriani VI-26
Chaldäer XII-116
Chaldäerkönige XII-113
Chaldäerreich XII-122
Chalkolithikum VII-21
Chamat V-32; XII-61
Champagne VIII-28
Chandravalli VII-92
Ch'ang-sha IV-102
Chanhu Daro VII-14, 35
Charkow III-42
Charrān XII-61
Charuden X-34
Chaschekem V-14
Chasmonäer V-115
Chatten II-18, 74; X-40, 90
Chattusa XII-80
Chattuschil III. V-25
Chattusili III. XII-80
Chauken II-49; X-40
Chaurao VII-27
Chavin-Horizont XIII-88
Chazael V-32
Chebron V-75
Chederā V-13
Cheops XIV-31
Cheopspyramide XIV-37
Chephren XIV-31
Cherusker II-74; X-40
Chia IV-33
Chianatales I-97
Chiapas XIII-36
Chibcha XIII-59
Chicama-Tal XIII-11
Chichen Itzá XIII-38
Chichimekische Zeit XIII-21
Chih IV-33
Childe, G. VII-39, 40
Chile XIII-11
Chimalpahin XIII-13
Ch'in IV-6
China VII-16
Chinampas XIII-23
Chinarinde XIII-7
Chinesische Gesandtschaft IX-87
Ch'ing IV-6
Chioniten IX-111, 112
Chios XI-15
Chirichibi V-46
Chiusi I-5, 90; VIII-30
Chizkija V-87
Chlodowech II-78
Chlotar II-78
Cholula XIII-18
Chons V-29
Chorasmia IX-64
Chorotegen XIII-53, 54
Chorsabad XII-103
Chou IV-6, 60; VII-40
Chou-Zeit IV-40, 92, 117
Christen V-96; IX-96, 109
Christentum II-5, 74; IX-109; X-124
Christianisierung II-100
Christian Lassen VII-9
Christliche Bildkunst II-103
Christliche Inschriften II-102
Christliche Kirche II-101
Christliche Urgemeinde V-116
Christoph von Fürer-Haimendorf VII-93
Christus V-66, 116
Chronik XI-41
Chronik P XII-78
Chronologie VII-28, 70; XII-52, 53; XIII-43
Ch'u IV-101
Chüeh IV-33
Churaja V-97
Churriter XII-71
Chuza IX-64
Cicero VIII-35
Cilicien VI-114
Cisalpina VIII-30
Ciudadela XIII-17
Civitates II-18
Clastidium VIII-32
Claudius II-23
Claudius Civilis II-10, 19
Cl. Schaeffer V-26
C. Manlius Vulso VIII-34
Cn. Porcius Cato VIII-35
Cobá XIII-38
Cochise XIII-10, 13
Cocijo-eza XIII-18
Cocijo-pij XIII-18
Codex XII-67
Codex Argenteus II-86
Codex Hammurabi IX-25
Codices XIII-35, 41
Cohn, W. VII-12
Cohorten II-14
Colima XIII-15, 27
Collegia II-33
Colonel E. J. Ross VII-15
Colonia II-13, 27
Colonia Claudia II-23
Colorado XIII-11
Commius VIII-46
Concolitanus VIII-31
Condottiere VIII-42
Condottieri III-110
Condruser VIII-38
Conquista XIII-8
Copán XIII-38
Corneto-Tarquinia VIII-19
Cornwall III-59; VIII-7, 47
Corona civilis II-16
Corona muralis II-16
Cortés → Hernán
Cortona I-5, 8, 90, 97, 98
Cosa I-8
Côte sauvage III-62
Cro-Magnon-Menschen III-9
Cromlech V-11
Cucullus II-33
Cunningham VII-8, 32
Curtius VII-11
Cuxhaven X-14
Cypern VI-65, 67, 114
Cypraea III-10
C 14-Methode XIII-37

Dabbatum XII-48
Dach der Welt IX-8
Dämonen IV-21; V-13; XIV-28
Dämonenlehre XII-85
Dänemark X-10, 16
Dänen X-78
Dagan XII-36, 74
Daiaukku IX-38
Daidalos VI-29
Dalmatien VI-65
Damaskus V-8, 32, 83; XII-101
Damb buthi VII-27
Damb Sadaat VII-22
Dame XII-115
Dame von Warka XII-16
Damghan VII-18
Damhirsch XII-47
Damnatio memoriae II-64
Danaer XIV-106
Danuna XIV-106
Darband-i-Gawr IX-21
Dardanellen VI-116, 122
Dareios IX-35, 56, 57, 76
Dareios I. IX-7, 24, 53
Dareios II. IX-76

Dareios III. IX-79
Dasa VII-78
Das Gesetzbuch V-89
Das griechische Festland VI-5
Das Inselreich des Minos VI-5
Das Menschenbild VI-5
Das Problem der Indogermanen III-33
Dasyu VII-78
Datierung VII-68
Datis IX-74
Dattel VII-36; XII-10
Dattelhain XII-8
Dattelpalme VI-64
David V-71, 73, 76, 102; XI-13
David, König von Israel XII-73
Daya Ram Sahni VII-13
Debora V-8
Deckelbüchse VI-27
Decumana II-14
Decurionen II-18
Dehli VII-15, 88
Deiokes IX-39
Dekkan VII-92
Dekorative Kunst VI-86
Delila V-71
Delos VI-7
Delphi VIII-34
Delta XIV-109
Demawend-Gebirge XII-102
Demetrios IX-85
Demetrios II. IX-86
Demokratisierung XIV-48
Demokrit XIV-59
Demosthenes II-36
Dendera VI-98
Denkmäler VI-95; VII-70
Dennis I-57
Der Aufstieg VI-5
Der Taoismus IV-89
Der Tote von Aurignac III-23
Descht-Kevir XII-24, 105
Deus Alisanus VIII-94
Deus Fagus VIII-94
Deus Robur VIII-94
Dexileos II-16
Dezentralisierung XIV-46
Dezimalsystem VII-67
D. G. Hogarth VI-30
Diademe XIV-71
Diadochen V-114; IX-82
Dialekt XI-10
Dialog XI-25
Dichter XI-22
Dichtkunst II-88; V-79
Dichtung XII-93, 120
Die frühe Metallzeit VI-5, 15
Die griechische Heldenzeit VI-5
Die Jagden Baals V-47
Die klassischen Bücher IV-74
Die Kykladen VI-5
Diener VIII-28; XI-24
Dienerfiguren XIV-52
Dienerschaft XII-47
Dienstboten XIV-82
Dietrich von Bern II-89
Die Voraussetzungen VI-5
Dijala XI-11
Dikshit, K. N. VII-14
Dilmun VII-69
Dilmun-Handel VII-70
Diluviale Kunstwerke III-20
Diluviales Jägertum III-55
Diluvialkultur III-9
Diluvialzeit II-83; III-20
Diluvium III-25, 34
Dimini III-50; VI-44, 95
Diminischicht VI-14
Diodor I-8, 82; VIII-62, 63; XIV-62
Diokletian II-24; IX-109
Dionys VIII-59
Dionysios von Halikarnass I-7, 98
Dionysos-Mosaik II-40
Dionys von Syrakus VIII-30
Diorit IX-11
Diplomaten XI-10
Diplomatie XII-80, 120
Diskos von Phaistos VI-61
Divisionstabellen XII-110
Djebel-el-Arak XII-12
Djebel Hamrin XII-44
Djefai-hapi XIV-69
Djemdet Nasr-Periode IX-20
Djemdet Nasr-Zeit XII-122
Djerablus XII-87
Djocha XII-27
Djoser XIV-31, 37
D. Mackenzie VI-30
Dnjepr X-120
Dobaiba XIII-73
Dörfer III-42, 88; VI-32
Dörpfeld VI-96
Doigt de la fée III-61
Dolch III-59; VIII-21
Dolche VII-38; X-13
Dollerup X-40, 42
Dolmen V-10; VII-92; VIII-8; X-11
Domänen II-18
Domanien XIII-29
Domschatz von Monza II-69
Dom von Palermo VII-58
Donald E. McCown VII-27, 29
Donau II-10; VIII-13, 15, 26; IX-56
Donauländische Kultur III-5, 33, 46
Donauprovinz II-13
Donautiefland III-108
Donnergott VIII-97
Doppeläxte VII-87
Doppelbeil III-54
Doppelgottheit Koschar-Chasis V-53
Dor V-30
Dordogne VIII-15
Dorfbildung 33 ff.
Dorfgemeinschaft X-15, 20; XIV-28
Dorfhügel IX-36
Dorfkultur VII-83; IX-12
Dorfsiedlungen IX-15
Dorfstraße X-21
Doris VI-121
Dorische Wanderung VI-91, 121
Drachen IV-28
Drachenschatz X-87
Drachenschiffe X-94, 117
Drachensteven X-114
Dramatische Psalmen V-104
Drangiana IX-64
Dravider VII-93
Dravidische Sprachen VII-81
Drechslerei VIII-80
Drechslerkunst II-74
Dreibund XIII-27
Dreiecke VII-83
Dreiheit VIII-97
Drei Königreiche IV-6
Drei Königshügel X-100
Dreizahl VII-60
Dr. Fazal Ahmed Khan VII-15
Dr. Karl Schmidt VII-12
Dromos VI-55, 101; XII-30
Droysen VII-97
Druiden VIII-95, 103
Dschainismus VII-39, 99
Ducati I-10
Dürre VII-75; XIV-7
Dumuzi XII-8, 9, 15
Duodezfürstentümer XIII-59
Durscharrukin XII-103
Dux britannicus VIII-47
Dylan VIII-7
Dynastie XII-26
Dynastielisten VII-33
Dynastien XIV-31, 34, 35, 41, 42, 43,

50, 52, 54, 61, 72, 92
– 2. Dynastie XIV-31
– 3. Dynastie XIV-34
– 4. Dynastie XIV-31, 35
– 5. Dynastie XIV-35, 41, 42, 72
– 6. Dynastie XIV-43, 52, 54
– 10. Dynastie XIV-50
– 11. Dynastie XIV-41, 61
– 12. Dynastie XIV-61
– 18. Dynastie XIV-92
Dynastie von Ur XI-22

Eanna XII-7
Eannatum XII-27, 122
Eapzû XII-9
Ebabbar XII-32
Ebene von Jezreel V-7
Eberhard IV-12, 13
Eberstadt in Oberhessen III-46
Eburonen VIII-38
Echnaton XII-77, 80; XIV-97
Edda X-16, 49
Ed. Dhorme V-25
Edele XII-47
Edelhölzer XIV-33
Edelmetalle II-56
Edelsteine II-56; XIV-33
Edessa IX-107
Edikt von Pavia II-88
Ed. Meyer XIV-86
Edom XII-101
Eduard Seler XIII-13
Egbatana IX-50
Egibi Söhne XII-116
Egtved in Jütland III-67
Ehe V-98
Ehebruch V-99
Eherecht XI-51
Eigelstein II-21
Eigenschaften VIII-64
Eigentum VI-33
Eileithyia VI-70
Einbruch der griechisch-römischen Welt V-112
Einehe VIII-55
Einfamilienhäuser VI-52
Einfuhr VI-64
Einhorn VII-60, 62
Einzelgrabkultur X-12
Einzelgräber X-12
Einzelgräberkultur III-42
Eisen III-99; V-62; VIII-12, 66; IX-11; X-15
Eisenbeil X-21
Eisenfunde III-99
Eisenhandel III-113
Eisenhütte II-55
Eisenindustrie I-83
Eisentechnik 98
Eisenwarenladen II-32
Eisenzeit I-16; III-5, 91, 101, 108; X-15
Eiszeit X-9
Eiszeitjäger III-5, 14
E. J. H. Mackay VII-14, 66
Ekron V-62
Ekur XII-19
El V-39
Elam VII-46; IX-7, 15, 20, 40; XII-27, 35, 36, 49, 70, 98
El-Amarna V-19, 22
Elamiter IX-21, 23; XII-101
Elat von Sidon V-34
Elbe VIII-27
Elbgermanen II-54
Elch III-29; X-11
El Dorado XIII-66
Elefant IV-29; VII-46
Elefanten XIV-82
Elefantenjagden V-18
Elephantenschlacht VIII-34
Elephantine XIV-7
Elfenbein VI-31; XIV-82
Elfenbeinarbeiten I-34; V-50
Elia V-81; XII-74
Eliphaz V-106
Elisa XII-74
El-Kubbi V-35
El-Obed XII-29, 31
Eltern XIII-30
Elulu XII-91
Emaillierkunstgewerbe VIII-79
Empfang in Walhall X-95
Empfangsbau VI-52
Engern II-72
England II-73; III-59; X-11
Eninnu XII-46
Enkel IX-89
Enki XII-8, 9, 19, 27
Enki Lahar XII-55
Enlil XII-27, 29, 36, 42, 54
Enmerkar XII-9, 13
Ensi VII-43; XII-9
Entemena XII-27, 122
Enten XII-55
Epen XII-83
Ephesos VI-90
Ephraim V-32
Epiphanes V-114
Epiphanie VI-69
Epiphanieglauben VI-72
Epona VIII-98
Epos V-51; VIII-117; XI-120
Epos von Daniel V-52, 99
Epos von Kuriti V-97
Epos von Kuriti und Churaja V-55
Erbe V-99
Erbfolge XIV-43
Erbfolgeerlaß des Telipinu XI-26
Erbfolgesysteme XI-26
Erbsen VII-36
Erdbeben VI-89, 122
Erdgöttin VI-73, 118; XIII-20
Erdgottheit VI-97
Erdgräber X-12
Ereschkigal XII-9, 55
Erfinder XII-104
Eribaadad XII-86
Eridu XII-8, 9, 43
Erik X-123
Erkennungszeichen der Götter XI-78
Ermattung XIV-105
Ernst Förstemann XIII-36
Ernte XII-10
Erntevölker III-33 ff.
Erz I-28
Erzählung VII-52; VIII-52
Erzgebirge VIII-13
Esangila XII-84, 113
Esau XI-7
Eschbaal V-75
Eschmunazer II. V-34
Eschnunna XII-61, 70
Esel VII-1; XII-47; XIV-8
Essen VIII-31
Etrurien III-104; VIII-27
Etrusker I-7; VIII-29, 30, 31
Etruskische Frauen II-17
Etruskische Städte VIII-30
Euboia VI-65
Eule IV-29
Eumenes IX-82
Eumenes II. VIII-34
Euphrat V-18; VI-67; IX-7, 10, 106; XII-7, 8, 10, 28, 113; XIV-75, 76;
Euphratkai XII-7
Eurich II-63
Europa V-9; VII-26
Europa-Mythus VII-58
Euthydemos IX-85
Evagre X-78
E. Waldschmidt VII-78

Export VII-67
Exportbemühungen VIII-84
Ezechiel V-112; XII-115
Ezras V-108

Fabel V-105; XI-16
Fabelwesen VI-69; VII-62; IX-104; XII-100
Fabriken IX-83
Fabrik- und Handelsbetriebe II-30
Facharbeiter XIII-29
Fahnenträger XII-32
Fahrer XII-24
Fairservis VII-22, 23
Falerii I-41
Falisker I-5, 39
Fallgrube VI-97
Familie III-37; V-98; VIII-54; IX-61; XII-27; XIII-28
Familienhaus III-37
Familienrecht V-99; XIII-30
Farnese I-62
Fauna III-13
Faustkämpfe III-108
Faustkämpfer VI-57
Faustkeil III-11
Fayence V-50; VI-31, 82
Fayenceperlen VII-65
F. Chapouthier VI-30
Fechten XI-8
Federarbeiten XIII-24
Federarbeiter XIII-29
Federtechnik XIII-24
Feenfinger III-61
Feier VI-68
Feldmark XII-10
Feldschlacht VIII-30
Feldstuhl III-62
Feldzeichen II-16; XII-32
Feldzüge XIV-91
Fell III-33, 66; XII-30
Felsbilder III-5, 25, 76; XIII-79
Felsgräber I-5, 52; IX-45; XIV-69
Felsgravierung III-15
Felsina I-10
Felsmalereien III-25
Felsreliefs IX-94; XI-91
Felszeichnungen V-10
Fenchel II-35
Fergusson VII-104
Fernhändler XIII-28, 29
Fervir X-78
Festessen VIII-67
Festland VI-113
Festtracht XI-9
Festungen XI-96; XIII-26
Festungskommandanten VI-97
Festungsmauer VI-16
Festungswerke VI-97
Festus I-13
Festzug III-108
Feudale Staaten XIII-78
Feudalfamilien IX-109
Feudalherr IX-77
Feudalherren IX-33, 36, 86; XIV-43
Feudalherrschaft X-18
Feudalität IX-80, 101, 112
Feudalorganisation IX-93
Feudalstaat XIV-44
Feudalzeit XIV-41
Feuerheiligtümer IX-86, 97
Feuerkult IX-97; XIII-33
Feuerstein III-33 ff.; X-10, 96
F. Halbherr VI-30
Fibel II-73; III-66
Fibeln VII-65; VIII-22, 28
Fichtelgebirge X-27
Fiesole I-89
Finanzen XI-63
Finanzverwaltung II-18
Finnaithae X-78
Firuzabad IX-103, 104
Fische VII-42
Fischer VII-27, 42; X-11; XIII-11
Fischerkulturen III-5, 27
Fischfang XII-31
Fischnetze X-21
Flachgräber VIII-15, 26
Flächenberechnungen XII-62
Flächenkunst VII-42
Flavus II-45
Flechten III-53
Fliehburgen VIII-15
Flora III-9 ff., 25 ff., 33 ff., 57 ff., 98, 101
Florance Waterbury IV-26
Florenz I-9
Flotte I-23; VI-67; IX-52, 75
Fluchtburg II-19
Flußsystem VII-71
Flutkatastrophen XIII-46
Fluvius Rhenus II-20
Foederati VIII-44
Förstemann → Ernst
Fokos III-91
Folsom XIII-10
Font de Gaume III-20
Form IV-33
Formen IX-46; XI-91
Formensprache VI-35
Forum II-26
Fossagräber I-19
Framea II-75
Francisco Pizarro XIII-7
Franken II-63, 77, 78; X-40
Frankenreich II-74
Frankfort VII-61
Franz Blom XIII-36
Franz Termer XIII-36
Frau II-17; III-53, 66; IV-47; V-22, 99; VII-47; VIII-28, 51; IX-23, 89; XI-9; XII-7, 115; XIV-43
Frauen VI-33, 56, 68, 108; VII-20; X-54; XIII-29, 56
Frauenbilder VI-28
Frauenstatuetten VII-47
Frauentanz von Cogul III-26
Frauenwohnung VI-97
Freie XI-45
Freigrab V-49
Freiheitskampf VII-39
Freiskulptur VII-108
Fresken VI-119
Freskomalerei VI-42, 74, 95; XII-120
Freya X-49
Freyr X-49
Friedhöfe III-107
Friedhof II-56
Friesen II-72; X-40
Frömmigkeit XII-111
Froschkönig VII-57
Frostnächte X-17
Fruchtbarkeit VII-20
Fruchtbarkeitsgott X-70
Fruchtbarkeitsgottheit VII-20
Fruchtbarkeitssymbole VII-22
Frühhelladische Kultur VI-25
Frühling X-17
Frühlingsfest XIII-33
Frühminoische Kultur VI-28
Frühzeit VI-70
Fürst V-30; IX-22; XII-10, 37, 69
Fürsten VI-52, 117; IX-29, 37, 109
Fürstenfamilien XIV-63
Fürstengrab II-56, 76; III-117, 123; VIII-18
Fürstenhöfe VIII-27; XIV-45
Fürstensitze X-93
Fürstenspiegel XI-22
Fürstentochter XIV-43
Fürstentümer XIII-22
Fürstentum Elymais IX-85
Fürsten von Byblos V-29

Fürsten von Palästina V-17
Fürstin in Vix VIII-21
Fürstinnen XII-23
Fürst Rib-Addu V-29
Fürst von Byblos V-21, 30
Fürst von Pao IV-65
Fürst von Sichem V-21
Fußbank XII-25
Fußbecher III-87
Fußringe VII-47
Fußtruppen IX-88
Fußvolk VIII-57; XII-32
Futtertrog VII-46

Gabbiilanieresch XII-100
Gaesaten VIII-31
Gärten VI-64; XII-20
Gärten von Isfahan IX-10
Gärtner XII-104
Galatoi VIII-26
Galería de los danzantes XIII-19
Galla XII-55
Galla-Dämonen XII-9
Galli VIII-26
Gallien II-9, 18; VIII-27, 28
Gallier I-9; VIII-30
Gallischer Krieg II-48; VIII-40
Gandara IX-64
Ganggräber X-11, 12
Gapan V-38
Gardetruppen IX-39
Garnison II-12; IX-33
Garten XI-58
Gartenbestellung IX-10
Garuda VII-61
Gasgas XI-15, 27
Gastwirt II-19
Gat V-62, 73
Gatumdug XII-27
Gau XIV-122
Gauburg II-63
Gaue II-18
Gaufürstenfamilien XIV-4
Gaugamela IX-79
Gaur VII-45
Gaza V-18, 62
Gazellen XII-47
Gebäude IV-18
Gebet VI-60
Gebete V-94; XIV-113
Gebo X-48
Gebrauchsstücke IV-55
Geburtsadel XIII-29
Gedankenwelt V-97
Gedicht VII-94
Gefäßbestattungen VII-92
Gefäße I-10; IV-18, 31; X-12, 13
Gefäßformen VII-90
Gefäßmalerei III-36
Gehälter XIV-32
Gehöft 33 ff.
Gehorsam V-99
Geistesleben XII-54
Geistige Kultur V-49, 51
Geld VIII-35; IX-100; XIII-18
Geldentwertung XIV-112
Geldwesen VIII-85
Gelehrte IV-66, 109; IX-77, 78; XI-12
Gemälde XII-103
Gemeinwesen XIII-57
Gemmen IX-96
Gemüse XII-10
Gemüseanbau XII-91
Gemüsearten II-35
Gemüseplantagen XII-8
Generäle IX-31, 82
General Schamschiilu XII-102
General Thot XIV-91
Genua I-9; VIII-43
Geometrische Zeichen VII-63
George C. Vaillant XIII-13
Gepiden II-62
Gerät IV-54, 114
Geräte III-5, 33; X-10; XIII-56
Geräteformen VII-67
Gerätschaften VII-64
Gerasa V-117
Gergovia II-19
Gerichtsort XII-10
Germanen III-5, 96, 97; VIII-15, 26, 38; X-27, 31
Germanentum II-5, 47
Germania Superior II-10
Germanien II-10, 18
Germanische Völkerwanderungen II-61, 82
Gerold Walser VIII-38
Gerste VII-36; X-21; XII-7
Gesang VIII-68
Gesangbuch der alttestamentlichen Welt V-94
Geschichtliches VI-5
Geschichtsdarstellung XI-41
Geschichtsdarstellung des Alten Testamentes V-69
Geschichtsparallelität VII-99
Geschichtsschreibung IV-48; V-109; XII-52
Geschichtswissenschaft XII-53
Geschlecht der Julier II-21
Geschlechter II-56
Geschlechtliche Fruchtbarkeit VII-20
Geschlechtsverkehr XIII-32
Geschmeide VI-17, 33
Gesellschaft IV-66; VI-61; VII-46; VIII-50, 106
gesellschaftliche Entwicklung XIV-99, 120
gesellschaftliche Struktur XIII-44
Gesellschaftsordnung XIV-101
Gesellschaft und Wirtschaft VI-5
Gesetzbuch V-89
Gesetze XII-50, 71; XIII-80
Gesetzesentwurf XI-49
Gesetzesparagraphen V-99
Gesetzesrevision XI-54
Gesetzgeber V-63
Gesetzgebung XII-120
Gesichtsurnen III-113
Gesichtsvasen VI-19
Gesundheitspflege III-57 ff.
Gestein IX-20; XIV-10
Getreide VI-62; X-21; XIV-8, 82
Getreideanbau X-11
Getreidearten VI-64
Getreidehandel XII-116
Getreidespeicher VII-37
Gewänder III-66
Gewandspange II-66
Gewebe VI-31, 63
Gewerbe VI-67; VIII-75; XII-31
Gewerbetechnik VIII-70
Gewicht VI-64
Gewichte VII-66
Gewichtssystem VII-66
Gewittergottheit XIII-58
Gewohnheiten VIII-64
Gewohnheitsrecht XIII-62
Gewürze VI-64; XIV-33
Gezer VII-58; XIV-106
Gharial VII-46, 59
Ghazi Shah VII-27
Gibea V-71
Gilgamesch XII-20
Gilgameschepos XII-83
Girsu XII-25
Gise XIV-32
Gladius II-17
Gläser X-38
Glan VIII-13
Glas II-56
Glasbläsereien II-31
Glasfabrikation VIII-81

Glasgefäß II-24
Glasinac in Bosnien III-108
Glasindustrie II-43
Glastonbury VIII-39
Glauben III-80; IV-29; X-13; XII-15, 54
Glaubens- und Geistesleben XII-81
Glauben und religiöse Übung XII-110
Gleichnis VII-108
Glockenbecher III-43
Glockenbecherkultur III-5, 33
Glockenrock VI-33
Glomma X-17
Glyptik XII-81
Gnezdovo X-120
Godavari VII-90
Goethe VII-11; XII-95
Göteborg X-12
Götter IV-41; VI-56, 68, 69; VIII-92, 96; IX-65; X-19, 70; XI-19, 24, 37, 40, 75; XII-28, 31, 32, 81; XIII-32
Götterbilder VII-105
Götterbilder nach Dattassa XI-38
Götterdarstellungen VIII-99
Götterdienst II-88
Götterdreiheit XIV-113
Götterfiguren V-15
Göttergestalten VIII-96
Göttergruppe VIII-96
Götterlisten XI-73
Götterpaar IX-23
Göttersagen XII-120
Götter Schu V-29
Göttersiegel VII-55
Götterstatuen XII-46
Göttersysteme XIV-100
Götterverehrung XIV-116
Götter von Kanes XI-16
Götterwelt V-19, 36; VI-118; XI-66; XIII-31
Göttin VI-69
Göttin Ascherat V-39
Göttinnen VIII-92
Götzenbilder X-51
Gokstad III-79
Golasecca-Kultur III-6
Gold III-57, 89; V-29, 49; VI-17; VII-8, 67; VIII-22, 28, 31, 79; IX-10, 19, 74; X-67, 84; XIII-61; XIV-33
Goldarbeit XIII-76
Goldblech II-69
Goldbrakteaten II-71; X-72
„Goldener Hut" von Schifferstadt III-85
Goldenes Zeitalter VI-91
Goldgefäße III-62
Goldkastilien XIII-53
Goldländer XIII-59
Goldmedaillons X-71
Goldmünze II-57; VIII-79; X-71
Goldreichtum III-5
Goldschatz X-86
Goldschmied VI-65
Goldschmiede XIII-29
Goldschmiedekunst II-70; VIII-21
Goldschmuck I-33; II-59; III-57; VI-17; IX-94
Goldstater VIII-89
Golf von Mirabello VI-31
Golf von Navarino VI-98
Gonsenheim III-44
Gordon VII-24, 86
Gordon Childe VII-39, 40
Gosh VII-15, 89
Gotarzes IX-91
Goten II-50, 62; X-30, 40
Gotenburg II-63
Gotenschatz von Szilágy-Somlyó X-75
Gotland II-56; X-15
Gott V-23, 54, 69, 80; VII-54; XIV-19, 34
Gottesknechtslieder V-94
Gottesverehrung VI-70
Gottheit II-20, 94; III-80; VI-68; XIII-46; XIV-121
Gottheiten VII-53; IX-101; XI-44; XII-72; XIII-17, 79
Gottheit Koschar-Chasis V-41
Gottheit Nanna von Ur IX-27
Gott Marduk von Babylon IX-27
Gott Mithra IX-90
Gott Shiva VII-56
Gott Zababa XI-17
Gournia VI-32, 50, 52, 87
Gouverneur IX-87; XII-69
Gouverneur von Elam IX-22
Gouverneur von Karthago IX-116
Gozzadini I-10
Grab III-5, 11, 63
Grabbau VI-53
Grabbeigabe I-8, 64; II-57
Grabbeigaben IV-114, 119; VI-32; IX-35
Grabbräuche III-77
Grabdenkmal II-39
Grabform VI-100, 101
Grabformen III-46, 77
Grabfunde IX-35
Grabhöhlen VI-13
Grabhügel VIII-15, 26
Grabkammer II-59; V-100; VI-52
Grabmal III-63
Grabmal des Königs Antiochos I. IX-89
Grabpalast VI-55
Grabräuberei IV-7
Grabreliefs XIV-123
Grabriten III-80
Grabsitten X-24
Grabstein II-16
Grabstele I-77
Graburnen II-85
Gräber II-16, 59; VI-32, 52; VIII-62; IX-13, 35; XII-31; XIII-17, 25, 83; XIV-82
Gräberfeld H VII-83
Gräberfeldleute VII-84
Gräberkult VI-70
Gräberrund VI-94
Gräberware VII-83
Gralsburg IX-9
Grammatica Celtica VIII-8
Granatapfel IX-87
Granikos IX-79
Grastorf X-20
Grauballemann X-53
Grauwareschichten VII-89
Grebo X-61
Gregor von Tours II-74
Greifenkopfschnalle II-66
Grenier I-10
Grenzbefestigungen X-39
Grenzen VII-39
Grenzkastelle XIII-26
Gressenich X-41
Griechen I-7; V-35; X-33; XI-15, 38
Griechenland VI-8; VII-98; VIII-21, 27; IX-75; XII-54, 120
Griechische Heldenzeit VI-90
Griechische Kunst VI-59
Griechische Küstenstädte IX-56
Griechischer Mythos VI-73
Griechisches Festland VI-91
Griffangel III-65
Griffzungenschwert III-65
Grimm VII-57
Große Jupitersäule II-21
Groß-Gartach bei Heilbronn III-46
Großgrundbesitz XII-91
Großhandel XII-116
Groß-Hatti XI-27

Großhügel X-13
Großkaufleute XII-42
Großkönig IX-61
Großkönige XI-16
Großkunst II-42
Großmacht VI-114
Großmächte V-16; XI-10
Großplastik IV-55
Großreich der Maurya VII-98
Großreichszeit XI-9
Großreich unter Suppiluliuma XI-28
Großreich von Hattusa XI-14, 38
Groß-Skulptur IX-23
Großsteingräber X-11
Grube IX-36
Grubenwohnung III-17
Grünwedel VII-104
Gruft VI-53
Grundbesitz XIV-43, 46
Grundeigentum XII-69
Grundgesetz XI-54
Grundrechnungsarten XII-62
Guanajuato XIII-15
Guatemala XIII-36
Gubla V-25
Gudbrandsdalen X-17
Gudea XII-45, 53
Gudea von Lagasch V-14; XII-122
Gürtel VII-65
Gürtelschließen X-28
Güteraustausch VI-31
Guizot VIII-8
Gundestrup VII-55
Gungeria VII-87
Guortigernus VIII-47
Gurgan-Ebene IX-18
Gurke II-35
Gutäer XII-35
Gutäerzeit XII-122
Guti IX-21
Guti-Fürsten IX-24
Gutium XII-98
Gymnasium IX-115

Haar III-66; VI-56, 59; XI-7
Haartracht V-13, Titelbild; XII-38
Haar- und Barttracht XII-23
Habu XIV-111
Hackmesser VIII-21
Hadrian II-27
Haeduer VIII-42
Häfen VIII-81
Händler II-19; XII-10
Hängebecken III-74
Hängende Gärten XII-101
Häuptlinge VIII-71
Häuser V-51; VI-32, 51; XIII-14
Häute XII-10
Hafen I-11; II-13, 23; V-30; VI-65; X-41
Hafenstädte VI-31
Hafer X-21
Hagia VI-53
Hagia Triada VI-30, 49, 64, 69, 70
Hagios Andreas VI-26
Hagios Elias VI-92
Hagios Kosmas VI-26
Haifa V-35
Hain II-98
Haithabu X-115
Hakenkreuz II-72
Hakenkreuze VII-25
Hakenpflug X-19
Halaf VII-30
Halbedelsteine IX-20, 105; XIV-82
Haldis IX-40
Halle VI-50
Halligdal X-17
Hallin X-78
Hallstatt III-6, 111, 112
Hallstattkultur VIII-18
Hallstattperiode II-30
Hallstattzeit III-117; VIII-11, 18
Halsketten VII-24; VIII-27; XIV-71
Halsschmuck VII-21
Hals- und Gürtelschmuck VII-47
Halule am Tigris IX-29
Haly XI-14
Hamadan IX-39
Hamburg X-10, 117
Hammer VIII-97
Hammergott VIII-96
Hammurabi IX-25; XII-61, 67; XIV-76
Hammurabi-Codex XII-68
Hammurabi-Dynastie XII-248
Hammurabi-Zeit XI-11
Hamun-See IX-10
Han IV-109, 6
Handel I-78; III-94; IV-112; VI-24, 52; VII-43, 67; VIII-70, 83; X-18, 116; XI-17, 58, 62; XII-31, 57, 68, 80, 120; XIII-44
Handelsabschlüsse IX-21
Handelsbetriebe II-30
Handelsbeziehungen II-30; III-5; VI-31; VIII-27; IX-87
Handelsgüter IX-10, 20
Handelsherren II-25
Handelskolonie XII-47
Handelsleben II-33
Handelsniederlassungen XI-22
Handelsstädte IX-83; XII-25
Handelsstraße III-113
Handelsverkehr III-89
Handelsverträge XIII-29
Handelswege V-9; VI-115, 123; VIII-22, 81; IX-83
Handspiegel VII-66
Handwerk VI-65; XI-58
Handwerker III-83; VI-115; IX-36, 100; XII-10,31, 100; XIV-32, 45, 81
Handwerkerzünfte XIII-29
Handwerksbetrieb II-31
Handwerkserzeugnisse I-7
Hanis XI-19
Hanni IX-31
Hannibal VIII-32
Hantilis XI-25
Han-Zeit IV-116
Hao IV-64
Harald X-125
Harappa VII-12, 35; XII-13
Harem V-79; IX-115
Haremhab XIV-98, 105
Haremsdamen XII-47
Harfen XII-30
Hargreaves VII-14
Harpagos IX-47
Harpixring X-27
Harpune III-27, 30; VII-87
Harth III-38, 52
Harz X-14
Hasen IV-29; VII-46
Hasenschläger XI-78
Hassuna VII-30
Hastinapura VII-88, 102
Hasting X-117
Hathor V-29; XIV-114
Hatschepsut XIV-82
Hatti XI-27
Hattisch XI-9
Hattusa XI-16
Hattuscha IX-26
Hattusil XI-22
Hattusil I. XI-20
Hattusil III. XI-40
Hauptfarben VI-75
Hauptgott der Indoarier VII-79
Haupthaar IX-31
Haupthafen VI-65

Hauptstraßen VII-35
Haus III-37, 73, 121; XI-58, 59; XII-47
Hausbau VIII-21; XI-109
Hausgedanken im Grabbrauch III-40
Hauskapelle II-17; VI-68
Hausmeier II-78
Haustier IV-25
Haustiere III-5, 26, 53
Hausurnen III-73, 78, 106; V-13; VII-22
Havûra XIV-62
Hebräer V-22
Hebräische Handschriften V-115
Hebron XI-13
Heer II-17; VIII-34; IX-40, 42, 88; XII-25, 35, 102; XIV-81, 107, 108
Heere XI-39
Heeresorganisation VI-90; IX-93
Heerwesen XII-32
Heidentor II-27
Heidetorf X-20
Heilgötter und Ärzte XII-80
Heilige Flüsse VII-37
Heilige Hochzeit XII-30
Heiliger Hain X-70
Heiliges Kreuz IX-117
Heiligtümer VI-33, 63, 68, 69; VIII-99
Heiligtum III-63
Heilkunde II-35; XIII-34
Heilkunst XIV-58
Heilmittel V-51
Heine-Geldern VII-88
Heizungsanlage VI-42
Hekataios von Milet VIII-26
Heldenepos der Götar X-92
Heldenerzählungen XII-120
Heldensage II-76, 89; VI-56
Heliopolis XIV-96, 113
Hellas IX-74
Hellenen IX-64; XI-38
Hellenismus VI-43, 69; IX-93
Hellespont IX-75
Helm II-17, 76; VI-57; X-13
Helmsdorf III-83
Helmtypen VI-57
Helmut de Terra XIII-10
Helvetier II-13; VIII-10, 43
Hemd X-55
Henge III-89
Henge-Denkmäler III-63
Henri Martin VIII-8
Hentze IV-15, 26, 28
Herakleopolis XIV-41
Heraklius IX-116
Heras, H. VII-33
Herbst X-17
Herculaneum I-11
Herden VI-62
Herdhaustempel XII-19
Herkunft I-5, 113; VIII-11
Herkunft der Philister V-62
Hermanfrid II-71
Hermann Beyer XIII-13, 36
Hermel V-117
Herminonen II-48, 50
Hermunduren II-49
Hernán Cortés XIII-7, 13
Hernández de Alba XIII-82
Herodes der Große V-115
Herodot I-8, 121; III-48; VIII-26; IX-37, 39, 43, 47, 65; XIV-62
Heroenglauben VI-117
Heroensagen V-96
Heros VI-117
Herren VI-112; XIII-69
Herrenhäuser VI-32, 52
Herrenschicht IV-56; XI-13
Herrensitze III-50
Herrentum XIII-61
Herrin der Tiere VI-73
Herrin unseres Fleisches XIII-31
Herrscher IV-25, 65; X-13
Herrscherbauten VII-38
Herrscherinschriften VII-33
Herr unseres Fleisches XIII-31
Hersart de la Villemarqué VIII-8
Heruler X-66, 74, 78
Herzog Pemmo II-70
Herzogtümer II-74
Hesiod III-98
Hessen X-27
Hethiter III-94; V-22, 29, 60, 75; IX-26; XII-74, 120; XIV-98, 111;
Hethiterkönig XIV-98
Hethiterkönig Murschil I. V-18
Hethiterkönig Mursili I. XII-74
Hethiterkriege XIV-105
Hethiterreiche XIV-112
Hethitische Hieroglyphen XI-11
Hethitisches Reich VI-122
Hexenmeister XIII-34
H. Hargreaves VII-14
H. Heras VII-33
Hiebmesser II-60
Hierapetra VI-31
Hieroglyphen VI-34; XI-91
Hieroglyphenschrift VI-61; XI-10; XIV-26
Hilfsvölker XI-40
Hillevionen II-48
Himlingöje X-44
Himmel IV-40; XIII-31
Himmelsbeobachtung XIII-34
Himmelsgewölbe XIII-46
Himmelssymbol XIII-46
Hinduismus VII-39, 99
Hinduistische Religion VII-56
Hiob V-106; XII-54
Hiob-Dichtung XII-55
Hippokrates II-36; XIV-59
Hirsch III-27; IV-29; XI-21
Hirschgeweihe X-51
Hirschgott VIII-97; XI-78
Hirschhaut X-51
Hirschkühe XII-47
Hirse X-21
Hirten VII-42; IX-36, 88
Hirtenkultur VIII-15; IX-18
Hissar IX-15
Historiker der Welt XI-16
Historische Wissenschaft XII-94
Hit XII-35
Hitler VII-34
Hjortspring X-29
Hjortspringschiff X-111
Hlewagast X-69
Hoby X-42
Hoby-Fund X-37
Hochadel IX-61
Hochbronzezeit VIII-14
Hochkommissare IX-25
Hochkultur XIII-55
Hochland von Guatemala XIII-38
Hochsitz VI-97
Hochtempel XII-15
Hochzeit XII-23
Hocker III-22; XII-25
Höhepunkt der Macht XI-38
Höhlen III-15, 20, 30; VI-70; IX-13
Höhlenbär III-14
Höhlenbilder III-30
Höhlengrab VI-102
Höhlenkult VI-70
Höhlenlöwe III-20
Höhlenmalereien X-10
Hörige XI-45; XIII-30
Hof IX-77; X-17, 94; XI-23, 58; XII-80
Hofadel VI-52
Hofbeamte XII-7
Hofmauer VI-16

Hofstaat XII-25
Hofstil V-21
Hoftracht VI-33, 59
Hoheitszeichen XIII-29
Hohepriester XIII-34; XIV-96
Hohepriesterin XII-9
Hohes Lied V-103
Hohe Straße II-23
Hohlmaße VI-64
Hohokam-Kultur XIII-11
Hol-Fibel X-82
Holland VIII-17
Holz III-66; V-30; VI-16; IX-11, 20; X-10
Holzbauweise II-32
Holzbearbeitung VII-104
Holzfäller VI-65
Holzskulptur VII-104
Holz- und Knochenbearbeitung XIII-25
Holzzeit III-11
Homer III-98; VI-7, 8, 29, 58, 90; XI-15, 38
Homerisch VII-39
Homo Aurignacensis III-9
Homo Neandertalensis III-9
Honan IV-13
Honig III-24; XIV-82
Hopfen X-21
Horizont des Aten XIV-97
Hortfunde III-92; X-24
Hortfund von Bygholm III-64
Horus XI-57; XIV-28, 35
Hosea V-84; XII-74
Howard Carter XII-29
Hsia IV-18, 6
Hsia-Dynastie IV-18
Hsin IV-6
Hsi Wang Mu IV-64
Hu IV-32
Huaxteken XIII-20
Huban-Haltasch III. IX-29, 31
Huemac XIII-22
Hüftgürtel VII-65
Hügel VII-92
Hügelgrab VI-24
Hügelgräber VIII-11, 28
Hügelgräberkultur III-5, 84, 85; VIII-14
Hünengräber III-40; X-11
Hüttenwände IX-15
Huitzilopochtli XIII-26
Humanes Gesetzbuch XI-51
Humboldt von, →Alexander
Humor XI-24, 112
Hund III-26, 27
Hunde IX-23; X-51
Hundersingen III-118
Hungersnot XIV-7
Hunnen II-62, 69
Hunnenschlacht II-63
Hurriter XI-13, 25, 28
Hurritermacht XI-26
Huwaruwas XI-18
Huzzijas XI-23
Hyksos V-17; XI-20, 26; XIV-62
Hyksoskriege XIV-92
Hyksoszeit XIV-64
Hymnen V-116
Hyrkanien IX-84

Ibbisin XII-49, 58, 122
Iberische Halbinsel VI-95; VIII-26
Ibex VII-23, 60
Ibisin IX-24
I-ching IV-41, 43
Ida VI-70
Ideale IV-67
Idole III-53; VI-68; VII-88
Idrimi II V-33
Ignacio Marquina XIII-13
Iharas VII-108
Ilias III-63; VI-29, 90; X-33
Ilim-ilimma V-33
Iller II-27
Illissos VI-36
Illujankasgeschichte XI-112
Illyria III-96
Illyrier III-5, 67, 97; V-63; VIII-26; X-14
Illyrisch VI-121
Illyrische Sprache III-97
Imagines maiorum II-17
Immobiliengeschäfte XII-116
Imperium II-9
Imperium Romanum II-44
Import II-59; VII-67, 92; XII-27
Importstücke I-76
Importwaren VIII-21
Inanna XII-8, 9, 28, 32
Inanna-Heiligtums XII-7
Indianer XIII-9
Indien IX-64, 87
Indienzug Alexanders VII-98
Indoarier VII-79
Indoeuropäer X-12
Indogermanen III-5, 56; x-12; XI-7
Indogermanisch VI-62; XI-9
Indoiranier IX-32
Indra VII-79
Indus VII-14, 26
Indus-Kultur VII-23, 33
Induskunst VII-62
Indusschrift VII-58
Indussiegel VII-13
Industal VII-7
Industriewaren XI-17
Industriezentren X-39
Infanterie XII-32
Inferior II-10
Ingväonen II-48
Inhaltsbestimmungen XII-62
Inlandeis X-9, 10
Innenpolitik IX-115
Inonien IX-64
Inschriften I-7, 54, 110; IV-18; V-30; VI-61; VII-97; IX-65; XI-21
Inschrift von Pasiega III-18
Insel Bahrein VII-57
Insel Kaphtor V-62
Inselkelten VIII-47
Insel Thanet VIII-47
Instrumente IV-34
Insubrer VIII-30
Interpretatio romana VIII-95
Ionier XI-38
Iran VI-12; IX-12, 85, 93, 118; XII-71
Iranische Kultur IX-118
Iranisches Hochland IX-7
Irisch VIII-7
Irischer Sagenschatz VIII-118
Irischum I. XII-60
Irland III-81; VIII-7, 46
Irnthi I-11
Ischbïerra XII-58, 122
Ischia di Castro I-62
Ischtar IX-65
Ischtartempel XII-108
Ischtschali XII-14, 71
Isin IX-25; XII-58
Isin-Larsa-Zeit XII-58, 122
Isis V-29; XIV-35
Isländische Familiensagen X-122
Isopata VI-55, 66
Israel V-25, 59; XII-54, 101; XIV-106
Israelitisches Volkstum V-92
Issos IX-79
Isthmus XIII-59
Istväonen II-48
Italien II-64; VIII-21
Ituraeer II-45

Itzcoatl XIII-27
Iuktas VI-37, 70
Ixtlixochitl XIII-13

J. E. Thompson XIII-36
J. H. Breasted XIV-91
Jacales XIII-24
Jade IV-55
Jäger II-83; IV-25; VI-65; VII-27; IX-23; X-11, 13; XII-14; XIII-11
Jägerin VI-73
Jägerkultur III-5, 13; IV-40
Jägertum III-54
Jagd III-12, 13, 25; V-10, 47; VI-57, 60, 112; XII-31, 92; XIII-32, 56; XIV-9
Jagdgruppe VII-59
Jagdmethoden III-5
Jagdwild III-5; VI-64
Jaguar XIII-29
Jaguarbild XIII-15
Jahwe V-64, 112
Jakob V-93, 99
Jalisco XIII-15
Jam V-46
Jamchad V-33
James Burgess VII-8
Japhets VIII-8
Jarim-Lim V-33
Jarmo VII-17, 30
Jasmachadad XII-56
Jaspis VI-34
Jastorf-Kultur X-15
J. D. S. Pendlebury VI-30
Jechimelek V-31
Jehu V-83
Jenoam V-25; XIV-106
Jenseits V-96; XIV-85, 116
Jenseitsglauben XIV-100
Jeremia V-62; XII-74
Jericho V-8, 11; VII-17
Jerobeam I. V-80
Jerobeam II. V-84
Jerusalem V-75, 113; XII-118
Jesaja V-8, 86; XII-74
Jezreel V-83
Jhan gar VII-14
J. Hawkes VIII-17
J. Hazzidakis VI-30
Jhukar VII-14
Jhukar-Kultur VII-82
Joachaz V-90
Joasch V-84
John Chadwick VI-61
John Marshall VII-8, 14, 104
Jojaqin V-90
Jones, W. VII-8
Joram V-82
Jordan V-8
Jordansmühl in Schlesien III-53
Jordantal V-35
Jordates X-30
Joschapat V-82
Joseph XI-118
Josephus XII-118
Josua V-67
Jovian IX-110
J. P. Calloc'h VIII-7
Juda V-75, 113
Judäa IX-40
Jude V-108
Juden IX-96
Judenburg III-111
Judentum V-114
Juellinge X-42
Jüdische Sekten V-116
Jünger V-83
Jüngere Bronzezeit II-65
Jüngere Steinzeit II-51, 84; VI-14
Jüten II-73
Jütland III-27; X-15
Julius Caesar II-19
Jullian VIII-69
Jungen VI-34
Jungpaläolithikum VII-21
Jungsteinzeit III-36, 49
Jungsteinzeitforschung III-56
Jungsteinzeitliche Kunst III-53
Jungsteinzeitliche Bauernkultur III-28
Jupiter VIII-97
Jupiter-Juno-Minerva II-91
Jus primae noctis VII-13
Justinianus IX-113
Justinus VIII-32

Kadaschman-Enlil II. XII-80
Kadesch XIV-105, 116
Kadisiya IX-117
Kämpfe VIII-29
Kärnten II-46; VIII-26
Kahn, Dr. F. A. VII-15
Kai XII-25
Kairatos VI-38
Kairo XIV-7
Kaiser III-96; IV-113
Kaiser Augustus V-115; IX-89; X-34
Kaiser Caracalla IX-92
Kaiserin Agrippina II-23
Kaiser Julian II-74
Kaiserkult IX-118; XII-35
Kaiser Mauritius IX-116
Kaiser Shih Huang Ti IV-105
Kaiserthermen II-25
Kaiser Trajan II-18; IX-91
Kaiserzeit II-30
Kakao XIII-7
Kalach XII-87
Kalchu-Nimrud VII-58
Kalender IV-46; V-110; XIII-22, 34, 40, 43; XIV-26, 27
Kalkstein I-71; XII-8
Kamaresmalerei VI-87
Kamaresware VI-33
Kambyses XIV-120
Kambyses I. IX-47
Kambyses II. IX-52
Kaminaljuyú X-96; XIII-18, 38
Kammergräber I-29; VI-103
Kammern VI-97
Kampanien I-12
Kampf II-88; III-25, 108
Kampfwagen VII-80; VIII-28
Kanaan V-25; XI-7; XIV-106
Kanaanäer V-36
Kanaanäische Kultur V-16
Kanaanäische Psalmenfragmente V-23
Kanaanäisches Baal V-68
Kanaanäische Stadtkönigtümer V-28
Kanal I-11; XII-25, 113
Kanalanlage V-35
Kanalbauer XII-10
Kandahar VII-23
Kanes XI-16
Kanisisch XI-9
Kannen XII-25
Kanon V-109
Kansu IV-13
Kansu-Keramik IV-14
Kanzlei XI-10
Kapelle II-98
Kap Maleas VI-31
Kappadokien IX-64
Kapuze VIII-66
Karaïndasch XII-76, 122
Karatepe XI-12, 21
Karawanen V-78
Karawanenstraße XII-60
Karelien III-5, 27, 31
Karelische Felsbilder III-31
Karer VI-7
Kariben XIII-63
Karien IX-64; XI-15

Karkamis XI-16, 20, 96
Karkemisch XII-61
Karl der Große II-7
Karl der Kahle X-117
Karl Martell II-78
Karl Schumacher III-119
Karmel-Gebirge V-7
Karnak III-61; XIV-109; 116
Karnaktempel XIV-116
Karneol VI-34; XIV-71
Karneolen IX-10
Karneolperlen VII-43
Karneolstein VII-65
Karner VIII-35
Karpathos VI-9
Karrhai IX-89
Karten XIII-28
Karter IX-108
Karthager I-8
Karthago I-9; V-35; VIII-29
Kartoffel XIII-7
Kartukultininurta XII-88
Karunsee XIV-62
Kaschtiliasch IV. XII-78
Kasematten VI-97
Kasernen X-123
Kaskäer-Stadt XI-37
Kaspisches Meer XII-102
Kasserolle X-33
Kassiten IX-26; XII-75
Kassitenzeit XII-122
Kastanie II-35
Kastel II-20
Kastensystem VII-37, 46
Kastenwesen VII-37
Kathiawar VII-40
Kathleen M. Kenyon VII-17
Kauf XIV-43
Kaufleute I-10; IV-66; VI-115; IX-100; XI-16, 63; XII-10
Kaufmann XIV-83
Kaufmannschaft XII-116; XIII-29
Kaukasus XII-75
Kausambi VII-103
Kautschuk XIII-34
Kavallerie IX-34
Kavalleristen II-16
Kazikenmacht XIII-71
Keftiu VI-67
Keilschrift V-25; IX-25; XI-10, 56; XII-27, 76
Keilschrift-Alphabet V-26
Keilschrift-Hethiter XI-13
Keilschrifttexte VI-115
Keilschriftwissenschaft XII-97
Kelsterbach III-41, 44
Kelten II-35, 44, 94; III-5, 97; X-14, 27
Kelten in Mittel- und Osteuropa VIII-46
Keltensturm II-84
Keltenwanderungen VIII-24
Keltische Eisenzeit X-9, 32
Keltische Kultstätten II-98
Keltische Religion II-95
Keltischer Fund VII-55
Keltoi VIII-26
Kempten im Allgäu II-27
Kenyon, K. M. VII-17
Keramik I-76; II-53, 56, 67; III-5, 33, 34, 82, 87, 91; IV-13, 30; VI-14, 18, 24, 66, 68, 89, 113, 120; VII-91; VIII-14, 81; IX-13, 14; XII-13; XIII-20 38
Kerbschnitt-Technik III-85, 116
Kerlescan III-61
Kermario III-61
Kerzenständer VI-42
Kesselmoore X-51
Ketten VII-65
Ketzerverfolgung II-92
Keulen VII-38
Khadschuraho VII-58
Khalid IX-117
Khalif Omar IX-117
Khobad IX-112
Khosroes IX-114
Khosroes I. IX-100, 114
Khosroes I. Anuschirvan IX-113
Khosroes II. IX-114, 116
Khuzistan IX-7
Ki XII-54
Kiesel III-17
Kiew X-120
Kili Ghul Mohammad VII-18, 22
Kilikien VI-12; XI-13, 15
Kilwa V-10
Kimbern II-47; VII-35; 36; 38; X-30, 34
Kimberneinfall II-13
Kimmerier VIII-17; IX-39
Kind IV-47; VII-47; XI-8
Kinder V-22, 99; VIII-54; XIII-30
Kinderreichtum VII-20
Kinderspielzeug VII-66
Kinnbart XIV-24
Kirche II-87
Kirchen II-104
Kirchenbau II-103, 112 ff.
Kirsche II-35
Kirthar-Berge VII-14, 27
Kisch XII-19, 26, 28
Kizil Irmak XI-14
Kizzuwatna XI-26
K. Kenyon V-11
Klappern III-87
Klasse XII-51
Klassik XIV-61
Klassisches Altertum VI-123
Klassisches Griechentum VI-36
Kleidung III-5, 33, 66; V-100; VII-65; VIII-64; XII-23
Kleidungsstück VI-106
Kleidungsstücke III-51
Kleinasien VI-31, 115; VIII-32; IX-56; XI-14; XII-75
Kleinbauern IX-36
Kleinbronzearbeit VIII-111
Kleine Feldhofer Grotte III-235
Kleiner Palast VI-75
Kleinkunst II-12, 41; VII-106; IX-74; XII-15
Kleinplastik VI-33
Kleinplastiken VII-47
Kleopatra XIV-120
Klerus XII-97
Klientelwesen VIII-51
Klima II-83; X-17
Klimaoptimum III-100
Klimasturz II-61
Klingen VII-27
Klöster II-102, 104, 112 ff.; VII-108
Kloster V-117
Kloster Lorsch II-32, 70, 105
Klytaimestra VI-101
Knaben VI-37, 62
Knappe II-16
K. N. Dikshit VII-14
Knochen X-10
Knochengerät III-12
Knochenorakel IV-50
Knossos VI-13, 29, 30, 37, 43, 51, 68, 95
Knowitz-Milavecer Kultur VIII-15
Knut der Große X-125
Koberstadt-Kultur VIII-24
Koch VI-65
Kochtopf IV-31
Köln II-13; III-34; X-41
König IV-63; V-30; VI-56; IX-24, 33, 61, 103; XI-17; XII-15, 20, 23, 88; XIII-29; XIV-19, 38
König Achiram V-30
König Amenemhet V-16
König Amyntas VIII-35

König Bahram II. IX-24
König Cheops XIV-32
König Cyrus von Persien V-112
König David XII-99
König Deiotarus VIII-35
König der Perser und Meder IX-50
König der vier Weltteile IX-25
König des Sommers V-46
Könige X-67; XIII-79
Könige von Gwyned VIII-47
Könige von Kussar XI-21
Könige von Ur VII-8
König Gustav VI. Adolf von Schweden X-12
König Hattusils Fürstenspiegel XI-20
König Horex X-118
König Hystaspes IX-35
Königin Boudicca VIII-37
König Josija V-89
Königlicher Hof XI-45
König Mescha von Moab V-82
König Mursili XI-35
König Nikomedes VIII-34
König Niqmadu V-28
König Ochiagon VIII-34
König Porsenna von Chiusi I-12
König Psammetich I. V-89
Königreich Armenien IX-90
Königreiche XI-12
König Sancherib V-87
König Sargon II. IX-28
Königsbilder XIV-88
Königsbuch V-109
König Scheroes IX-117
König Sethos I. V-24
Königsfamilie IX-52; XI-40
Königsfriedhof von Ur XII-29
Königsgeschlecht der Ynglingar X-88
Königsgrab III-79
Königsgräber XI-13
Königshügel bei Sundsvall X-80
Königsliste XII-31, 53
Königsnamen IV-19
Königsnovelle XIV-91
Königssymbolik VII-57
Königs Yu IV-65
König Thutmosis III. V-17
König Thutmosis IV. V-19
Königtum V-71; VIII-55; X-116; XIV-31, 41, 47, 79, 100, 107, 120
König Virdomarus VIII-31
König von Ägypten V-23
König von Alaschia V-22
König von Babel V-96
König von Chazor V-67
König von Sumer und Akkad XII-59
König von Ugarit V-22
König von Ur XII-58
König Wen IV-61
König Wu IV-61
Körper II-61
Körperbau II-51
Körperbestattung II-74; X-35
Körperpflege III-67; V-100
Körperschmuck VI-106; VII-47
Körperstrafe XII-94
Koinon VIII-35
Kokastrauch XIII-7
Kolonialherrschaft VII-39
Kolonien I-8; VI-115; VIII-31
Kolonisierung XI-13
Kolophon VI-115
Kolossalstatuen XIV-115
Kolumbien XIII-59
Kolumbus X-124
Kommandostäbe III-52
Konfuzius IV-80
Konquistadoren XIII-72
Konstantin d. Gr. IX-109
Konstantinopolis IX-109
Konsul L. Aemilius Papus VIII-31
Konsul M. Livius Drusus VIII-31
Konsul Servius Fulvius Flaccus VIII-35
Kopfbedeckung VI-33
Kopfplastiken XII-23
Kopfschmuck VI-57
Koptos XIV-33
Korakies VI-52
Kordilleren XIII-11
Korinth I-28; VI-90
Korinthische Kriege II-16
Korinthos VI-36
Korn XII-7, 10
Korridore VI-97
Korsika I-8
Kosam VII-103
Kosambi VII-101
Kosmos IV-45
Kostarika XIII-59
Kostjenki III-17
Kot Diji VII-15, 27, 30
Kragehul X-57
Kragenflaschen III-39
Krankenheilung XI-109
Krankenpflege II-35
Krankheit XI-35
Krankheiten XIII-34, 80
Kreta III-94, 95; V-62; VI-5, 8, 9, 28, 31, 119; VII-30; XII-120
Kreter V-62; VI-56; XI-8
Kretische Fürsten VI-52
Kretische Mesara VI-95
Kretische Paläste XIV-106
Kretische Religion VI-93
Kretischer Handel VI-114
Kretische Seeherrschaft XIV-106
Kreuz II-72
Kreuznach II-15
Krickeberg → Walter
Krieg IV-25, 52, 112; X-18; XIII-31, 56
Krieg der Söhne des Lichtes mit den Söhnen der Finsternis V-116
Krieger III-43, 108; IV-51, 54; VI-57; X-13, 29, 77; XI-44; XII-22, 30, 32, 72; XIII-29
Krieger vom Hetwarenstamm X-90
Kriegführung VI-65; IX-93
Kriegsausrüstung XI-8
Kriegsführer XIII-28
Kriegsführung XII-89
Kriegsgott X-70
Kriegsgott Indra VII-38
Kriegshandwerk VII-39
Kriegskanu X-48
Kriegsleute VII-80
Kriegsrat VI-90
Kriegsrüstung VI-57
Kriegstechnik XII-32
Kriegs- und Transportschiffe XII-104
Kriegswesen VIII-56; XII-92; XIV-64
Kriegszüge IV-58; XI-44
Kriegszug nach Ägypten IX-54
Krim II-62
Krimgoten II-63
Krishna Deva VII-27
Krisis XIV-95
Kroatien VIII-35
Krokodil XIV-122
Krone XII-52, 69, 91; XIV-24
Krummstab XI-78
K. R. U. Todd VII-27
Ktesiphon IX-9
Ku IV-34
Kubaba XII-26
Kudur-Mabug IX-25
Kudurru IX-27; XII-79
Kuduzulusch IX-25
Kuei IV-32
Kühe X-21, 51

Kültepe XI-16; XII-47
Künstler IV-39; VII-105; IX-77, 78; X-67; XII-15, 22, 31; XIV-45
Künstlerschulen X-74
Küste von Kent VIII-47
Kugelamphoren III-47
Kuh-i-Karbusch XII-37
Kuh-i-Uschtaran XII-37
Kuliquartiere VII-37
Kulli-Mehi VII-30
Kulli-Mehi-Gruppen VII-25
Kulli-Mehi-Kultur VII-24, 25
Kult IV-31; V-47; VI-42; IX-65; X-13; XIII-32, 58
Kultanlagen XIII-26
Kultbauten II-98; VII-107
Kultbild III-81; VII-20
Kultbilder VI-68, 69
Kulte XI-44
Kultfassade VI-93
Kultfeste XIII-33
Kultform III-5
Kultformen VIII-99
Kultgebäude I-22
Kultgerät V-48
Kultgeräte X-13
Kulthallen VII-108
Kulthandlungen VI-39; IX-23
Kulthöhle III-19
Kulthörner VI-71
Kultische Bauwerke XIII-26
Kultische Formen VI-69
Kultische Lieder V-103
Kultischer Tanz VI-72
Kultische Tracht VI-72
Kulträume XII-22
Kultsitte XII-16
Kultstatue XI-98
Kultszenen VI-118
Kultur I-10; VIII-9; IX-18; XIII-23
Kultur der grauen bemalten Tonware VII-94
Kultur der groben grauen Ware VII-94
Kultur der Kupfer-Sammelfunde VII-87
Kultur der Muschelhaufen III-5, 28
Kultur der schwarzbemalten roten Ware VII-94
Kultur der schwarzen Keramik IV-16
Kultureinheit VII-108
Kulturelles Leben III-116
Kulturreste III-49
Kultursprachen XI-16
Kulturverbindungen VII-68
Kulturvergleiche VII-28
Kultus V-95; VI-54, 61; XII-120; XIV-83
Kultusminister IX-108
Kultwagen III-111; VIII-22
Kum VII-18
Kumarbi XI-114
Kunst I-5, 10, 24; II-15, 36; III-5, 6, 18, 74; IV-30, 54, 70, 92, 101, 114; V-49, 91; VI-43; VII-11, 40, 60, 80, 84; VIII-105, 108; IX-93; XII-14, 62, 85, 93, 96, 110, 120; XIII-81; XIV-22, 54, 102, 114
Kunst des Altertums VI-69
Kunst des Wagenlenkens XII-24
Kunstgewerbe II-42; V-101
Kunsthandwerk II-36; III-5, 33; IX-104; XII-15
Kunstschätze XII-72
Kunst und Kunsthandwerk VI-5, 73, 118
Kunst von Aladscha Höyük XI-103
Kunst von Gandhara VII-109
Kunstwerke V-116; VII-44
Kupfer I-82; III-58; V-62; VII-43, 67, 87; VIII-11; IX-11; X-14; XIV-33, 82
Kupferkultur III-58
Kupferperlen III-44
Kupferplastik XII-36
Kupferquadriga XII-24
Kupfer- und Bronzeplastik XII-23
Kuppelgrab VI-101, 104
Kuppelhütten III-73
Kur XII-44, 55
Kurigalzu I. XII-76, 122
Kurigalzu II. XII-78, 122
Kurnugea XII-9, 15
Kutir-Nakhunte IX-27
Kyaxares IX-42; XII-117
Kykladen VI-26
Kykladenidole VI-27
Kykladenkultur VI-26, 66, 88
Kymry VIII-47
Kyros IX-31, 57
Kyros I. IX-48
Kyros II. IX-49
Kythera VI-9

La Belle et la Bête VII-57
Laber VIII-13
Labrador III-33
Labranda VI-36
Labyrinth VI-29
Labyrinthos VI-36
Lackarbeit IV-103
Lacus Venetus III-96
Laden XII-25
Ladenburg VIII-13
Längenmaß VII-67
Lagasch XII-10, 23, 43, 122
Lagiden XIII-9
Lahn VIII-13
Lama XIII-8
La Mouthe III-17
Lampen VI-42, 64
Land Ahhija XI-37
Landbesitz VI-32
Landbesitzer IV-109
Land der Arier IX-7
Landesgottheit IX-24
Landgüter XIII-29
Landkarte XII-36
Landmesser XII-110
Landschaft XIV-7, 11
Landwirt XII-104
Landwirtschaft II-31; III-38; VI-65; VII-89; VIII-75; IX-15; X-17; XII-91, 98; XIII-25
Langobarden II-49, 53, 62; X-40
Langschwert II-60
Languedoc VIII-15
Lanze II-75, 79; VI-57; X-96
Lanzen VIII-26
Lanzenspitzen VIII-21
Laokoon XII-23
La Pasiega bei Puente Viesgo III-18
La Petite Parisienne VI-60
Lapislazuli VI-18; VII-57, 67; IX-10; XII-54; XIV-71, 82
–, XII-54
–, XIV-71, 82
La Plata XIII-11
Lasithi VI-47
Lastesel VI-66
La-Tène-Kunst VIII-112
La-Tène-Zeit VIII-10, 26
Latiner I-12
Latiscostamm VIII-21
Latium I-12
Latobriger VIII-43
Lauriacum II-14
Lausitzer Kultur VIII-15
Lausitzische Kultur III-86
Laussel III-20
La Venta XIII-15
Lea V-99
Leben VI-53
Leben nach dem Tode IX-16
Lebenserwartung III-54

Lebensformen VIII-50
Lebensgemeinschaft X-24
Lech VIII-13
Leder III-66; VIII-22, 66
Lederbearbeitung VIII-80
Lederrollen V-115
Lederschuhe X-51
Lederwerkstatt II-31
Legalisten IV-88
Legaten II-18
Legende V-109
Legenden XI-116
Legionäre IX-90
Legionen II-12; VII-42
Legionsadler IX-89
Legitimität IX-115
Lehen XIII-29; XIV-43
Lehm VI-16
Lehmmauern VII-89
Lehmziegel VII-89; XII-8
Lehmziegelhäuser VII-17
Lehnsaufgebote IX-88
Lehnsherren IV-65
Lehnsträger XIV-43
Lehre der Dschainas VII-105
Lehrer XII-51
Lehrer der Gerechtigkeit V-116
Leibärzte IX-78
Leibgarde VI-58
Leibwächter XII-47
Leichenverbrennung VI-23
Leier II-75; XII-30
Leif X-123
Lei-wen IV-31, 39
Lemnos VI-20; X-34
Leonidas von Sparta IX-75
Leontes V-8
Leoparden XI-21
Le Roc III-20
Le Roc in der Charente III-18
Lesbos VI-20
Les Rideaux III-10
Leukas VI-23
Leuna X-40
Leviratsehe V-99
Leviratspflicht XII-94
Lex Alamannorum II-74, 88
Lex Anglorum et Werinorum, hoc est Thuringorum II-87
Lex Baiwariorum II-88
Lex Burgundica II-87
Lex Flaminia VIII-31
Lex Salica II-87
Libanon V-8; XII-36, 90; XIV-82
Liberti II-21
Libyen V-25; IX-64; XIV-106
Libyer VI-57; XIV-111
Lichthof VI-51
Liebeslieder V-103
Liebeslyrik XIV-117
Liebschaften XII-115
Lieder XIV-117
Lieder des Lamek V-102
Lilla Harg X-61
Limes II-10; X-40; XII-118
Limfjord III-27
Lindenschmidt VIII-8
Lindental III-38
Linear B VI-89
Linearschrift A VI-61, 89
Linearschrift B VI-61
Lingamsymbol VII-56
Lingonen VIII-30
Linköping X-49
Liothida X-78
Lipitischtar von Isin XII-122
Lippe VIII-13
Listen XII-27
Literarische Quellen VIII-27
Literarische Quellen Ägyptens V-14
Literarische Überlieferung II-12; III-81
Literatur IV-53, 73, 101; V-91, 102; VIII-118; IX-119; XI-91, 112; XII-37, 53, 62, 93; XIV-54, 55, 90, 116;
Literatur der Hethiter XII-36
Literatursprache XI-10; XIV-71
Literatur von Hattusa XI-44
Liturgie XII-65
Liturgische Hymne V-94
Liutprand II-70
Livier VIII-31
Livius I-9, 12; VIII-29
Loehr IV-19
Löhne XIV-32, 111
Löwe VI-34, 69, 93
Löwen XI-21, 121; XII-15, 100
Löwenjagd IX-103
Löwentor VI-70, 93
Lohri VII-27
Lolland X-38
Lombardei II-69
London X-124
Long barrows III-90
Losrunen II-85
Lothal VII-15, 73
Loyang IV-64
L. Pernier VI-30
Lucca IX-89
Lüneburg III-111
Lugalanda XII-27, 122
Lugalannemundu XII-29
Lugalkinischedudu XII-27
Lugalzaggesi XII-28, 34, 122
Lugier II-58
Lukan VIII-96
Lukans Pharsalia VIII-101
Lukki XIV-106
Lukrez III-98
Luksor XIV-80, 116
Lukur XII-48
Lulubi IX-21
Lulubi-Fürst Annubanini IX-22
Luna-Marmorbrüche I-9
Lung-shan IV-50
Lung-shan-Schrift IV-17
Luni I-9
Lunulae III-89
Lun-yü IV-81
Luren III-76
Lustgärten XIII-29
Luwisch XI-9
Luxus VI-42; VIII-67; X-94
Luxusartikel IX-83
Luxusgegenstände VIII-23
L. Woolley V-33
Lyder XI-44
Lyderreich XIV-46
Lydien IX-64
Lykien VI-9; XI-15
Lykier XIV-106
Lykurg-Münzen III-99
Lyon II-23

Machtkämpfe IV-66
Mach XII-32
Mackay VII-14, 66
Macpherson VIII-8
Madhya Pradesh VII-90
Madras VII-94
Mäander III-21, 105
Mädchen VI-37
Mähnenschaf XII-47
Mähren II-59; III-17; VIII-35
Männer III-26, 54; IX-23
Männerwohnung VI-97
Märchen VII-21, 57; VIII-117; X-32
Magan XII-37
Magazin XII-7
Magazine VI-39, 97
Magdalenenberg III-117
Magie XIV-122
Magier IX-96, 108
Magistri comacini II-70

Magnuskirche in Worms II-106
Magra I-7, 9
Mahabharata VII-39
Mahlzeiten XII-115
Mahratten VII-39
Maiander VI-35
Mailand VIII-30
Main VIII-13, 15
Mainz II-12, 106; III-10
Mais XIII-7, 56, 60
Majumdar-Expedition VII-40
Majumdar N. G. VII-14, 27, 82
Majumdhar VII-14
Makedonen IX-80
Makedonien VIII-35
Makedonische Armee IX-80
Makkabäerkriege V-115
Makran-Küste VII-24
Malachit XIV-71, 82
Maler VI-75
Malerei I-46, 94; VI-86, 123; VII-108
Malereien V-13
Malinalcos XIII-13
Mallia VI-30, 45
Malmotive VII-90
Malocchio III-114
Malta VI-95
Mammut III-14
Mammutkälber III-20
Manasse V-88
Manching VIII-73
Mandibula Heidelbergensis III-9
Manetho XIV-90
Manetho Hyksos V-17
Mani IX-9, 108
Manichäische Kirche IX-108
Manichäismus IX-119
Maniok XIII-11, 60
Manischtusu XII-36, 122
Mann IV-53; V-22, 99; VI-56, 62; VIII-51; X-69; XI-8
Mantia VIII-30
Mantua I-10
Manufaktur II-31
Manx VIII-7
Maqlu XII-95
Marathon IX-74
Marbod II-50
Marbot X-30
Marc Aurel II-44
Marcina I-11
Mardin XII-61
Mardonios IX-75
Marduk IX-75; XI-17; XII-71, 114
Mardukzakirschum XII-101
Margiden XIII-9
Mari VI-67; XII-32, 61, 97
Mari-Tell Hariri XII-56
Markomannen II-48; VIII-35
Markomannenkrieg II-10
Marktpolizei XIII-29
Marley → Sylvanus
Marmor VI-27, 33; VII-67
Marokko III-59
Marquet-Krause V-14
Marquina → Ignacio
Marshall John VII-8, 14, 104
Marsiliana I-5, 64
Martin P. VI-71
Marut XII-75
Marzabotto I-10, 11, 88
Mas d'Azil III-18
Masken VIII-110
Maskenhelme II-17
Massageten IX-64
Massalia VIII-27
Maßangaben X-56
Maße VII-66
Mastaba XIV-38
Mastabas III-60
Materielle Kultur V-100
Mathematik XII-120; XIV-73
Matriarchal-Organisation IX-15
Matronenstein II-94
Mattenweberei VII-42
Mattiwaza XI-34
Mauern XI-59; XII-21
Mauerreste IX-13
Maulesel IX-34
Maurer VI-65
Mauryazeit VII-38
Mavrospilio VI-55
Max Uhle XIII-53
Maya XIII-36
Mazdakbewegung IX-113
Mazedonien III-48
Mc. Cown VII-27, 29
M. Dunand V-25
Meare VIII-39
Meder IX-40; XII-101
Mederfürsten XII-105
Medien IX-64
Medinet XIV-111
Medinet Habu III-99; VI-121
–, XIV-109, 114, 116
Medisches Reich IX-39
Medizin XII-52, 120; XIV-58, 74
Meer I-11
Meerut VII-39
Megalithdenkmäler VIII-7
Megalithen VII-90
Megalithgräber III-5, 33, 39, 40
Megalithische Gräber VII-92
Megalith-Kultur VII-93
Megalithkultur Palästina-Syriens V-10
Megalithleute V-13
Megara VI-23
Megaron III-50, 88; VI-13, 16, 95, 97
Megasthenes VII-107
Megiddo V-8, 13, 35: 77
Mehgam VII-15
Mekran IX-17, 64
Melischipak XII-79, 122
Melonen XIII-60
Melpum I-10
Meluchcha XII-8
Memphis V-29; XIV-34, 113, 119
Menapier VIII-24
Menec III-61
Menhire III-61; V-10
Mensch XIV-7
Menschenbild VI-55, 104
Menschenopfer IV-51; XIII-33
Mentuhotep II. XIV-41, 61, 62, 69
Mentuhotep IV. XIV-61
Mercia VIII-47
Mercur II-92
Mereruka XIV-51
Merikarê XIV-50, 71
Mernephta V-25
Merneptah XIV-106
Merseburg X-41
Mesannepadda XII-29, 122
Mesara VI-31, 65
Mesilim XII-19, 27
Mesilimzeit XII-23, 122
Mesoamerika XIII-25
Mesopotamien V-9, 29, 58, 112; VII-16, 30, 31, 35, 46, 47; IX-7, 12, 20, 93, 116, 117; XII-34, 98; XIV-29
Mesopotamische Hochkulturen IX-20
Messer X-96
Messianische Idee V-92
Messias V-77
Messingwerk von Ebenswalde III-69
Met X-21
Metall III-55; VIII-11; IX-19, 20
Metallarbeiten II-65
Metallarbeiter XIII-76
Metalle VI-15; XIV-82
Metallgürtel VIII-66
Metallguß XIV-28
Metallhandel VI-17

Metallhandwerk III-107
Metallpanzer II-16
Metallschätze VI-31
Metallurgie III-98
Metallwerkzeuge VII-27
Metallzeit III-60; VI-28
Metate XIII-24
Metfaß X-88
Metz II-29
Mexiko XIII-11
Micha V-93
Michael Ventris VI-61
Michoacan XIII-15
Mictlan XIII-31
Midianiter V-64, 67
Mih(i)rdates IX-91
Mikrolithen III-12
Mikrolithische Kulturen VII-85
Milet VI-90
Militärdiktatur XIV-107
Militärdistrikte IX-33
Militärische Organisation II-11
Militärmusik II-18
Militärpartei XII-97
Mineralien III-11
Ming IV-6
Miniaturen VII-58; XII-15
Miniaturfresken VI-79
Miniaturfresko VI-68
Minoische Gruppe VI-92
Minoische Kultur VI-88
Minoische Schrift VI-34
Minos III-94; VI-88
Mischkulturen III-5
Mischtiere VII-46
Miss de Cardi VII-23
Mitanni XI-27; XIV-113
Mithra IX-65
Mithradates I. IX-85
Mithradates II. VIII-34
Mithradates II. IX-87, 88
Mithradates VI. Eupator von Pontus IX-88
Mithra-Glauben IX-90
Mithra-Legende IX-90
Mithrasheiligtum II-40
Mitla XIII-19
Mittelalter II-26
Mittelamerika XIII-54
Mittelassyrisches Reich XII-122
Mittelassyrische Zeit XII-86
Mitteldeutsche Mischkulturen III-33
Mitteldeutschland III-83
Mittelgriechenland VI-23
Mittelhelladische Keramik VI-96
Mittelhelladische Kultur VI-92
Mittelindien VII-86
Mittelkreta VI-70
Mittelmeer III-94
Mittelmeerhandel VI-113
Mittelminoisch VI-32
Mittelrheingebiet III-83
Mittelsteinzeitlich III-28
Mittleres Reich XII-32
Mittleres Reich VI-88; XIV-61, 75
Mixi X-78
Mixteken XIII-14, 19
Mjärdevi X-49
Mnesikles VI-99
Mo V-37
Moabiter V-70
Mobad Karter IX-108
Mobiliar XIV-89, 111
Moctezuma XIII-27
Moctezuma II. XIII-27
Mode II-43; IX-31; XI-9, 12
Modena I-10
Mödling b. Wien III-110 2
Mogo II-19
Mogontiacum II-19
Mohendjo Daro XII-13
Mohendscho Daro VII-14, 15, 26, 35
Mohisten IV-88
Monaco III-11
Mondbilder III-110
Mondgott Jareach V-46
„Mond"-Pyramide XIII-18
Mongolen IX-119
Mongolensturm II-85
Monopolstellung VI-52
Monotheismus V-98
Montalto di Castro I-62
Mont Beuvray VIII-44
Monte Albán XIII-13, 19
Montejo XIII-7
Montelius → Oskar
Moor X-29, 48
Moore X-19
Moorerz X-15
Moorleiche X-52
Moorpötte X-51
Mord XIV-111
Morganwg VIII-8
Morgenland VI-68
Moringabaum XIV-8
Mosaikbild II-23
Mosaiken XII-8
Mose V-59, 60, 63, 89; XII-55, 72
Mosel II-19, 35
Mosella II-33
Mosel-Rhein-Gebiet VIII-29
Mossul XII-13
M. S. Vats VII-14
Muchchum XII-74
Münze XII-116
Münzen IV-69; VII-13, 101; IX-96, 105, 125; X-64
Münzfunde VII-97
Münzkunst VIII-85
Mufflon IX-23
Muisca XIII-74
Mumien XIV-111
Mumifizierung XIV-86
Mundigak VII-15, 39, 75
Municipium II-27
Muqajjar XII-29
Muraschu XII-116
Muriq Tidnim XII-48
Murschil II. V-24
Mursilis XI-23, 35
Mursilis I. XI-25
Musasir IX-40
Muschelhaufen III-27
Muscheln III-27 2
Musik III-5, 75; VI-28; IX-111; XII-63
Musikanten XII-47
Musikantinnen XII-47; XIV-82
Musterkoffer von Koppenow III-93
Mutationes II-29
Mutter VI-73; XIII-57
Mutter Erde VII-20
Muttergöttin VII-20
Mutter Indien VII-109
Mutter- und Fruchtbarkeitsgottheit II-94
Muwatallis XI-38
M. Ventris VII-33
M. W. Stirling XIII-13
Mykalessos VI-36
Mykenai VI-61
Mykene III-94, 95; VI-7, 8, 65, 90, 96
Mykenische Kultur VI-65
Mykerinos XIV-31
Myrrhe XII-8
Mysien XI-15
Mysterienkult IX-90
Mythen V-47; VII-21; VIII-92; XII-32, 54; XIV-28, 100
Mythendichtung V-51
Mythenzug XI-77
Mythische Figuren XII-14
Mythisches Weltbild XIII-31
Mythologie V-95; VIII-103
Mythos I-25; V-95

Mythos vom Kampfe des Baal mit dem Meeresgotte Jam V-45
Mythos von Anat V-37
Mythos von Nikal V-46
Mythus VII-58

Nabonid XII-113, 118, 122
Nabopolassar XII-116, 122
Nabopolassar-Chronik XII-117
Nabukhudrossor IX-28
Nabu-kudurri-ussur XII-117
Nabupolassar IX-42
Nach-Eiszeit X-11
Nachrichtendienst XIII-28
Nadelschmuck VII-65
Naga VII-61
Nagda VII-90
Nahr-el-Kelb XII-106
Nahrungspflanze XIII-56
Nahua XIII-14, 22, 27
Nal VII-24
Nal-Gefäße VII-74
Nal-Keramik VII-25
Nal-Nundara VII-23, 25, 30
Nalua XII-46
Namak- und der Namakschar-See IX-10
Namchani XII-42
Namensträgerin VII-21
Nanna IX-24; XII-27, 29, 32, 43
Nansche XII-27
Naplanum XII-58
Napoleon VII-34
Naramsin V-14; IX-21; XI-18; XII-37, 122;
Narmada VII-90
Nathan XII-74, 99
Nationalgefühl XII-92
Natur V-97; VI-43
Naturgewalten X-17
Naturkatastrophe II-47
Naturkatastrophen XIII-34
Naturkräfte IV-14
Nauplia VI-96
Navarra XII-120
Naxos VI-26
Nayarit XIII-15
Nazimaruttasch XII-78, 122
Naziräer V-68
Neandertaler III-9
Nebo XII-97, 101
Nebukadnezar V-32; XII-117
Nebukadnezar I. XII-88
Nebukadnezar II. V-91; XII-113
Necho XIV-119
Neckar VIII-13, 15
Nefudwüste XII-119
Negâde II XIV-15
Negâde I XIV-15
Nehemia V-113
Neko II. V-90
Nekropole I-10, 11, 29
Nekropolis XIII-93
Nemeter II-48; VIII-24
Nemettienlil XII-113
Nenfro I-71
Neolithikum III-43; VI-11, 14; VII-21; VIII-11; XIII-11
Neolithische Bauernkultur III-55
Neolithische Periode IX-17
Nephrit VI-18
Nephthys XIV-35
Nergalscharussur XII-118, 122
Nero II-10, 16, 19, 21
Nervier VIII-37, 44
Nesa XI-16, 21
Nesisch XI-9
Nestor VI-90
Netze VII-42
Neuassyrisches Reich XII-97, 122
Neubabylonisches Reiches XII-118
Neuenheim bei Heidelberg III-46
Neuere Wissenschaft III-91
„Neues" Reich XI-27; XIII-36; XIV-75, 107
Neues Testament V-66, 96
Neumexiko XIII-10, 11
Neuß II-13
N. G. Majumdar VII-14
Nibelungenhort X-87
Nibelungenlied II-89; VI-91
Nicaea I-8
Nicarao XIII-54
Nida VIII-13
Niebuhr VII-11
Nied VIII-13
Niederrhein VIII-27; X-14
Nierstein am Rhein III-46
Niffer XII-19
Nil VI-88, 122; XII-76; XIV-7, 109
Nildelta V-17; VI-121
Nilsson VI-71
Nimrod XII-55
Nimrud XII-87, 100
Ninabuhadu XII-28
Ninchursang XII-27, 28, 32
Ningal XII-32, 43
Ningirsu XII-26, 27, 32
Ninive IX-116; XII-36; 87
Ninlil XII-29
Ninmach XII-32
Ninos XII-87
Ninschubad XII-31
Ninsun XII-32
Nintu XII-24, 32
Ninurta XII-55
Nippur XII-10, 28, 43, 59, 97
Niqmadus II. V-28
Niqmepa V-33
Niru Chani VI-52
Nisaba XII-28, 32
Nizza I-9
Nocera I-11
Nofretiti XIV-98
Nola I-11
Nomaden XI-27
nomadische Jäger XIV-28
Nordafrika XIV-106
Nordbelgen VIII-37
Nordchina IV-13
Norddeutschland X-11
Norden XIII-53
Nordfrankreich VIII-15
Nordindien VII-86
Nordische Bronzekultur III-64
Nordische Bronzezeit II-75
Nordische Jungsteinzeitkultur III-33
Nordmesopotamien XI-18; XII-58, 75
Nordreich V-82, 84
Nordschweiz VIII-15
Nordsee X-17
Nordsyrien XII-74
Nordwesten VII-86
Noricum VIII-19
Norrköping X-49
Norwegen X-17, 59
Not VII-75
Notabeln XII-42
Novelle V-107
Novizenzeit XIII-79
N. R. Banerjee VII-103
Nubien V-19; IX-64; XIV-62
Numantia II-12
Numerus II-14
Nuraghen III-60
Nuraghen Sardiniens VI-95
Nur-Ilischu XI-19
Nutzrecht X-20
Núñez, Balboa de → Vasco
Nydam X-57, 80
Nymphen II-95
Nyrax VIII-26

Oase IX-11, 74
Oasenkulturen XIII-90
Oaxaca XIII-18, 27
Oberägypten XIV-36
Oberhausen II-13
Oberitalien III-71
Obermesopotamien XII-70
Oberpfalz VIII-15
Oberschicht IV-54; XIII-29
Obst II-35
Ocno I-9
Odergruppe III-6
Odermündung III-42
Odovakar X-66
Odowakar II-62
Odyssee III-92; VI-29, 70, 98;
Odysseus VI-29; X-34
Öffentliche Arbeitsstätten VII-37
Öffentliche Bäder II-35; VII-37
Öffentliche Gewalt XIII-76
Ökonomie VII-82
Öl VI-31; XII-10; XIV-82
Öland X-11, 76
Ölproduktion VI-64
Östergötland X-61
Österreich VIII-35
Offizier II-14
Offiziere XI-16; XII-32, 42
Offiziersquartier II-12
Ohrlöffel II-57
Oktopoden VI-59, 87
Oliven VI-64
Olivenernte VI-64
Olmeken XIII-13, 15
Olmekischer Stelenkult XIII-53
Olten II-26
Olymp VI-9
Olympia VI-20
Olympische Götter VI-73
Olynthos VI-36
Omar-Moschee V-78
Ombrone I-9
Omri V-83
Onager XII-24
On Atum XIV-34
Onegasee III-31
On-Heliopolis XIV-41
Opfer IV-31; VI-37, 54, 68; IX-98; XIII-29, 58
Opfergefäße X-21
Opfergeräte IV-37
Opferspenden XII-16
Opfertisch XIV-40
Opfertode XIII-30
Opis IX-81
Oppida II-19; VIII-71, 72, 73
Oppidum VIII-73
Oppidum vom Mont-Lassois VIII-21
Orakel IV-45, 46; XI-87; XIII-18, 34
Orakelwesen XIV-113
Ordensregeln V-68
Organisation VII-35
Orgetorix VIII-43
Orient I-28; II-42, 96; VI-28, 35
Orinoko XIII-11, 68
Orissa VII-103
Orkney-Inseln III-55
Ormuzd IX-115
Ornamente VIII-28; IX-41; XII-103
Ornamentik III-74; IV-25; X-99
Orontes V-8
Orosius X-57
Orpheus VII-56
Orthostaten XI-21
Ortsgötter XIV-42
Orvieto I-5, 64, 72
Oscar Montelius X-7
Oseberg III-79
Osiris XIV-35, 47
Osirisglauben XIV-47
Osirismythos XIV-35
Osirisreligion XIV-68
Oskar Montelius III-64
Oslo X-17
Ostanatolien XI-14
Ost-Chou IV-6
Ostfalen II-72
Ostgermanen II-50, 58
Ostgoten II-62, 69
Ost-Han IV-6
Ostiranische Kultur VII-87
Ostkelten II-46
Ostrom II-7, 62
Ost-Saka IX-64
Ostspanien VIII-16
Osttigrisland XII-35
Otingis X-78
Otomí XIII-14
Ovalbauten III-73
Oxkintók XIII-38
Oxus IX-34

Pactus Alamannorum II-74, 88
Paemaner VIII-38
Paläste VI-68, 95; VII-107; XII-21
Paläste, Städte, Gräber VI-5, 37
Palästina XI-13; XII-101; XIV-106, 109, 111
Palästinafahrer V-117
Palästina-Syriens V-7
Palaikastro VI-32, 50, 51
Palaisch XI-9
Palast VI-41, 45, 92, 94; XII-20
Palastbauten VII-37
Palastburg VI-104
Palastgöttin VI-118
Palastkapelle Karls des Großen II-107
Palasttöpfereien VI-86
Palast von Mari XII-72
Palenque XIII-38
Palermo VII-58
Palmas XIII-20
Palmyra V-116
Pamba XI-18
Pamir IX-8
Pampiden XIII-10
P'an IV-34
Panama XIII-59
Panamu V-33
Pandi Wahi VII-27
Pandschab VII-7, 81
Pannonischer Aufstand II-10
Pantheon VI-73, 102; XII-16, 31
Panzer VI-57; IX-88
Pao Szu IV-65
Papyrus VI-63; XIV-26, 110
Papyrus Harris XIV-111
Paradies V-96
Paragraphen XII-71
Paramses XIV-105
Parasuram Khera VII-15
Parfüms XIV-89
Paris XI-14
Parma I-10
Parmenions IX-80
Paros VI-26
Parsa IX-49
Parsi IX-119
Parsua IX-32, 47
Parsumasch IX-49
Parther IX-84
Parthien IX-64
Pasargadai IX-57
Pataliputra VII-40, 103, 107
Pater familias IX-89
Patriarchen V-59
Paul Schellhas XIII-36
Paulus Diaconus II-69
Pausanias VI-101
Pazifiden XIII-10
Pazuzu XII-95
P. Bosch-Gimpera VIII-24
Pectunculus III-10
Pedro Alvarado XIII-7

Pekach V-86
Pelendonen VIII-24, 25
Peleset XIV-106
Peloponnes III-95; VI-23; VIII-30
Peloponnesischer Krieg I-7
Pelusium XIV-120
Penhouet VIII-7
Pentapolis V-62
Perlen VII-43
Peroz IX-112
Persepolis IX-10, 62, 68, 87
Persepolis-Reliefs IX-57
Perser XIV-120
Perserkönig Kyros VII-98
Persischer Golf IX-7, 17
Personenverkehr VI-66
Perugia I-5, 8, 9, 90, 99
Pescia Romana I-62
Pestgebete XI-35, 36
Petersfelshöhle III-11
Petersilie II-35
Petra V-117
Petsofa VI-70
Pfahlbaukultur III-50, 89
Pfahlbauten III-33, 48, 49, 88, 100, 122; X-16
Pfahlbautenkultur II-84
Pfahlbautenleute VIII-17
Pfahldörfer VIII-15
Pfahlgötzen X-50, 119
Pfahlhausurnen III-115 ff.
Pfauen VII-83
Pfeil III-43
Pfeile X-96
Pfeilerbau VII-76
Pfeilersaal VI-42, 97
Pfeilspitzen VII-38
Pferd III-54, 108; VI-58, 116; VII-20, 80; IX-34, 87; X-21, 51, 69; XIV-64, 82
Pferd am Zügel III-26
Pferde II-48; V-7
Pferdedarstellung VII-89
Pferdehaltung VI-65
Pferdekult VII-56
Pferdeopfer VII-56
Pferdezucht II-71; XII-81
Pfirsich II-35; IX-87
Pflanze VI-68
Pflanzen IV-14
Pflasterung VI-65
Pflaume II-35
Pflug III-33, 65; XII-10
Pfostenhäuser III-42
Phaistos VI-30, 46, 75
Phallusidol VII-57
Phallusverehrer VII-79
Pharai VI-62
Pharao Chian VI-66
Pharao Necho XII-117
Pharaonen V-20; XI-39; XII-77, 81
Pharisäer V-115
Philipp II. IX-79
Philister V-59, 62; VI-122; XI-8; XII-101, XIV-106
Philister Goljat V-16
Philoktet X-34
Philologie XII-52, 53, 120
Philosophie VII-80
Philosophische Texte XII-120
Phiops I. XIV-43, 44
Phiops II. XIV-41
Phöniker I-28
Phönikier IX-52
Phönikisch VII-58
Phönizien XIV-106, 111
Phönizier V-35; XII-120
Phokäer I-8
Phokas IX-116
Phokis VI-12, 118
Phraates II. IX-86
Phraortes IX-40
Phrygern XI-44
Phylakopi VI-26
Piacenza I-10
Piedras Negras XIII-38
Piemont I-9
Pietroassa II-67
Piggott, Stuart VII-15, 21, 88
Pikten VIII-47
Pilli XIII-29
Pilum II-17
Pinzette II-57; X-96
Pipalblätter VII-23
Pipil XIII-54
Pippin der Ältere II-78
Pir Hüssein XII-37
Pisa I-7, 8, 88
Pithoi VI-19, 39
Pizarro → Francisco
Plastik I-21; IV-40; VI-81; VIII-108; XII-96, 120
Plastiken II-38, 81; XIII-17
Plataiai IX-75
Plinius I-11, 61; II-17, 48, 49, 62; X-19, 32
Plünderung XIV-111
Po VIII-30
Pochteca XIII-29
Podium VI-97
Poebene I-9; VIII-29
Poesie VIII-68
Poggio Buco I-62
Poggio dei Settecamini I-71
Polen X-62
Politik XII-57, 98
Politiker IX-77
Politische Geschichte IV-60
Polizeikasernen VII-37
Polizeistationen VI-65
Polo IX-115
Polybios VIII-63
Polygamie V-99; XIII-57
Polytheistisches Göttersystem XIV-28
Pompei I-11
Pompeius VIII-35; IX-89
Pontus XI-7
Populonia I-5, 80
Porsenna I-8, 13
Portal VI-41
Portalskulptur von Trani VII-58
Porta Nigra II-25
Porta praetoria II-14
Porta principalis dextra II-14
Poseidonios II-48
Poseidonius VIII-63, 67
Potenz XII-62
Potiphar XI-118
Praefectus fabrum II-16
Praetentura II-14
Praetorium II-12
Prakash VII-90
Prediger V-108
Predigt V-96
Preßtechnik II-69
Priamos X-33; XI-14
Priester IV-54; VI-56; XI-10, 41; XII-7, 8, 15, 16, 21, 23, 25, 42; XIII-32, 34, 46, 79
Priesterbehausungen VII-37
Priesterfürsten VII-43; XIII-17
Priesterinnen VI-60; XII-21
Priesterlehre XII-82
Priesterschaft IX-96, 112; XII-82; XIII-46; XIV-42, 44
Priestertum XIV-108
Priester Zadoq V-76
Prinzen XII-42
Prinzenerziehung XII-57
Prinzessin XI-40
Prinzessin Ita V-16
Prinz Ochos IX-78
Prinz Yezdegerd III. IX-117
Privates Leben II-30; V-98

Privatgrab XIV-51
Privatplastik XIV-115
Privatverträge IX-21
Privatwirtschaft XII-52
Probus II-35
Produktion VII-43
Prokonsulat des Crassus IX-89
Proletariat XIV-110
Properz VIII-31
Prophet Elia V-82
Prophet Elisa V-8
Propheten V-62, 69, 92; IX-108; XII-73; XIV-100
Prophetenstand XII-73
Prophet Ezechiel V-62, 94
Prophet Hosea V-93
Prophet Jeremia V-65, 91
Prophet Jesaja V-93
Prophet Nathan V-76
Prophet Zephanja V-62
Protokelten VIII-17
Provinzen XI-40
Provinzhauptstädte VII-40
Provinz York VIII-37
Prozesse XI-51
Prozeß XII-68
Prunkfibeln X-84
Prunkschurz XIV-24
Prunkwaffen XIV-71
Prunkwagen X-48
Psalm Amenophis' IV. V-19
Psalme V-19, 20, 104
Psammetich III. XIV-120
Pseira VI-50
Psychro im Lasithigebirge VI-70
Ptah XIV-34, 35, 113
Ptolemaeus X-32
Ptolemäer V-114; XIV-120
Ptolemäer VIII-35
Ptolemäus II. XIV-90
Ptolemaios II-48, 62
Pueblos XIII-11
Pulu XII-102
Punalandschaft XIII-8
Puntexpedition XIV-88
Puramdara VII-79
Purpur VI-31
Purpurfischerei VI-31
Purushanda XI-16, 21
Puzur-Schuschinak IX-22
Pylos VI-61, 65, 90
Pyramide VI-92; XIII-31
Pyramiden III-60; XII-114; XIV-37, 46, 50
Pyramidenbauten XIV-32
Pyramidenzeit XIV-31
Pyrenäen VIII-15
Pyrgi I-8, 27
Pytheas von Marseille X-21

Qadesch am Orontes V-29
Qal'ēh XII-37
Qatna V-16, 32; XII-61
Q-Kelten VIII-17
Quaden II-48
Quadruviae II-95
Quellen V-16; VII-98; VIII-91
Quetta VII-15, 30
Quetta-Ware VII-23
Quetzalcoatl XIII-17
Quibéron III-62
Quitte II-35
Quittungen IX-21

Rachegesang V-102
Rachel V-99
Rad III-71
Rad der Lehre VII-105
Radgott VIII-96, 97
Radpflug X-19
Rätien II-10; X-19
Rätsel V-104
Ragnar Lodbrok X-117
Raido X-48
Rajagriha VII-103, 107
Rajasthan VII-85
Rajpur Parsu VII-88
Rajputen VII-39
Ramesseum XIV-116
Ramessiden XIV-113
Ramessidenzeit XIV-112
Ramiro I II-65
Rampe VI-49
Ramses II. V-25, 30; XI-39
Ramses II. XIV-105, 110, 111
Ramses III. III-99, 100
Ramses III. VI-121; XIV-106, 109, 111, 112
Ramses IV. XIV-109, 111
Ramses IX. XIV-107, 110
Rana Ghundai VII-19
Rana Ghundai II VII-19
Rana Ghundai III VII-19
Randbeil III-65
Rangpur VII-39
Raqqatum XII-73
Rasenna I-7
Ras Schamra III-100; XII-97
Rassetypus VI-56
Rasthäuser VI-65
Ratsherr II-18
Raub VI-101
Raubgut IX-37
Raubzüge VIII-30
Raumdekoration VI-79
Raura VIII-13
Rauraker II-26; VIII-13, 24
Ravenna II-63
Ravi VII-14
R. B. Seager VI-30
R. D. Banerji VII-13
Rebellionen IX-55
Rechabeam V-79
Rechenkünste XI-63
Rechenkunst XIII-43
Rechnen XII-51
Rechnungen XII-27
Recht VII-36; XI-53; XII-50
Rechtschaffenheit XIV-101
Rechtsgelehrte XII-94
Rechtsgötter XI-16, 19
Rechtsleben V-51; XII-65
Rechtsordnung V-67; XIII-30
Rechtspflege XI-45
Rechtsprechung XI-55; XIII-77
Rechtswesen XIV-65
Redensarten V-104
Red lady III-11
Red-Ware-Kulturen VII-29
Reformatoren V-63
Regelbuch V-116
Regelbücher der Baukunst VII-108
Regengott XIII-17
Regensburg X-40
Regenwald XIII-37
Regenzeit X-19
Regenzeiten V-10
Regierungssitz XII-10
Rehe X-11
Reich XIII-23
Reich des Todes XII-9
Reichsabtei von Lorsch II-108
Reichsbeamte XIV-20
Reichsfeldherr Rustam IX-117
Reichsfeldzug IX-75
Reichsfriedhof XIV-43
Reichsgedanken IX-54
Reichsgrenze II-11
Reichsheer IX-56
Reichtum IV-59; VIII-22
Reich von Man IX-32, 40
Reifen VII-65
Reis VII-89
Reiswein IV-31
Reiter II-17, 71

Reiterei VIII-57; IX-88
Reiterschwadron II-14
Reitervolk IX-39
Reitsport IX-115
Rekabiten V-69
Relief II-38; VI-85; VII-108; VIII-92; IX-37, 45; XII-10, 15, 29, 38
Reliefbilder I-49
Reliefkunst XII-81, 98
Reliefs III-20, 108; XI-44; XIV-39, 52, 115
Reliefschmuck XII-100
Religiöse Feste XI-87
Religiöse Geschichte IX-96
Religiöse Lehre IX-112
Religiöse Lyrik V-51, 65, 94
Religiöser Staatssozialismus XII-10
Religiöses Denken XIV-16, 33
Religiöses Leben V-36; XIV-112
Religiöse Vorstellungen III-5; XIII-17, 44
Religion I-5, 101; III-57 ff.; IV-35, 54, 70; V-63, 91; VI-61, 71; VII-39, 40, 80, 99; VIII-91, 107; XI-7, 66; XIV-83, 121
Religion der Magier IX-66
Religion der Meder IX-46
Religionen IX-96
Religion und Kultus VI-5, 68, 117
Religiosität XII-85; XIV-67
R. E. M. Wheeler VII-9, 14
Ren III-16
Renaissance VI-43
Rennfahrt XI-8
Reno I-9
Rentiere X-10
Rentiergeweihe X-10
Repräsentation XII-57
Resafa V-117
Reschef XIV-113
Res gestae IX-107
Residenz IX-57
Ressortminister XIII-29
Rettich II-35
Rey VII-18
Rê XIV-41, 42, 96, 113
Rê-Religion XIV-47
Rhein II-9, 19, 20, 35; VIII-13
Rheinland VIII-28; X-27
Rhinozeros IV-29; VII-46
Rhodos VI-88
Rhyton VI-83
Richter V-59; XIII-29
Riesenhirsche X-11
Rigveda VII-38, 78
Rimsin IX-25; XII-61, 70
Rimsin von Larsa XII-122
Rimusch XII-122
Rind VI-34, 64; XII-47
Rinder VII-36; IX-14; XIV-82, 111
Rinderzucht VII-89
Ringe VII-87; VIII-27
Ringwälle X-123
Risalite VI-49
Riten IV-15; VIII-59; XIV-87
Ritter VIII-52
Ritterstand II-17
Ritual XI-109
Ritus X-36
Rizinusstaude XIV-8
Robert Shafer VII-80
Roda XIV-7
Römer I-7; VIII-29; IX-88, 106; X-32
Römerstädte II-19
Römertum II-5, 7
Römische Artillerie II-17
Römische Campagna II-29
Römische Eisenzeit X-9, 32
Römische Rheinflotte II-13
Römisches Reich Deutscher Nationen II-7
Römische Staatsreligion II-91
Rössener Kultur III-46
Roggen X-21
Rohmaterialien VII-67
Rohrsessel XII-25
Rohstoffe XI-17; XIII-17
Rollsiegel VII-61
Rollsiegelbilder XII-10, 13, 39, 81, 96
Rollsiegelschneider XII-7
Rom I-40; III-96; VIII-9, 30, 42; IX-118; X-34, 117; XII-120
Romanum II-9
Ronzano III-65
Roperzh Er Mazon VIII-7
Rory An Ruaiche O'Connor VIII-49
Ross VII-19
Rotes Meer XIV-109
Rothäute XIII-10
Rothari II-70
Rot- und Damwild IX-23
Rubriker VIII-43
Ruderbänke III-78
Ruder, -er III-78; VI-65
Ruderschiff VI-58
Rückgang VIII-40
Rüstung VI-112
Rugier II-50, 62, 69
Ruhr VIII-13
Ruhrgebiet X-27
Runda-Sausga XI-40
Rundbau V-11
Rundbildnerei XIV-123
Rundgräber VI-95
Rundhütten X-17
Rundplastik XIV-51, 70
Rundschild II-79
Rundsiegel aus Ur VII-70
Rundskulptur IX-104
Runen X-44
Runenhorn X-68
Runeninschrift II-76
Runenschrift II-85
Rupar VII-35, 40
Rupar am Sutlej VII-102
Rus X-118
Rustam IX-117
Rutger Sernander X-16

Sa'ad IX-117
Saalbau II-15, 105
Saalburg im Taunus II-14
Saal der „Hundert Säulen" IX-71
Sachsen II-49, 72; VIII-47, 48; X-40
Sachure V-14
Sackrau X-41
Sadduzäer V-115
Sächsische Seeräuber VIII-47
Sänger IX-116; XII-47
Sängerinnen XII-47
Sänger von Kanes XI-16
Säntisgebiet III-16
Säugetiere III-29; X-11
Säule von Delhi III-98
Sage V-8, 63; VIII-30; IX-116; XI-15; X-32
Sagenwelt XI-7
Sage von der Sintflut V-96
Saka IX-86
Sakistan IX-87
Sakkara XIV-122
Sakralbronzen IV-18
Sakralgefäße IV-31
Salamis IX-76
Salatiwar XI-21
Salben XIV-89
Salem-Alb-Kultur III-119
Salmanassar I. XII-87, 100, 122
Salmanassar III. XII-101, 102, 122
Salmanassar V. XII-102, 122
Salomon V-71, 76, 78
Salomon Reinach VIII-8
Salt River XIII-11

Salz III-111; XIII-61
Salzbergbau III-111
Salzgewinnung III-112; VIII-79
Salzkammergut X-16
Salzmünde III-46 3
Salzseen IX-10
Salz- und Eisengewinnung
VIII-19
Salzwüste XII-105
Samal V-32
Samaritanerin V-66
Samarkand IX-9
Samarra VII-30
Sammler XIII-11
Sammlertum III-13
Samniter VIII-31
Samsuditana XII-74, 122
Samsuiluna XII-74, 122
Samuel V-72
Samuelis-Bücher V-109
San Agustín XIII-82
Sandia XIII-10
Sanherib XII-104, 122
Santonen VIII-24
Sarah V-99
Sardinien III-60; XIV-106
Sargon XI-16; XII-29, 34, 36, 103, 122
Sargon-Dynastie IX-21
Sargon I. V-14; XII-60
Sargon II. III-99; IX-38, 39; XII-122
Sargon I. von Akkad IX-21
Sargon I. von Assur XII-122
Sargon von Akkad XII-34
Sarnath VII-105
Sarpanitus XII-114
Sassaniden IX-98
Sassanidenreich IX-109
Sassanidisch II-66
Satrapen IX-62, 77
Satrapienordnung IX-83
Satricum I-12
Saturnia I-5, 64
Saturnius II-19
Saul V-71, 96, 102
Sauraschtras VII-74
Savignano III-19
Schabaka XIV-33
Schachtgräber I-45
Schaf VII-19, 36, 89; XII-47
Schafe X-51; XIV-82
Schafzucht XII-31
Schagschag XII-25
Schahnameh IX-9
Schah Tepe IX-15
Schalen V-50
Schalenurne II-54
Schamasch XII-35
Schamaschchasir XII-69
Schamschiadad XII-56, 61
Schamschiadad I. XII-57
Schamschiadad V. XII-101, 122
Schamschiadad von Assur XII-122
Schamsi Adads V. von Assur IX-33
Schapur I. IX-100, 106
Schapur II. IX-109, 110
Schara XII-32
Scharkalischarri XII-122
Schatt el-Hai XII-14, 26
Schattenreiche der Toten V-96
Schatz II-26
Schatzfund II-66
Schatzkammer XII-21
Schauschschatar XII-86
Scheibenrad III-71
Scheide III-67
Scheiterhaufen XI-77
Schekelesch XIV-106
Schellhas → Paul
Schenkungsurkunde IX-25
Scherden XIV-106
Schere X-96
Scheschonk I. XIV-119
Scheunen VIII-71
Schiefer VIII-22
Schiff V-14, 30, 62; X-29; XI-15
Schiffbauer VIII-80
Schiffe III-5, 63, 71; VIII-23, 80; XII-36
Schiffer XIV-32
Schiff in Valsgärde X-97
Schiffsbilder X-13
Schiffsgräber X-100
Schild II-17; VII-38
Schilde VIII-26; X-13
Schilf X-20
Schimschon V-71
Schlacht VIII-30
Schlacht bei Karkemisch XII-117
Schlachtfeld IX-79
Schlachtfeldpalette XIV-23
Schlacht von Ariccia I-12
Schlacht von Kadesch XI-39
Schlacht von Karrhai IX-88
Schlange VII-61
Schlangen IX-16; XII-23
Schlangenfürst XIII-46
Schlangengott VIII-97
Schlangenwesen VII-61
Schlegelgott VIII-97
Schleswig-Holstein X-10
Schleuder II-18
Schleudersteine VII-38
Schleudertechnik VIII-62
Schlitten III-71
Schlösser II-32
Schlüssel II-32
Schmidt, Dr. Karl VII-12
Schmied II-31
Schmiede X-28; XII-7
Schmiedeberufe XIV-28
Schmiedetechnik II-60
Schminken XIV-89
Schmuck II-57, 75, 80; III-5, 9, 103; IV-18, 54; V-100; VII-24, 107; VIII-26, 64, 66; XIV-89
Schmuckfibeln X-33
Schmuckgegenstände VII-40
Schmucknadeln X-13
Schmuckperlen VII-71
Schmucksachen VIII-27
Schmuckstück II-66
Schneestürme X-17
Schnitztechnik III-116
Schnurkeramik III-5, 33, 41, 42
Schnurkeramiker X-12
Schnurzonenbecher III-44
Schöpfungsmythen XII-120
Schokolade XIII-8
Scholae II-33
Schonen X-10, 15
Schotten VIII-47
Schottland VIII-7
Schraubenziege XII-47
Schreiber XII-7, 10, 31, 52
Schreinerei II-31
Schrift I-10; III-94; IV-46; V-25; VII-80; IX-12, 119; XII-9, 10; XIII-22, 35, 40; XIV-25
Schrifterfindung XIV-28
Schriftgelehrte XI-43
Schriftkundige IV-54
Schriftkundiger X-74
Schriftpropheten V-92
Schriftquellen VII-43, 78, 95
Schriftsystem IX-119
Schrifttexte der Ägypter III-94
Schrifttum VII-97, 99; XI-7, 25; XIII-37
Schrift und Bild VII-59
Schriftverwendung IX-20
Schriftzeichen IV-47
Schu XIV-34
Schubat-Enlil XII-61
Schuh XI-8

Schularbeiten V-51
Schulbetrieb V-51
Schulgi XI-19; XII-47, 48, 122
Schulschriften XIV-117
Schulten, A. II-12
Schulwesen XII-50
Schupiluliuma V-28
Schurpu XII-95
Schuruppak XII-23
Schurz XI-8
Schusin XII-48, 122
Schuster VIII-80
Schutruk-Nakhunte IX-21
Schutruk-Nakhunte II. IX-28
Schutzdekrete XIV-44
Schutz- und Trutzgötter XI-66
Schutzzölle IX-37
Schwaben II-54
Schwarzer Obelisk XII-101
Schwarzes Meer VII-92; IX-56
Schwedenhelm III-36
Schwefel IX-11
Schwein VII-89; XII-47
Schweinehaut X-51
Schweiz III-88
Schweizer Seen III-48
Schwert II-17; III-67; VIII-20, 21, 26
Schwerter VII-38; X-13
Schwertstab III-59
Schwester XIII-57
Schwesternheirat XIII-77
Schwurgerichtsverhandlung XII-66
Scramasax II-75, 79
Sebaste V-117
Sechs Dynastien IV-6
Securis francisca II-75
Seefahrer III-72
Seeherrschaft I-10
Seeland II-56; X-23
Seeräuber IX-90
Seeräuberei X-116
Seestadt I-79
Seeverkehr III-92
Seevölker V-61; XIV-111
See von Genezareth XI-13
Segelantrieb III-70
Segner VIII-38
Segovesus VIII-32
Seide IX-87
Seidenstraße IX-8, 87
Seler → Eduard
Seleukiden V-114
Seleukos IX-82
Seleukos I. IX-82
Semiten XII-18, 36
Semnonen II-48; X-34
Sendschirli V-33
Senonen VIII-30
Sequaner VIII-42
Sernander X-23
Servius I-9
Sesam VII-36
Sesklo III-50
Sesostris I. XIV-71
Sesostris II. XIV-65
Sesostris III. XIV-62
Seth XI-57; XIV-35, 113
Sethos I. V-30; XI-39
Sethos I. XIV-90, 105, 106, 111
Seuche XI-35
Sevilla X-117
Sextus Pompeius VIII-35
Shafer, Robert VII-80, 81
Shakespeare VIII-46
Shang IV-18, 6
Shang Ti IV-42
Shang-Yin VII-40
Shang-Zeit IV-25
Shansi IV-18
Shantung IV-16
Shê IV-42
Shih Huang Ti IV-112
Shivatempel VII-56
Shorkote VII-13
Sialk VII-18
Sichel IX-16
Sido XII-101
Sidon V-34
Siebenbürgen III-109
Siedlung III-73
Siedlungen VII-27
Siedlungsform II-74
Siedlungsformen III-6; VIII-71
Siedlung wie Natá XIII-60
Sieg an der Allia VIII-30
Siegel VII-40, 45, 51, 74; XI-14
Siegel aus Ur VII-70
Siegelzylinder XII-15
Siegeslied V-102
Sigmaringen III-11
Silbenschrift XII-10
Silber II-44, 56; III-57; V-29, 49; VIII-88; IX-74
Silberbecher X-33
Silberblech II-69
Silberfibel aus Grönby X-81
Silbergefäße IX-19
Silberhandel III-92
Silberschmiede X-63
Sile XIV-98
Silpa Sastras VII-108
Silviden XIII-9
Sinai XIV-25, 45
Sinaitische Schrift V-26
Sinanthropos Pekinensis IV-12
Sinistra II-14
Sinscharischkun XII-122
Sinuche V-16
Sinus saxonicus II-73
Sippen III-37
Sippenordnung VII-21
Sir Alexander Burnes VII-12
Sir-Darya IX-7
Sirkap VII-102
Sir Mortimer Wheeler VII-68
Sirsukh VII-102
Sisnadeva VII-79
Sisulpalgarh VII-103
Sitten IX-77
Sittenlehre XI-28
Situla II-54
Sizilien VIII-30; XIV-106
Skänninge X-49
Skandinavien III-5; X-11
Skandinavische Eisenzeit X-9
Skepsis XIV-48
Ski III-71
Sklave X-13
Sklaven IV-51; XII-7; XIII-30; XIV-82, 111
Sklavenhandel X-116
Sklavenverkauf XII-116
Sklavenwohnungen VIII-71
Sklavin V-99
Sklavinnen XIV-82
Skordisker VIII-35
Skulptur II-15; VIII-110
Skulpturen IV-55; XIII-15
Skythen VIII-18; IX-40, 56, 64
Skythenfeldzug IX-57
Slowakei II-59
S. Maria Maggiore in Barletta VII-58
Småland X-61
Smith, V. A. VII-10
Smolensk X-120
Snofru XIV-31
Soconusco XIII-27
Södermanland X-61
Söhne IX-89
Söhne Heths XI-13
Söldner VIII-40; XIV-107
Sogdiana IX-64
Sogdien IX-80
Sohn XI-23
Sohn der Sonne XIV-42

Sohn des Osiris XI-57
Soldat XI-8
Soldaten III-96, XI-23; XII-7, 27, 100; XIV-81
Soldatengott XI-44
Soldatenvolk XI-14
Soma VII-81
Somerset VIII-39
Sommer XI-35; XIV-27
Sonne V-12, 19; XIII-18, 32
Sonnen VII-83
Sonnengöttin Schapasch V-42
Sonnengott XI-66; XIV-42
Sonnenheiligtümer XIV-51
Sonnenhymnus XIV-99
Sonnenhymnus Amenophis' IV. V-19
Sonnenkult III-81
Sonnenlehre XIV-42, 51
Sonnenrad II-72
Sonnenscheibe XIV-96
Sonnensymbol III-63, 69, 81
Sonnentempel III-63
„Sonnenwagen" von Trundholm III-69
Sophokles X-34
Sorrent I-11
Soziale Frage XIV-110
Soziale Ordnung X-24
Soziales Leben III-5, 33
Soziale Struktur III-116; XI-45
Sozialklassen X-93
Spätdiluviale Zierkunst III-35
Späthethitische Königreiche XI-44
Spangenhelm II-76
Spanien III-5, 25; VIII-36; X-11
Spanier XIII-27, 28
Spanische Chroniken XIII-80
Sparta II-76, 79
Sparta III-99; VIII-30
Spartaner IX-74, 75
Speckstein VII-50
Speer XII-15; IX-72
Speicherurnen III-78
Sphinx V-16; IX-78; XIV-90
Sphinxalleen XIV-87
Spiegel VIII-28; X-33; XIV-89
Spiel XI-58, 65
Spielbrett XI-78
Spielgöttin XI-78
Spielsteine VII-65
Spina I-10
Spinnwirtel VII-65; XI-61
Spionage XIII-29
Spiralkeramik III-50
Spiralmuster III-36
Spitzen III-27; VII-27
Sport XI-58
Sprache I-5, 7, 101, 109; V-20; VIII-11; XI-7, 9, 25; XIV-54
Sprachgeschichte VIII-13
Sprichwörter V-104
Spruchdichtung V-104
Spruchsammlungen V-106
St. Bernhard VIII-29
Staat IV-66; V-62; IX-39; XI-21; XII-80
Staaten VII-32
Staatenbildung VII-98
Staatsgüter XIII-29
Staatsheiligtum in Yazilikaya XI-66
Staatsmacht IV-59
Staatsrat XIII-28
Staatsreligion IX-101, 109; XIV-42, 112
Staatsverträge XI-28
Staatswesen VII-85; VIII-38; XIV-28
Staat von Samal V-33
Stadt I-10; II-19; IV-31, 54; XI-17, 21; XII-10, 69, 88, 100
Stadtanlagen VII-107
Stadtgottheit IX-24
Stadt Hattusa XI-9
Stadt Kalat VII-23
Stadtkönigtümer V-14, 29
Stadtkultur IV-21
Stadtmauer II-26
Stadtmauern XII-20
Stadt Megiddo V-18
Stadt Patna VII-108
Stadtstaat IX-25
Stadtstaaten XII-13
Stadt Taxila VII-102
Städte VII-32, 38, 40, 42; VIII-72; IX-74; XIII-51
Städtebau VII-35; XIII-47
Städtebauer IX-95; XII-110
Städtenamen VII-33
Städteordnung VII-37
Städtische Kultur IV-69; VII-35; VIII-39; XII-13
Städtische Zivilisation IX-39
Ställe VIII-71; X-17
Stämme IX-33
Stände XIII-78; XIV-47
Stahl IX-87; X-96
Stamm VIII-54
Stammesfürsten IX-7
Stammeskulturen II-50
Stammesrecht II-88
Stammeszeichen V-99
Standartenform XI-105
Standquartier II-12
Statonia I-5
Statthalter V-115; XIII-28
Statuen I-49; VIII-92
Statuetten VII-49
Statur XI-8
Steiermark II-46; III-110; VIII-26
Stein III-12; X-10; XIII-75
Stein, Aurel VII-14
Steinbau II-32, 70
Steinbauten III-90; XIII-15
Steinbauwerke XIII-49
Steinbearbeitungstechnik III-52
Steinbeil III-34
Steinbeile VII-95
Steinbock XII-47
Steinbrüche XIV-33, 82
Steinbrücke II-25
Steingerät III-34, 43
Steinhaus X-36
Steininschrift II-12
Steinkiste V-13; IX-36
Steinklingen VII-19
Steinkreise VII-92
Steinkulturen VIII-14
Steinmetze XII-7
Steinplastik VII-105; XIV-38
Steinreihen III-62
Steinschneider XIII-29
Steinzeit III-50; V-10; VIII-14; X-9, 12
Steinzeitbauern III-37
Steinzeitdorf III-52
Steinzeitjäger X-10
Stele V-35
Stele von Bologna VIII-30
Stella Kramrisch VII-106
Stempelsiegel VII-22, 45
Stempel- und Rollsiegel IX-20
Stenlille X-40
Steppe IX-7, 35
Steppenstämme IX-44, 56
Steppenvölker IX-118
Sterne VII-83
Sternenkult V-12
Sternwarte XII-101
Stetten III-20
Stettin X-14
Steven X-29
Stier VII-45
Stiere IX-23; XII-7
Stierritual VII-56

Stilentwicklung XIV-53
Stilmerkmale IV-38
Stimulus VIII-21
Stirling → M. W.
Stockholm X-10
Stonehenge III-62
Stoßdegen VIII-21
Stoßlanze IX-57
Strabo VIII-9, 62; X-22, 32
Stradonitz VIII-73
Strafgericht Gottes V-94
Straße des Herkules VIII-81
Straßen II-28; XIII-28
Strategie XII-57
Straubinger Kultur III-5
Strauße XII-47
Streitäxte III-42; X-12
Streitaxt IX-72
Streitaxtkultur III-5, 33, 41
Streitwagen XI-27; XII-32
Strettweg III-111
Stroh X-20
Stuart Piggott VII-15
Stupa VII-100, 108
Sturmflut II-61, 84
Sueben X-40
Suebenkönig VIII-42
Südbabylonien XII-69
Süden XIII-53
Südgermanen II-86
Südindien VII-81
Südpalästina XII-103; XIV-45
Südreich V-82, 83
Südrußland X-62
Südwestdeutsche Rössen III-46
Südwestdeutschland II-74; III-6, 83; VIII-13
Sündenfall V-96
Sui IV-6
Sukkal von Elam IX-24
Sukkal von Susa IX-24
Sulaiman-Kette VII-18
Sultantepe XII-97
Sumer VII-43; IX-21; XII-9
sumerische, babylonische und assyrische Texte VII-69
Sumerische Königsliste XII-19
Sumerische Renaissance XII-42
Sung IV-6
Suppiluliuma XI-28, 34
Surija XII-75
Surnasirpal II. XII-100
Susa IX-7, 20; XII-36, 67
Sutkagen VII-26
Sutkagen Dor VII-75
Sutton Hoo II-73; X-105
Svear X-60, 78
Svearkönig X-94
Sven X-125
Svionen X-60
Sweben II-48, 54
Sylvanus Morley XIII-36
Symbol II-76
Symbole IV-15, 25
Symbolik V-12
Symbolrunen II-85
Syrer XIV-111
Syrien I-28; V-8, 15, 30; VII-30, 31; IX-64, 89; XI-7, 13; XII-35, 54, 70, 90; XIV-109
Syrische Küstenstädte V-34

Taanak V-8
Tabak XIII-7
Tacitus I-13; II-26, 46, 48, 51, 54, 62, 87; III-80; VIII-95; X-32, 49, 53, 54, 57, 60, 70
Tadmur V-116
Tänzerin VII-48
Tänzerinnen XIV-82
Tafelgeschirr II-44; X-33
Tafelmusik III-108
Taharka XII-105
Taino XIII-64
Tajín XIII-13
Taku V-33
Talion XII-67
Tall-i-Bakun IX-15
Taltempel XIV-37
Tammuz XII-9
T'ang IV-6
Tanguy Malmanche VIII-7
Tanz III-25; XI-65
Tao IV-59
T'ao-t'ieh IV-25, 39
Tapferkeit VIII-30
Tapioka XIII-7
Tapti VII-90
Tarasken XIII-14, 15, 25
Tarchon I-9
Tarquinia I-5, 44
Tarquinius Superbus I-12
Taube X-33
Tauber VIII-13
Tau gallicum VIII-95
Taurisker VIII-35
Taurus XII-36; XI-13
Tausch XIV-43
Tauschhandel III-51
Tauschmittel XI-63; XIV-46
Tauschwirtschaft IV-69
Technik II-53; IV-36; VIII-81; XIII-70
Technisierung XII-23
Tecutli XIII-29
Tefnut XIV-34
Teheran IX-34
Teilung des Reiches Israel V-26, 79
Teispes IX-48
Teje XIV-95
Telamon VIII-31, 32
Telamone I-8
Teleilät-Ghassūl V-13
Telipinu XI-26
Telipinu-Geschichte XI-74
Tell V-8
Tell Agrab XII-14, 21
Tell Asmar XII-14, 21
Tell Atchana XII-47
Tell Brak XII-13, 16, 37, 39
Tell Braqs XI-11
Tell ed-Duweir V-92
Tell-el-Mutesellim V-35
Tell Halaf VII-30
Tell-Halaf-Ware VII-28
Tell Hariri XII-18
Tell Harmal XII-62
Tello XII-97; XIII-89, 93
Tell Oheimir XII-18
Tell von Mundigak VII-23
Tema XII-119
Temer → Franz
Tempel I-22, 51; II-20, 98; V-30; VII-37; IX-25; XI-96; XII-10, 22, 31, 40, 42, 52, 91; XIII-25, 58
Tempelbau XII-13, 21, 81, 98
Tempelbauten VII-38
Tempel C XII-13
Tempel D XII-13
Tempel der Minerva I-40
Tempeldiener XIII-34
Tempeldienerinnen XII-8
Tempeldienst XI-41
Tempelfrauen XII-23
Tempelhirten XII-7
Tempelland XIII-29
Tempeloval von Chafadji XII-21
Tempelpyramiden XIII-26
Tempelscheune XII-7
Tempelschule XII-7
Tempelstadt XIII-16, 17
Tempelwirtschaft VII-43; XII-11; XIV-116
Tempelzella XII-10
Tempel zu Jerusalem V-78

Tenayuca XIII-26
Tenochtitlan XIII-22, 26, 27
Teotihuacan XIII-16, 55
Tepaneken XIII-22
Tepe IX-15
Tepe Giyan VII-42, 57; IX-15
Tepe Hissar VII-18
Tepe Sialk IX-15
Tepexpan XIII-10
Terpen II-53
Terqa XII-57
Terrakottafiguren II-23; VII-40
Terrakottastücke VII-65
Terra sigillata II-30
Tetzcoco XIII-22, 27
Teutoburger Wald II-10; X-31
Teutonen II-47; VIII-36, 38; X-30
Tezozomoc XIII-13
Thaingen III-20
Tharro Hill VII-27
Thatagus IX-64
Theater II-27
Thebaner XIV-63
Theben VIII-30; XIV-79, 97
Theoderich II-62; X-66, 78
Theodor Mommsen II-10
Theodosius VIII-117
Theokratische Kultur XIII-16
Theokratische Zeit XIII-16
Thermopylen IX-75
Theudelinde II-69
Theustes X-78
Thezle I-11
Thiamat XII-71
Thing X-101
Thinghügel X-124
Thompson →J. E.
Thot V-29
Thraker VIII-26
Thrakien VIII-35, IX-56, 64, 76
Thron VII-105; IX-63, 113; XII-9, 102
Thronfolger XIV-42
Thronsessel XIV-39
Thronstreitigkeiten IX-90; XIV-42
Thüringen III-36, 83
Thüringer II-71; X-40
Thukydides I-7
Thule X-21
Thutmosis I. V-18
Thutmosis I. XIV-75
Thutmosis II. XIV-75
Thutmosis III. V-18, 19, 29; XI-27
Thutmosis III. XIV-75, 76, 87, 91, 92, 110
Thutmosis IV. XIV-77, 90, 92, 99
Ti XIV-51
Tiara XII-9
Tiber I-7
Tiberius II-17, 49; VIII-9
Tiberius-Schwert II-17
Ticinus I-9
Tiefstichkeramik III-39
Tierarzenei V-51
Tierdarstellungen XI-96
Tiere III-11; IV-14; VII-20, 42; IX-104; XIII-32; XIV-82
Tierfelle X-37
Tierhaltung VII-36
Tierkult XIV-122
Tierschwanz XIV-24
Tiersiegel VII-46
Tierverehrung XIV-122
Tierwelt XI-36
Tiger IV-29; VII-46
Tiglatpileser I. III-99
Tiglatpileser I. XII-86, 89, 91, 99, 100, 122
Tiglatpileser XII-89
Tiglat Pileser III. V-32; IX-38, 39; XII-102, 122
Tigranes IX-87, 88
Tigris IX-7, 10; XI-11; XII-14, 28
Tikal XIII-38
Til Barsib XII-102
Tilmun XII-8, 35
Tirhakas V-32
Tiridates IX-84, 85
Tirol VIII-15
Tisch XII-25
Tischler XII-7
Tizoc XIII-27
Tlacatecutli XIII-28
Tlacopan XIII-27
Tlaloc XIII-26
Tlatelolco XIII-29
Tlaxcala XIII-22
Tochter IX-89; XI-23; XIII-57
Tod X-95; XI-71; XIV-85, 116
Todd, K. R. U. VII-27
Todesgott Mot V-42
Todesrunde II-85
Töpfe V-50; XII-25
Töpfer XII-7
Töpferei III-53; VIII-80; IX-13
Töpfereien II-31
Töpferwaren VII-19
Togau-Niain VII-30
Togau-Niain-Kultur VII-25
Tolbiacum II-78
Tollans XIII-22
Tollundmann X-52
Tolosanisches Gotenreich II-64
Tolteken XIII-50, 52
Toltekische Könige XIII-21
Toltekische Zeit XIII-21
Tomate XIII-7
Tomba Campanari I-60
Tomba del Deposito de' Dei I-17
Tomba François I-60
Ton III-53; VII-40, 89
Tonacacihuatl XIII-31
Tonacatecutli XIII-31
Tonfiguren XIII-15
Tongefäße III-34, 35, 68; XIII-15
Tongeschirr II-30, 72
Tonkrüge XII-25
Tonplastik VII-106
Tonscherben VII-19
Tontafeln IX-20; XII-7, 47
Tonware III-86; VII-101
Tonziegel VII-44
Topfscherben IX-13
Torfmoore X-11
Torgebäude XI-96
Torques VIII-22, 66, 97
Tor von Asien IX-8
Toskana I-7
Tote III-43, 66; XIII-31
Totemismus III-23, 54
Totenbäume II-75
Totenbuch XIV-84
Totengefäße VII-83
Totengericht XIV-50
Totenklage II-88
Totenkult XIV-32
Totenkulte III-77
Totenmasken III-110
Totenpriester XIV-121
Totenschiff X-94
Totes Meer V-115
Totonaken XIII-14, 19
Trabanten XII-47
Tracht VII-107; VIII-14; XI-7
Tradition IV-20
Trajanssäule in Rom II-18
Transithandel IX-83
Transkaukasien IX-35
Transport VIII-23
Transportmittel III-69; VII-67
Transportschiff II-33
Trasimenische See I-7
Trassem an der Mosel III-83
Trauerlied V-104
Trauerzug X-95

Tres Zapotes XIII-15
Treverer VIII-24
Trianguläre Dolche III-59
Tribun II-16
Tribunalia II-52
Tribut XII-102
Tributbezirke XIII-28
Tributeinnehmer XIII-28
Trier II-18
Trierer Dom II-24
Trihni VII-14
Trinkbecher III-69
Trinken VIII-31
Trinkhörner III-87; X-33, 70
Tripolje III-36, 50
Tripolje-Kultur IX-18
Triviae II-95
Trochus III-10
Trois Frères III-15
Troja III-100; X-33
Trompeten VIII-63
Truhen XII-25
Truppe IX-72; XII-32, 98, 111
Truppen XI-39; XIV-45
Truppengattung IX-88
Truthahn XIII-8
Tschaityas VII-108
Tschoga Zambil IX-27
Tuchfabrikation II-33
Tudchaliasch II. V-19
Tudhalijas XI-27
Tudhalijas II. XI-27
Tudhalijas V. XI-43
Tüllenbeil III-65
Türken IX-119
Türkis XIV-71, 82
Türkise IX-10
Tukultininurta XII-100
Tukultininurta I. XII-78, 87, 122
Tukultininurta II. XII-122
Tulas XIII-13
Tulinger VIII-43
Tulum XIII-38
Tundra X-10
Turm zu Babel XII-113
Turonen Thüringens VIII-25
Turscha XIV-106
Tuscania I-5, 44
Tuschpa XII-102
Tuschratta XII-86; XIV-95, 98, 113
Tusker I-7
Tut-anch-amun VII-8; XII-29; XIV-98, 112
Tynwald Hill X-124
Tyrrhener I-7
Tyrrhenisches Meer I-7
Tyrsener I-7; XIV-106
Tyrus V-32, 34; XII-101, 105, 118
„Tzakol"-Periode XIII-18

Uaxactún XIII-38
Ubaid VII-30
Ubaid-Gruppen VII-30
Ubier II-13
Überschwemmung XIV-27
Überseeschiffe X-94
Uferrandsiedlungen III-49
Ugar V-38
Ugarit III-100; V-26, 29, 34; XII-72
Ugme XII-53
Uhle → Max
Ujjain VII-90
Ulamburiasch XII-76, 122
Ulfila II-256
Ullr X-49
Ulster-Sagenkreis VIII-118
Ultima Thule X-22
Umbrer VIII-30
Umgangssprache XI-12
Umma XII-10, 25, 27
Ungarische Bronzekultur III-5
Ungarn III-90; VIII-35; X-62
Uniform XI-8
Universalreligion IX-108
Untasch-Gal IX-27
Unterägypten XIV-36
Untergang der beiden israelitischen Staaten V-86
Untertan IV-53
Unterwelt V-43; XII-9; XIII-31
Unterweltsmythos V-96
Unuk-Uruk XII-8
Ur IX-24; XI-18; XII-10, 23, 31, 47, 49, 122
Urartäische Kultur IX-44
Urartu IX-32; XII-101, 103
Urbes VIII-72
Urbesiedlung XIII-9
Urbevölkerung XIII-63
Urfa IX-89
Ur-Germanen III-96; X-14
Urheimat VIII-12
Ur I XII-32
Ur III XII-58, 59
Ur III-Zeit XII-122
Ur I-Zeit XII-122
Urkunde XII-103
Urkunden V-115
Urnammus XII-48, 122
Urnansche XII-26, 122
Urnen I-85; II-61
Urnenbestattung II-58
Urnenfelder VIII-15
Urnenfelderbronzezeit VIII-19
Urnenfelderkultur III-5, 86; VIII-11
Urningirsu XII-53
Urozean XII-55
Ursprache VIII-13
Ursprünge der Germanen III-5
Uruatri (Urartu) XII-87
Uruk XII-7, 28, 43
Urukagina XII-25, 28, 122
Uruk-Kultur IX-20
Uruk-Zeit XII-122
Urzababa XII-34
Uschu XII-46
Utah XIII-11
Uther Pendragon VIII-47
Utu XII-14, 28, 32
Utuchengal XII-43, 44
Utuchengal von Uruk XII-122
Utukki limnuti XII-95

Vadimonische See VIII-31
Vadstena X-49
Västergötland X-12
Vagoth X-78
Vaillant → George
Valens II-63
Valentinian II. II-85
Valetudinarium II-35
Valsgärde X-94
Vandilier II-48, 58
Vanille XIII-7
Van-See XI-44
Varro I-13
Varus X-31
Varusschlacht II-11
Vasallen IV-64; IX-21
Vasco Núñez de Balboa XIII-68
Vasen I-11, 33, 56; III-87, 124
Vater IV-47; V-99
Vats, M. S. VII-14
Veden VII-99
Vedische Texte VII-79
Vegetation XI-76
Veji I-5, 22; VIII-30
Velcha I-11
Velsu I-11
Vendel in Upland III-78
Vendelzeit X-9, 107
Veneter I-9; VIII-24, 30
Venetikos kolpos III-96
Venetische Kultur III-6
Ventris, M. VII-33

Venus von Willendorf III-10, 19
Verbrechen IX-49
Verdienstadel XIII-29
Verfall VIII-40
Vergil I-9; VIII-9
Vergreisung XIV-119
Verkehr VIII-70, 83
Verkehrmittel VII-67
Verkehrsstraße V-78
Verkehrswesen XIII-28
Verkünder dieser Lehre VII-105
Vermehrung VII-20
Verona VIII-30
Verrechnungstexte IX-21
Verrius I-9
Verteidigung VII-38
Verträge XI-25
Vertrag XIV-66
Verwaltung I-5, 113
Verwaltungsbeamte IV-54
Verwaltungsorgane X-93
Vespasian II-10
Vetulonia I-5, 73
Viae vicinales II-28
Via principalis II-23
Via S. Leonardo I-70
Vieh III-37; XII-7
Viehhaltung III-72; VII-17
Viehherden XII-10
Viehzucht III-26
Viehzüchter XIV-28, 32
Vielfraße X-11
Vientium I-5
Viereckshäuser III-73
Vierergespann XII-24
Villa Giulia I-18, 58
Villanova-Kultur I-16; III-6, 125
Villanova-Urne III-109
Villa rustica II-25
Villingen VIII-21
Vincent A. Smith VII-10
Vindelicien II-10
Vindeliker VIII-24
Vindonissa II-13
Vinland X-124
Visentium I-44
Vita S. Galli II-102
Vögel VII-23, 42
Völkerbewegungen VII-78
Völkerwanderung II-84; X-66
Völkerwanderungen III-45
Völkerwanderungszeit X-9
Vogel-Mensch-Mischwesen VII-61
Volk IX-100, 112; XI-25; XIV-21, 81
Volk Israel V-68
Volksgruppen XIII-61
Volkskunst IX-104
Volkslied V-102
Volksreligion IX-65
Volkssprache XIV-104
Volkstrachten III-67
Volkstum XI-7
Volo III-50
Vologases II. IX-92
Vologases V. IX-92
Volsinii I-5, 64, 68
Volterra I-5, 80, 83
Vorchristliche Eisenzeit X-9
Vorchristliche Religion II-91
Vorderasien XI-7; XII-71
Vorderer Orient III-59; IX-49; XI-40
Vorgeschichtliche Kunst XIII-81
Vorsteher von Oberägypten XIV-44
Vorzeit XIV-23
Vrinnevi X-49
Vulci I-5, 13

Wachs IV-35
Wadi Brisa XII-118
Wadi Hammamat XIV-109
Wälder IX-10
W. A. Fairservis VII-15, 17
Waffe III-12, 125; XII-15
Waffen I-81; IV-18, 37, 52; V-10; VII-38, 64; VIII-20, 26, 27; IX-15; X-57; XIII-15; XIV-111
Waffengrab X-62
Waffenschmied II-60
Waffenschmiede VIII-20
Waffentechnik VII-75
Wagen III-5, 57 ff., 108, 109; VIII-57; IX-96; XIV-64, 82
Wagenbauer VIII-80; X-27
Wagengrab VIII-21
Wagenlenkkunst XII-81
Wagenrennen III-108
Wagentypen III-71
Wahrsager IV-54; XIII-34
Wahrsagerei VIII-103
Wal III-29
Walafrid → Strabo
Waldres X-17
Waldschmidt VII-12, 72
Wales VIII-47
Walhall X-95
Walisisch VIII-7
Wall II-18
Wallbauten II-51
Wallfahrtskapelle zu Dieburg II-105
Walnuß II-35
Walter Krickeberg XIII-13
Wandalen II-50, 59, 62; X-30, 40
Wandbilder XIV-116
Wanderpriester IX-96
Wanderungen nach Italien VIII-29
Wandmalerei I-50; VII-42
Wandmalereien XIV-39
Wangier II-48
Wang Mang IV-113
Waradsin XII-61
Wasa X-101
Waschukkanni XII-80
Wasser IX-15; X-37
Wasserbüffel IV-29
Wasserfahrzeuge III-29, 70
Wasserhebewerk XII-104
Wasserleitung II-23
Wasserleitungen V-51
Wasserpflanzen VII-42
Wasserreservoire VII-22
Wasserverkehr VII-67
Wasserversorgung II-29
Wasserwege X-37
Wasserwirtschaft XIV-8
Wasserwirtschaftler XII-10
Waterbury IV-28
WCs II-29
Webekunst XIII-75, 80
Weben III-53
Weber IX-105
Webstühle X-21
Webstuhl XI-61
Wehrtüchtigkeit XI-23
Wehr- und Verteidigungsanlagen VII-38
Weichsel X-14
Weiden XII-20
Weidewirtschaft IX-10
Weihekrone II-67
Weihgaben XII-16
Weihplatten XII-23
Weihrauch XII-8
Weimar X-40
Wein IX-87; X-37; XIV-82, 111
Weinbau II-33, 35
Weinhändler VIII-84
Weinkanne X-33
Weisheitslehren XIV-117
Weisheitsliteratur V-105
Weisheitssprüche XII-120
Weißes Meer III-31
Wei-Tal IV-64
Weizen VII-36; X-21

Weltanschauung IV-43
Weltbild XIII-34, 46
Welt der Toten V-48
Welt des Okkultismus V-96
Weltherrschaft IX-25; XIV-75
Weltmacht IX-86
Weltreich II-19; IX-57
Weltschöpfung XII-83
Weltverkehrssprache XI-10
Werkstätten I-81; X-74
Werkzeug III-5, 11, 12, 35, 99
Werkzeuge VII-17, 64; VIII-14, 27; IX-13; XII-30; XIII-15, 56
Wertmesser XIII-29
Wesir IX-103
West-Chou IV-6
Westen II-62, 72
Westgoten II-63, 78
West-Han IV-6
Weströmisches Reich II-24, 85
Westrom II-7, 24, 85
Westsemiten XII-56, 58, 70
West- und Ost-Chin IV-6
Wetter XIII-80
Wettergott XI-37, 66
Wettlauf XI-8
Wetzstein X-96
Wheeler, R. E. M. VII-9, 14, 68
Wien II-14
Wiesbaden II-28
Wik X-114
Wikinger II- 86; III-79; X-109, 114
Wikingerzeit X-9
Wikingerzüge X-123
Wild IV-29; IX-23; X-11
Wildkirchlihöhle III-16
Wildpferd III-15
Wildschwein III-27; XI-21; XII-47
Wildschweine X-11
Wildtiere XII-47
Wildziege VII-46
William Cohn VII-12
William Jones VII-8
Windgott XIII-20
Windisch II-13
Winter XI-35; XIV-27
Winterfutter X-17
Winterhäuser X-17
Wirtschaft II-30; VII-67; XII-57; XIII-14; XIV-45, 64, 82, 111
Wirtschaftliches Leben III-5, 72
Wirtschaftsform XIV-32
Wirtschaftsformen III-6
Wirtschaftsrecht XII-120
Wirtschaftsverfall XIV-46
Wisent III-14; XII-47
Wisigoten II-62
Wissenschaft V-110; VII-80; VIII-105; XII-51, 62, 93; XIV-57, 72
Wissenschaftler XI-63
Wisternitz III-19 2
W. K. Loftus XII-20
Wodan II-102; X-117
Wölfe IX-23
Wohnbauten XII-21
Wohnen VII-44
Wohnhäuser VIII-72
Wohnkultur VII-44
Wohnräume XI-60
Wohnung III-5, 9, 16
Wohnungsgrab V-49
Wohnviertel XII-20
Wolga X-120
Woolley XI-13
Worms II-27; III-83
W. Stuckeley VIII-7
Würdesymbole XIII-29
Wüste IX-10
Wulfila II-86
Wurfbeil II-75
Wurfmaschine II-17
Wurzel XII-62

Xanten II-13
Xantener Dom II-105
Xenophon IX-49
Xerxes IX-75
Xerxes I. IX-66
Xochicalco XIII-18

Yang IV-40, 45
Yang Schao-Kultur IX-18
Yang-shao IV-13
Yaxartes IX-34
Yaxchilán XIII-38
Yazilikaya XI-68
Yeats VIII-7
Yezdegerd I. IX-111
Yezdegerd II. IX-112
Yin IV-29, 40, 6
Ynglingatal X-88
Yu IV-32
Yüan IV-6
Yukatan XIII-37, 39

Zaachilla XIII-18
Zababa XII-32
Zabalu XII-45
Zackelschaf VII-46
Zagros IX-20
Zagros-Bergketten IX-7
Zahlenschrift XII-10
Zahlensystem XIII-40
Zahlungsmittel III-74
Zalpa XI-21 7
Zapoteken XIII-14, 18
Zarathustra IX-101
Zauber XIV-113
Zauberei V-96
Zauberer XIII-34, 79
Zauberhandlungen VIII-59
Zauberkraft III-80
Zauberwesen und Hexerei XII-94
Zebu-Siegel VII-45
Zehn Gebote V-64
Zeichen XIII-35
Zeitrechnung XIV-28
Zella XII-8
Zelthütten III-73
Zenobia IX-109
Zentralgewalt XIII-28
Zentraliden XIII-10 8
Zentralisierung XII-35
Zentralregierung IX-62
Zeremoniell XIV-20
Zeuß VIII-8
Zhob VII-30
Zhob-Tal VII-15
Ziege VII-36, 42, 89; XII-47
Ziegelglasur XII-103
Ziegen IX-14; X-51; XIV-82
Zierstile III-53
Zikkurrat XII-21
Zimmerleute VIII-80
Zimrilim XII-61, 70, 72
Zinn III-58, 89; V-62; VII-67; IX-11; X-14
Zinn-Inseln III-59
Zitadelle VII-12
Zitadelle von Harappa VII-38
Ziviler Ausbau II-18
Zölle IX-83
Zonenkeramik III-43
Zophar V-106
Zoroaster IX-35, 67
Zoroastrismus IX-101, 119
Zottenrock XII-23
Zürich-Altstetten VIII-21
Zusammenbruch der frühindischen Kultur VII-78
Zweistromland IX-7, 20; XII-74
Zwiebel II-35
Zwölftafelgesetz II-16
Zypern I-28; VII-30; XII-35

Lexikaler Anhang

Namens-/Ortsregister
Geographischer Index
in
alphabetischer Folge

Aachen (röm Aquae Grani, nach Grannus, keltisch-germ. Gott), röm. Badeort, Pfalzkapelle Karls d. Gr., Höhepunkt als Reichsstadt im Mittelalter
Aargau, Kanton der Schweiz, Hptst. Aarau, röm. Vindonissa (Windisch), ab Mitte 5. Jhdt. Besiedelung durch die Alemannen, Erstnennung 763 n.Chr.
Aaron, Bruder des Moses; erster Hoherpriester des Alten Bundes
Abalish (Abdallah?), Zoroastrier
Abbaros (6. Jh. v.Chr.), Herrscher von Tyros
Abbas I. der Große (1587 bis 1629), Herrscher der Saffawiden
Abbās-i Merwī (um 800), persischer Dichter
Abbeville/Frankr.: paläolith. Fundort
Abbevillien, Altsteinzeit-Kultur
Abdallah: siehe Abalish
Abd al-Malik (um 700), Kalif
Abdashtart, s. Straton
Abdastratos (918–910 v.Chr.), König von Tyros
Abdera, Stadt an der thrakischen Küste
Abdeshmun (1. Hälfte des 2. Jh. v.Chr.), punischer Suffet auf Sardinien
Abdeshmun (2. Jh. v.Chr.), Priester auf Ibiza, Sohn des Azarbaal
Abdi-Anati (14. Jh. v.Chr.), König von Siannu
Abdi-bi'ti (um 700 v.Chr.), König von Arados
Abdi-Milkutti (um 650 v.Chr.), König von Sidon
Abessinien → Äthiopien
Abgarus, Scheich (um 100 v.–100 n.Chr.)
Abhayagiri/Ceylon: buddhist. Hptkloster
Abibaal (um 940 v.Chr.), Herrscher von Byblos
Abī-Ešuḫ (1711–1684 v.Chr.), babylonischer König, 1. Dynastie von Babylon
Abodriten, slaw. Vstm.
Abraham, alttestamentarischer Patriarch, Stammvater der Israeliten und Araber
Abraham, erster der drei Erzväter des Alten Testaments (2000 v.Chr.)
Abrittus/Moesien (heutiges Bulgarien): Schlacht b. (251)
Absalom (um 950 v.Chr.), dritter Sohn König Davids
Abud al-Daulah (10. Jahrhundert), Bujidenfürst
Abu Ishaq Ibrahim b. Shahriyar al-Kazeruni (gest. 1034), Begründer eines Sufi-Ordens
Abukir/Algerien: prähist. Fundort
Abul Fazl, Philosoph des Akbar-Kults
Abu Moslem (8. Jahrhundert), Führer einer religiösen Sekte
Abū Hafs-i Sughdī (um 720), Dichter
Abydos/Kleinasien: griech. Kol.
Abydos, Stadt am Hellespont, Sestos gegenüber
Acamapichtli (um 1376), erster Oberster Sprecher der Azteken
Acestes, Herrscher von Sizilien
Achab (875–854 v.Chr.), israelischer König
Achäer → Achaier
Achämenes, Begründer der Achämenidendynastie
Achaia/Peloponnes, Achaischer Bund (280 v.Chr.) → Peloponnes
Achaia, das phthiotische, Landschaft in Thessalien, vom Spercheios bis zum Enipeus
Achaier (Achäer, Aioler), griech. Vstm.
Achaimeniden (Achämeniden), persisches Königsgeschlecht (um 700 bis um 400 v.Chr.)
Acharnä, einer der größten Demen in Attika, nördl. von Athen
Achates, Gefährte des Äneas
Acheloos, Grenzfluß zwischen Akarnanien und Ätolien
Achenaten (Amenophis IV.), König (18. Dyn.)
Achenaten (1367–1350 v.Chr.), ägyptischer König
Acherbas (9. Jh. v.Chr.), Melqart-Priester und Gemahl der Königin Elissa (Dido)
Acheron, Fluß in Epirus, durchfließt den acherusischen See
Achet-Aton/Ägypten (Name d.: = Tel el-Amarna): altägypt. Kgs.-St.
Achethotep, hoher Beamter des Alten Reiches
Acheul/Frankr.: paläolith. Fundort (→ Acheuléen)
Acheuléen (Isidrense), paläolith. Faustkeilkultur
Achilleus, Sohn der Thetis und des Peleus; größter Held der Griechen im Kampf um Troja
Achill, Held der griechischen Mythologie
Achtoi, ägypt. Beamter (11. Dyn.)
Achtoi, ägypt. König (10. Dyn.)
Achtoi, ägypt. Schriftsteller des Neuen Reiches
Acrisius: siehe Akrisios
Actium/NW-Griechenland: Schlacht b. (31 v.Chr.)
Adad-apal-iddinam (1067 bis 1046 v.Chr.), König von Babylonien, aramäischer Usurpator des babylonischen Throns

Adad, babylonisch-assyrischer Wettergott
Adad, babylonisch-assyrisch-syrischer Wettergott
Adad-idri (9. Jh. v. Chr.), König von Damaskus
Adadnirari III. (809 bis 782 v. Chr.), assyrischer König
Adad-nirari I. (1307 bis 1275 v. Chr.), assyrischer König
Adad-nirari II. (911 bis 891 v. Chr.), assyrischer König, Begründer der assyrischen Reichsverwaltung
Adad-šum-usur (um 1200 v. Chr.), babylonischer König
Adadu, s. Adad
Adam, nach 1 Moses Stammvater des Menschengeschlechts
Adana/S-Kleinasien: byzant. Erob. (964)
Adapa, Held des Adapa-Mythos
Aden (ʿAdan)/S-Arabien: venezian. Reisen über (14. Jh.) portug. (1524–1538), osman. (1538)
Adiabene/N-Mesopotamien: parth. Erob. (141 v. Chr.) Skythen-Hptst. röm. Erob. (116) – jüd. Kgr. (35–11 (n. Chr.)
Adlerberg-Kultur, Kultur d. Bronzezeit
Admesu (7. Jh. v. Chr.), König von Tamassos
Admetos, König von Thessalien
Adoni-Baal (um 852 v. Chr.), phönikischer Herrscher von Siannu
Adonis, eine der drei höchsten phönikischen Gottheiten
Adonis, Sohn des Kinyras und der Myrrha; Geliebter der Aphrodite
Adžaren, georg. Vstm.
Aeneis, nach Aeneas benanntes Heldenepos des Vergil
Aerarium militare, römische Beh. zur Versorgung der Veteranen
Aerope, Gemahlin des Atreus
Aesculapius, s. Asklepios
Äduer, kelt. Vstm. Galliens
Ägaleos, Berg zwischen Athen und Eleusis, Salamis gegenüber
Ägatische Inseln: Schlacht b. d. (242 v. Chr.)
Ägeus (Aigeus), Vater des Theseus; König von Athen
Ägition, Stadt im südöstl. Ätolien
Ägypten/NO-Afrika: Vorzeit Altägypten (2850 bis 332 v. Chr.)
Äneas (Aeneas), Sohn des Anchises und der Aphrodite, in der griechischen Sage Held des Trojanischen Krieges
Äneolithikum, s. Chalkolithikum
Änianen, Völkerschaft am Spercheios im südwestl. Thessalien
Änos, Stadt an der thrak. Küste
Äolos-Inseln, häufiger die Liparischen genannt, im N Siziliens
Äolus: siehe Aiolos
Äquer, Urvolk Italiens
Äthäa, Stadt in Lakonika
Äthiopien (Abessinien): Vorzeit
Ätolien/griech. Lsch.: Ätol. Städtebund (290 v. Chr.)
Afʿalu Bū Rammāl (Afalu-Bu-Rummel)/Algerien: prähist. Fundort
Afanasjeva-Kultur, Kultur d. zentralasiatischen Bronzezeit
Afghanistan/Lsch. i. NO d. iran. Hochld.: Vorzeit
Afontova-Gora/b. Krasnojarsk, O-Sibirien: späteiszeitl. Renjägerlager
Africa/röm. Prov. (Tunis u. Tripolis)
Africanus, Geschichtsschreiber (3. Jh. n. Chr.)
Agamemnon, Sohn des Atreus und der Aerope, König von Mykene und Oberbefehlshaber im Kampf um Troja
Agatharchides (2. Jh. v. Chr.), griechischer Geschichtsschreiber und Geograph
Agathias (6. Jahrhundert), Jurist aus Kleinasien
Agathokles (316 bis 289/288 v. Chr., Tyrann von Syrakus
Agaue, Mutter des Königs Pentheus von Theben
Agenor, König von Phönikien
Ager Pontinus/Italien: prähist. Fundplatz
Agga, König von Kiš
Aghori, hinduistische Sekte
Ağnādayn/Syrien: Schlacht b. (634)
Agni, indischer Gott des Feuers
Agra/Indien: Hptst. (1526 bis Mitte 17. Jh.), Prov. d. Großmogul-Reiches
Agräer, Barbaren im N von Ätolien
Agrianer, päonische Völkerschaft im äußersten N von Makedonien, im Quellgebiet des Strymon
Agricola, Gnaeus Iulius (40 bis 93), römischer Feldherr und Statthalter in Britannien
Agri decumantes, röm. Gebiet zw. Rhein u. Donau
Agrigento (griech. Akragas)/Sizilien: griech. Kol. (580 v. Chr.)
Agrippa, Marcus Vipsanius (63–12 v. Chr.), Freund, Feldherr und später Mitregent von Kaiser Augustus
Agrius (Agrios), Sohn der Kirke und des Odysseus
Agum II. (16. Jh. v. Chr.), König von Babylonien, Kassiten-Dynastie
Agum III. (15. Jh. v. Chr.), Kö-

nig von Babylonien, Kassiten-Dynastie
Ahaggar (Hoggar)/Gebirge, Sahara: neolith. Besied.
Ah Ceh, mayanischer Jagdgott
Ahhazu, sumerischer Dämon
Ahhotep, ägypt. Königin (17. Dyn.)
Ahi (Achi), türk. Städtebund
Ahimram-Inschriften, erstmaliges Auftreten d. phön. Alphabetes
Ahimsa, indisches Verbot d. Lebensschädigung
Ahiram (um 1000 v. Chr.), Herrscher von Byblos
Aḥmadābād/W-Indien: Ǧāmiʿ-Moschee
Ahmose, Königin, Gemahlin Tuthmosis' I. (18. Dyn.)
Ahmose-Nofretete, Schwester und Gemahlin des Königs Amosis (18. Dyn.)
Ahom, Thai-Volk
Ahuitzotl, Oberster Sprecher der Azteken (1486–1502)
Ah Ulil (um 1200), Oberhaupt von Izamal
Ahura-Mazda, indo-iranische Gottheit
Ahura Mazda, mazdäische Gottheit
Ah Xupan (15. Jh.), Mitglied der berühmten Familie Tutul Xiu aus Tula
Aḥab (874–853 v. Chr.), König von Israel
Aḥaziāhū, israelischer König
Aḥaz (736–716 v. Chr.), König von Juda
Aiakos, Sohn des Zeus und der Nymphe Aigina
Aides: siehe Hades
Aietes, König von Kolchos; Vater Medeas
Aigestes: siehe Acestes
Aigeus: siehe Ägeus
Aigina/Ägäis-Insel, St: Fundort der Bronzezeit, Griech. Kol., Erob. durch Athen (456 v. Chr.)
Aigina, Tochter des Flußgottes Asopos und der Metope
Aigisthos, Sohn des Thyestes und der Pelopeia; Geliebter Klytämnestras
Aigospotamoi/Fl. a. d. Halbinsel Chersones: Schlacht a. (405 v. Chr.)
Aimara, peruan. Bergvolk
Ainel (um 335 v. Chr.), König von Sidon
Ainu, N-asiat. Urvolk
Aioler → Achaier
Aiolos, Sohn des Poseidon; Herrscher der Winde
Aischylos (525–456 v. Chr.), griechischer Tragiker
Aitolos, Sohn des Endymion; Gründer von Aitolia
Aix-en-Provence (Aquae Sextiae)/Frankr.: Schlacht b. (102 v. Chr.)
Aïn Metherchem/Tunis: prähist. Fundort
Aïn Rhilan/Algerien: prähist. Fundort
Aja, Göttin
Ajatashatru (493–461 v. Chr.), König von Magadha und Sozn Bimbisaras
Ajax, Sohn des Telamon, Königs von Salamis, und der Eriboia, Führer der Salaminier im Kampf um Troja
Ajmer/Indien: Prov. d. Großmogulreiches (Ende 16. Jh.)
A-kalam-dug, Name auf einer Grabinschrift
Akan, im Alten Testament Nachkomme Esaus
Akanthos, Stadt auf Chalkidike am strymonischen Meerbusen
Akastos, Bruder der Alkestis
Akerblåd, schwedischer Forscher (18. Jh.)
Akesines, kleiner Küstenfluß unweit Naxos auf Sizilien
Akis, Liebhaber der Galatea
Akkader, semit. Vstm.
Akkad (sumer. Agade)/Mesopotamien: N-mesopotam. Lsch., Hptst. d. akkad. Reiches
Akki, Name in einer Legende um Sargon von Agade
Akko (Ace)/Syrien: phönik. St.
Akkon/Palästina: Gründung durch d. Dt. Ritterorden (1189), Erob. im 3. Kreuzzug (1191), Erob. durch d. Mamluken (1291)
Akrä, Stadt im S von Sizilien, unweit Syrakus u. Kamarina
Akragas, 1) Stadt an der SW-Küste Siziliens (Agrigent). 2) Fluß ebendaselbst
Akrisios (Acrisius), Vater der Danae; König von Argos
Akritai, byzant. Berufskrieger
Akropolis, Tempel und Festberg Athens
Akrothooi, Stadt am Berge Athos auf Chalkidike
Aksum/Äthiopien: altäthiop. Hptst.
Akšad (akkad. Opis)/Mesopotamien: akkad. St.-Staat
Aktaion, Sohn des Aristaios und der Autonoe, Tochter des Kadmos
Akte, Landschaft, die nordöstlichste von den drei Spitzen der Halbinsel Chalkidike
Aktion, Stadt in Akarnanien, am Eingang des amprak. Meerbusens
Al-ʿAliyya/Tanger: paläolith. Fundort
Alachan/Grenzgeb. zwischen China u. d. Inneren Mongolei: Teil d. Hsi-Hsia-Reiches (11. Jh.)
Alalgar, mythischer Herrscher in Eridu
Alamannen, W-german. Stm. (2.–8. Jh.)
Al-Amrah/Ägypten: prähist. Fundort
Alamūt/a. Kaspischen Meer:

Burg, Assassinen-Stützpunkt
Alanen, sarmat. Vstm.
Alaska/NW-USA: Erstbesied. i. d. Eiszeit, prähist. Fischerkulturen
Alban/alter Name Schottl.
Albaner, Balkan-Volk
Albanerberge/Gebirge, Italien: prähist. Kultur d.
Al-Biruni (973-1048), Gelehrter
Alcántara/Spanien: Ordensrittersitz
Alces-Kult, Hirsch-Kult
Alecto (Alekto), Furie
Alekseevskoe a. Tobol/W.-Sibirien: prähist. Fundort
Alemannen →Alamannen
Aleppo (Chaleb, Halab, Halpa)/Syrien: Mitanni-Festung am Euphrat
Alessandria (Caesarea)/Italien: Feste d. Lombard. Bundes (1167)
Alexander der Große, makedonischer König (356-323)
Alexander, griechischer Seefahrer und Entdecker zur Zeit Kaiser Hadrians (76 bis 138)
Alexander (um 264 v. Chr), König von Epeiros
Alexander, Vizekommandant einer Elefantenfang-Expedition unter Ptolemaios IV. (um 211-205 v. Chr.)
Alexander von Abonutichus, Scharlatan von Kleinasien
Alexander von Ephesos (um 60 v. Chr.), griechischer Dichter
Alexandria/Ägypten: Gründung (332 v. Chr.) - Ptolomäer-Hptst. (305-30 v. Chr.) - hellenist. Kulturzm, Museion, Einzug Caesars (48 v. Chr.), Triumph d. Antonius (34 v. Chr.), Zm d. jüd. Hellenismus, Philosophenschule, byzant. Wirtschafts-Zm
Alfedena-Kultur, i. d. Frühgesch.
Alfen, Götterschicht der Germanen
Alfred der Große (um 848 bis 899), König von England (871-899)
Algonkin, subarktische Indianerstämme
Algonkium (Vorkambrium), geolog. Formation, Erdzeitalter
Alitum, Name in einer Urkunde
Alkaios (um 600 v. Chr.), griechischer Lyriker
Alkestis, Tochter des Pelias und Anaxibias; Gemahlin Admetos', Königs von Thessalien
Alkinoos, König der Phaiaken
Alkmene, Gattin des Amphitryon; Geliebte des Zeus und Mutter des Herakles
Alkyon (Alkyoneus), Gigant
Allah, Gott der Mohammedaner
Allāhābād/Indien: Prov. d. Großmogulreiches - „Palast d. 40 Pfeiler"
All-Cannings-Cross/Engl.: kelt. Ansied.
Allia/Italien: Schlacht a. d. (387 v. Chr.)
Alluvium, geologische Formation, Erdzeitalter
Al-Ma'mun (9. Jahrhundert), Kalif
Al-Maqdisi (10. Jahrhundert), Biograph und Geograph
Almeria/Spanien: neolith. Fundort
Almogavaren, aragon. Söldnertruppe auf Sizilien
Almopien, Almoper Land u. Volk in Makedonien
Alope, Stadt im Epiknemidischen Lokris
Alpen: Marsch Hannibals ü. d. (219 v. Chr.)
Alpera-Stil, steinzeitliche Kunst
Alphaios, Flußgott
Alphrodisia, Stadt in Lakonika
Altai-Kulturen, Bronzezeit
Altaku (Elteke)/Palästina: Schlacht b. (701 v. Chr.)
Altamira/Spanien: eiszeitl. Wohnhöhle v.
Altdorf/Hptort d. schweiz. Kt Uri: Erste Kapuzinerniederlassung diesseits d. Alpen (1581) Schauplatz d. Tell-Sage
Altgrabenkultur, Kultur der Steinzeit
Althaia, Mutter des Meleager
Altheim/Bayern: Fundort neolith. Kultur
Altnigriter, Urbevölkerung d. Sudan
Altpaläolithikum, Stufe der menschl. Urzeit
Altsteinzeit s. Paläolithikum
Altzeit, s. Paläozoikum
Alulim, mythischer Herrscher von Eridu
Alva Istlilxóchitl, Fernando de (1568-1648), mexikanischer Historiker
Alvarado, Pedro de (1486 bis 1541), spanischer Konquistador, Eroberer von Guatemala (1525)
Alyzia, Stadt an der NW-Küste von Akarnanien
Aman-kutan b. Samarkand/russ. Zentralasien: paläolith. Wohnhöhle
Amarna-Stil, Kunstepoche des Neuen Reiches in Ägypten
Amar-Suen (2047 bis 2039 v. Chr.), Herrscher der III. Dynastie von Ur
Amasis, ägypt. König (26. Dyn.)
Amasis (Ah-mose) II. (568-424 v. Chr.), ägyptischer König
Amata, Gemahlin des Latinus, Königs von Latium

Amathaon, britannischer Sagenheld
Ameghino, Florentino (1854 bis 1911), argentinischer Anthropologe
Amel-Marduk (562 bis 560 v. Chr.), babylonischer König
Amenemhet, General unter Thutmosis III. (um 1470 v. Chr.)
Amenemhêt I., ägypt. König (12. Dyn.)
Amenemhêt II., ägypt. König (12. Dyn.)
Amenemhêt III. (Ni Mâat Rê), ägypt. König (12. Dyn.)
Amenemhêt IV., ägypt. König (12. Dyn.)
Amenhotep, Sohn des Hapu, Ratgeber, Beamter und Architekt Amenophis' III. (18. Dyn.)
Amenophis (Amenhoten) I. (um 1580 v. Chr.), ägyptischer König der 18. Dynastie
Amenophis II. (1427–1402 v. Chr.), ägyptischer König der 18. Dynastie
Amenophis III. (1405–1367 v. Chr.), ägyptischer König, 18. Dyn.
Amenophis IV., von 1353 bis 1336 v. Chr. ägyptischer König
Amestris, Mutter des Arsames
Amir Khusrav (um 1300), persischer Dichter
Amîda (Amitâbha) Buddha, einer der am meisten verehrten Buddhas des Mahâyâna
Ammianus Marcellinus (um 330 bis 400), römischer Geschichtsschreiber
Ammiditana, s. Ammī-ditana
Ammī-ditana (1683 bis 1647 v. Chr.), babylonischer König, I. Dynastie von Babylon
Ammī-ṣaduqa (1646 bis 1626 v. Chr.), babylonischer König, I. Dynastie von Babylon
Ammon (Amun), ägyptischer Gott, Stadtgott von Theben
Ammoniter, semit. Volk
Ammon, libyscher (Wasser?-)Gott der Oase Siwa
Amogha (chin. Pu K'ung, gest. 774), singhalesischer Buddhist und Begründer des Tantrismus in China
Amoghavarsha (814 bis 880), Rashtrakuta-König
Amonrasonthêr (= Amun-Rê, König der Götter)
Amon Re, altägyptischer Sonnengott, König der Götter und Erzeuger der Pharaonen
Amorgos/Griechenl.: Schlacht b. (322 v. Chr.)
Amorion/Kleinasien: byzant.
Amoriter, semit. Vstm.
Amor, Sohn des Mars und der Venus; Gott der Liebe
Amosis, ägypt. König (18. Dyn.)
Amphilocher, Barbaren im N von Akarnanien (Amphilochia)
Amphion, Sohn des Zeus und der Antiope
Amphipolis/Thrakien: Erob. durch Sparta (424 v. Chr.), Schlacht b. (422 v. Chr.), makedon. Erob. (357 v. Chr.)
Amphipolis, Stadt in Makedonien, nahe an der Mündung des Strymon
Amphissa, Stadt im Ozol. Lokris, unweit der östl. Grenze
Amphitrite, Tochter des Nereus und der Doris; Gemahlin des Poseidon
Amphitryon, Sohn des Alkaios und der Astydameia; Enkel des Peleus, Gemahl der Alkmene
Amprakia, Stadt im südl. Epirus am Fl. Arachtos
Ampsicora (um 215), sardinischer Heerführer
Amtiyoga, s. Antiochos II. Theos
Amu-Darja (Oxus)/Fl, Innerasien: prähist. Kultur a.
Amun, Gott von Theben
Amun-Rê: siehe Amun
Amut-pi-El (18. Jh. v. Chr.), König von Qatanum
Amyklä, Städtchen, wenig südl. von Sparta
Amykos, König der Bebryker
Amyntas, veröffentlichte die Vermessungsergebnisse Alexanders des Großen
An, höchster Gott des babylonisch-assyrischen Pantheons
Anäa, Stadt an der Küste von Ionien, Samos gegenüber
Anakreon von Teos (um 580 v. Chr.), griechischer Lyriker
Anaktorion, Stadt in Akarnanien am amprak. Meerb.
Anapos, Fluß 1) in Akarnanien; 2) in Sizilien bei Syrakus
Anasazi-Komplex, prähistorische Kulturenabfolge
Anat-bait-ili, phönikische Gottheit
Anat, kanaanitische Göttin
Anat, syrische Gottheit
Anau/Transkaspien: prähist. St.
Anaximander (611 bis um 546 v. Chr.), Philosoph und Naturforscher aus Milet
Anaximenes von Lampsakos, Geschichtsschreiber Alexanders des Großen
Anchhaf, ägypt. Prinz (4. Dyn.)
Anchises, Sohn des Kapys und der Themis; König von Dardanos bei Troja; Vater des Äneas
Anchtifi, Gouverneur von Hierakonpolis
Ancona/Italien: Keltenansied.
Ancus Marcius, 4. König von Rom
Andalusien (Baetica)/span. Lsch: röm. Prov.

Andal (7./8. Jh.), indische Hymnendichterin
Anden/südamerik. Gebirge: prähist. Kulturen
Andernach/Dtschl.: Schlacht b. (876)
Andrae, Walter (geb. 1875), deutscher Archäologe
Andramelek (um 350 v. Chr.), König von Sidon
Andromache, Gemahlin des Trojanerprinzen und Heerführers Hektor
Andromeda, Tochter des Cepheus, Königs von Äthiopien; Gemahlin des Perseus
Andronovo-Kultur, Kultur d. zentralasiatischen Bronzezeit
Andros, Insel nahe der S-Spitze von Euböa
Androsthenes, Seeoffizier unter Alexander dem Großen
Anedjti, Gott von Busiris
Angara/Fl., Rußl.: neolith. Kulturen a. d.
Angelion (Mitte 6. Jh. v. Chr.), griechischer Bildhauer
Anghelu Ruju-Kultur, Kultur der Urzeit
An-hui/Prov. O-Chinas: Lung-shan-Kultur i. (ab 2000 v. Chr.), Wirtschafts-Zm d. Han-Zeit
Anirudha Brahmadhiraja, Brahmane aus der Anbil-Schenkungsurkunde
Ani, Verfasser einer Weisheitslehre (21. Dyn.)
Anjotef, König (mehrere Könige des Mittleren Reiches)
Ankaios, Steuermann der „Argo"
Ankara/Anatolien: pers. Bes. (603–628) – mongol. (seit 1307) – osman. (seit 1361)
Annamiten, hinterind. Volk
Anna, Schwester der Dido
Anoscharvan: siehe Chosrau I.
An, s. Anû
Anšar, babylonische Proto-Gottheit, das obere Universum. Mit Kišar (das untere Universum) repräsentiert sie den gesamten Kosmos
Antandros, Stadt in Äolis in Kl. Asien am atramytteïschen Meerb.
Anteia, Gemahlin des Proitos von Argos
Antenor, trojanischer Held
Anten, slaw. (?) Vstm.
Anthemus, Landschaft in makedonien zw. Strymon und Axios
Anthene, Stadt im kynurischen Gebiete, dem Grenzlande zw. Lakonika u. Argolis
Anthropozoikum, s. Quartär
Antialkidas (um 140 bis 130 v. Chr.), griechischer König in Nordindien
Antigone, Tochter Ödipus' und der Jokaste
Antigonos, der Einäugige, Nachfolger Alexanders, König im Jahr 306 (gefallen 301)
Antigonos Gonatas (276–239 v. Chr.), König von Makedonien
Anti, Gott (Falkengott)
Antilochos, Sohn des Nestor
Antimachos I. (2. Jahrhundert v. Chr.), griechisch-baktrischer König
Antinoos, Freier um Penelope
Antiochia/Syrien: griech., Hptst. d. Seleukidenreiches – Hptst. d. röm. (byzant.) Prov. Syria (bis 540), altchristl. Theol.-Schule u. monophysit. Patriarchat, geistiges u. kulturelles Zm, Handelszm.
Antiochos I. Soter (281–261 v. Chr.), makedonischer König von Syrien, Seleukiden-Dynastie
Antiochos II. Theos (261–246 v. Chr.), makedonischer König von Syrien, Seleukiden-Dynastie
Antiochos III. der Große (223 bis 187 v. Chr.), makedonischer König von Syrien, Seleukiden-Dynastie
Antiochos IV. Epiphanes (175 bis 163 v. Chr.), makedonischer König von Syrien, Seleukiden-Dynastie
Antiochos (kurz vor Christi Geburt), Sohn des Mithridates Kalinikos von Kommagene
Antiochos VII. (138–129), Seleukidenkönig
Antiope, Tochter des Nykteus, Königs von Theben, und der Polyxo; Geliebte des Zeus
Antipater, Lucius Caelius (um 120 v. Chr.), römischer Historiker
Antissa, Stadt auf Lesbos
Antonius der Große (um 250–356), Heiliger und Eremit in Ägypten
Antonius, Marcus (82 bis 30 v. Chr.), römischer Staatsmann und Feldherr
Antonius Pius (138–161), römischer Kaiser
Antoniuswall, röm. Befestigungsanl. in England
Antum, göttliche Gemahlin des Anû
Antun, chinesischer Name für Marcus Aurelius
An Tun, s. Marcus Aurelius Antonius
Anubanini, König der Lullubäer
Anubis, ägyptischer Totengott
Anubis, Totengott (Schakal)
Anu, Himmelsgottheit der Hurriter
Anukis, Göttin vom I. Katarakt
Anum-bani, Name in einer Rechtsurkunde
Anunna-Götter

Anunnaki, babylonisch-assyrische Göttergruppe der Erdgötter
Anunnaki-Richter, in der sumerischen Mythologie waren die Anunnaki Richter der Unterwelt
Anû, höchster und ältester Gott des babylonisch-assyrischen Pantheons, bildet mit Enlil und Ea die oberste Göttertrias
An-yang (Yin)/N-Honan, China: Hptst. d. Shang Dyn (etwa 1300–1000 v. Chr.)
Anysis, bei Herodot als König erwähnt
Aṅga/Bengalen, Indien: Kgr. (6. Jh. v. Chr.)
Apatschen, N-amerikan. Indianerstamm
Apenninische Kultur, Kultur der Urzeit
Aphek/Palästina: Schlacht b. (854 v. Chr.)
Aphrodite → parakyptousa
Aphrodite, Tochter des Zeus und der Dione; Göttin der Liebe und der Schönheit
Aphytis, Stadt auf der Halbins. Pallene in Chalikdike
Apidanos, Zufluß des Enipleus, bei Pharsalos in Thessalien
Apion (um 38), griechischer Grammatiker, Homer-Kommentator
Apis, heiliger Stier und Gott von Memphis
Aplaḫanda (18. Jh. v. Chr.), König von Karkemiš
Apoasis, Teilnehmer an der von Charimortos geleiteten Elefantenfang-Expedition unter Ptolemaios IV. (um 211–205 v. Chr.)
Apodoter, Volk in Ätolien
Apollodoros (um 180 – um 120 v. Chr.), griechischer Gelehrter
Apollodotos (um 165 v. Chr.), Feldherr des Demetrios und baktrischer König
Apollon Alasiotas, Beiname des Apollon nach seinem Heiligtum in Alasia auf Zypern
Apollon Amyklaios, Beiname des Apollon nach seinem Heiligtum in Amyklae
Apollon, griechischer Gott der Heilkunde, des Todes, der Weissagungen und der Künste, Sohn des Zeus und der Leto
Apollon Heleitas, Beiname des Apollon nach seinem Heiligtum Helos auf Zypern
Apollonia, Küstenstadt in Illyrien am Fl. Aoos
Apollonios Rhodios (um 295 bis um 215 v. Chr.), griechischer Dichter und Gelehrter
Apophis, Hyksos (17. Dyn.)
Appar (um 600–630), shivaitischer Heiliger
Appian aus Alexandrien (2. Jh.), griechischer Geschichtsschreiber
Apries (Haebrê; 588–568 v. Chr.), ägyptischer König der 26. Dynastie
Apssû, in der babylonischen Kosmologie Urwesen und Urtiefe. Vater aller Götter
Apsu, babylon. Wassergottheit
Apsyrtos, Sohn König Aietes' und Bruder Medeas
Apuja, Vater des Wesirs Ramose (18. Dyn.)
Apuleius, Lucius (um 124 – um 180), römischer Schriftsteller
Apuler → Daunier
Apursam, „Ruhm des Ardaschîr", parthische Feudalfamilie
Aquileia/St. a. d. nördl. Adria: röm. Kol. – germ. Vwg.-Zeit – Zerst. durch d. Hunnen (452)
Aquilonia/Italien: Schlacht b. (293 v. Chr.)
Aquitaner, kelt. Vstm.
Aquitanien/SW-franz. Geb. zwischen Loire u. Garonne: röm. Prov., tolosan. Reich d. W-Goten (418–507), fränk. Reich, Arabereinbruch (711), fränk. Rückerob. (759)
Arabia/röm. Prov. (Sinai u. Transjordanien)
Arachosien/Lsch., Afghanistan: Satrapie d. Perserreiches, Saken-Ansied., Erob. durch Alexander d. Gr. (330 v. Chr.), Teil d. Mauryareiches (305 v. Chr.), Teil d. griech.-baktr. Reiches (2./1. Jh. v. Chr.)
Arad-Nanna, Name in einem Dokument
Arad-Zugal, Name in einem Dokument
Aramäer (Chaldäer), semit. Vstm. i. Vorderasien
Aranda, austral. Stm.
Arapaho, N-amerikan. Urvolk
Arausio (Orange)/Frankr.: Schlacht b. (105 v. Chr.)
Archäozoikum (Urzeit), Erdzeitalt.
Archagetas, griechische Bez. für die griech. Heerkönige
Archelaos (34 v. Chr.–14 n. Chr.), König von Kappadokien
Archias, Seeoffizier unter Alexander dem Großen
Archilochos (um 700 v. Chr.), griechischer Lyriker
Archimedes, griechischer Mathematiker und Physiker (um 287 bis 212)
Arcidava/Banat: Geten-Hptst.
Ardaschîr (um 220–240), Sassanidenkönig
Ardennen/W-Teil d. rhein. Schiefergebirges
Areia/Iran: persische Satrapie, Erob. durch Alexander d. Gr. (330 v. Chr.)
Arene Candide/Italien: paläolith. Wohnhöhle

Ares, Sohn des Zeus und der Hera; griechischer Gott des Krieges
Arete, Gemahlin des Phaiakenkönigs Alkinoos
Arethusa, Nymphe
Arevaker, kelt.-iber. Vstm.
Arganthonios (um 600 v. Chr.), König von Tartessos
Argilos, Stadt in Bisaltia in Makedonien, nahe beim Amphipolis
Arginon, Vorgebirge bei Erythrä in Ionien
Arginusen, kleine Inseln vor dem kleinasiat. Festland gegenüber von Lesbos
Arginusische Inseln/Inselgr. d. östl. Ägäis: Schlacht b. (406 v. Chr.
Argirope, Sagengestalt bei Hermesianax (3. Jh.)
Argischti (8. Jahrhundert v. Chr.), König von Urartu
Argisti II. (713 bis etwa 685 v. Chr.), König von Urartu
Argolis/östlichste Halbinsel d. Peloponnes: bronzezeitl. Besied.
Argonauten, Helden der griechischen Sage vom Goldenen Vlies
Argos/Peloponnes: dorischer St.-Staat/Plünderung durch d. Heruler (267 n. Chr.)
Argos, das amphilochische, am amprak. Meerb. in Akarnanien
Argos, Wächter der Io
Ariadne, Tochter des Minos, Königs von Kreta, und der Pasiphae; Geliebte des Theseus und des Dionysos
Arianismus, bei den Germanen stark verbreitete Lehre des Arius über das Wesen Christi
Ariano Irpino: prähist. Fundort
Ariaramnes (Ariyaramna)
Arier, O-indogerman. Völkergr.
Arik-den-ilu (1319 bis 1308 v. Chr.), assyrischer König
Arinna, hittische Gottheit
Arion von Methymna (um 600 v. Chr.), griechischer Lyriker
Aristagoras (gest. 469 v. Chr.), Tyrann von Milet
Aristaios (Aristaeus), Sohn des Apollon und der Cyrene
Aristeas von Prokonnesos (6. Jh. v. Chr.), griechischer Wundermann bei Herodot; phantastische Romanfigur und zugleich Autor des Arimaspenepos
Aristodemos (um 524 v. Chr.), Führer der griechischen Niederlassung in Cumae
Aristogeiton (6. Jh. v. Chr.), athenischer Adeliger und Tyrannenmörder
Aristokreon, griechischer Geograph zur Zeit Ptolemaios' II. (285 bis 247 v. Chr.)
Ariston, Zeitgenosse Ptolemaios' II. (285–247 v. Chr.)
Aristophanes (um 445–385 v. Chr.), griechischer Komödiendichter
Aristoteles (384–322 v. Chr.), griechischer Philosoph
Aristotelismus, Lehre des Aristot., bes. in d. mittelalt. u. neueren Phil.
Arizona/USA: prähist. Kultur
Arjuna, einer der fünf Pandava-Brüder
Arkadien/Lsch. d. Peloponnes: Staat (369 v. Chr.)
Arkesilas (um 565 v. Chr.), König von Kyrene
Arktis/N-Polargeb.: prähist. Kulturen
Arles (Arelate)/Frankr.: röm. Neubesied. (1. Jh. v. Chr.)
Armagh/Irland: Hptkloster, Ebm.
Armawir/türk. Armenien: vorchristl. Bauten v.
Armenien/vorderasiat. Hochld.: Vorzeit
Armenier, kleinasiat. Volk
Arminius (Armin), Cherusker, 9–21 n. Chr., Führer der Abwehr der Römer, Teutoburger-Wald-Schlacht, s. a. Varus
Arnä, Stadt in Chalkidike
Arne, Stadt in Thessalien, wahrsch. zw. dem Enipeus u. Apidanos
Arnisa, Stadt in Makedonien
Arnobius von Sikka, griechischer Gelehrter
Aromunen, Balkanrumänen
Arpad/N-Syrien: aramäische Festung, Hethiter-Fsm.
Arrhiani, Stadt im thrakischen Chersones
Arrianus Flavius aus Nikomedeia (Arrian, -os) (95–175), griechischer Schriftsteller
Arruns, Sohn des Taruqinius Superbus
Arsakes (247 v. Chr.–?), Begründer des Geschlechts der Arsakiden
Arsames (6. Jhdt. v. Chr.), achämenidischer Prinz, Statthalter von Ägypten
Arslan Tepe/SO-Anatolien: d. Hethiter-St. Melidda
Arta/Epiros: Mosaike v.
Artabanos II. (um 128 bis 123 v. Chr.), Partherkönig
Artabanos III (um 12 bis 38 n. Chr.)
Artabanos V. (207 bis um 228 n. Chr.), Partherkönig
Artatama (14. Jh. v. Chr.), König des Mitannireichs
Artavasdes (um 227/28), Partherkönig
Artavasdes (1. Jahrhundert v. Chr.), König von Groß-Armenien
Artaxata/Armenien: Hptst., Schlacht b., röm. Einn. (58 v. Chr.), röm. Einn. (163 n. Chr.)

Artaxerxes I. Longimanus (465 bis 425 v. Chr.), Achämenidenkönig
Artaxerxes II. Mnemon (405–359 v. Chr.), Sohn Dareios' II. und König von Persien, Achaimeniden-Dynastie
Artaxerxes III. Ochos (359–338 v. Chr.), Achämenidenkönig
Artaxias, König oder Satrap unter Antiochos III.
Artemidoros von Ephesos (um 100 v. Chr.), griechischer Geograph und Naturforscher
Artemision/Griechenl.: Schlacht b. (480 v. Chr.)
Artemision, Vorgebirge im N von Euböa
Artemis Orthia, Beiname der Artemis die Helle, Aufrichtige?
Artemis, Tochter des Zeus und der Leto, Zwillingsschwester Apollons; griechische Göttin der Jagd und der Fruchtbarkeit
Aruru, sumerische Schöpfungsgöttin
Arvener, kelt. Vstm.
Arwad (griech. Arados)/Syrien: phönik. St.-Staat
Aryabhata (um 499), indischer Astronom
Arzaschkun/Armenien: Hptst. Urartus
Asalluhi, s. Marduk
Asarhaddon (680–669 v. Chr.), assyrischer König
Asari, s. Marduk
Asar-lu-hi, s. Marduk
Ascanius, Sohn des Äneas
Aschanti, Negervolk
Asch, Hauptgott der Libyer
Asdingen, vandal. Stm.
Asdod/S-Palästina: Philisterst., ägypt. Erob.
Asen, dritte Götterschicht der Germanen nach Wanen und Alfen.
Ashoka (268–um 231 v. Chr.), indischer König
Ashoka (272–232 v. Chr.), Kaiser von Magadha
Ashtoret, biblische Bezeichnung für Astarte
Ashvaghosha (um 100), buddhistischer Sanskritdichter und Theologe
Asia/N-Kleinasien: röm. Prov.
Asine, Stadt an der Spitze von Messenien
Askalon/S-Palästina: Philisterst. – Schlacht b. (1099), Erob. i. 2. Kreuzzug (1153)
Asklepios, Sohn des Apollon und der Koronis; Gott der Heilkunde
Asklepios von Berytos, phönikische Gottheit von Beirut
Asopos, Fluß in Böotien
Asopos, Sohn des Poseidon und der Pero; böotischer Flußgott
Asosi, ägypt. König (5. Dyn.)
Aspendos, Küstenstadt in Pamphylien
Assam (Kāmarūpa)/Indien: archäische Fruchtbaumkultur i., austroasiat. Einwohner, Kleinstaat
Assarakus (Assarakos), Sohn des Tros
Assarhaddon (680 bis 669 v. Chr.), König von Assyrien
Asselar/Franz. Sudan: prähist. Fundort
Assinaros, Küstenfluß in Sizilien, südl. von Syrakus
Assur (Aschschur, arab. Qal'at Šarqāt)/Mesopotamien: Teil d. akkad., sumer. u. babylon. Reiche, Hptst. d. assyr. Reiches, Erob. u. Zerst. durch d. Meder (614 v. Chr.), parth. Palast
Assur, assyrische Gottheit
Assurbanipal (Sardanapal: 669 bis 626 v. Chr.), assyrischer König
Assurnasirpal II. (883 bis 859 v. Chr.), assyrischer König
Assyrer, semit. Volk i. Vorderasien
Assyrien/Ld. a. mittleren Tigris (24.–7. Jh. v. Chr.)
Astakos, Stadt im SW von Akarnanien
Astarte, asiatische Fruchtbarkeitsgöttin
Astarte Erycina, Beiname der Göttin Astarte nach dem Berg Eryx auf Sizilien
Astarte, Fruchtbarkeits- und Kriegsgöttin von Palästina und Ägypten
Asteria-Aphrodite, Göttin, im Mythos Mutter des Melqart
Asteria, s. Astarte
Asterius (Asterios), König von Kreta
Astharymos (897–889), König von Tyros
Astourien, Kultur der Altsteinzeit
Astraios, Vater der Winde
Asturer, Vstm. Spaniens
Astyages (um 580–550 v. Chr.), letzter König der Meder, Sohn und Nachfolger des Kyaxares
Astyanax, Sohn Hektors und Andromaches
Asuras, indogerm. Gottheiten
Asychis, bei Herodot als König erwähnt
Aśoka (274–232 v. Chr.), Kaiser von Indien
Ašippa, Verfasser eines Briefs
Aškenasim, mittel- u. osteuropäische Juden
Ašoka (um 272–231 v. Chr.), Kaiser von Indien
Aššarid-apal-Ekur II. (1076 bis 1075 v. Chr.), assyrischer König
Aššur-ban-apli, s. Assurbānipal
Aššur-bēl-kala (1074 bis 1057 v. Chr.), assyrischer König
Aššur-dan I. (1179–etwa 1134

v. Chr.), assyrischer König
Aššur-dan II. (933 bis 912 v. Chr.), assyrischer König
Aššur-dan III. (771 bis 754 v. Chr.), assyrischer König
Aššur-danin-apli, Sohn Salmanassars III.
Aššur-etillu-ili (625 – etwa 623 v. Chr.), assyrischer König
Aššur-matha-gur, Name in einem Brief
Aššur-nadin-apil (1207–1204 v. Chr.), assyrischer König
Aššur-nadin-šum (699 bis 694 v. Chr.), assyrischer Statthalter Babyloniens, Sohn des Assyrerkönigs Sanherib
Aššur-naṣir-pal II. (883–859 v. Chr.), assyrischer König
Aššur, Nationalgott von Assyrien
Aššur-nirari V. (753 bis 746 v. Chr.), assyrischer König
Aššur-rabi II. (1010 bis 970 v. Chr.), assyrischer König, Begründer der neuen Dynastie von Assyrien
Aššur-rēš-iši (1133 bis 1116 v. Chr.), assyrischer König
Aššur-uballit I. (1365 bis 1330 v. Chr.), assyrischer König
Aššur-uballiṭ (611–606 v. Chr.), letzter assyrischer König, nach dem Fall Ninives (612) in Harran zum König ausgerufen. Ende des Assyrer-Reichs
Atahuallpa, dreizehnter Inka-Herrscher (1532–1533)
Atalanta, Tochter des böotischen Königs Schöneus und der Klymene; berühmte Jägerin
Atalante, 1) Insel bei dem Opunt. Lokris. 2) Stadt in Makedonien im oberen Axiostal
Aten, Sonnengott von Amarna
Ateti, Beamter (6. Dyn.)
Ate, Tochter des Zeus; Göttin des Unheils
Atérien, Kultur der Altsteinzeit in Afrika
Athalja (gest. 840/839 v. Chr.), Königin von Juda, Gemahlin des Joram, Tochter von Achab und Isebel
Athamas, Vater des Phrixos und der Helle
Atharvaveda, 4. Teil d. Veda, Lieder u. Spruchsammlung
Athen/Griechenl.: neolith. Sied., griech. St.-Staat, Akropolis – Dionysostheater – Dipylonstil, Platon-Akad., Kulturzm., pers. Zerst. (480 v. Chr.), Kapit. (404 v. Chr.), Unterwerfung durch Alexander d. Gr. (335 v. Chr.), makedon. (bis 197 v. Chr.)
Athena, griechische Göttin
Athenaios von Naukratis (um 200), griechischer Schriftsteller aus Ägypten
Athene, griechische Göttin der Weisheit; Tochter des Zeus
Athlit/Palästina: prähist. Fundort
Athos, Berg auf der Akte von Chalkidike
Atilius, s. Regulus
Atintaner, Volk im äußersten NO von Epirus
Atlas, Sohn des Titanen Japetos und der Klymene
Atossa, Schwester des Kambyses und Gattin des Gaumata
Atraḫsis, Held des babylonisch-assyrischen Atraḫsis-Epos
Atramhasis, altbabylonischer Weiser
Atramyttion, Stadt in Äolis in Kl. Asien
Atreus, Sohn des Pelops und der Hippodameia; König von Mykene; Schatzhaus des → Mykene
Atropates, Satrap von Medien
Atropos, Schicksalsgöttin; eine der drei Moiren
Attika/griech. Lsch.: prähist. Kultur, Ionisches Kerngeb., attisch-delischer Seebund (478/77 v. Chr.), Attischer Seebund, zweiter (378/77 v. Chr.)
Attila, auch Etzel, König der Hunnen (434–453)
Attis, phrygische Gottheit; Geliebte der Großen Mutter Kybele
Atum, Gott von Heliopolis, Weltschöpfer
Audjila/Oase, N-Libyen: Ausgangspunkt v. Karawanenstraßen
Augias, König von Elis
Augsburg (lat. Augusta Vindelicorum)/Bayern: Hptst. d. röm. Prov. Raetia (15 v. Chr.), Schlacht b. (910), Dom (vor 1065), Reichstag zu (1282)
Augures, röm. Interpreten des Vogelfluges
Augusta Vindelicorum → Augsburg
Augustin (gest. 604), Apostel der Angelsachsen, erster Bischof von Canterbury (seit 601)
Augustinus, Aurelius (354 bis 430), Bischof von Hippo Regius und römischer Kirchenlehrer
Augustus, Gaius Julius Cäsar Oktavian (63 v. Chr. bis 14 n. Chr.), römischer Kaiser seit 31 v. Chr.
Auker/Lsch., Mauretanien, franz. NW-Afrika: paläolith. Funde
Aulon, Ort am See Bolbe in Chalkidike
Aunjetzitzer Kultur, Kultur der Bronzezeit
Aurangābād/Indien: Prov. d. Großmogulreiches
Aurelian, Lucius Domitius (270 bis 275), römischer Kaiser

Aurelianum → Orléans
Aurignac/Frankr.: paläolith. Fundort
Aurignacien, jungpaläolithische Kulturstufe: Charakteristik, Afrika und Westeuropa
Aurunker (griech. Ausoner), Urbevölkerungsstm. Italiens
Ausculum (Asculum, ital. Ascoli)/Italien: Schlacht b. (279 v. Chr.), Erob. v. (268 v. Chr.)
Ausoner → Aurunker
Ausonische Kultur, Kultur d. Urzeit
Australiden, Urvolk Austr.
Austrasien/Zentralgeb. d. fränk. Reiches (Mosel-Maas-Niederrhein)
Austroasiat. Völker Hinterindiens
Autonoe, Tochter des Kadmos, Schwester der Augaue, der Gemahlin Pentheus' von Theben
Avanti/Zentralindien: Königreich (seit d. 6. Jh. v. Chr.)
Avaren, mongol. Volk Asiens
Avaris (Tanis, bibl. Ramses)/Ägypten: Hyksoshptst., ägypt. Kgs.-St.
Avatara Krsna, ind. Bezeichnung für die Inkarnation Gottes
Avdeevo b. Kursk/Rußl.: Fundort paläolith. Kultur
Avendaño, Andrés de (um 1696), Franziskanermissionar
Avienus, Festus Rufus (4. Jh.), römischer Dichter
Aviz/Port.: Ordensrittersitz
Awesta, Sammlung der heiligen Texte der Anhänger Zoroasters
Axayacatl, Oberster Sprecher der Azteken (1469–1481)
Axios, Fluß in Makedonien
Ay, ägypt. König (18. Dyn.)
Aya-rammu (um 700 v. Chr.), König von Edom
Ayar Auca (um 1200), Bruder des legendären ersten Inka-Herrschers Manco Capac
Ayar Cachi (um 1200), Bruder des legendären ersten Inka-Herrschers Macon Capac
Ayar Manco s. Manco Capac
Ayar Uchu (um 1200), Bruder des legendären ersten Inka-Herrschers Manco Capac
Ayn Tayya/Algerien: paläolith. Fundort
Azarbaal, Vater des Priesters Abdeshmun auf Ibiza
Azarjā (766–740 v. Chr.), König von Juda
Azarmidukht, Prinzessin
Azemilkos (um 330 v. Chr.), König von Tyros
Azes (1. Jh. v. Chr.), indischer Shaka-König
Azi-Baal (7. Jh. v. Chr.), König von Arados
Azilien, Kultur der Mittelsteinzeit in Süd/Mitteleuropa
Aziru, König von Amurru
Azoros (um 1190 v. Chr.), angeblicher Gründer von Karthago
Azteken, indian. Volk
Āranyakas, Teil der Veden-Liter.
Āśramas, ind. System d. Lebensstufen
Ātman-brahman, hinduistischer Gottesbegr.
Ātman, ind. Gottesbegriff

Baal, nordwestsemitischer Gott
Baal, semitischer Wetter- und Himmelsgott
Baal Addir, phönikische Gottheit
Baalat, eine der drei höchsten phönikischen Göttinnen
Baalat von Beryto, phönikische Gottheit von Beirut
Baal Hammon, punischer Gott von Karthago, der dem phönikischen El, dem griechischen Kronos und dem römischen Saturn entspricht
Baal Libanon, „Herr des Libanon", phönikische Gottheit
Baal-malage, „Herr der Seeleute", phönikische Gottheit
Baalmilk (um 450 v. Chr.), König von Kition und Idalion
Baalram (4. Jh. v. Chr.), König von Kition und Idalion, Vater des Milkyaton: 203
Baal Rosh, „Herr des Vorgebirges", phönikische Gottheit
Baal-Saphon, „Herr des Berges Saphon", ugaritische Gottheit
Baal-Sapuna: siehe Baal
Baal-sapuni, phönikische Gottheit
Baal Shamim, „Herr des Himmels", phönikische Gottheit
Baalshillek (4. Jh. v. Chr.), karthagischer Rab-Beamter
Baals Name, Beiname der weiblichen Gottheit Astarte
Baal (574–564 v. Chr.), König von Tyros
Baaša (um 914–890 v. Chr.), Usurpator des Throns von Israel
Babur (1483–1530), Kaiser von Indien
Babylon/Festung b. Memphis, Ägypten: arab. Erob. (641)
Babylon (akkad. Bab-ili, hebr. Babel, kassit. Karduniasch, pers.-arab. al-Ḥilla [Ḥilleh])/Mesopotamien: Hptst. d. altbabylon. Reiches, hethit. Erob. (1530 v. Chr.), Plünderung d. Elamiter, assyr., Hptst. d. neubabylon. Reiches
Bacab, vier Götter, die den Himmel tragen
Bacchus, römischer Gott des Weines; mit Dionysos gleichgesetzt

Bacsonien, Kultur der Steinzeit.
Badari/Ägypten: prähist. Fundort
Baden b. Wien/österr.: neolith. Kultur
Badener-Kultur, Kult. d. Steinzeit.
Badui, hinduist. Bewohner S-Javas
Bagdad (Baġdād)/Iraq: Gründung (762), Hptst. d. abbasid. Kalifen
Bagirmi, hamit. Volk i. NW-Afrika
Bahram III. (293 n. Chr.), Sassanidenkönig
Bahram I. (273–276), Sassanidenkönig
Bahram II. (276–293), Sassanidenkönig
Bahram V. Gor (421 bis 438), Sassanidenkönig
Baiern, W-german. Stm. (6.–8. Jh.) → Bayern
Baikalgeb./russ. Innerasien: prähist. Kulturen
Bairam Khan, Vormund Akbars
Bait-ili (Baitylos), phönikische Gottheit
Baiton, Landvermesser unter Alexander dem Großen
Bakchos: siehe Dionysos
Bakchylides von Keos (um 505 bis um 440 v. Chr.), griechischer Chorlyriker
Bakenchons, Hoherpriester des Amun, Bauleiter unter Ramses II. (19. Dyn.)
Baker, Sir Samuel White (1821 bis 1893), englischer Entdekker
Baktrien (Baktria)/Geb. zwischen Hindukusch-Amu-Darja, N-Afghanistan: pers. Satrapie, Erob. durch Alexander d. Gr. (329 v. Chr.), Satrapie d. Seleukidenreiches, hellenist. Kgr. (247–40 v. Chr.), Erob. durch d. Yüeh-chih (126 v. Chr.)
Baku/russ. Azerbaidschan: Schlacht v. (914)
Balanğar/S-Rußl. (genaue Lage unbekannt): Chazaren-Hptst.
Balasu, Name in einem Gebet
Balatoros (6. Jh. v. Chr.), König von Tyros
Balban, Ghiyas-ud-din (1266 bis 1287), Sultan
Balbus, Lucius Cornelius (Minor), Statthalter von Tunesien unter Kaiser Augustus (29 v. Chr.–14. n. Chr.
Balcazar (935–919 v. Chr.), König von Tyros
Balch (Balh, Baktra/St., N-Afghanistan: Handelsst. a. d. Seidenstraße
Balearen/Inselgr. i. westl. Mittelmeer: Anschluß a. d. fränk. Reich
Baleokuros, s. Vilivayakura
Balezoros (855 bis 850 v. Chr.), König von Tyros
Ba'limanzer (9. Jh. v. Chr.), König von Tyros
Balinesen, malaiischer Vstm.
Ba'li (9. Jh. v. Chr.), phönikischer König
Balkengräber, Bronzezeit, Reitergr.
Ballala II. (12. Jh.), Hoysala-König und Enkel Vishnuvardhanas
Ba'lu (um 670 v. Chr.), König von Tyros
Balzi Rossi/Italien: paläolith. Wohnhöhle, 130
Bamako a. Niger/franz. W-Afrika: prähist. Fundort
Bamberg/Dtschl.: Dom (1219 bis 1237)
Bamyan/Afghanistan: Fresken v. (3. Jh.)
Banat/SO-europ. Lsch.: dakisches Sied.-Geb., Teil d. röm. Prov. Dacia (107 n. Chr.)
Bana (7. Jh.), indischer Dichter und Biograph-Harshas
Bandkeramischer (od. donauländ.) Kulturkreis, 3400 bis 2100 v. Chr.
Banebded, Gott (Widder)
Banjata/Bulg.: neolith. Fundort
Bantu, S-afrik. Negerstme.
Bañolas/Spanien: Hominidenfundort
Barakshemesh (4. Jh. v. Chr.), König von Lapethos und Sohn Königs Demonikos
Barani, indischer Chronist
Barcelona (Barcina)/Spanien: Erob. durch die Franken (801)
Barcina → Barcelona
Bardija-Smerdis (522 v. Chr.), Achämenidenkönig
Bar Hadad III. (9. Jh. v. Chr.), König von Damaskus und Sohn des Hazael
Bari/S-Italien: Ebm. sarazen. Erob. (840), byzant. Erob. (876)
Barnabas, christlicher Levit aus Zypern
Baruch, apokryphe Schrift d. 2. Jh. n. Chr.
Basavaraja (12. Jh.), Begründer der Lingayata- oder Virashaiva-Sekte
Basileus, Bezeichnung der griech. Heerkönige, Titel griech. Heerkönige, Titel des byz. Kaisers
Basilika, byzantin. Gesetzbuch
Basilika, Kirchenbau, byzantinisch
Basilis (2. Jh.), griechischer Äthiopien-Berichterstatter
Basken, Volk N-Spaniens
Basket Maker-Kultur, präh. Kultur
Bassām-i Kurd (10. Jahrhundert), persischer Dichter
Bastarner, O-german. Vstm.
Bastet, Göttin von Bubastis (Katze)

Bata, Stiergott von Sako
Bataver, german. Vstm.
Batnoam (um 340 v. Chr.), Königin von Byblos und Mutter des Königs Ozbaal
Baucis, Gemahlin des Philemon
Bawa (Baba), Göttin in Lagaš, göttliche Gemahlin Ningirsus
Bawerdjed, Siegler, Beamter unter König Asosi
Bayern/Dtschl.: neolith. Kultur, Stm.-Hzm. (bis 787)
Bedriacum/Italien: Schlacht b. (69 n. Chr.)
Beduinen, arab. Nomaden
Beirut (phönik. Beruta, griech. Berytos)/Syrien: phönik. St-Staat, byzant. Rechtsschule v. (bis 551) - byzant. Erob. (976), - Erob. durch d. Kreuzf. (1197)
Bel, Bēl, babylonischer Gott
Belgier (Belgev), kelt. Vstm.
Belgrad (Singidunum)/Serbien: Keltenfestung, (448)
Belit („Herrin"), Titel der Ištar
Beller, kelt.-iber. Vstm.
Bellerophon, Sohn des Glaukos
Bell, Gertrude (1868 bis 1926), englische Archäologin
Belmonte-Kultur, Kultur der Frühzeit
Bel-na'id-šu, Name in einem Brief
Beloch, Karl Julius (1854 bis 1929), deutscher Geschichtsforscher
Belos, griechischer Name für Baal
Bel-šar-uṣṣur (6. Jh. v. Chr.), Sohn des Nâbû-na'id
Beludschistan (Balūčistān]/Lsch., W-Pakistan: prähist. Kultur
Belus (9. Jh. v. Chr.), König von Tyros und Vater der Dido
Belzoni, Ausgräber (um 1820)
Benares (Kāśi)/Indien: Pilgerreise Hsüantsangs nach (7. Jh.)
Benevent (Beneventum)/Italien: Schlacht bei (275 v. Chr.), langobard. (6. Jh.), Erob. durch Karl d. Gr.
Bengalen (Gauda)/Prov., Indien: Teil d. Gupta-Reiches (3.-6. Jh.), ind. Teilreiche (6.-12. Jh.)
Benin, sudan. Negervolk
Beowulf, angelsächs. Heldensage
Beowulf, Fürst der Gauten
Berenike, ptolemäische Königin (3. Jh. v. Chr.)
Beringstraße/Meeresstraße zwischen Kap Dešnev (Asien) u. Kap Prince of Wales (N-Amerika): neolith. Landbrücke, prähist. Wanderungsweg, Eskimokultur a. d.
Beröa, Stadt in Makedonien, nahe am Thermaischen Meerb.
Berossos (etwa 340-275), babylonischer Priester, Verfasser der Babylonika, (Kanon des ...)
Berossos, Gelehrter in Alexandria
Berrhoia/Thrakien: Mission d. Paulus, 786 - Schlacht b. (1122), - Schlacht b. (1190)
Berut, phönikische Gottheit
Bes, ägyptischer Gott in Zwerggestalt
Besançon/Frankr.: Reichstag zu (1157/1320)
Beshapur/Iran: Gründung u. Anlage, 758 - Felsbilder
Besik-tepe/W-Kleinasien: neolith. Fundort
Bessos, Satrap unter Dareios III. (336-330 v. Chr.)
Bethel/Palästina: Kultstätte
Bethlehem/Palästina: Geburtsort Jesu Christi
Betschuana-Ld./S-Afrika: prähist. Kultur
Bēl-ibni (702 bis 700 v. Chr.), König in Nordbabylonien, Statthalter Sanheribs
Bérard/Algerien: paläolith. Fundort
Bhagavadgita, hind. heilige Schrift
Bhakti, hind. Gottesliebe
Bharata, angeblicher Gründer der indischen Schauspielkunst
Bharata, ind. Stm.
Bharavi (6. Jh.), indischer Dichter
Bharhut/Indien: Reliquienhügel v.
Bhartrihari (7. Jh.), buddhistischer Mönch und Lyriker
Bhasa (3./4. Jh.), indischer Dramatiker
Bhavabhuti (8. Jh.), indischer Dramatiker
Bhoja Adivaraha (836-893), König der Pratihara-Dynastie
Bhuvaneśvar/Orissa, Indien: hin-duist. Turmtempel v.
Bias (Hyphasis, Vipāśā)/Fl, N-Indien: Alexanderzug bis zum (325 v. Chr.)
Bibel, Altes und Neues Testament, Heilige Schrift d. Christentums
Bibija, Name in einem Brief
Bibracte/Frank.: Schlacht b. (58 v. Chr.)
Bihafrid (8. Jahrhundert n. Chr.), religiöser Aufstandsführer
Bilalama (20. Jh. v. Chr.), König von Ešnunna
Bilhana (11. Jh.), Biograph des Chalukya-Königs Vikramaditya
Bimbisara (gest. 493 v. Chr.), König von Magadha und Vater Ajatashatrus
Bindusara (297-272 v. Chr.),

indischer König und Sohn Chandraguptas
Bine, Gott, Pförtner der Unterwelt
Bint-Anat, Tochter und Gemahlin König Ramses' II. (19. Dyn.)
Bion (2. Jh.), griechischer Äthiopien-Berichterstatter
Bir el-Ater (Bi'r al-'aṭir)/Algerien: paläolith. Fundort
Birmanen = Burmanen
Birs Nimrud (akkad. Barsip, Borsippa) Mesopotamien: akkad. St.-Staat
Bisaltia, Landschaft in Makedonien zw. Strymon u. Axios
Biserta (Hippo)/N-Afrika: phönik. Kol. Erob. durch d. Vandalen (430)
Bithynien/NW-kleinasiat. Lsch: phryg., lyd., kelt. Kgr. (279 v. Chr.), röm. (63 v. Chr.), Goteneinbruch (264 n. Chr.)
Bithynische Thraker, in Kl. Asien
Bīsutūn (Behistūn, altpers. Bagistâna)/i.W-Iran: altpers. Kultstätte
Blemyer, numid. Vstm.
Boadicea (um 62), Königin der Ikener
Bocchus (Bogos; um 100 v. Chr.), König von Mauretanien
Bodashtart (5. Jh. v. Chr.), König von Sidon
Bodhidharma (6. Jh.), indischer Mönch und buddhistischer Patriarch
Bodhisattva Avalokitesvara, s. Kuan Yin
Bodhisattva, = ein „Wesen hingerichtet auf Erleuchtung"
Bo(d)milk(ar) (um 215 v. Chr.), karthagischer Flottenführer, Vater des Hannibal
Bodotria (Firth of Forth)/ Engl.: Schlacht b. (83 n. Chr.)
Bodrog-Keresztur/Ungarn: prähist. Fundort
Bodrog-Keresztúr-Kultur, Kultur d. Steinzeit
Böon, Stadt in Doris
Böotien/mittelgriech. Landschaft: neolith. Kultur, thrak., griech.
Boghazköy/Anatolien: prähist. Fundort
Boghazköy-Tafeln, hethitische Keilschrifttexte
Bogos, s. Bocchus
Bohus Län./Lsch., W-Schweden: prähist. Fundort
Boier, Keltenstm.
Bolbe-See, in Chalkidike
Bolissos, Städtchen auf Chios
Bologna (etrusk. Felsina, latein. Bononia)/ Italien: Veneter-Kultur (8. bis 5. Jh. v. Chr.), Etrusker-St. (5. Jh. v. Chr.), 2. Triumvirat v. (43 v. Chr.)
Bolon Yocte, Maya-Gottheit
Bomieer, Volk in Ätolien im Quellgebiet des Euenos
Bomilkar (gest. 308 v. Chr.), Herrscher von Karthago und Neffe Hamilkars
Bon-po, Anhänder der Bon-Religion
Bon-Religion, urspr. Relig. Tibets
Borah, Woodrow Wilson (geb. 1902), amerikanischer Historiker
Boran, Prinzessin (629–630)
Borchardt, Ludwig, deutscher Ägyptologe und Bauforscher
Borobudur/Java: buddhistischer Tempelkomplex
Boskop/Transvaal: prähistorische Funde v.
Bosnien/Ld., Jugosl.: prähist. Kulturen, S-slaw. Besied. (7. Jh.)
Bostar (gest. 240 v. Chr.), karthagischer General auf Sardinien
Bostra/S-Syrien: St. d. röm. Prov. Arabia, arab. Erob. (634)
Botokuden, S-amerik. Indianerstm.
Bottia, Landschaft in Makedonien, alter Wohnsitz der Bottiäer
Bottike, Grenzland von Chalkidike, späterer Wohnsitz der Bottiäer
Bourges (latein. Avaricum)/ Frankreich: röm. Erob. (52 v. Chr.)
Boxer (I-ho-t'uan), politische Gesellschaft in China, Aufstand
Brahamanas, Teil der Veden-Liter.
Brahma, indische Hauptgottheit
Brahmanen, ind. Priesterklasse
Brahman, indische Bezeichnung für die magische Kraft der Götter o. des Opfers
Brassempouy/Frankr.: eiszeitl. Wohnhöhle v.
Braunschweig/Dtschl.: Löwe v. (1. Freiplastik d. Mittelalters, 1166)
Breasted, James Henry (1865 bis 1935), nordamerikanischer Historiker und Orientalist
Bretagne/Lsch., Frankr.: neolith. Kultur, Nennung d. Veneter, röm. Erob. (56 v. Chr.), Bretonen-Einwanderung (5. Jh. n. Chr.)Brindisi (Brundisium)/Italien: röm. Hafenst.
Briareus, Sohn des Uranos und der Gaia; Gigant
Brihaspati, indischer Gesetzeslehrer
Brikinniä, Feste bei Leontini in Sizilien
Brilessos, Berg in Attika, in der

Quellgegend des Kephisos
Briseis, Lieblingssklavin des Achilleus im Lager von Troja
Briten, Keltenvolk i. Britannien
British-Columbia/Canada: prähist. Kultur
Brocken Hill/Rhodesien, Hominiden-Fundort
Bromiskos, Ort am Bolbe-See in Chalkidike
Brünn/Mähren: Hominidenfunde i.
Brukterer, german. Vstm.
Brunton, Ausgräber in Mittelägypten
Brutus, Lucius Junius, I. römischer Konsul zusammen mit Lucius Tarquinius Collatinus
Bubanj/Serbien: neolith. Fundort
Buchara (Buḫārā)/St. russ. Mittelasiens (Lsch. →Transoxanien): Erob. durch Alexander d. Gr. (327 v.Chr.), arab. Erob. (709), türk. Erob. (999), Zerst. durch Dschingis-Chan (1220), mongol. Plünderung (um 1277), Besuch d. Gebr. Polo
Buch der Leiter Mohammeds, Erz. ü. Mohammeds Himmelfahrt, heiliger Text der Muslims
Buch der Lieder, s. Catullus G. V.
Buch der Lieder, s. Shi-ching
Buch der Urkunden, s. Shuching
Budapest (bis 1872 Ofen; ung. Buda u. Pest)/Ungarn: neolith. Kultur b.
Buddha, Gautama (um 560 – um 480), indischer Religionsstifter
Buddha, Siddhartha Gautama (um 566–480 v.Chr.), Gründer des Buddhismus
Budh-Gayā/O-Indien: Ort d. Erleuchtung Buddhas, buddhist. Hlm.
Budoron, Feste auf Salamis
Budu-ili (um 700 v.Chr.), König von Bet-Ammon
Buginesen, Vstm. a. Celebes
Bujuwawa, Stammesfürst der Tehenu
Bukephalia/Pandschab: Gründung Alexanders d.Gr. (325 v.Chr.)
Bukolion, in Arkadien zw. Mantinea u. Laodikion
Bulgarophygon/Thrakien: Schlacht b. (896)
Bulta, Name eines königlichen Beamten in einem Brief
Bundahishn, rel. Schrift in der mittelpersischen Sprache
Buphras, Ort bei Pylos in Messenien
Buren, europ. Bevölkerung S-Afrikas
Buret b. Irkutsk/Sibirien: paläolith. Fundort
Burgund/Frankr.: selbständ. Reich (443–534), Teil d. fränk. Reiches, ostfränk., Sonderstellung i. Reich
Burgunder, O-german. Stm.
Burnaburiaš II. (1375–1347 v.Chr.), babylonischer König
Bursa (griech. Prusa, Brussa)/ W-Kleinasien: byzant., osman. Erob. (1326)
Bur-Sin, Name in einem Dokument
Buschmänner, S-afrik. Urvolk
Bushido, japanische Thik
Busiris/Ägypten: ägypt. Kultstätte
Butmir/Bosnien: prähist. Fundort
Byblos (phönik. Gūbla)/Syrien: phönik. St.-Staat
Byzanz/O-röm. Reich (4.–15. Jh.)
Byzanz (Byzantion)/St. Thrakien: thrak.-griech. Gründung (um 660 v.Chr.), röm. (seit 46 n.Chr.), offiz. Weihe als Hptst. d. oström. (byzant.) Reiches (333)

Caca, Schwester des Cacus
Cacus, legendärer Herrscher; bei Vergil Riese und Sohn des Vulcanus
Caere/Italien: Etrusker-St.
Caesarea/Palästina: Sitz d. röm. Landpfleger (seit 6 n.Chr.), pers. Erob. (614), arab. Erob. (639)
Caesar, Gaius Iulius (100–44 v.Chr.), römischer Staatsmann, Feldherr und Schriftsteller
Caesar, Gaius (20 v.–4 n.Chr.), Sohn des Agrippa und römischer Konsul
Calatrava/Spanien: Ordensrittersitz
California/USA: prähist. Kulturen
Cambal, Juan (16. Jh.), heidnischer Maya-Priester in Yaxcaba
Campagna/ital. Lsch.: prähist. Kultur, etrusk. Wanderung
Campaner, italischer Vstm.
Campignien, Kultur der Mittelsteinzeit
Canada/N-Amerika: prähist. Kulturen
Candia (Heraklion)/Kreta: Bezeichnung f. →Kreta
Cannae/Italien: Schlacht b. (216 v.Chr.)
Cannefaten, german. Vstm.
Cantabrer, kelt. Vstm. Spaniens
Cantongula/Angola: paläolith. Fundort
Capac Yupanqui (15. Jh.), Bruder des Inka-Herrschers Pachacutec
Capsien, Kulturen der N-afrikan. Altsteinzeit
Capua/Italien: Gründung (8. Jh. v.Chr.), Hptort d. etrusk. Campagne, röm. Erob. (211

v. Chr.), röm. Kol. (2. Jh. v. Chr.), langobard. Hzm. (9. Jh.)
Caracalla, Marcus Aurelius Antonius (211–217), römischer Kaiser
Carnarvon, Lord (Earl of C.), Entdecker des Tutanchamun-Grabes
Carnuntum/Niederösterr.: röm. Grenzfestung, Zivilsiedlung
Cartagena (Carthago Nova)/Spanien: karthag. Kol., röm. Erob. (209 v. Chr.)
Carter, Howard, englischer Ägyptologe (1873–1939)
Carthago/N-Afrika: Gründung (824/13 v. Chr.), phönik. Kol., Mittelmeerstaat, röm. Erob. (146 v. Chr.), röm. Neugründung (Iunonia), Erob. durch d. Vandalen (439), Vandalenpfalz (5. u. 6. Jh.), byzant. (seit 533), arab. Erob. (696)
Cassiope (Kassiopeia), Gemahlin des Cepheus; Mutter Andromedas
Castelluccio-Kultur, Kultur der Frühbronzezeit auf Sizilien
Castillo/Spanien: Hominiden-Fundort
Catania (griech. Katania)/Sizilien: griech. Gründung (728 v. Chr.)
Cato Censorius, Marcus Porcius (234–149 v. Chr.), römischer Staatsmann und Schriftsteller
Catullus, Gajus Valerius (um 84 bis um 54 v. Chr.), römischer Lyriker (Buch der Lieder)
Cauac, mayanischer Tagesgott
Caudinische Pässe/Italien: Schlacht i. d. (321 v. Chr.)
Cavtat (Epidaurum)/Dalmatien: Zerst. durch d. Avaren
Cālukya-Stil, hinduist. Tempelstil d. Dekhan
Cádiz (phönik. Gades, röm. Cadix)/Spanien: phönik. Kol.
Cenomanen, Keltenstm.
Cenyautl (um 1521), aztekischer Krieger
Cepheus (Kepheus), König von Äthiopien; Vater der Andromeda
Cephisus (Kephisios), Flußgott; Vater des Narzissus
Ceres, römische Göttin des Akkerbaus und Erdmutter; s. a. Demeter
Ceterni, Gattin des legendären Herrscher Naymlap
Chababasch, ägypt. König (31. Dyn.)
Chacheperrêsonb, Verfasser einer Lehrschrift im Mittleren Reich
Chac, mayanischer Regengott, er trat, den vier Himmelsrichtungen entsprechend, in vierfacher Gestalt auf: als Roter Chac im Osten, als Weißer Chac im Norden, als Schwarzer Chac im Westen, als Gelber Chac im Süden
Chac Xib Chac (um 1200), Herrscher von Chichén Itzá
Chaemhêt, thebanischer Beamter (18. Dyn.)
Chaemwese, ägypt. Prinz, Sohn Ramses' II. (19. Dyn.)
Chäronea, Stadt an der W-Seite von Böotien
Chaironeia/Griechenl.: Schlacht bei (338 v. Chr.)
Chaläon, Stadt in Ozol. Lokris
Chalcha, Mongolen-Klan Innerasiens
Chalchiuhnenetzin (15. Jh.), Frau des Netzahualpilli
Chalkedon/Kleinasien: griech. Gründung (um 660 v. Chr.), got. Zerst. (263 n. Chr.), ökumen. Konzil (451)
Chalkedon, am Bosporus in Kl.-Asien
Chalke, kleine Insel zw. Kos und Rhodos
Chalkideer, Bew. 1) der Stadt Chalkis am Euripos auf Euböa; 2) der Halbinsel Chalkidike
Chalkidike/Balkan-Halbinsel: griech. Kolonisation, Slaweneinwanderung (seit 675)
Chalkis/Euboia: griech. St.-Staat, Festung
Chalkolithikum, Steinkupferzeit
Challcuchima (16. Jh.), Inka-General unter Huayna Capac und Atahuallpa
Cham, hinterind. Mischwolk
Champlain, Samuel de (um 1570–1635), französischer Forschungsreisender und Kolonisator
Champollion, Jean-François (1790–1833), Enzifferer der ägyptischen Hieroglyphen, Begründer der Ägyptologie
Chancelade/Frankr.: prähist. Fundort
Chandak, s. Sandanes
Chand Bardai (um 1192), indischer Dichter und Verfasser des Prithvirajaraso
Chandidasa (um 1400), indischer Dichter
Chandi, Gattin Shivas
Chandi Jago/O-Java: buddhist. Tempelkomplex
Chandi Sari/Java: buddhist. Tempelkomplex
Chandi Sewu.–Jawa: buddhist. Tempelkomplex
Chandragupta I. (319–335), indischer König
Chandragupta II. (375–415), indischer König
Chandragupta Maurya (Sandrokottos; 322–298 v. Chr.), indischer König und Gründer des Maurya-Reichs

Chandra (um 375), jüngerer Bruder des Königs Ramagupta
Ch'ang-an/China: Hptst. d. Han-Dyn., hunn. Erob. (312), Hptst. d. T'ang-Dyn. (618 bis um 700), Erob. d. Aufständ. (756/57), Plünderung durch d. Uighuren (757), tibet. Erob. (763), Erob. d. Aufständ. (883)
Chang Ch'ien (2. Jh. v. Chr.), Führer einer chinesischen Gesandtschaft nach Westen
Chang Chüeh (2. Jh.), wandernder Magier; Anführer des Aufstandes der → Gelbturbane
Chang Liang (3./2. Jh. v. Chr.), Heerführer
Ch'ang-sha/Hunan, China: Kulturzm. d. Han-Zeit, mongol. Erob. (1276)
Chang Tao-ling (34–156), taoistischer Priesterkönig
Chanhu-Daro/Indien: prähist. Fundort
Chao, Hunnenstm.
Chao Kao (gest. 207 v. Chr.), Eunuch im Dienst des Shih Huang Ti
Chao K'uang-yin, Begründer der Sung-Dynastie und 1. Kaiser der Sung (960–976)
Chaoner, Volk in Epirus
Chaos, der klaffende, leere Raum; bei Hesiod personifiziert
Chao Ti, 7. Kaiser der frühen Han-Dynastie (86–73)
Charadros, Bach bei Argos
Charante/Frankr.: german. Turmkirche (1137)
Chariklo, Nymphe; Gemahlin des Kentauren Cheiron, Mutter des Teiresias
Charimortos, Leiter einer Elefantenfang-Expedition unter Ptolemaios IV.
Charon, Fährmann der Unterwelt
Charroux/Frankr.: german. Turmkirche (1050)
Charybdis, Strudel zw. Rhegion und Messina
Chasechemui, ägypt. König (2. Dyn.)
Chastana (Tiastames; 2. Jh. v. Chr.), Sakhakönig
Chatten, german. Vstm.
Chatti/Kleinasien: Reich d. → Hethiter
Chattuscha/Kleinasien: Hptst. d. vorhethit. Bevölkerung, Zerst. durch d. Hethiter, Hethiter-Hptst.
Chavin/Peru: Aimara-Sied
Chebka el Djedian (Habkat al-Ǧidiān)/Algerien: prähist. Fundort
Cheiron (Chiron), Sohn des Kronos und der Philyra; weiser Kentaur, Erzieher des Achilleus
Chelbes (6. Jh. v. Chr.), Herrscher von Tyros
Chelles/Frankr.: paläolith. Fundort
Chelléen, altsteinzeitliche Kultur in Afrika
Chendjer, ägypt. König (13. Dyn.)
Chenti-Irti, Falkengott von Pharbaithos
Cheops, ägypt. König (4. Dyn.)
Chephren, ägypt. König (4. Dyn.)
Cheriuf, hoher ägypt. Staatsbeamter unter Amenophis III. (18. Dyn.)
Cherusker, german. Vstm.
Chê-chiang/Prov. O-China: Lung-shan Kultur i. (ab 2000 v. Chr.), Prov. d. Han-Zeit, Aufstand i. (860–885)
Ch'êng Hua, Ming-Kaiser, s. Hsien Tsung
Chêng K'ang-ch'êng (eigentlich Chêng Hsüan, 127–200 n. Chr.), berühmter Gelehrter der Han-Dynastie
Chêng Tê, Ming-Kaiser, s. Wu Tsung
Ch'êng Tsu, 3. Kaiser der Ming-Dynastie (1402–1424)
Ch'êng-tu/Ssu-chu'an, China: Hptst. d. Teilfsm. Shu
Chêng T'ung, Ming-Kaiser, s. Ying Tsung
Ch'êng-tzu-yai/N-China: Fundort d. neolith. Lung-shan-Kultur
Ch'ên Shê (Shêng, gest. 209 v. Chr.), Führer eines Aufstandes
Chê Tsung, 8. Sung-Kaiser (1086–1100)
Chên Tsung, 3. Sung-Kaiser (998–1022)
Chia Ch'ing, Mandschu-Kaiser, s. Jên Tsung
Chia Ching, Ming-Kaiser, s. Shih Tsung
Chia I (198–165 v. Chr.), Han-Gelehrter und Verfasser des Kuo Ch'in Lun
Chiang-su (postamtl. Kiangsu)/Prov. O-China: Luang-shan-Kultur i., Funde d. mittleren Chou-Stils (950 bis 600 v. Chr.)
Chicchan, bei den Chorti-Maya Himmelsungeheuer und Gottheiten des Regens, wahrscheinlich lokale Varianten der Chac
Chicchan, Schlangengott
Chichen-Itza/Yukatan: Maya-St.
Ch'i-chia-p'ing/N-China: prähist. Fundort (Fundort d. Yang-shao-Kultur)
Chicomecoatl („Sieben Schlangen"), mayanische Maisgöttin
Chieh, letzter Herrscher der Hsia-Dynastie (1818–1766 v. Chr.)
Ch'ien Lung, Mandschu-Kaiser, s. Kao Tsung
Chimalman, Frau des legen-

dären Toltekenführers Mixtcoatl
Chim, Gaspar (16. Jh.), heidnischer Maya-Priester in Yaxcaba
Chimu, altperuan. Indianerstm.
Chimu Capac, legendärer peruanischer Herrscher
Ch'i, myhtischer Herrscher; Ahnherr der Chou-Familie
China/Asien: Vorzeit, archaische Hochkultur (1800 v. Chr.–220 n. Chr.), ind.-buddh. Ökumene (220–1911 n. Chr.)
Chinesen, Hptvolk d. chin. Reiches
Chinesische Mauer, Befestigungsanlage (auch Große Mauer)
Ch'in Kuei (1090–1155), Erster Minister des Kao Tsu
Ch'in Shih Huang Ti, s. Shih Huang Ti
Chios/Ägäis-Insel: griech. Ansied., pers. Erob. (333 v. Chr.), byzant. Bes. (1124), byzant. Erob. (1329)
Chiozza/Italien: paläolith. Höhlenzeichnungen v.
Chitrao (14. Jh.), König von Vijayanagara
Chittaraja (II. Jh.), Herrscher von Shilahara
Chiusi/Italien: Etrusker-St.
Chnonsemhab, Held einer ägypt. Erzählung
Chnumet, Prinzessin (12. Dyn.)
Chnumhotep, ägypt. Fürst von Beni Hasan
Chnum, Schöpfergott (Widder)
Chöraden-Inseln im Meerbusen von Tarent
Chons, thebanischer Mondgott
Chontamenti, Totengott von Abydos
Chorezm (Hwārizm, Chorasmien)/Lsch a. Amu-Darja, russ. Zentralasien: Teil d. pers. Achämeniden-Reiches (6.–4. Jh. v. Chr.), Reich d. einheimischen Chorezmier (2.–7. Jh.)
Chorsabad (Hursābād, assyr. Dur Scharrukin)/NO-Assyrien: assyr. St., neuassyr. Hpstd., Zerst. durch d. Meder
Chosrau I. (531–579), Sassanidenkönig
Chosrau II. (590–628), Sassanidenkönig
Chou Hsin, letzter Shang-Herrscher (1154 bis 1122 v. Chr.)
Chou-k'ou-tien bei Peking/China: Fundort d. Sinanthropus pekinensis
Chou Tun-i (1017–1073), frühester konfuzianischer Philosoph der Sung-Schule
Chryseis, Tochter des Apollonpriesters Chryses. Lieblingssklavin des Agamemnon während der Belagerung Trojas
Chryses, Priester des Apollon in Chrysa
Chthonia, Tochter des Erechtheus, König von Athen, und der Praxithea
Chu, alter Gott des Getreides
Chuang Tzŭ (3. Jh. v. Chr.), berühmter taoistischer Philosoph
Chuan Hsiu (2513 bis 2435 v. Chr.), einer der „Fünf Kaiser"
Chudeira/Palästina: prähist. Gräberfeld v.
Chu Hsi (1130–1200), konfuzianischer Philosoph der Sung-Zeit
Chui, Beamter des Alten Reiches
Chuit, Göttin von Athribis
Chuit-jotes, Königin der Tehenu
Chumayel, Chilam Balam de (16. Jh.), Maya-Priester und Chronist
Ch'un-ch'iu, ältestes chinesisches Geschichtswerk
Chung Tsung, 4. T'ang-Kaiser (683–710)
Chuquisuso, Frauengestalt in dem Schöpfungsmythos Pariaca
Chusor, phönikischer Gott des Eisens
Chu Wên (854–914), Rebellengeneral und Begründer der Späteren Liang-Dynastie
Chu Yüan-chang (1328–1398), Begründer der Ming-Dynastie und 1. Ming-Kaiser
Ch'u Yüan (332–295 v. Chr.), berühmter Dichter und Minister des Prinzen Huai
Chvalynsker-Kultur, Kultur der S-russ. Bronzezeit
Cicero, Marcus Tullius (106 bis 43 v. Chr.), römischer Staatsmann und Schriftsteller
Cimi, mayanischer Tagesgott und der gefürchtete Todesgott
Cisin, Todesgott der Maya
Cîteaux (Zisterz)/Burgund: Mutterkloster d. Zisterzienser-Ordens
Clactonien, paläolithische Klingenkultur
Classe b. Ravenna/Italien: byzant. Basilika v.
Clastidium/Italien: Schlacht b. (223 v. Chr.)
Claudianus, Claudius (um 375 bis nach 404), lateinischer Dichter und Satiriker
Claudius, Appius Crassus (um 431 v. Chr.), römischer Dezemvirator
Claudius, Marcus Aurelius (um 220–270), seit 268 römischer Kaiser
Claudius, Tiberius Claudius Cäsar Augustus Germanicus

(10 v. Chr. bis 54 n. Chr.), römischer Kaiser
Clientes, Gefolgsch. d. röm. Geschl.
Cluny/Burgund: Benediktinerabtei, Ausgangspunkt d. Cluniaz. Reformbewegung
Cochachi, Curak von Orondo
Cochise-Kultur, N-amer. präh. Kult.
Cocom, Nachkommen des Hunac Ceel, von 1200–1450 an der Macht
Codex Argenteus, Handschrift der Wulfila Bibelübersetzung (Uppsala)
Codex Euricianus, westgotische Gesetzessammlung
Codex iuris canonici, katholisches Kirchenrecht, Sammlung
Codex Justinianus, Sammlung der Kaiseredikte seit Hadrian
Codex Theodosianus, byzantinische Gesetzessammlung
Coeus (Koios), Sohn des Vranos und der Gaia; Titan
Colchester (lat. Camulodunum)/Engl.: röm. Erob. (43 num)/Engl.: röm. Erob. (43 v. Chr.)
Collatinus, Luicus Tarquinius, 1. römischer Konsul zusammen mit Lucius Junius Brutus; Gemahl der Lucretia
Colonia Ulpia Traiana → Xanten a. Rhein
Colosseum (Amphitreatrum Flavium), größtes Amphitheater Roms und der Antike
Columella, L. Iunius Moderatus (um 60), römischer Landwirt und Schriftsteller aus Cádiz
Comati, Klasse des gemeinen Volkes der Thraker
Combarelles/Frankr.: eiszeitl. Wohnhöhle
Combe Capelle/Frankr.: prähistor. Fundort
Confessio Augustana, Augsburger Bekenntnis
Confessio Belgica, Bekenntnisschr. der niederl. Staatskirche
Confessio fidei orthodoxae, Bekenntnisbuch d. orthodox. Kirche
Consensus doctorum, Übereinstimmg., eine der vier Glaubensgrundlagen des Islam
Constantine (röm. Cirta)/Algerien: prähist. Kultur, röm. Kol. (46 v. Chr.), Zerst. d. Maxentius (310)
Constitio Antoniniana, römisches Reichsbürgergesetz (212 n. Chr.)
Cook, James (1728–1779), englischer Kapitän und Weltumsegler
Copan/Guatemala: Maya-St.
Corbulo, Gnaeus Domitius (gest. 67), röm. Feldherr und General unter Claudius und Nero
Corlaillod-Kultur, Schweizer Unt.-gruppe der neolith. Kultur W-Eur.
Corpus iuris civilis, grundlegend. Werk d. röm. Rechts, Justitian I.
Cortes, span. Ständeversammlung
Cortez, Hernando, Marques del Valle de Oaxaca (1485–1547), spanischer Konquistador und Eroberer von Mexiko
Cosentia/S-Italien: sagenhafte Grabstätte Alarichs
Covilhã, Pedro da (um 1447 bis um 1521), portugiesischer Indien- und Ostafrikafahrer
Coxcoxtli (14. Jh.), Herrscher von Culhuacan
Coyote, der hungrige, s. Netzahualcoyotl
Cozmatzin, Oberhaupt der Kaufleute von Tlatelolco unter Tlahcateotl
Córdoba (Corduba)/Spanien: Hptst. d. röm. Prov. Baetica, westgot., arab. Erob. (711), Ermirat v. (seit 756), Kalifat v. (seit 929)
Crassus Dives, Publius Licinius (gest. 87 v. Chr.), Vater des Triumvir. Crassus und römischer Feldherr
Crassus Dives, Marcus Licinius (um 114–53 v. Chr.), römischer Staatsmann, Triumvirator und Feldherr
Crassus, Marcus Licinius (um 30 v. Chr.), Enkel des Triumvir. Crassus, römischer Konsul und Feldherr
Cremona/Italien: röm. Kol. (um 220 v. Chr.)
Creusa, Gemahlin des Äneas
Crô-Magnon/Frankr.: prähist. Fundort, Crô-Magnon-Mensch
Cuatlazol (gest. 1520), junger Aztekenhäuptling
Cuauhtemoc (gest. 1521), Neffe Cuitlahuacs, letzter Führer der Azteken im Kampf gegen die Spanier
Cuicuilco/Mexiko: Aztekensied.
Cuitlahuac (gest. 1521), Bruder Moctezumas II., Oberster Sprecher der Azteken (1520 bis 1521)
Cumae (Kyme)/Italien: griech. Gründung (um 750 v. Chr.), St.-Staat, Seeschlacht v. (474 v. Chr.)
Cunil, Jacinto (gest. 1964), Maya aus Socotz im westlichen Britisch-Honduras
Cupido, römischer Liebesgott; dem griechischen Amor gleichgesetzt (siehe auch Eros)
Curtius, Quintus Curtius Rufus, römischer Geschichtsschreiber (1. Jh. n. Chr.)
Cusi-Coyllur, Inka-Prinzessin

aus dem Theaterstück Ollantay
Cuzeo/Peru: Inka-Hptst.
Cybele: siehe Kybele
Cyklodron/Rußl.: neolith. Fundort
Cynthia, Geliebte des Dichters Properz
Cypern/Mittelmeer-Insel: assyr. Einflußsphäre, ägypt. Vasallenstaat, phönik. Kol., Ansied. d. Griechen, röm., orthod. Landeskirche (seit 451), arab. Erob. (641), byzant. Rückerob. (963), fränk. Kgr. (1192), venezian., osman. Erob. (1571)
Cyrene (Kyrene), Nymphe; Mutter des Aristaeus, Geliebte Apollons
Čenomanen, Keltenstm.
Červenen (poln. Czerwenen), slaw. Vstm.
Čulatovo/Rußl.: paläolith. Jägerlager v.

Dädalus (Daedalus, Daidalos), Sohn des Metion, eines Sohnes des athenischen Königs Erechtheus und der Iphinoe; Baumeister; gilt als „Erfinder" des Kunsthandwerks
Dagon, phönikischer Gott des Weizens
Dahn, Felix (1834-1912), Historiker und Schriftsteller
Dahšūr/Ägypten: Pyramide v.
Dailamiten, Söldnerführer, persisch
Dai-Nihon-Shi, 240 Bände umfass. größtes japanisches Geschichtsw.
Daivaputra Shahanushahi (4. Jh.), Kushana-König; Zeitgenosse Samudraguptas
Dajaukku I. (Dejokes), 717 v. Chr. von Sargon II. deportiert
Dajaukku II. Dejokes (7. Jahrhundert v. Chr.), Begründer der medischen Einheit
Dakien (Dacia)/Geb. links d. unteren Donau (heutiges Banat, Siebenbürgen, Walachei): Kgr. (bis 106), röm. Prof. (107-275 n. Chr.), Goteneinbruch (257), W.-Gotenansied. (um 380)
Dakiki (10. Jahrhundert), Dichter am Hofe der Samaniden zu Buchara
Dalai-Lama, geistl. und weltliches Oberhaupt Tibets
Dalion, Seefahrer und Geograph zur Zeit Ptolemaios' II. (285 bis 247 v. Chr.)
Dalmatien/Jugosl.: prähist. Kultur, röm. Unterwerfung (34/33 v. Chr.), röm. (seit 285), ostgot. (489 bis um 550), Slaweneinwanderung (6./7. Jh.), fränk.
Dalminium/Dalmatien: Zerst. durch d. Avaren
Damaskios (geb. 458), griechischer Philosoph
Damaskus/Syrien: aramäisch. St.-Staat, israel. Erob., assyr. Zerst. (732 v. Chr.), pers., Alexanderzug (331 v. Chr.), arab. Erob.(635/36)
Damastes, Kundschafter und Zeitgenosse Herodots (5. Jh. v. Chr.)
Damasu (7. Jh. v. Chr.), König von Kurion
Damkina, babylonische Göttin und Gemahlin von Enki/Ea
Damusu (7. Jh. v. Chr.), König von Qart-hadasht
Dan/Palästina: Kultstätte
Dan/Palästina: Kultstätte
Danae, Tochter des Akrisios, Königs von Argos, und der Eurydike; Geliebte des Zeus, Mutter des Perseus
Danaos, mythischer König und Stammvater der Danaer
Dandin (um 700), indischer Dichter
Daniel, einer der vier großen Propheten des Alten Testaments
Danishmand Khan („Omrah"), Mogul-Herrscher
Dantidurga (8. Jh.), Vasall der Chalukyas
Daphne, Tochter des Flußgottes Peneios
Daphnus, Ort bei Klazomenä in Ionien
Dara/SO-Türkei (nahe d. syr. Grenze): byzant. Erob. (530), pers. (seit 573), byzant. Erob. (943)
Darah Shikoh, Kronprinz Shah Jahans
Dardanos, Stadt an der asiat. Seite des Hellespont
Dareios I. der Große (521-486 v. Chr.), persischer König, Achaimeniden-Dynastie
Dareios II. (425-404 v. Chr.), persischer König
Dareios III. Kodamannos (336 bis 330), Achämenidenkönig
Dar es-Soltan (Dār as-Sulṭān)/Marokko: paläolith. Fundort
Daskon, Ort bei Syrakus
Daskylitische Satrapie, den nördl. Teil von Kl. Asien umfassend
Daulia, Stadt in Phokis
Daunus, Vater des Turnu
David (um 1000-961), König von Juda und Israel
Dāgān, altakkadischer besonders bei den Westsemiten beliebter Gott, Nationalgott von Mari
Dārābgird/Iran: sassanid. Felsbilder
Dedumose, ägypt. König (13. Dyn.)
Dedwen, Gott von Nubien:
Deia, Gemahlin des Ixion
Deianeira, Gemahlin des Herakles
Deimachos, seleukidischer Ge-

sandter unter dem Maurya-König Vindusara (296–264 v. Chr.)
Dekeleia, Demos in Attika
Dekeleischer Krieg, Phase des Peleponnesischen Krieges (s. auch Thukydides, 413–404 v. Chr.)
Dekhan/Indien (südl. d. Linie Cambay-Ganges-Brahmaputra-Delta): Eingeborenen-Reiche (1. Jh. v. Chr.–17. n. Chr.), Cālukya-Stil i., Srīvaisnava-Sekte i.
Delila, Figur des Alten Testaments, von Samson geliebte Philisterin
Delion/Griechenl.: Schlacht b. (424 v. Chr.)
Delos, Insel etwa in der Mitte der Kykladen
Delphi/Griechenl.: griech. Hlm., Kelteneinbruch (279 v. Chr.)
Delphinion, Feste auf Chios
Delphi, Stadt in Phokis, Orakel v.
Demaratos, laut Livius Vater des Tarquinius Priscus
Demaratos (5. Jahrhundert v. Chr.), Spartanerkönig
Demeter (Ceres), Tochter des Kronos und der Rhea; griechische Göttin der Erde und der Fruchtbarkeit; Geliebte des Zeus, Mutter der Persephone
Demetria/Iran: griech. Gründung
Demetrios (gest. 167 v. Chr.), baktrischer Herrscher und Eroberer
Demetrios II. Nikator (145 bis 130 v. Chr.), Seleukidenkönig
Demetrios (um 300 v. Chr.), Sohn des Antigonos
Demodamas, Kundschafter Seleukos' I. (305–281 v. Chr.)
Demodamas, seleukidischer Heerführer
Demodokos, blinder Sänger am Hofe des Phaiakenkönigs Alkinoos
Demokedes, griechischer Arzt unter Polykrates und Dareios I. (521 bis 486 v. Chr.)
Demokritos von Abdera (um 460 bis um 370 v. Chr.), griechischer Philosoph und Naturforscher
Demonikos (4. Jh. v. Chr.), König von Lapethos
Demophon, Sohn des Königs Keleos von Eleusis und der Metaneira
Denkart, relig. Sammelwerk der mittelpersischen Sprache
Der/Mesopotamien: Schlacht b. (717 v. Chr.)
Dersäer, thrakisches Volk am linken Ufer des Strymon
Derwischorden, isl. Mönchsorden
Deukalion (Deucalion), Sohn des Prometheus; Gemahl der Pyrrha
Deutero-Jesaja (griech. »Zweiter Jesaja«), anonymer israelitischer Prophet, Verfasser von Jesaja;
Deval Rani, Hindu-Prinzessin
Devas, personifizierte Erscheinung der iran. ind. Religion
Devon, Erdzeitalter
Dharma, Begriff der daseinsbedingt. Kräfte i. d. buddh. Philosophie
Dharmapala (8. Jh.), König der Pala-Dynastie, Sohn Gopalas
Dharmasutras, hinduist. hl. Rechtsb.
Dhritrashtra, Sohn Vyasas
Dhruvadevi (um 375), Gattin des indischen Königs Ramagupta
Dhuti, hoher Beamter und Aufseher bei Bauarbeiten (18. Dyn.)
Dhutihtep, ägypt. Gaufürst (12. Dyn.)
Dhutmose, ägypt. Bildhauer in Amarna
Dhyna, s. Zen
Diadochenkriege, 322 bis 281 v. Chr.
Diadochenstaaten (323 bis 30 v. Chr.)
Diana, römische Göttin der Jagd und der Tiere; der griechischen Artemis entsprechend
Diaz del Castillo, Bernal (um 1498 bis um 1582), spanischer Eroberer Mexikos
Didache, Zwölfapostellehre
Didda (950–1003), Königin von Kashmir
Dido (9. Jh. v. Chr.), phönikisch Elissa, Königin von Tyros und legendäre Gründerin von Karthago, Geliebte des Äueas
Didyma/Kleinasien: Apollotempel v.
Didyme, eine der Liparischen Inseln bei Sizilien
Dieng/Hochebene Javas: javan. Tempelbauten a. d.
Dier, thrakischer Stamm im Rhodope-Gebirge
Digorien, Kultur der südrussisch. Bronzezeit
Dikaiarchos (um 320 v. Chr.), griechischer Philosoph und Geograph; Schüler des Aristoteles
Dike, Göttin der Gerechtigkeit; Tochter des Zeus und der Themis, eine der Horen
Dilbat, Göttin, entspricht der römischen Venus
Diluvium, Eiszeit
Dimini/Griechenl.: prähist. Fundort
Dinika (um 42), Vater des Ushavadatta
Dio, Cassius Cocceianus (um 155 bis 235), griechischer Geschichtsschreiber
Diodor(os) Siculus von Agy-

rion auf Sizilien (um 36 v. Chr.), griechischer Geschichtsschreiber
Diodor von Tarsos (4. Jh.), griechischer Dialektiker und Philologe
Diodotos I. (um 240 v. Chr.), Satrap und später König von Baktria-Sogdiana unter Antiochos I. und Antiochos II.
Diogenes der Stoiker, Gelehrter in Alexandria
Diogenes Laertios (3. Jh.), griechischer Schriftsteller
Diogenes (1. Jh.), griechischer Kaufmann und Seefahrer
Diognetos, Landvermesser unter Alexander dem Großen (336–323 v. Chr.)
Diomedes, Sohn des Tydeus; einer der berühmtesten griechischen Helden vor Troja
Dion, Stadt 1) am Berge Athos; 2) im S. von Makedonien
Dion Cassius (um 155–229), griechischer Historiker
Dione, Mutter der Aphrodite
Dionysios, Gesandter Ptolemaios' II., Philadelphos (285–246 v. Chr.)
Dionysios Periegetes, griechischer Schriftsteller zur Zeit Hadrians (117–138)
Dionysios von Halikarnaß (1. Jh. v. Chr.), griechischer Rhetor und Geschichtsschreiber
Dionysios von Syrakus, der Ältere (430–367 v. Chr.), Tyrann von Syrakus
Dionysodoros von Melos, griechischer Mathematiker um Christi Geburt
Dionysos, griechischer Gott und sagenhafter Eroberer Indiens und Kleinasiens
Dionysos, Sohn des Zeus und der Semele; griechischer Gott des Weines und der Vegetation
Dios Hieron, Stadt im kleinasiatischen Ionien
Dioskoros (2. Jh.), griechischer Kaufmann und Seefahrer
Dioskurides, Pedanios (1. Jh.), griechischer Arzt und Botaniker aus Anazarbos
Diotimos (5. Jh. v. Chr.), athenischer Diplomat
Dirke, Gemahlin des Lykos, Königs von Theben
Dis: siehe Hades
Diyārbakir (pers. Amida, arab. Āmid, türk. Diyārbekr)/Kurdistan, O-Türkei: pers. Bes. (Mitte 4. Jh.), pers. Erob. (Ende 5. Jh.), pers. Bes. (603–620), arab., byzant. Erob. (943)
Djau, Fürst, Schwager König Phiops' I. (6. Dyn.)
Djedefrê, ägypt. König (4. Dyn.)
Djedhor, ägypt. Weiser, der nach seinem Tode göttlich verehrt wurde
Djefaihapi, ägypt. Fürst
Djer, ägypt. König (1. Dyn.)
Djeser-ka-re-seneb, Beamter unter Tuthmosis IV.
Djoser, ägypt. König (3. Dyn.)
Djuf el-Djemel (Ğawf al-Ğamal)/Algerien: paläolith. Fundort
Doberos, päonische Stadt in Makedonien
Dobrudscha (bulg. Dobrudža, rum. Dobrogea)/Lsch. zwischen d. Schwarzen Meer u. d. Unterlauf d. Donau: Skytheneinwand (3. Jh. v. Chr.), getisch (55–50 v. Chr.), Teil d. röm. Prov. Moesia (29 v. Chr. bis 678), bulg. (678 bis 972), byzant. (972 bis 1188)
Dolmen, neolithische Grabbauten
Dolomiten/Teil d. O-Alpen, Italien: mesozoische Meeresablagerungen
Dolon, trojanischer Kundschafter
Doloper, Bewohner der Landschaft im SO. von Epirus
Domitian, Titus Flavius (51 bis 96), römischer Kaiser seit 81
Domitilla, Heilige; Gemahlin des Konsuls Titus Flavius
Don/Fl., Rußl.: prähist. Kulturen a.
Donar, Donnergott der Germanen.
Donatisten, christl. Sekte
Donau/europ. Strom: neolith. D.-Kultur, röm. Grenze (seit 28 v. Chr.), röm. Brückenbau (b. Drobretae)
Donauländ. Kulturkreis, s. Bandkeram. Kulturkreis
Donauländ. Kulturkreis, s. Bandkeram. Kulturkreis
Donezbecken/S-Rußl.: prähist. Kulturen a.
Dordogne/Lsch. Frankr.: urgeschichtliche Höhen i. d.
Dorieus (um 510 v. Chr.), spartanischer Feldherr, Bruder des Königs Leonidas, Leiter einer Afrika-Expedition, Gründer von Herakleia auf Sizilien
Drabeskos, edonische Stadt in Makedonien
Drachenloch i. Taminatal/Schweiz: prähist. Fundort
Dreibrüdergrotte → Trois Frères/Frankr.
Drepanon/Sizilien: karthag. Stützpunkt, Schlacht b. (249 v. Chr.)
Drioton, Étienne (Abbée), französischer Ägyptologe
Droër, thrak. Volk am linken Ufer des Strymon
Druiden, keltische Priester
Drusus, Marcus Livius (um 120 bis 91 v. Chr.), römischer Volkstribun
Druviden, s. Druiden
Drymussa, kleine Insel bei Klazomenä

Dryoper, alter Volksstamm, ursprünglich zwischen Parnass und Öta
Dryoskephalä, enger Gebirgspaß des Kithäron in Böotien
Dschingis Khan (um 1155 bis 1227), Begründer des mongolischen Großreiches
Dürnberg b. Hallein/ Österr.: prähist. Fundort
Dumuzi, sumerischer Gott der Vegetation
Dura-Europos (jetzt aṣ-Ṣāliḥiyya)/Mesopotamien: hellenist. St., pers. Erob. (258)
Dur-Aššur, Name eines Beamten in einem Brief
Durazzo (griech. Epidamnos, Dyrrhachion, alban. Durrës)/N-Albanien: griech. Kol, Civitas foederata Roms, byzant., bulg. (989)
Durga, eine der Manifestationen von Shivas Gattin
Dur Kurigalzu/Syrien: Hptst. d. babylon. Kassitenkge.
Durrow/Engl.: angelsächs. Kloster, Evangeliar v. (8. Jh.)
Dutthagamini (2. Jh. v. Chr.), singhalesischer König
Dyaus, indischer Gott des Himmels; entspricht dem griechischen Zeus
Dyme, Stadt im W. von Achaira
Dynatoi, Klasse der Reichen i. Byz.
Dzungarei/zentralasiat. Lsch., NW-China: Vasallengeb. d. W-Türken (6. Jh.)

Ea, assyrisch-babylonisch-sumerische Gottheit, Gott der Wasser, der Weisheit und der Magie, höchster Gott von Eridu, gehört mit Anû und Enlil zum obersten Göttertrias, identisch mit Enki
Eannatum (um 2500 v. Chr.), dritter Herrscher der Dynastie von Lagaš
Ebers, Georg, deutscher Ägyptologe (1837–1898)
Echinaden, Inseln vor der Mündung des Acheloos
Echnaton: siehe Amenophis IV.
Echo, Nymphe, die den Narzissus liebte
Eckmühl/Algerien: prähist. Fundort
Edda, altisländ. Liedersammlung
Edictum Theoderici, ostgotische Gesetzessammlung
Edirne (Hadrianopolis, Adrianopel)/Thrakien: Gründung (126 n. Chr.)
Edjô, Schlangen- und Schutzgöttin der unterägypt. Krone
Edoner, thrakisches Volk
Eetioneia, Platz am Piräus
Egeria, römische Göttin der Quellen und der Geburt
Egesta, Stadt im W von Sizilien
Ehringsdorf/Dtschl.: Hominiden-Fundort
Eidomene, Stadt in Makedonien im obern Axiostale
Eidothea, Tochter des Proteus
Eid zu Straßburg, ältestes franz.-deut. Sprachdenkmal
Eileithyia: siehe Ilythia
Eioneus, Schwiegervater des Königs Ixion von Thessalien
Eisenzeit, Stufe der menschl. Urzeit
Eiszeit, s. Diluvium
Ek Chuah, Hauptgott der Kaufleute
Eknibalos (6. Jh. v. Chr.), Herrscher von Tyros
Eknomos/Sizilien: Schlacht b. (256 v. Chr.)
Ekron/S-Palästina: Philister-St.
Eläatis, ein Teil von Thesprotis in Epirus
Eläus, Stadt in der thrak. Chersones
Elat, punische Gottheit auf Sardinien
Elbasan/Albanien: osmanische Zwingburg
El, eine der drei höchsten phönikischen Gottheiten; entspricht dem griechischen Kronos
Elektra, Tochter Agamemnons und Klytämnestras
Elephanta/Insel, SW-Indien: buddhist. Höhlentempel u. Śiva-Statue
Eleusis/Griechenl.: Theater v. – westgot. Plünderung (Ende d. Mysterien, 395 n. Chr.)
Eleusis, Demos in Attika
Elias (9. Jh. v. Chr.), israelitischer Prophet
Elibaal (um 900 v. Chr.), König von Byblos, Vater des Shipitbaal, Sohn des Yehimilk
Elimioter, makedonische Völkerschaft am Haliakmon
Elis/Peloponnes: griech. St.-Staat
Eliseeviči b. Brjansk/Rußl.: paläolith. Fundort
Elista/S-Rußl.: prähist. Fundort
Eliun, phönikische Gottheit
Ellomenon, Ort auf Leukadia
Ellora/Haidarābād, Indien: Höhlentempel v.
Elmenteitan, Kultur der Urzeit
Elorinische Straße von Eloros nach Syrakus
Elpaal (um 360 v. Chr.), König von Sidon
Elsaß/Lsch. a. Oberrhein: Ansied. d. Sueben (um 70 v. Chr.), röm. Erob. (58 v. Chr.), Ursprungsland d. Habsburger
El, ugaritische Gottheit
Elymer, Volk im W von Sizilien
Emathion, Sohn des Tithonos und der Eos
Embaton, Ort im Gebiet von Erythrä in Ionien
Emilia/ital. Lsch.: prähist. Kul-

tur, Kelteneinwanderung
Empedokles (um 492–um 432 v. Chr.), griechischer Philosoph
Endymion, Gestalt aus der griechischen Mythologie; Sohn des Aethlios und der Kalyke; Geliebter der Selene
Enene, ägypt. Vornehmer (18. Dyn.)
Engelsburg, Rom, Bauwerk Hadrians
Enipeus, Nebenfluß des Peneios in Thessalien
Enki, assyrisch-babylonisch-sumerische Gottheit, identisch mit Ea
Enkidu, Geschöpf der Göttin Aruru, Freund des Gilgameš (Uruk)
Enlil, sumerischer Nationalgott, Stadtgott von Nippur, gehört zum obersten Göttertrias des babylonischen Pantheons
Enlil-kudur-usur (1197–1193 v. Chr.), assyrischer König
Enlil-nirari (1329 bis 1320 v. Chr.), assyrischer König
Enmerkar, halblegendärer Herrscher von Uruk, halbgöttlicher Held der Epen
Enneakrunos, Quelle in Athen
Ennius, Quintus (239 bis 169 v. Chr.), römischer Dichter
Enryakuji b. Kyōtō/Japan: buddhist. Hpt.kloster Japans
Entemena (25. Jh. v. Chr.), Herrscher der Dynastie von Lagaš
Eordia, Landschaft in Makedonien
Eos (Eo), Göttin der Morgendämmerung
Eozän, Erdzeitalter
Epanagoge, byzant. Gesetzbuch
Epeos, Grieche im Lager vor Troja; der Erbauer des hölzernen Pferdes
Ephesos/Kleinasien: griech. Küsten-St., Artemistempel, lyd. Erob., got. Zerst. (263 n. Chr.), ökumen. Konzil (431), Räubersynode (449)
Ephialtes, Sohn des Aloeus (oder des Poseidon) und der Iphimedeia; Riese
Ephoros (um 404–330 v. Chr.), griechischer Geschichtsschreiber
Ephyre Stadt in Thesprotis in Epirus
Epidamnos, Küstenstadt in Illyrien
Epidauros/Peloponnes: Rundtheater
Epidauros, 1) Stadt an der Oküste von Argolis; 2) an der Oküste von Lakonika
Epimetheus, Bruder des Prometheus; Gemahl der Pandora
Epipaläolithikum, Kulturstufe zw. Alt- und Jungsteinzeit
Epipolä, Anhöhen im N u. W von Syrakus
Epirus, Epeiros/NW-Griechenl.: illyr. Kgr., röm. (seit 229 v. Chr.), Einbruch eines normann. Kreuzheeres (1107)
Era, babylonischer Pestgott
Erä, Stadt in Ionien unweit Teos
Eratosthenes von Kyrene (um 280 bis 200 v. Chr.), griechischer Gelehrter und Schriftsteller
Erbil (assyr. Arbailu, Arbela)/NO-Mesopotamien: assyr. St., Erob. d. Alexander d. Gr. (331 v. Chr.), röm. Erob. (216 n. Chr.)
Erebos: siehe Tartaros
Erechtheion, Tempel an der Akropolis
Eresos, Stadt auf Lesbos
Ereškigal, in der babylonischen Mythologie Herrin der Unterwelt und des Todes
Eretrea/Euboia: griech. St.-Staat, pers. Zerst. (490 v. Chr.)
Erg Admer/Sahara: prähist. Fundort
Ergamenes (um 230 v. Chr.), König von Meroe
Ergotimos (um 570 v. Chr.), griechischer Vasenmaler
Erg Tihodain (Tihodaïn)/Sahara: prähist. Fundort
Eriba-Adad I. (1392–1366 v. Chr.), assyrischer König
Erichthonios (Erechtheus), Sohn der Gaia und des Hephästos; legendärer König von Athen
Eridu (jetzt Abū Šahrayn)/Mesopotamien, sumer. St.-Staat
Eriksson, Leif (um 1000), norwegischer Seefahrer und „Entdecker Amerikas“
Erineos, 1) Stadt in Doris, 2) Stadt in Achaia, 3) Fluß in Sizilien südlich von Syrakus
Erinna (4. Jh. v. Chr.), griechische Dichterin
Eris, griechische Göttin der Zwietracht
Erman, Adolf, deutscher Ägyptologe (um 1855–1937)
Ernûte, Erntegöttin (Schlange)
Eros, Gott der Liebe (siehe auch Cupido und Amor)
Er Shih Huang Ti, letzter Herrscher der Ch'in (209 bis 207 v. Chr.)
Erytheia, Tochter des Geryones
Erythrä, Stadt 1) in Böotien unweit Plataä; 2) in Ionien
Erythras, persischer König
Eryx, Stadt im W von Sizilien
Erzurum (Arzan ar-Rūm, Arz ar-Rūm; Theodosiupolis)/türk. Armenien: byzant. Erob.
Esau (Edom), Sohn Isaaks und der Rebekka; legendärer

Stammvater der Edomiter
Eschnunnak/Mesopotamien = Tel Asmar): sumper. St.-Staat
Eshmunazar ben Ashto (7. Jh. v. Chr.)
Eshmunazar I. (5. Jh. v. Chr.), König von Sidon
Eshmunazar II. (5. Jh. v. Chr.), König von Sidon
Eshmun, phönikische und karthagische Gottheit; entspricht dem griechischen Asklepios
Eshmun-Melqart, phönikische Gottheit
Eshmun-Merreh, phönikischer Gott
Es-ôes, Göttin von Heliopolis
Esra (5. Jh. v. Chr.), jüdischer Priester und Schriftgelehrter
Esra IV, spätjüdische Apokalyptik
Essäer, extremer Flügel d. Pharisäer
Essener, s. Essäer
Estete, Miguel de (geb. 1510), spanischer Konquistador
Etana, nach der Sumerischen Königsliste postdiluvialer König von Kiš; Held eines gleichnamigen Mythos
Etemenanki, Turm zu Babel
Eteokles, Sohn des Ödipus und der Jokaste
Etrurien → Toscana
Euager, Satrap von Persien
Euagoras I. von Salamis (411 bis 374 v. Chr.), griechischer Herrscher
Euander (Euandros), arkadischer Held, später nach Rom ausgewandert
Euan, Pedro (16. Jh.), Vorsteher von Yaxcaba
Euboia/griech. Insel: Ionisches Kerngeb.
Eucheir von Korinth (um 650 v. Chr.), griechischer Bildhauer
Eudoxos von Knidos (408–355 v. Chr.), griechischer Astronom und Mathematiker
Eudoxos von Kyzikos, griechischer Seefahrer und Entdekker unter Ptolemaios VII. (um 145 v. Chr.)
Euenos, Fluß in Ätolien
Euergetes, Beiname Ptolemaios' III. und VII.
Euergetes II. Physkon, s. Ptolemaios VIII.
Euergetes I., s. Ptolemaios III.
Euesperiten, Einw. einer Stadt an der Nküste von Afrika unweit Barka
Eugrammos (6. Jh. v. Chr.), griechischer Bildhauer
Euhemeros (um 300 v. Chr.), griechischer Philosoph
Euhemeros von Messene (4./3. Jh. v. Chr.), griechischer Mythograph
Euklid (um 300 v. Chr.), griechischer Mathematiker
Eukratides (um 160 v. Chr.), griechisch-baktrischer König
Eukratides, Usurpator des Maurya-Reichs nach dessen Zerfall 225 v. Chr.
Eukratides (2. Jh. v. Chr.), baktrischer König
Eumaios (Eumäus), Schweinehirte des Odysseus; Gestalt aus der Odyssee
Eumedes, Elefantenfänger unter Ptolemaios II. (285–247 v. Chr.)
Eupalion, Stadt im Ozol. Likris
Eupeithes, Vater des Antinoos
Euphemos von Karia, Fantasiegestalt bei Pausanias und angeblicher Entdecker Amerikas
Euripides (um 480 bis 406 v. Chr.), griechischer Tragiker
Euripos, Meerenge zw. Euböa und Böotien
Europa, Tochter des Agenor, Königs von Phönikien, und der Telephassa; Geliebte des Zeus
Europos, Stadt in Makedonien am Fl. Axios
Euros, der Ost- oder Südostwind
Euryale, Schwester der Medusa
Euryalos (Euryalus), phaiakischer Edler
Eurydike, Gemahlin des Kreon
Eurydike, Gemahlin des Orpheus
Euryelos, Berg u. Feste bei Syrakus
Eurykleia, Amme des Odysseus
Eurymedon, König; Sagengestalt der „Odyssee“
Eurynome, Mutter der Grazien
Eurystheus, König von Tiryns
Eurytaner, Volk in Ätolien
Eusebios von Caesarea (um 260 bis um 340), griechischer Kirchenschriftsteller
Euthydemos (gest. um 190 v. Chr.), Usurpator und König von Baktrien-Sogdiana
Euthymenes (6. Jh. v. Chr.), massalischer Seefahrer
Eva, nach dem Alten Testament Weib Adams, Stammutter des Menschengeschlechts
Evans, Sir Arthur (1851–1941), englischer Archäologe
Externsteine/Westfalen: german. Hlm.
Eyassi/Tanganjika: prähist. Fundort
Ezechiel (6. Jh. v. Chr.), einer der großen jüdischen Propheten

Färöer-Inseln (dän. Faerøerne)/ dän. Inseln zwischen Schottl. u. Island: Bes. durch d. Norweger (8. Jh.)
Fa Hsien (4./5. Jh.), chinesischer Mönch und Indienreisender

Faijûm (al-Fayyūm)/Ägypten: prähist. Fundort
Fama, Göttin der Nachrede und der Gerechtigkeit
Fanarioten, griechische Aristokraten im türkischen Reich
Fara (sumer. Schuruppak)/Mesopotamien: sumer. St.-Staat
Farsman, auch Pharasmanes (30 bis 60), König von Georgien (Iberia)
Fatma-Koba/Krim: mesolith. Höhlenstation
Faunus (Faun), altlatinischer Gott der freien Natur; Beschützer der Hirten und Bauern
Fauresmith-Kultur, altsteinzeitl. Kultur in Südafrika
Faustkeilkulturen, paläolithisch
Faustulus, Hirt; Ziehvater von Romulus und Remus
Fārs (Persis, Pārs)/S-Persien: pers. Kernprov., Alexanderzug (330 v. Chr.)
Fels-Bilder, jungpaläolithisch., pers.
Felsengräber, pers., Archämiden, Sassaniden
Fempellec, legendärer peruanischer Herrscher
Ferghāna (Farġāna)/Lsch., russ. Turkestan: Chinesen-Vorstoß n., Seidenstraße durch F., arab. Erob (712)
Feronia, römische Fruchtbarkeitsgöttin
Fetiales, röm. Priesterkollegium d. Jupiter
Feuerland/Inselgr. a. d. S-Spitze S-Amerikas: prähist. Kulturen
Fez (franz. Fès, arab. Fās)/Marokko: arab. Gründung (7. Jh.)
Fezzan (Fazzān)/Lsch. d. N-Sahara, Kgr. Libyen: prähist. Kultur
Fiesole/Italien: Schlacht b. (406)
Fillottrano/Italien: prähist. Fundort
Finnland (Suomi)/N-europ. Staat: neolith. Kultur
Firdausi (939–1020), Dichter des Schahnameh (pers. Heldensagen)
Firishta, Mohammed Kasim Hindushah (um 1552–1623), persischer Geschichtsschreiber
Firth, Cecil, englischer Ausgräber
Firuz Shah (1351–1388)
Fish-Hook/b. Kapstadt, S-Afrika: prähist. Fundort
Fīrūzābād (Gūr, Ardashîr-Churra)/Iran: Felsbilder
Flaccus, Septimius (um 70), römischer Prokonsul
Flamen Dialis, röm. Priesterkollegium
Flamen Martialis, röm. Priesterkollg.
Flamen Quirinalis, röm. Priesterkoll.
Florida/USA: prähist. Kultur, span. Entd. (1513)
Förstemann, Ernst W. (1822 bis 1906) deutscher Germanist und Bibliothekar in Dresden, Maya-Forscher
Folsom-Kultur, Altamerika
Fontéchevade/Höhle, Frankr.: Hominidenfundort
Formosa (chin. Tai-wan)/Insel v. d. südchin. Küste: Teil d. Sung-Reiches
Fossa-Kultur, Kultur der Urzeit
Frankfort, Henri (1897–1954), amerikanischer Archäologe
Frankfurt a. M./Dtschl.: Reichs-Konzil v. (794), Reichs-St.
Franko-kantabrische Kultur, Kultur der Urzeit
Franziskus von Assisi (1182 bis 1226) katholischer Heiliger und Stifter des Franziskanerordens
Friaul/Lsch. a. d. nördl. Adria: langobard. Grenzhzm. (6. Jh.), Avareneinfälle (bis 788), Slaweneinwanderung (6. Jh.), fränk. Mark
Fu Hsi (2953–2838 v. Chr.), einer der „Drei Herrscher"
Fu Shêng (3./2. Jh. v. Chr.), Gelehrter
Futhark, germanisches Runenalphabet
Fuyü/Mandschurei: Staat (2. Jh. v. Chr.)

Gabiene/SW-Persien: Schlacht v. (316 v. Chr.)
Gad, in Spanien verehrte punische Glücksgottheit
Gagarino/Rußl.: paläolith. Fundort
Gaga, Wesir von Anšar
Gaia (Gaea), die Mutter Erde
Galatea (Galateia), Nymphe
Galatia (Galatien)/Lsch. Kleinasiens: hethit., Keltenansied., Vasallenkgr. Roms, röm. Prov., Goteneinbruch (264 n. Chr.)
Galepsos, Küstenstadt westl. von der Mündung des Strymon
Galerius, Gaius Valerius Maximus (gest. 311 n. Chr.), römischer Kaiser
Galiläa/Palästina: Hominiden-Fundgeb.
Gallus, Gaius Cornelius (um 69 bis 26 v. Chr.), römischer Dichter
Gallus, Marcus Aelius, Freund Strabons und Präfekt von Ägypten unter Augustus (29 v.–14. n. Chr.)
Gama, Vasco da (1469–1524), portugiesischer Seefahrer
Gamble-Cave/Höhle, Kenya: paläolith. Fundort
Gamblien, letzte Pluvialzeit
Gamio, Manuel (1883–1960), mexikanischer Archäologe

Gandhāra/hist. Grenzlsch. NW-Indien/Afghanistan: Erob. d. Alexander d. Gr. (327), indoiran.-griech. Sammelkunst, v. (2. Jh. v. Chr. – 5. Jh. n. Chr.), Bes. durch d. Šaka (1. Jh. v. Chr.), Erob. durch d. Hunnen (um 450)
Ganesha, elefantenköpfiger Gott, Sohn Shivas und Parvatis
Gann, Thomas (geb. 1867), englischer Altamerikanist
Ganymed (Ganymedes), Sohn des Tros, Königs von Ilion; Mundschenk des Jupiter
Garcilaso de la Vega, s. Vega, Garcilaso de la
García y Bellido, A. (20. Jh.), spanischer Althistoriker und Archäologe
Gardiner, Sir Alan, englischer Ägyptologe (1879–1964)
Garibay, Angel Maria (geb. 1892), mexikanischer Geistlicher und Linguist
Gath/S-Palästina: Philister-St.
Gauckler, Paul (1866–1911), französischer Archäologe
Gaudo-Kultur, Kultur der Urzeit
Gaugamela/Mesopotamien: Schlacht b. (331 v. Chr.)
Gaumata (gest. 521 v. Chr.), Magier
Gautamiputra Satakarni (2. Jh.), Satavahana-König
Gaza (arab. Ġazza)/S-Palästina: Besied. durch d. Philister, assyr. Erob., Belag. d. Alexander d. Gr. (332 v. Chr.), Schlacht b. (312 v. Chr.), pers. Erob. (615)
Geb, ägyptische Erdgottheit
Gedalja, jüdischer Edelmann, von Nebukadnezar zum Statthalter von Jerusalem ernannt
Geierstele, sumerisch, Lagasch
Gela/Sizilien: griech. Kol. (um 680 v. Chr.)
Gela, 1) Stadt an der S-Küste von Sizilien. 2) Fluß ebendort
Gelbe Turbane, altchin. Aufstandsbeweg.
Gelon (490–478 v. Chr.), Tyrann von Gela und Syrakus
Genf (Geneva, Genève)/Schweiz: Hptst. d. Burgunder-Reiches (443–534)
Gentes, röm. Geschlechtsverband
Genua/Italien: langobard. Erob. (670)
Georg, Heiliger, Märtyrer aus Kappadokien; unter Diokletian hingerichtet
Georgia/USA: prähist. Kultur
Georgien/transkaukasischer Staat (4.–19. Jh.)
Gerästos, Vorgeb. auf der S-Küste von Euböa
Geraneia, Gebirge zw. Megara und Korinth
Gerastratos (6. Jh. v. Chr.), Herrscher von Tyros
Germanicus, römischer Feldherr (15. v. Chr.–19 n. Chr.)
Geryones, Sohn des Chrysaor und der Kallirrhoe; dreileibiger Riese auf der Insel Erythea bei Gades und Besitzer großer Rinderherden
Geten, Volk zw. Hämos und Donau
Ghana (Goldküste)/W-Afrika: Ful-Reich (4.–11. Jh.)
Ghazel, wichtg. pers. Gedichtsform
Ghomari-Höhle/Marokko: prähist. Fundort
Ghorasharman, Vollzieher einer Schenkung
Gibil, babylonischer Feuergott
Gibraltar/Meerenge zwischen d. Iberischen Halbinsel u. W-Afrika: Hominiden-Fundort, neolith. Kulturwanderung ü., arab. Erob. (711)
Gigantia/Malta: Megalithbauten v.
Gigonos, Stadt in Makedonien unweit Potidäa
Gihad, islam. hl. Krieg g. d. Ungläub.
Gilgamesch, Sagengestalt und legendärer König von Uruk
Gilgameš, halblegendärer Herrscher von Uruk, Held des Gilgameš-Epos
Gingu, Erstgeborener der Tiamat
Gira, babylonischer Feuergott
Gisa (Ǧīza, Gise, Gīze)/Ägypten: Pyramiden
Giscon (3. Jh. v. Chr.), karthagischer Feldherr auf Malta und Vater des Hamilkar
Giscon (5. Jh. v. Chr.), Sohn des Hamilkar, Vater des Hannibal
Giurgiu (türk. Jerkökö)/Rum.: osman. Donaufestung
Gizzida, Gott
Gjerstad, Einar (geb. 1897), schwedischer Althistoriker
Gladwin, Harold Sterlin (geb. 1883), amerikanischer Maya-Forscher
Glagolica, älteste Form d. kirchenslawischen Schrift
Glauke, Ort am Vorgeb. Mykale in Ionien
Glaukos, hilfreicher niederer Meergott
Glockenbecherkultur, Kultur der Jstz.
Gobi/Wüste, Mongolei: prähist. Kulturen i. d.
Golasecca-Kultur, Kultur der Jungsteinzeit
Goliath, biblische Gestalt und Gegner Davids
Goliath, Riese im „Alten Testament", den David mit einer Schleuder tötete
Gomara, Francisco López de (1511 bis 1566), spanischer Historiker

Gondophares (Gondophernes; um 50), König von Pandschab
Gonia/Peloponnes: neolith. Fundort
Goodman, J. T (1838–1917), amerikanischer Archäologe
Goodwin, Charles, englischer Ägyptologe
Gopala (um 750), Gründer der Pala-Dynastie
Gordian III., römischer Kaiser von 238–244
Gordion/Kleinasien: bronzezeitl. Sied., phryg. Hptst.
Gorgo, schlangenhaariges Ungeheuer
Gorgo: siehe Medusa
Gortynia, Stadt in Makedonien im obern Axiostale
Goslar/Dtschl.: Kspfalz, Reichs-St.
Gosselin, Pasqual François Joseph (1751–1830), französischer Archäologe und Geograph
Gotik, abendl. Stil, 12. b. 15. Jh.
Govardhana (13. Jh.), indischer Dichter
Gozzo/Mittelmeer-Insel: prähist. Kulturen
Graäer, Volk am oberen Strymon
Graïke, die Gegend um Oropos in Attika
Graupius (Firth of Clide)/ Engl.: Schlacht b. (83 n. Chr.)
Gravettien, Kultur d. Altsteinzeit
Grazien oder Chariten, Töchter des Zeus und der Eurynome: Aglaia (Glanz), Euphrosyne (Frohsinn) und Thaleia (Blüte)
Grădişte/Siebenbürgen: get. Gipfelburg v.
Grestonia, Landschaft in Makedonien zw. Strymon und Axios
Griffith, Francis Lloyd, englischer Ägyptologe
Grijalva, Juan de (um 1517), spanischer Seefahrer
Grimaldien, Kultur d. Altsteinzeit
Grimaldi-Grotten/N-Italien: prähist. Fundort
Grönland (Grønland)/Arktisinsel: Eskimokultur (seit um 900 n. Chr.), Besied. d. Isländer (ab 984), dän. (seit d. 13. Jh.)
Grotta Romanelli/Italien: paläolith. Wohnhöhle
Gsell, Stéphane (1864–1932), französischer Archäologe
Guayana (engl. Guiana, franz. Guyana)/ Lsch., S-Amerika: prähist. Kultur
Gubaru (6. Jahrhundert v. Chr.), Statthalter von Babylonien
Gudea (um 2120 v. Chr.), Herrscher von Lagaš
Guerreiro, Don Bartolomão Lobo (1560–1642), Erzbischof von Lima
Gugalanna, erster Gatte von Ereškigal
Guinea/W-afrikan. Küstengeb. v. Senegal bis z. Kunene: paläolith. Besied.
Gula, babylonische Göttin der Heilkunst
Gunakamadeva (11. Jh.), Herrscher von Nepal
Gungunum (1932 bis 1906 v. Chr.), König von Larsa
Gupta-Stil, Stilepoche des Hindui
Gurdi-Aššur-lamur, königlicher Beamter, Verfasser von Briefen
Gurney, O. R. (20. Jh.), englischer Assyriologe
Gurnia/Kreta: minoisches Kulturzm.
Guru Gobiṇd (17. Jh.), indischer Theologe
Guru Tegh Bahadur (gest. 1675), indischer Theologe
Gwalior/Eingeborenenstaat, Indien: Angriff d. Weißen Hunnen (um 460)
Gyes, Sohn des Uranos und der Gaia; Gigant
Gyges (um 680 bis um 648 v. Chr.), König von Lydien
Gyptis (um 600 v. Chr.), Tochter des Königs Nanus von Massalia
Gyrtone, Stadt in Pelasgiotis in Thessalien
Ğemdet-Naṣr/Mesopotamien: prähist. Fundort

Hadad, Gegner König Davids (10. Jh. v. Chr.)
Hades (Pluto, Dis), Sohn des Kronos und der Rhea; Gott der Unterwelt, Gemahl der Persephone
Hadrian, Publius Aelius (117 bis 138), römischer Kaiser
Hadrianswall, röm. Befestigung in Schottland
Häckerberga/Schweden: Wandmalerei v.
Hämos, Balkangebirge
Hagfet-et-Tera/Höhle, Cyrenaika: Hominiden-Fundort
Hagiar-Kim/Malta: Megalithbauten v.
Hagia Triada/Kreta: minoisches Kulturzm.
Hagios Kosmas/Griechenl.: bronzezeitl. Sied.
Ha, Gott des Westens
Haidar Ali (18. Jh.), mohammedanischer General
Haiku, japan. Gedichtsform
Haimon, Sohn des Kreon und der Eurydike; Verlobter der Antigone
Halacha, Teil der jüd. Gesetze der Religion, später Talmud
Haldar, A. (20. Jh.), Skandinavischer Gelehrter
Haldi, Nationalgott von Urartu

Halex, Fluß zw. Rhegion und Lokri
Haliartos/Griechenl.: Schlacht b. (395 v. Chr.)
Halieis an der Küste von Argolis
Halikarnassos, Stadt in Doris in Kl. Asien
Halikya, Stadt in Sizilien
Halland/Lsch, S-Schweden: dän. (seit d. 9. Jh.)
Hallstatt/Österr.: Kultur d. Eisenzeit
Hallstattkultur, Kultur d. Eisenz.
Halys, Fluß in Kl. Asien
Halys, Stromgott
Hamadān (med. Hangmatana, pers. Ekbatana, griech. Hierapolis)/Iran: Meder-Hptst., Einzug Alexanders d. Gr. (330 v. Chr.), Schlacht b. (127 v. Chr.)
Hamath/Syrien: Aramäer-Fsm., assyr. Prov., pers. Satrapie-Hptst.
Hamaxitos, Stadt in Äolis in Kl. Asien
Hamburg/Dtschl.: paläolith. Funde, normann. Zerst. (845), dän. Erob. (1201)
Hamburger Stufe, Kultur d. Altstz.
Hami/Oasenst., O-Sinkiang, China: Handelsst. a. d. Seidenstraße
Hamilkar Barkas (gest. 229/228 v. Chr.), karthagischer Feldherr und Vater Hannibals
Hamilkar Giscon (um 308 v. Chr.), karthagischer Feldherr und Vater Hamilkars
Hamilkar (gest. 480 v. Chr.), karthagischer Feldherr; Sohn des Mago, Bruder des Hasdrubal
Hamilkar, punischer Verfasser einer Schrift über Landwirtschaft
Hamilkar (um 218 v. Chr.), karthagischer Kommandant auf Malta und Sohn des Giscon
Hamilkar (um 330 v. Chr.), karthagischer Gesandter bei Alexander dem Großen
Hamira, letzter Chauhan-König
Hamir (1759/60), mohammedanischer General und Gründer von Mevar
Hammurabi (1792 bis 1750 v. Chr.), babylonischer König der I. Dynastie von Babylon
Hammurabi-Stele, babylonische Gesetzestafeln
Hanbi, Gott
Han Chang Ti, 3. Kaiser der Späteren Han-Dynastie (76 bis 89)
Han Ch'eng Ti, 10. Han-Kaiser (32–5 v. Chr.)
Han-Dynastie (um 202 v.–220 n. Chr.), chinesisches Herrscherhaus
Han Fei Tzŭ (gest. 233 v. Chr.), Staatsmann und Philosoph
Hang-chou/O-China: Hptst. d. Späten Liang-Dyn (502 bis 556), Hptst. d. südl. Sung-Dyn (1135–1279)
Han Hsien Ti, letzter Han-Kaiser (190–220)
Han Hsüan Ti, Kaiser der frühen Han (73–49 v. Chr.)
Han Huan Ti, Kaiser der Späten Han-Dynastie (146–167)
Han Kao Tsu (der Erhabene Ahne), s. Liu Pang
Han Ling Ti, Kaiser der Späteren Han-Dynastie (168–189)
Han Ming Ti, Kaiser der Späteren Han-Dynastie (58–76)
Hannibal (um 409 v. Chr.), karthagischer Feldherr und Enkel Hamilkars, der in der Schlacht von Himera (480) fiel
Hannibal (247/246 bis 182 v. Chr.), Sohn des Hamilkar Barka und karthagischer Feldherr
Hanno (gest. 259/258 v. Chr.), karthagischer Feldherr aus Olbia
Hanno (um 425 v. Chr.), karthagischer Feldherr und Seefahrer
Han Shun Ti, Kaiser der Späteren Han-Dynastie (126–144)
Hantili I. (1590–1560 v. Chr.), König der Hethiter
Han T'ou-chou (gest. 1207), Minister der Süd-Sung
Hanuman, Affenführer
Han Yüan Ti, Kaiser der frühen Han (49–33 v. Chr.)
Han Yü (768–824), konfuzianischer Gelehrter und Schriftsteller
Hao/N-China: Hptst. der westl. Chou (1000 bis 770 v. Chr.)
Hapay Can („saugende Schlange"), Maya-Gottheit
Hapi, Nilgott
Hapusonbe, Hoherpriester des Amun und Leiter königlicher Bauarbeiten (18. Dyn.)
Hapu, Vater Amenhoteps, des Ratgebers Amenophis' III. (18. Dyn.)
Harachte, falkengestaltiger Sonnengott
Harappā/Pandschab, W-Pakistan: Siedl. d. frühhist. Induskultur
Harchuef, Expeditionsleiter (6. Dyn.)
Harchuef, s. Harkhuf
Harden, D. B. (20. Jh.), englischer Archäologe
Hardjedef, Sohn des Cheops und Verfasser einer Weisheitslehre (4. Dyn.)
Haremhab, ägypt. König (18. Dyn.)
Hargeisa-Kultur, Kultur d. Urzeit

Hari, Gottheit
Harihari (14. Jh.), Prinz und 1336 König von Hastinavati
Harkhuf (Harchuef), Kundschafter zur Zeit des Merenrê und Phiop II. (3. Jahrtausend v. Chr.)
Harmodios (6. Jh. v. Chr.), athenischer Adeliger und Tyrannenmörder
Harmonia, Gemahlin des Kadmos, Mutter der Semele
Harnachte, Sohn König Osorkons II. (22. Dyn.)
Harpagion, Stadt an der Propontis unweit Kyzikos
Harpine, Stadt oberhalb von Olympia
Harpokrates, vgl. Horus, der im spätägyptischen Mythos als Sohn des Osiris und der Isis Harpokrates = Horus das Kind genannt wird
Harran/N-Mesopotamien: assyr. St.
Harsha-vardhana (606 bis um 647), Pushyabhuti-König
Harsha von Thanesar (um 600 bis 630), indischer König
Haršinana, Name in einem Gerichtsdokument
Harthor, Göttin der Freude
Harwerrê, Beamter und Leiter einer Expedition nach dem Sinai (12. Dyn.)
Hasdrubal (6. Jh. v. Chr.), karthagischer Feldherr; Sohn des Mago und Hamilkars Bruder
Hasdrubal der Kahle (gest. 221 v. Chr.), karthagischer Feldherr und Schwiegersohn des Hamilkar Barkas, Gründer Neu-Karthagos (Cartagena)
Hasidanum, Name in einem Brief an Jasmah-Adad von Mari
Hastimalla, indischer Dramatiker
Hathor, ägyptische Göttin der Freude
Hathor, ägyptische Himmels- und Liebesgöttin
Hatra (al-Hadr)/Mesopotamien: parth. Kgs.-Palast
Hatria/Italien: röm. Militärkol.
Hatschepsut (1479 bis 1457 v. Chr.), ägyptische Königin der 18. Dynastie
Hattušili I. (17. Jh. v. Chr.), König der Hethiter
Hattušili III. (1275 bis 1250 v. Chr.), König der Hethiter
Hawaii-Inseln (Sandwich Islands)/Inselgr. i. Stillen Ozean: polynes. Kultur
Hazael (9. Jh. v. Chr.), König von Damaskus
Hazāra/S-Indien: Tempel v.
Hebe, Tochter des Zeus und der Hera; Göttin der Jugend, Mundschenkin der olympischen Götter
Hebriden/Inselgr. a. d. W-Küste Schottls.: nordweg. Erob. (seit 800)
Heiliges Mahl, Opfermahl bei den Semiten
Heimin, japan. Klasse des gem. Vol.
Heine-Geldern, Robert (geb. 1885), Wiener Ethnologe
Heinrich der Seefahrer (1394 bis 1460), Prinz von Portugal
Hekataios von Milet (um 550 bis 479 v. Chr.), griechischer Geograph und Historiker
Hekate, griechische Göttin der Unterwelt
Hekatompylos/antike St. a. d. Seidenstraße (genaue Lage unbekannt)
Heket, Göttin der Geburt
Hektor, trojanischer Prinz, ältester Sohn des Priamos und der Hekuba; tapferster Held auf seiten Trojas
Hekuba (Hekabe), Gemahlin König Priamos' von Troja
Helena, in der griechischen Sage Gattin des Menelaos, ihre Entführung durch Paris löste den Trojanischen Krieg aus
Helenus (Helenos), Sohn der Hekuba und des Priamos; trojanischer Prinz
Heliant, altsächs. Heldenepos, freie Nachbildung der Bibel
Heliodoros (um 140 bis 130 v. Chr.), Gesandter des Königs Antialkides von Taxila
Heliodoros (3. Jh.), griechischer Romanschriftsteller
Heliogabalos (Elagabal; 218 bis 222), römischer Kaiser
Heliokles (um 190 v. Chr.), Sohn und Nachfolger des Euthydemos
Heliopolis/Ägypten: Gau-Hptst. u. Kultzm., arab. Erob. (640)
Helios, Sohn des Titanen Hyperion und der Titanin Theia; Sonnengott
Helladische Periode, Kultur der Vorzeit
Helle, Schwester des Phrixos
Helos, Küstenstadt in Lakonika
Heloten, griech. Stand d. Hörigen
Hemachandra (1088–1172), indischer Kirchenlehrer
Hemadri, Kommentator der Dharmashastras
Hemen, Gott von Juphion
Hem-On, ägypt. Prinz (5. Dyn.)
Henotikon, byzant. theologische Einheitsformel (482 n. Chr.)
Henu, Siegler des Königs Mentehotep (11. Dyn.)
Hephästos (Hephaistos), Sohn des Zeus und der Hera; griechischer Gott des Feuers, der Schmiede und Handwerker
Hephaistion (um 356 bis 324

v. Chr.), Kommandeur und Freund Alexanders des Großen
Heräa, Stadt an der W.seite v. Arkadien, am Fl. Alpheios
Heräon, Anhöhe bei Epidauros in Argolis
Hera, griechische Göttin, Schwester und Gemahlin des Zeus
Herakleia/S-Italien: Schlacht b. (280 v. Chr.)
Herakleides von Kyme (4. Jh. v. Chr.), griechischer Geschichtsschreiber in Diensten Alexanders des Großen
Herakleios (575–641), oströmischer Kaiser seit 610 n. Chr.
Herakleopolis/Ägypten: Gau-Hptst.
Herakleotis, das Gebiet von Herakleia in Bithynien
Herakles Gaditanus, Beiname des Herakles nach seinem Heiligtum in Gades (Cádiz)
Herakles, Sohn des Zeus und der Alkmene; stärkster Heros des Altertums
Heraklit (um 500 v. Chr.), griechischer Philosoph
Herat (Harāt, Alexandria Ariorum)/Afghanistan: Gründung Alexanders d. Gr., arab. Erob., mongol. Erob. (1232)
Hera, Tochter des Kronos und der Rhea, Schwester und Gemahlin des Zeus
Herculanum a. Vesuv/S-Italien: Zerst (79 n. Chr.)
Hercules: siehe Herakles
Herihor, thebanischer Hoherpriester (21. Dyn.)
Herischef, widdergestaltige Gottheit
Hermaios (chin. Yin Mo Fu), letzter griechischer König in Nordwestindien (32–48)
Hermaphroditos, Sohn des Hermes und der Aphrodite
Hermes, Sohn des Zeus; griechischer Götterbote, Gott der Hirten und der Diebe
Hermesianax (3. Jh.), alexandrinischer Schriftsteller
Hermes von Xuthos, Gemahl der Kreusa
Hermetismus, hellenistische Theologie in Ägypten
Hermias, Vizekönig unter Antiochos III.
Herminius, Titus, früher römischer Konsul; Gefährte des Horatius Cocles
Hermionen, Kultgr. der Germanen
Hermione, Stadt an der S.-Küste von Argolis
Hermupolis/Ägypten: Gau-Hptst.
Herodot, griechischer Geschichtsschreiber (um 484 bis 425), „Vater der Geschichte“
Hero, Priesterin der Aphrodite; Geliebte Leanders
Herrmann, Wolfram (20. Jh.), deutscher Ägyptologe
Herzegovina/Jugosl.: serb. Einwanderung (7. Jh.)
Hesekiel, althebräischer Prophet
Hesiod, griechischer Dichter (um 700 v. Chr.)
Hesione, Tochter des Laomedon, Königs von Troja
Hesirê, hoher Beamter (3. Dyn.)
Hesperiden, Töchter des Hesperus; Hüterinnen der goldenen Äpfel, die Gaia dem Zeus und der Hera als Hochzeitsgabe gebracht hatte
Hessos, Stadt im Ozol. Lokris
Hestiäa, Stadt auf Euböa, später Oreos
Hestia, Tochter des Kronos und der Rhea; griechische Göttin des Herdes und des Herdfeuers
Hetep-heres, ägypt. Königin (18. Dyn.)
Het, Sohn des Kanaan
Heyerdahl, Thor (geb. 1914), norwegischer Zoologe (Râ)
Hiarbas (9. Jh. v. Chr.), König von Karthago
Hideyoshi (1535–1598), japanischer Heerführer und Shôgun
Hiera, eine der Liparischen Inseln
Hierakonpolis/Ägypten: Gau-Hptst.
Hiereer, ein Teil der Melieer am melieïschen Merb.
Hieron, Admiral Alexanders des Großen (336 bis 323 v. Chr.)
Hieronymus (347–419/420), lateinischer Kirchenlehrer
Hieron (5. Jh. v. Chr.), attischer Vasenmaler
Higra, Auswanderung Mohammeds n. Medina, Beginn der islamischen Zeitrechnung
Hiketas (um 288 v. Chr.), syrakusanischer Stratege und späterer Tyrann
Hiketas (um 339 v. Chr.), Tyrann von Leontinoi
Hildebrandslied, althochdtsch. Heldenepos
Hillalum, Name in einer Urkunde
Himera/Sizilien: griech. Kol., Schlacht b. (480 v. Chr.)
Himeräon, Ort bei Amphipolis
Himera, Stadt an der N.küste von Sizilien
Himilkat (1. Hälfte des 2. Jh. v. Chr.), punischer Suffet auf Sardinien
Himilko (um 406 v. Chr.), karthagischer Feldherr und Zeitgenosse Hannibals
Himilko (um 450 v. Chr.), karthagischer Seefahrer

Himilk (1. Hälfte des 2. Jh. v. Chr.), Vater der punischen Suffeten Himilkat und Abdeshmun auf Sardinien
Himjar, heroischer Stammvater der arabischen Völkerschaften gleichen Namens
Hiob, frommer Dulder des „Alten Testaments"
Hippalos (1. Jh. v. Chr.), griechischer Kaufmann und Erforscher der Monsunwinde
Hipparchos von Nikaia (um 190 bis 125 v. Chr.), griechischer Astronom
Hipparchos (6. Jh. v. Chr.), Tyrann von Athen; Sohn des Tyrannen Peisistratos
Hippodameia, Gemahlin des Peisithoos
Hippokrates, griechischer Arzt (460 bis 377)
Hippolyte (Hippolyta), Königin der Amazonen; Gemahlin des Theseus
Hippolytos, Sohn des Theseus und der Amazone Hippolyte
Hippomenes, Freier der Atalanta; Sohn des Megareus
Hipponier, Pflanzvolk d. Epizephyr. Lokrer in Unteritalien
Hippon (um 340 v. Chr.), Herrscher von Messana
Hippostratos (1. Jh. v. Chr.), griechischer König in Nordindien
Hiram I. (um 969–936 v. Chr.), König von Tyros
Hiram II. (8. Jh. v. Chr.), König von Tyros
Hiram (552–532 v. Chr.), König von Tyros und Bruder des Merbalos
Hissar → Tepe Hissar
Hiuen-Tsang, s. Hsuan-Tsang
Hochlandkultur, präh. klass. Kult
Ho Ch'ü-p'ing (gest. 117 v. Chr.), Kavalleriegeneral des Kaisers Wu Ti
Ho-ling (Kalinga)/Java: buddhist. Kgr. (7. Jh.)
Holzzeit, menschl. Entwicklgsst.
Homer, griechischer Dichter (um 800 v. Chr.), (Ilias, Odyssee)
Homo modjokertensis, frühmenschl. Form, ebenso: – neandertaliensis, – heidelbergensis, – habilis, u. a.
Ho-nan/Prov., Zentralchina: Yang-shao-Kultur i. (ab 2500 v. Chr.), Lung-shan-Kultur i. N-H. (ab 2000 v. Chr.), Geb. ältester chin. Staatsbildung, Chou- u. Han-Kunst i., Wirtschafts-Zm. d. Han-Zeit, mongol. Ero. (1232)
Ho-pei/Prov. N-China: neolith. Kultur i. N-H., Hunnenkunst i., Prov. seit d. ältesten chin. Staatsbildung
Hopewell-Kultur, präh. Kultur
Ho Po („Graf des Gelben Flusses"), Flußgottheit
Hor, ägypt. König (13. Dyn.)
Horapollon, griechischer Schriftsteller (5. Jh.)
Horatius Cocles, römischer Soldat
Horaz, eigentl. Quintus Horatius Flaccus (65–8 v. Chr.), römischer Lyriker
Horen, Töchter des Zeus und der Themis; Göttinnen der Jahreszeiten
Hori, ägypt. Architekt
Hormidz I. Ardaschîr (272/273), Sassanidenkönig
Horôn, Gott
Horus, ägypt. Königs- und Himmelsgott (Falke)
Hoschang (Haoschyanha), mythischer König des Awesta
Hosea (8. Jh. v. Chr.), Prophet in Israel
Hošea (730–722 v. Chr.), israelischer König
Hou Chi („Beherrscher der Hirse"), Getreidegottheit
Hou T'u („der die Erde beherrscht"), einer der Minister des Gelben Kaisers; deifiziert als Gottheit des Bodens
Hōryūji b. Nara/Japan: buddhist. Tempel
Hpparchos (190–125 v. Chr.), griechischer Sternforscher, Begründer der wissenschaftlichen Astronomie
Hsiang Yü (3./2. Jh. v. Chr.), Führer der Rebellenkonföderation und Hegemoniekönig
Hsi-an (postamtl. Sian)/NW-China: Wildganspagode b.
Hsiao Ching, Kaiser der frühen Han (157–141 v. Chr.)
Hsiao Tsung, Ming-Kaiser (1488–1505)
Hsiao Wên, Kaiser der frühen Han (180–157 v. Chr.)
Hsiao Wu, 10. Herrscher der nördlichen Wei (532–534)
Hsien Tsung, Ming-Kaiser (1464 bis 1487)
Hsien Tsung, T'ang-Kaiser (806 bis 821)
Hsin-tien/Ho-nan, China, prähist. Fundort: Fundort d. Yang-shao-Kultur
Hsiu Hsin (um 100), Gelehrter der Späteren Han-Zeit
Hsi Wang Mu („Königliche Mutter des Westens"), göttliche Herrscherin des fernen Westens
Hsuan-Tsang (7. Jh.), chinesischer Buddhistenpilger
Hsüan Tê, Ming-Kaiser, s. Hsüan Tsung
Hsüan Tsung, Kaiser der Mandschu-Dynastie (1820 bis 1850)
Hsüan Tsung, Ming-Kaiser (1426–1436)

Hsüan Tsung, s. Ming Huang
Hsü Kuang-ch'i (1562–1634), berühmter Staatsmann der Ming-Zeit
Hsün Tzŭ (298–238 v. Chr.), Philosoph
Huaca Prieta/Peru: prähist. Fundort
Huai Nan Tzŭ, s. Liu An
Huang-ho/Fl, China: neolith. Besied.-Lücke d. H.-Geb., Kerngeb. chin. Staatsbildung a.
Huang Ti („der Gelbe Kaiser"), 1. der „Fünf Kaiser" (2698–2598 v. Chr.)
Huang Tsao (gest. 884), Rebellenführer
Hu An-kuo (1074–1138), Philosoph; Gründer der Hu-Schule
Huan-ti (um 170), chinesischer Kaiser
Huascar, zwölfter Inka-Herrscher (1525–1532)
Huayna Capac, elfter Inka-Herrscher (1493–1525)
Huemac, letzter weltlicher Herrscher der Tolteken
Hui, König von Wei (370–335 v. Chr.)
Hui, Maler unter König Ramses III. (20. Dyn.)
Hui Ssŭ (370–319 v. Chr.), neomohistischer Philosoph
Hui Ti, 2. Han-Kaiser (194 bis 187 v. Chr.)
Hui Ti, 2. Kaiser der Ming-Dynastie (1398–1402)
Hui Tsung, Sung-Kaiser (1100 bis 1125)
Huitzilihuitl (14./15. Jh.), Oberster Sprecher der Azteken
Humayun (1508–1556), Großmogul
Humboldt, Alexander von (1769 bis 1859), deutscher Naturforscher und Weltreisender
Hunac Ceel, genannt Cauich (um 1200), Herrscher von Mayapán
Hung Chih, Ming-Kaiser, s. Hsiao Tsung
Hung Hsi, Ming-Kaiser, s. Jên Tsung
Hung Wu, s. Chu Yüan-chang
Huni, ägypt. König (3. Dyn.)
Hu-pei/Prov., China: Chou-Kunst i. (950–600 v. Chr.)
Hurriya, sagenhafte Prinzessin von Udum, Gestalt aus dem ugaritischen „Keret"
Hushang Shah (15. Jh.), Sultan von Malva
Huvischka (2. Jahrhundert n. Chr.), Kuschanenherrscher
Huwakhschtra: siehe Kyaxares H.
Huwawa, Ungeheuer und Wächter des Zedernwaldes
Huy, Gouverneur von Nubien unter König Tutanchamum (18. Dyn.)
Hvar/Dalmatien: prähist. Kultur v.
Hyäa, Stadt im Ozol. Lokris.
Hybla, das geleatische, an der O.küste von Sizilien
Hydarnes (5. Jahrhundert), Satrap von Anatolien
Hydrakes, von Nearchos angeheuerter indischer Führer aus Mosarna
Hykkara, Stadt an der N.küste von Sizilien
Hylas, Gefährte des Herakles
Hylias, Küstenfluß in Unteritalien unweit Kroton
Hylläischer Hafen in Kerkyra
Hyperion, Sohn der Gaia und des Uranos; Titan
Hypsikrates (1. Jh. v. Chr.), griechischer Geschichtsschreiber
Hypsipyle, Tochter des Thoas, Königs von Lemnos; Herrscherin von Lemnos
Hypsistos = der Höchste, den Griechen geläufiger Beiname des Zeus
Hypsuranios, Bruder des Usoos
Hysiä 1) Stadt in Böotien unweit Platäa, 2) Ort im Gebiet von Argos
Hyspaosines (2. Jahrhundert v. Chr.), Herrscher von Charakene
Hyspasines, baktrischer Kaufmann und Seefahrer auf Delos
Hystaspes, Vater des Dareios, Satrap in der Provinz Fars
Ḥazael (9. Jh. v. Chr.), Usurpator des Throns von Damaskus
Ḥiram (um 969–936 v. Chr.), König von Tyrus
Ḥizkijjā (715–686 v. Chr.), König von Juda
L'Hôte, Nestor, französischer Forscher (1. Hälfte des 19. Jh.s)

Iambulos, Fantasiegestalt im Werke des griechischen Geschichtsschreibers Diodor von Agyrion in Sizilien (um 36 v. Chr.)
Iapyger, Volk in Unteritalien
Iason, Held der griechischen Argonautensage
Iasos, Stadt in Ionien, davon der Iasische Meerb.
Ia'u-bi'di (8. Jh. v. Chr.), König von Hama
Iaztachimal (um 1521), aztekischer Leibdiener Cuauhtemocs
Ibal-pi-El, König von Ešnunna
Ibbi-Suen (2029–2006 v. Chr.), letzter Herrscher der III. Dynastie von Ur
Iberien und Iberer, Land und Volk viell. zw. Pyrenäen und Rhone
Ibero-Maurusien, Kultur d. Urzeit

Iberus/Spanien: Schlacht a. (216 v. Chr.)
Ibi, ägypt. König (8. Dyn.)
Ibi, thebanischer Stadtgouverneur
Ibn Baithar, Heilkundiger
Ibn Batutah (1304–1377), arabischer Weltreisender, 1333 bis 1346 in Indien
Ibrahim (1517–1526), Lodi-Sultan
Ibykos (6. Jh.), griechischer Lyriker
Ica/Peru: Chimu-Sied.
Icarus (Ikaros), Sohn des Daedalus
Ichernofret, hoher ägypt. Beamter
I-ching, chin. korean. hl. Buch
Ichthys, Vorgeb. im hohlen Elis
Ida, Berg bei Troia
Idakos, Stadt in der thrak. Chersones
Idmon, griechischer Seher
Idnibaal, Vater des punischen Suffeten Himilkat auf Sardinien
Idomene, Hügel in Amphilochia in Akarnanien
Idomeneus, Sohn des Deukalion, Enkel König Minos' von Kreta; kämpfte vor Troja auf griechischer Seite
Idrimi (um 1450 v. Chr.), König von Alalah
Ielysos, Stadt auf Rhodos
Iempsales II. (1. Jh. v. Chr.), König von Numidien; Schriftsteller
Ierez, Francisco de (1504 bis 1560), spanischer Konquistador und Chronist
Ietä, Festung der Sikeler
Igigi, babylonisch-assyrische Göttergruppe
Igmäs. Consensus doctorum
I-ho-t'uan, s. Boxer
Ihukar/Indien: prähist. Fundort
Ikaros, Insel westlich von Samos
Iku, Krokodilgott
Ila, ältester Sohn des Manu; Hermaphrodit
Ilias, s. Homer
Iliazzu, s. Ilisaros
Ilion (Ilium) →Troia
Ilisaros (Elisar, Iliazzu; um 25 v. Chr.), König der Rhamaniten
Illyrien/Geb. d. westl. Balkanhalbinsel: Wohngeb. d. →Illyrer, röm. Prov., illyr. Aufstand (6–9 n. Chr.), Germanen- u. Sarmateneinbruch (166–175), röm. Präfektur, illyr. Prov. (W-Kärnten, Krain, Görz, Triest, Istrien, Fiume, Dalmatien)
Iltutmish (1211–1227), Schwiegersohn Qutb-ud-dins
Ilušuma (um 1900 v. Chr.), assyrischer Herrscher
Ilythia (Eileithyia), Tochter des Zeus und der Hera; griechische Göttin des Wochenbettes
Imbros/Ägäis-Insel: thrak., athen., byzant.
Imdugud, frühsumerische Gottheit
Im, hittitischer Gott des Sturms
Imhotep, ägypt. Baumeister unter König Djoser (3. Dyn.), in der Spätzeit als Heilgott verehrt
Imix, Erdengott, Ausgangspunkt des 260-Tage-Almanachs
Inachos, Sohn des Okeanos und der Thetis; Gründer und König von Argos
Inanna, sumerische Fruchtbarkeitsgöttin
Indra, indischer Gott der Stärke, des Donners und des Regens
Induskultur, prähist. Kultur
Inessa, Stadt der Sikeler
Ini-Tešub, König von Karkemiš
Inmutef, Gott
Innin, Inanna, sumerische Liebes-, Fruchtbarkeits- und Kriegsgöttin, höchste Gottheit von Uruk, entspricht der babylonisch-assyrischen Ištar
Ino, Tochter des Kadmos und der Harmonia; wurde nach ihrem Tod in eine Nymphe verwandelt, hieß von da an Leukothea
Io, Tochter des Inachos, Königs von Argos; Priesterin der Hera und Geliebte Zeus'
Iolaos-Eshmun, phöniko-griechische Gottheit
Iolaos, Sohn des Iphikles, Neffe und Gefährte des Herakles
Ionien/Lsch. d. westkleinasiat. Griechenstädte: griech. Kolonisation, lyd. Erob. (6. Jh. v. Chr.), pers. Erob. (546 v. Chr.), ion. Aufstand (499–493 v. Chr.), pers. (386–334 v. Chr.), Erob. durch Alexander d. Gr. (334 v. Chr.), röm. (seit 129 v. Chr.)
Ion, Sohn des Apollon und Kreusas, einer Tochter des Königs Erechtheus von Athen
Iosephos Flavius (um 37–um 100), griechischer Geschichtsschreiber jüdischer Herkunft
Iozza-Kultur, Kultur d. Urzeit
Iphigenie, Tochter des Agamemnon und der Klytämnestra; Priesterin der Artemis in Tauris
Ipkhur-kiš, Name eines Königs in einem Text aus der Agade-Periode
Ipnos, Dorf im Ozol. Lokris
Ipsos/Kleinasien: Schlacht v. (301 v. Chr.)
Ipuie, thebanischer Bildhauer

Ipuwer, Verfasser einer politischen Klageschrift (6. Dyn.)
Iragal, Gott der Unterwelt
Iraq/mesopot. Lsch.: arab. Erob., Schwerpunkt d. Abbasidenreiches
Ire → Irland
Iremibef, Gott von Tjebu
Iris, geflügelte Götterbotin
Irišum I. (19. Jh. v. Chr.), assyrischer König
Irland (bis 1171/72): Wikingerzüge
Iros, Bettler
Irsu, asiatischer Usurpator (19. Dyn.)
Ischia/ital. Mittelmeer-Insel: bronzezeitl. Kultur
Ischtar, asiatische Muttergottheit
Ischtschali/Mesopotamien: altbabylon. St.
Ise/Japan: Shintō-Kultstätte i.
Isebel (9. Jh. v. Chr.), Tochter des sidonischen Königs Etbaal und Gemahlin Achabs
Ishtar, babylonisch-assyrische Göttin der Liebe und des Kampfes
Isidor von Charax, Landvermesser zur Zeit des Augustus (29 v. bis 14 n. Chr.)
Isin/Mesopotamien: sumer. St.-Staat
Isis, Muttergottheit der Ägypter
Islam Shah, Sohn Sher Shahs
Island: (Christianisierung), (Edda)
Ismail (um 900 n. Chr.), Begründer des Samanidenreichs
Ismene, Tochter des Ödipus und der Jokaste
Isokrates (436–338 v. Chr.), griechischer Redner und Lehrer der Beredsamkeit
Issos/Kleinasien: Schlacht a. (333 v. Chr.)
Istachri (10. Jahrhundert), Geograph
Istanbul (bis 333 → Byzanz, bis 1453 → Konstantinopel/ Türkei
Istone, Berg auf Kerkyra
Istrien/Halbinsel d. N-Adria: byzant. (seit 539), Slaweneinwanderung (6. Jh.), fränk. (seit 788)
Istros, die untere Donau
Istwäonen, Kultgr. der Germanen
Išbi-Erra (2017–1985 v. Chr.), König von Isin, Begründer der Dynastie von Isin
Iškur, sumerischer Wettergott
Išme-Dagan (1781 bis 1742 v. Chr.), assyrischer König
Išme-Dagan (1953 bis 1935 v. Chr.), König von Isin
Ištar, babylonisch-assyrische Mutter- und Liebesgottheit, Göttin des Kriegs, entspricht der sumerischen Inanna
Ištup-Il (19. Jh. v. Chr.), Begründer der Dynastie von Mari
Ita, ägypt. Prinzessin (12. Dyn.)
Italioten, die Griechen in Italien
Ithome/griech. Bergfestung: Erob. v. (710 v. Chr.)
I Tsing (634–713), chinesischer Buddhist in Indien
I Tsung, T'ang-Kaiser (860 bis 874)
Itti-Shamash-balatu (7. Jh. v. Chr.), assyrischer Statthalter
Ittobaal (um 980 v. Chr.), Herrscher von Byblos
Ittobaal I. (887–856 v. Chr.), König von Tyros, Vater der Isebel, Priester der Astarte
Ittobaal II. (um 700 v. Chr.), König von Sidon
Itur-Lim, Name eines Königs in einem Dokument
Itys, Sohn der Prokne
Itzamna (itzam bedeutet auf yukatekisch „Eidechse", Himmelsgott, oberster Gott des Maya-Pantheons
Itzcoatl, Oberster Sprecher der Azteken (1427–1440)
Itzconatzin, Oberhaupt der Kaufleute von Tlatelolco unter Quaquanhpitzaua
Iuba II. numidischer König
Iuba (um 25 v. bis 25 n. Chr.), Geograph und König von Marokko
Iugurthinischer Krieg, 111–105 v. Chr.
Iuno, altitalische Gottheit; in den meisten Zügen identisch mit Hera
Iuno Caelestis (= die Himmlische)
Iupiter Valens, römische, von afrikanischen Truppen verehrte Gottheit
Iustinus, M. Iunianus (3. Jh.), römischer Geschichtsschreiber
Ivan, Wölbesaal der Parther, sassanidisches Tonnengewölbe, Bauelemente iran. und osmanischer Medresen, mit Einfluß auf die europäische Kunst
Ixchel oder Acna („unsere Mutter"), Mondgöttin
Ixion, König der Lapithen (2. Jh.), griechischer Romanschriftsteller syrischer Abkunft
Ix, Tagesgott; im Yukatekischen Tag des Jaguar
Ixtlilxochitl (15. Jh.), Herrscher von Tetzcoco
Izates (1. Jahrhundert n. Chr.), König von Adiabene
Izates II., Enkel von Izates I.
Izmīr (griech. Smyrna)/Kleinasien: bronzezeitl. Sied., griech. Küstenst., Zerst. durch d. Lyder (575 v. Chr.)

Jacobsen, Th. (20. Jh.), amerikanischer Assyriologe

Jaggid-Lim (19. Jh. v. Chr.), Amurriterkönig von Mari
Jahanara, Mogul-Frau
Jahangir (1569–1627), Sohn Akbars und Großmogul
Jahdu-Lim, Jahdun-Lim (um 1820 v. Chr.), König von Mari
Jahwe, Gott Israels
Jai Singh (1699–1743), Gründer von Jaipur
Jakob I. (1566–1625), König von England (seit 1603) und Schottland als Jakob VI. (seit 1567)
Jakob, Patriarch des Alten Testaments
Jamaica/Insel d. Großen Antillen: Entd. d. Kolumbus (1493)
Janabai (um 1270–1350), Hymnenschreiberin und Dienerin Namdevs
Janitscharen, türk. Infanterie
Japetos (Iapetos), Sohn des Uranos und der Gaia; Titan
Jaqub, Begründer der Saffawidendynastie
Jara, Victoria de la (20. Jh.), peruaniische Archäologin
Jarim-Lim (18. Jh. v. Chr.), König von Jamhad
Jasa, Gesetzbuch Dschingis Chans
Jasion (Iasion), kretischer Geliebter der Demeter; Vater des Plutus
Jasmah-Adad (1796 bis 1780 v. Chr.), Unterkönig von Mari
Jason (Iason), Held der griechischen Argonautensage
Jason, König von Thessalien
Jataka, ind. Märchensammlung
Jati, Milchgott
Jayadeva (12. Jh.), Dichter und Verfasser der Gita-Govinda
Jayangondur, schrieb eine neue Fassung des Ramayana:
Jayapala (11. Jh.), König der Hindu-Shahiya-Dynastie
Jehn (842–815 v. Chr.), israelitischer König; Begründer der 5. Dynastie
Jehol/Prov., SW-Mandschurei: neolith. Kultur
Jehova, Name Gottes im „Alten Testament“ Jeremia (7. Jh. v. Chr.), judäischer Prophet
Jehōjākim (607–597 v. Chr.), König von Juda
Jehu, jüdischer Prophet
Jehu (841–814 v. Chr.), König von Israel
Jenissei (Enisej)/Fl., Sibirien: prähist. Kultur a.
Jequt (13. Jahrhundert n. Chr.), Geograph
Jeremias (um 650 v. Chr.), Prophet im Alten Testament, verkündete den Untergang Jerusalems
Jericho/Palästina: neolith. Siedl. (um 4500 v. Chr.), Fund d. Bibelhandschriften v. Toten Meer
Jerobeam, Gegner Salomons, später König von Israel (um 925 v. Chr.)
Jeroboam I. (929–909 v. Chr.), König von Israel und Vater Nadabs
Jeroboam II. (931–910 v. Chr.), König von Israel
Jerusalem (griech. Hierosolyma)/Palästina: Kanaaniter-Fsm., polit. u. sakral. Hptst. Judas, Salomon-Tempel, ägypt. Plünderung (922/21 v. Chr.), assyr. Erob. (701 v. Chr.), babylon. Zerst. (587 v. Chr.), Wiederaufbau v. St. u. Tempel, Hptst. Judäas röm. Bes.
Jesaias (6. Jh. v. Chr.), Prophet
Jesaja (8. Jh. v. Chr.), Prophet
Jesdegerd I. (399–421)
Jesdegerd II. (438/39–457), Sassanidenkönig
Jesdegerd III. (632 bis 652), Sassanidenkönig
Jesreel/Palästina: Schlacht b. (um 1000 v. Chr.)
Jesuiten, Mönchsorden
Jesus Christus, Stifter der christlichen Weltreligion
Jên Tsung, Kaiser der Mandschu-Dynastie (1795–1820)
Jên Tsung, Kaiser der Sung-Dynastie (1023–1063)
Jên Tsung, Ming-Kaiser (1424 bis 1425)
Jñandeva, Maharashtra-Heiliger
Joaš, König von Israel
Jobates (Iobates), Vater der Anteia
Job, Buch des Alten Testamentes
Jodha, Urenkel Ravals
Jo, Figur der griechischen Mythologie, Geliebte des Zeus
Jogassien, prähist. Kulturstufe der Kelten
Johannes der Täufer, spätjüdischer Bußprediger
Johanniter, Ritterorden, auch Hospitalier, Rhodiser, Malteser
Jokaste (Iokaste), Gemahlin des Ödipus
Jonathan, Sohn Sauls und Freund Davids
Jones, Sir William (1746–1794), englischer Rechtsgelehrter und Orientalist
Joram (849–842 v. Chr.), König von Juda
Joseph, Gestalt des Alten Testaments, Sohn Jakobs
Joseph, Sohn des Patriarchen Jakob
Josephus Flavius, jüdischer Geschichtsschreiber (37 oder 38 bis 100)
Jošijjā (637–608 v. Chr.), König von Juda
Jošua, Führer der Israeliten nach dem Tod des Moses
Juda (Judäa)/Palästina: israel. Kgr. unter assyr. bzw. baby-

lon. Oberherrschaft, pers. Prov., jüd. Kirchenstaat (seit um 435 v. Chr.), Teil d. Seleukiden-Reiches, Makkabäeraufstand (168–163 v. Chr.), Vasallen-Kgr. Roms (70 v. Chr.–6 n. Chr.)

Judas Ischariot, Apostel; Verräter Christi

Jütland/Halbinsel, Dänemark: neolith. Kultur

Juiu, Vater der Königin Teje (18. Dyn.)

Julianus, Flavius Claudius, gen. Apostata (332–363), römischer Kaiser

Jungsteinzeit, s. Neolithikum

Juno, altitalische Gottheit; in den meisten Zügen identisch mit Hera

Jupiter, römischer Gott; in den meisten Zügen identisch mit Zeus

Jura, Erdzeitalter

Justin, römischer Historiker

Justin (um 100–um 167), christlicher Philosoph

Juturna (Iuturna), Nymphe, Schwester des Turnus, Königs der Rutuler

Juvenal, römischer Satiriker (um 47–130)

Kabbala, jüd. Mystik

Kabira/NO-Kleinasien: Schlacht b. (73 v. Chr.)

Kabir (1440–1518), Führer der Bhakti-Bewegung und religiöser Dichter

Kacha, indischer Fürst, Zeitgenosse Samudraguptas

Kadadipottan Shivakkuri Rajamallamangalapriyan (10. Jh.), Schiedsrichter und Verfasser der Inschrift von Uttaramerur

Kadmeïs, Böotien

Kadmos, Gestalt aus der griechischen Mythologie; Sohn Agenors, des Königs der Phoiniker, und der Telephassa; Bruder der Europa; Gründer von Theben

Kadmos, Sohn Agenors, des Königs der Phöniker, und der Telephassa; Bruder der Europa und Gründer von Theben

Käadas, Schlund, in welchen die Verbrecher in Sparta geworfen wurden

Käkinos, Fluß bei Lokri in Unteritalien

Känozoikum, Erdzeitalter, Neuzeit

Kafila/Fl., Belgisch-Kongo: prähist. Besied. a.

Kafu/Fl./Uganda: prähist. Besied. a.

Kagemni, Wesir unter den Königen Huni und Snofru (3./4. Dyn.)

Kagera/Quellfl. d. Nils, O-Afrika: prähist. Besied. a.

K'ai-fêng/N-China: Hptst. d. Sung-Dyn (960 bis 1126), Ziegelpagode (977), Hptst. d. Chin-Reiches (1126 bis 1233)

Kairo (al-Fusṭāt)/Ägypten: Gründung als arab. Lagerst.

Kaïres, Verfasser einer Lehrschrift

Kakyparis, Fluß südl. von Syrakus

Kalach (arab. Nimrūd)/a. Tigris: assyr. St.

Kalahari/Lsch., S-Afrika: Buschmann-Ansied.

Kalais, Sohn des Boreas

Kalasan/Zentraljava: Tempel v. (778)

Kalasaniter, Mönchsorden

Kalchas, griechischer Seher und Priester

Kalex, Fluß bei Herakleia in Bithynien

Kalhana (12. Jh.), indischer Historiker, Verfasser der Rajatarangini

Kalidasa (4. Jh.), indischer Dichter

Kali, eine der Manifestationen von Shivas Gattin

Kalila wa-Dimna, orient. Fabelsammlg.

Kalinien, präh. Kultur in Afrika

Kaliṅga/Lsch., O-Küste Indiens: Erob. d. Aśoka (251 v. Chr.), Pilgerreise d. Hsüan-tsung d. (7. Jh.)

Kalka/S-Rußl.: prähist. Kurgane a. d.

Kalkin, die zehnte Inkarnation Vishnus

Kalladanar, schrieb eine neue Fassung des Ramayana

Kallieer, Volk in Ätolien

Kallimachos (um 310 – um 240 v. Chr.), griechischer Dichter

Kallirrhoë, Quelle in Athen

Kalyāni/Dekhan, Indien: Hptst. eines Cālukya-Reiches (6. bis Ende 12. Jh.)

Kalydon, Stadt in Ätolien

Kalypso, Gestalt aus der griechischen Mythologie; Tochter des Atlas; Nymphe auf der Insel Ogygia; Geliebte des Odysseus

Kamal, Ahmed, ägypt. Ägyptologe (um 1900)

Kamallianer, Mönchsorden

Kamarina, Stadt an der S-Küste von Sizilien

Kamasia/Lsch., Britisch O-Afrika: urzeitl. See

Kamasien, Kultur der Urzeit

Kamban (12. Jh.), schrieb eine neue Fassung des Ramayana

Kamboja/Kgr. Hinterindien (6.–20. Jh.)

Kambrirum, Erdzeitalter

Kambyses I. (600–559 v. Chr.), persischer König

Kambyses II. Perserkönig (529 bis 522 v. Chr.)

Kambyses, Vater des Kyros II

Kambyses (529–522 v. Chr.),

König der Perser und Meder; Sohn Kyros' II.
Kameiros, Stadt auf Rhodos
Kamose, ägypt. König (17. Dyn.)
Kamosh, Gott der Moabiter
Kamosh-nadbi (um 700 v. Chr.), König von Moab
Kamran, Bruder des Humayun
Kanaan/Wohngeb. d. vorisrael. Bevölkerung
Kanam/Kenya: Hominiden-Fundort
Kanasträon, Vorgeb. auf Pallene in Chalkidike
Kanauj (Kanyākubja)/a. Ganges, Indien: Hptst. d. Hindu-Kgr. K.
Kan-chou/China: St. a. d. Seidenstr.
Kandake (um 25 v. Chr.), Königin von Aithiopien
Kandalanu (647–626 v. Chr.), Unterkönig in Babylonien
Kandāhār (Alexandria Arachosiorum, Qandahār)/Afghanistan: Gründung (327 v. Chr.)
Kanesch/b. Kayseri, Kleinasien (→Kültepe): altassyr. Handelskol.
K'ang Hsi, Mandschu-Kaiser, s. Shêng Tsu
Kanischka (2. Jahrhundert n. Chr.), Kuschanenherrscher
Kanishka (78–150), König von Baktrien
Kanjera/Kenya: Hominiden-Fundort
Kano/Sudan: Haussa-Staat
Kan-su/N-chin. Lsch.: prähist. Kulturen, chin. Prov., Tocharengeb (W-Kansu), hunn. Erob. tibet. Einflußsphäre (8. Jh.)
Kan, Tag unter dem Aspekt des Maisgottes und der gütige Maisgott
Kanton (chin. Kuang-chou, postamtl. Kwang chou)/S-China: chin. Ansied., K. b., Erob. u. Zerst. d. Aufstandes (879), mongol. Erob. (1277)
Kanufer, Aufseher der Arbeiten, Vater Imhoteps (2./3. Dyn.)
Kan Ying (um 97 v. Chr.), chinesischer Gesandter in Antiocheia
Kao (gest. 1093), Sung-Regentin, Witwe Shên Tsungs
Kao Tsung, Kaiser der Mandschu-Dynastie (1735–1795)
Kao Tsung, 3. T'ang-Kaiser (649 bis 683)
Kao Tsu, Sung-Kaiser (1127 bis 1162)
Kapland (Kapkolonie)/Südafrikan. Union: prähist. Besied.
Kappadokien/kleinasiat. Lsch.: assyr. Handelskolonien, churr. Einwanderung, heth., lyd., Teilung i. hellenistischer Zeit, Vasallenkgr. Roms, röm. Prov. (17. n. Chr.), Goteneinfall, (264 n. Chr.), Persereinbruch (575), byzant. Vordringen (878/79)
Kapur, libyscher Häuptling
Kara-indaš (16. Jh. v. Chr.), babylonischer König der Kassitendynastie
Kara-indaš II. (14. Jh. v. Chr.), babylonischer König der Kassitendynastie
Karar-See/Algerien: prähist. Besied.
Karbon, Erdzeitalter, Steinkohlenz.
Karchedon, angeblicher Gründer von Karthago
Kardamyle, Ort auf Chios
Karew, parth. Feudalfamilie. Kartir (3. Jahrhundert n. Chr.), Zoroastrier
Karien/SW-Kleinasien: lyd. Erob. v., Erob. d. Alexander d. Gr. (334 v. Chr.), ägypt.
Karikala (1. Jh.), Chola-König
Karkemisch/Syrien: hethit. Festung u. Fsm., Mitanni-Reich, assyr. Erob. (717 v. Chr.)
Karl der Große (724–814), König der Franken (seit 768) und römischer Kaiser (seit 800)
Karman, Dogma der ind. Religionen
Karmel, Palästina: Hominiden-Fundort, paläolith. Sied. a., Philistergeb.
Karnak/Ägypten →Theben
Karomama, ägypt. Königin (22. Dyn.)
Kartäuser, Mönchsorden
Karteria, Ort bei Phokäa in Äolis in Kl. Asien
Karthago → Carthago
Karuba/Algerien: paläolith. Fundort
Karyä, Stadt in Lakonika, nördl. von Sparta
Karystos, Stadt auf der S-Spitze von Euböa
Kasachstan/Geb. v. d. unteren Wolga b. z. Altai, UdSSR: prähist. Kulturen
Kasai/Nebenfl. d. Kongo, Angola: paläolith. Besied. a.
Kaschtaritu-Phraortes (um 670 v. Chr.), medischer Fürst
Kashmir/Staat i. nordwestl. Himalaya: Kgr. (7.–14. Jh.)
Kasikien, präh. Kultur in Afrika
Kasmenä, Stadt im S. von Sizilien
Kasr-i-Shirin (Qaṣr'i Šīrīn)/Iran: sassanid. Kgs.-Palast v.
Kassandra, Tochter des Königs Priamos von Troja und der Hekuba; Seherin
Kassiopeia: siehe Cassiope
Kastor, Sohn des Zeus und der Leda, Zwillingsbruder des Polydeukes und Bruder He-

lenas und Klytämnestras
Kaštiliaš III. (15. Jh. v. Chr.), babylonischer König der Kassitendynastie
Kaštiliaš IV. (1242 bis 1235 v. Chr.), babylonischer König der Kassitendynastie
Katalaunische Felder, Schlacht a. →Troyes, Völker-Schlacht b.
Katane, Stadt an der O-Küste von Sizilien
Katyayana (3./2. Jh. v. Chr.), indischer Gesetzeslehrer
Kaukasus/Gebirge zwischen d. Schwarzen Meer u. d. Kaspisee: prähist. Kultur
Kaulonia, in Unteritalien
Kaundinya, indischer Brahmane
Kaunos, Küstenstadt in Karien
Kautalya (3. Jh. v. Chr.), Hauptberater Chandraguptas
Kavad I. (488–531), Sassanidenkönig
Kavad II. (628 n. Chr.), Sassanidenkönig
Kayseri (Qayṣariyya; röm. Caesarea Cappadociae; griech. Eusebia; Mazaka)/Kleinasien: pers. Erob. (260 n. Chr.)
Kāñcī/S-Indien: hinduist. Tempelbau i., Hptst. d. Pallava-Dyn
Kārli/SW-Indien: Höhlentempel v.
Kāšgar(ien) (chin. Shu-fu)/St., Geb., O-Turkestan, China: Śakageb, zeitweise chin. (7. u. 8. Jh.), Nestorianer-Bm. (8.–10. Jh.), Qarachaniden-Chanat, Islamisierung (um 950–1130)
Kebesi, ägypt. Stadtgouverneur (Zweite Zwischenzeit)
Kebriones, Sohn des Priamos
Keilschrift, sumerisch, babylonisch und assyrisch, elamitisch sowie persisch (Frühformen)
Kekrops, ältester König Attikas
Kekryphaleia, Insel an der O-Küste von Argolis bei Epidauros
Keleos, König von Eleusis
Kel-teminarische Kultur, Kultur d. Steinzeit
Kenäon, nordwestl. Vorgebirge auf Euböa
Kenamun, ägypt. Beamter (18. Dyn.)
Kenchreia, oder -eiä, Hafen auf der O-Seite von Korinth
Kentoripa, Stadt der Sikeler.
Kentucky/USA: prähist. Kultur
Kentumsprachen, indogerm. Sprachen, Guturralsprache, s. Keltisch, Griechisch, Venetisch, Illyrisch, Hethitisch, Tocharisch; s. Satemsprachen
Keos, Insel südöstl. nahe bei Attika.
Kephallenia, Insel im Ion. Meere.
Kephallenia (Kephalonia)/Ionische Insel: byzant. (395)
Kephalos, Sohn des Hermes und der Herse
Kepheus: siehe Cepheus
Kephisios: siehe Cephisus
Kerameikos, ein äußerer u. ein innerer, Stadtteile von Athen
Keramikum, Kulturperiode d. Urzeit
Kerdylion, Ort auf einer Anhöhe bei Amphipolis
Keret, König von Ugarit
Kerkine, Gebirge in Makedonien
Keßlerloch b. Thayngen/Schweiz: paläolith. Fundort d. Avarenkunst
Kestrine, Landschaft an der Ostküste von Epirus
Khajurao/Zentralindien: hinduist. Turmtempel v.
Kharavela (1. Jh. v. Chr.), König von Kalinga
Khargha/ägypt. Oase d. Libyschen Wüste: prähist. Besied.
Khartum (Chartum)/Sudan: prähist. Besied.
Khizr Khan (14. Jh.), indischer Prinz und Statthalter
Khnum, ägyptische Gottheit
Khonsu, ägyptische Gottheit
Khorschid, Statthalter von Kazerun
Khusrau, Sohn des Jahangir
Khūzistān (Hūzistān; elamit. Haltamti, pers. Elam, arab. al-Ahwāz) Lsch. u. Reich (3. Jahrtausend–639 v. Chr.), Zerst. durch d. Assyrer
Kibri-Dagan (18. Jh. v. Chr.), Statthalter der Stadt Tirqa zur Zeit des Königs Zimrī-Lim
Kidara, Herrschername auf Münzen
Kiik-Koba/Krim: paläolith. Wohnhöhle
Kikkuli, Schreiber im Mitannireich
Kilikien/kleinasiat. Lsch., Sitz d. Luwier, Erob. d. Alexander d. Gr. (333 v. Chr.), ägypt., Teil d. Seleukidenreiches, röm. (63 v. Chr.), byzant. Vordringen (878/79)
Kinaethon, spartanischer Dichter
Kingsborough, Lord Edward King (1795–1837), englischer Altamerikanist
Kinichkakmo, Sonnengott
Kircher, Althanasius, Jesuit, Wissenschaftler (1601–1680)
Kirke, Gestalt aus der griechischen Mythologie; Tochter des Helios und der Perse, der Schwester König Aietes' von Kolchis; Zauberin auf der Insel Aia
Kisch/Mesopotamien (Name

d. ... = el-Oheimir: al-Uḥaymir): sumer. St.-Staat
Kišar, in der babylonischen Mythologie das untere Universum
Kiš-nunnu, Name in einem Brief
Kithäron, Grenzgebirge zw. Attika u. Böotien
Kition/Cypern: phönik. Kol.
Kition, Stadt an der Ostküste von Kypros
Klaros, Hain des Apollon vor Kolophon in Ionien
Klazomenä, Stadt in Ionien
Kleanthes von Assos (um 331 bis 232 v. Chr.), stoischer Philosoph
Klearchois (um 430 v. Chr.), spartanischer Flottenführer im Peloponnesischen Krieg; Verräter und Überläufer zu Kyros (423-401 v. Chr.)
Kleisthenes (6. Jh. v. Chr.), athenischer Staatsmann
Kleite, Gemahlin des Königs Kyzikos
Kleitias (um 570 v. Chr.), griechischer Vasenmaler
Kleomenes I. Euristenides (519-489 v. Chr.), König von Sparta
Kleonä, Stadt 1) auf der Akte in Chalkidike 2) in Argolis an der Grenze von Korinth
Kleon (um 180 v. Chr.), Sklave einer Gesellschaft von Salinenpächtern auf Sardinien
Kleopatra, ptolemäische Königin (51-30 v. Chr.)
Kleopatra, Tochter des Boreas und Gemahlin des Thrakerkönigs Phineus
Kleopatra (69 bis 30 v. Chr.), ägyptische Königin
Klingenkulturen, prähistorisch
Klip/Fl., Südafrikan. Union: prähist. Sied. a.
Klotho, Schicksalsgöttin, eine der drei Moiren
Klymene, Tochter des Uranos und der Gaia; Titanin
Klytämnestra (Klytaimestra), Gemahlin Königin Agamemnons
Knidos, Stadt in Doris in Kl. Asien
Knochenzeit, menschl. Kulturstufe
Knom-Ombo-Ebene/Ägypten: neolith. Besied.
Knossos/Kreta: jungsteinzeitl. Sied., bronzezeitl. Kultur, kret. Kg-St.
Köln/Dtschl.: röm., kirchl. u. kultur. Zm., Apostelkirche, Dom (seit 1248)
Kofun-Phase, Kultur der Vorzeit
Koios: siehe Coeus
Kojiki, ältestes jap. Geschichtsw.
Kolaios (um 630 v. Chr.), griechischer Kaufmann und Entdecker der Straße von Gibraltar
Kolchis/Lsch. a. d. O-Küste d. Schwarzen Meeres: Reiterkulturgeb. (2. Jahrtausend v. Chr.), georg. Staat (1. Jh. v. Chr.)
Kolomijščina/Ukraine: neolith. Sied.
Kolonä, Städtchen in Troas
Kolonos Hügel bei Athen
Kolophon/Kleinasien: griech. Küstenst., lyd. Erob.
Kolophon, Stadt in Ionien
Kolumbus, Christoph (1451 bis 1506), italienischer Seefahrer in spanischen Diensten, Entdecker Amerikas
Kommagene (Kummuh)/vorderasiat. Lsch.: hethit., urartäisch.-assyr. Kampf um (743 v. Chr.), röm. Bes. (69 v. Chr.), röm. Prov. (17. n. Chr.)
Konfuzius (551-479 v. Chr.), Staats- und Sittenlehrer
Kongo-Geb./Zentralafrika: paläolith. u. neolith. Besied.
Konorak/Orissa, Indien: hinduist. Turmtempel
Konstans II., byzantinischer Kaiser (641-668)
Konstantin I., der Große (um 280-337), römischer Kaiser seit 306
Konstantinopel (bis 333 → Byzanz): Hptst. d. oström. byzant. Reiches (333-1453), Haghia Sophia u. andere Kirchen, Nika-Aufstand (532), Hunnengefahr (559), Bedrohung durch d. Perser (615), Belag durch d. Avaren (626), 1. arab. Belag. (667 bis 673)
Kopä, Stadt am Kopaïs-See in Böotien
Kopenhagen/Dänemark: Burg
Kophos, Hafen bei Torone auf der Halbinsel Sithonia in Chalkidike
Kore: siehe Persephone
Korfu (griech. Kerkyra)/ionische Insel: griech. St.-Staat (5. Jh. v. Chr.)
Korinth/Peloponnes: prähist. Kultur, griech. St.-Staat, korinth. Krieg (395-387 v. Chr.), Mitglied d. Achaischen Bundes, röm. Erob. (146 v. Chr.), röm. Neubesied. (1. Jh. v. Chr.), , Besuch Neros (68 n. Chr.), Plünderung durch d. Heruler (267)
Korobios, Purpurfischer und Kundschafter in Herodots Bericht über die Erschließung Kyrenes
Koronea/Griechenl.: Schlacht b. (447 v. Chr.)
Koroneia, Stadt in Böotien
Koronis, Tochter des Phlegyas, Schwester des Ixion; Geliebte des Apollon
Koronta, Stadt in Akarnanien
Korykos, Vorgeb. bei Erythrä in Ionien

Koryphasion = Pylos in Messenien
Kos/Sporaden-Insel: thrak., griech.
Kosok, Paul (geb. 1896), amerikanischer Archäologe
Kostenki a. Don/Rußl.: paläolith. Jägerlager v.
Kostromskaja/Kubangeb: Goldhirschgrab. v.
Kottus, Sohn des Uranos und der Gaia; Gigant
Kotyrta, Stadt in Lakonika
Kovalan, Gestalt aus dem Shilappadigaram
Krain/Lsch. Jugoslawien: prähist. Kultur
Kramer, S. N. (20. Jh.), amerikanischer Sumerologe
Kranii, Stadt auf Kephallenia
Krannon/Griechenl.: Schlacht b. (322 v. Chr.)
Krapina/Kroatien: Hominiden-Fundort
Krasnojarsk/O-Sibirien: Funde d. Mesolithikums b.
Krateros (gest. 321 v. Chr.), Heerführer Alexanders des Großen
Krates Mallotes (gest. 145 v. Chr.), griechischer Philologe und Grammatiker
Kremikovci/Bulg.: neolith. Fundort
Krenä, Ort in Amphilochia
Kreon, König von Theben; nicht der spätere gleichnamige Bruder der Jokaste
Kreta (ital. Candia)/Mittelmeer-Insel: minoische Kultur, griech. Einwanderung, Handels-Zm. d. Altertums, röm. Erob. (68 v. Chr.), byzant., arab. Erob. (823, 828), byzant. Rückerob. (961), venezian. (1204)
Kreusa, Mutter des Ion; Geliebte des Apollon
Krim (Taurien)/Halbinsel, S-Rußl.: steinzeitl. Kulturen, Thrakereinwanderung, Kimmerergeb., Skytheneinwanderung (3. Jh. v. Chr.), griech. Kolonien, Erob. durch d. Kgr. Pontus, Avareneinfälle (576–590), Chazaren, mongol. (Goldene Horde), genues. Handelsz.
Krisäischer Meerb., Teil des korinthischen
Krishna Deva Raya (1509 bis 1530), König von Vijayanagara
Krishna, mythischer indischer Gott und achte Inkarnation Vishnus
Kritias (gest. 403 v. Chr.), athenischer Politiker und Sophist
Kroisos (560–546 v. Chr.), König von Lydien
Krokyleion, Städtchen in Ätolien
Kromdraai/Südafrikan. Union: paläolith. Fundort
Krommyon, Dorf im Korinthischen
Kronos, jüngster Sohn des Uranos und der Gaia. Vater des Zeus; Urgott
Kropeia, Demos in Attika, nördl. von Athen
Kroton/S.-Italien: griech. Kol.
Krusis, Landstrich in Makedonien unweit Potidäa
Kshemeshvara (um 900), indischer Dramatiker
Ktesias von Knidos (um 400 v. Chr.), griechischer Arzt und Geschichtsschreiber
Ktesiphon (bis 226 → Seleukia; arab. al-Madā'in)/Mesopotamien: pers. Erob. (226), Sassaniden-Hptst. (226 bis 638), Nestorianer-Katholikat, arab. Erob (638)
Kuang-hsi/Prov., S-China: paläolith. Grottenfunde
Kuang Wu Ti, Begründer und 1. Kaiser der Späteren Han-Dynastie (25–28)
Kuan (Shih) Yin, Gottheit der Barmherzigkeit
Kuan Ti, s. Kuan Yü
Kuan Yü (um 162), General aus der Zeit der Drei Reiche; kanonisiert als Kriegsgott Kuan Ti
Kubangebiet/S-Rußl.: prähist. Kultur
Kublai Khan (1215–1294), Mongolenherrscher und Begründer der mongolischen Yüan-Dynastie in China, Enkel Dschingis-Khans
Kubu, Gott
Kučā (chin. Ku-ch'é)/Oasen-St., Sinkiang, China: indoeurop. Sprachinsel
Kudurmabuk (19. Jh. v. Chr.), Fürst von Jamutbal
Kudurru, babylon. Marktsteine
K'u, einer der »Fünf Kaiser« (2435 bis 2365 v. Chr.)
Kül Tekin-Inschrift, alttürkisches Sprachdenkmal
Kültepe/b. Kayseri, Kleinasien: Hügel v.
Ku, Juan (16. Jh.), Kazike von Yaxcaba
Kujula Kadphises (1. Jh. n. Chr.), Kuschanenherrscher
Kujula Khadphises (1. Jh.), Häuptling der Yueh-chi
Ku K'ai-chih (um 344 – um 406), Maler; einer der „Vier Meister der Kunst“
Kukulcan (um 1000), auch Quetzalcoatl genannt, mexikanischer Führer, wurde später als Gott des Planeten Venus und der Fruchtbarkeit verehrt
Kulluka (13. Jh.), indischer Gelehrter
Kulottunga I. (1070–1118), Chola-König
Kultur der Hügelgräber, Ende der Bronzezeit (1200–1100)
Kumaragupta (um 415–454), indischer König

Kumarajiva (4. Jh.), indischer Buddhisten-Philosoph aus Kuchi in Zentralasien
Kumarbi, Held eines hurritischen Epos; Sagengestalt
Kumbad, iranischer Grabbau
Kum-tepe/W.-Kleinasien: neolith. Fundort
Kunaxa/Mesopotamien: Schlacht b. (401 v. Chr.)
K'ung An-kuo (2. Jh. v. Chr.), Nachkomme des Konfuzius
Kununu, Name in einem Dokument
Kuo Tzŭ-i (697–781), kaiserlicher Oberbefehlshaber unter dem T'ang-Kaiser Su Tsung
Kupferzeit, Stufe d. menschl. Urzeit
Kurigalzu I. (14. Jh. v. Chr.), babylonischer König der Kassitendynastie
Kurigalzu II. (1345 bis 1324 v. Chr.), babylonischer König
Kutaiba (7./8. Jh.), arabischer Heerführer
Kutha/Mesopotamien: akkad. St.-Staat
Kuttan, schrieb eine neue Fassung des Ramayana
Kwoth, sudanesische Gottheit
Kyaxares Huwakhschtra (625 bis 585 v. Chr.), Begründer der medischen Macht
Kyaxares (625–585 v. Chr.), König der Meder
Kybele, phrygische Muttergottheit, Vegetationsgöttin
Kydonia, Stadt im W von Kreta, an der Nordküste
Kykladen/Mittelmeer-Insel: Bronzezeit
Kykladische Kultur, präh. Kultur
Kyklopen, Gestalten aus der griechischen Mythologie; Söhne des Uranos und der Gaia; einäugige Riesen der Insel Trinakria
Kyllene, Hafenstadt und Schiffswerft der Eleier
Kyme, Stadt 1) in Äolis in Kl.-Asien; 2) im Lande der Opiker
Kynaethos (6. Jh. v. Chr.), griechischer Dichter aus Chios
Kynoskephalai/Griechenl.: Schlacht b. (197 v. Chr.)
Kynossema, Vorgeb. an der thrak. Chersones
Kynuria, südöstlichste Landschaft von Argolis
Kyongtju/Korea: Pagode d. Pun-huang-sa b. (7. Jh.), Kg.-Gräber d. Silla-Reiches b.
Kyōtō (Heian)/Japan: Hptst. u. Ks.-Res. (794 bis 1868)
Kypsela, Stadt in Arkadien am Alpheios
Kyrenaika (arab. Barqa, röm. Prov. arab. Erob. (645)
Kyrene/N-Afrika: griech. Gründung (630 v. Chr.), griech. Kulturzm., pers. Erob. (512 v. Chr.), ägypt. (248 v. Chr.)
Kyrene, Mutter des Aristaios; Gemahlin Apollos
Kyrene; siehe Cyrene
Kyros der Jüngere (423–401 v. Chr.), persischer Prinz; Achaimeniden-Dynastie
Kyros I., Achämenidenkönig
Kyros II. (559–529 v. Chr.), persischer König, Gründer des altpersischen Weltreichs
Kyrrhos, Stadt in Makedonien
Kythera, Insel südl. von Lakoniah
Kytinion, Stadt in Doris
Kyzikos/Kleinasien: griech. Kol., Schlacht b. (410 v. Chr.), Schlacht b. (194 n. Chr.), arab. Flottenbasis
Kyzikos, Herrscher des Hellespont
Kyzikos, Stadt an der Propontis

Laban, ein Aramäer, in der biblischen Genealogie Bruder der Rebekka, Vater der Lea und der Rachel
Labarna (17. Jh. v. Chr.), hethitischer König, Gründer des Hethiterreichs
Labaši-Marduk (556 v. Chr.), babylonischer König
Labat, René (geb. 1904), französischer Assyriologe
Labbu, Ungeheuer in der babylonisch-assyrischen Mythologie
Labdalon, Bergfeste bei Syrakus
Lacau, Pierre, französischer Ägyptologe
La Chapelle-aux-Saints/Frankr.: Hominiden-Fundort
Lachesis, Schicksalsgöttin; eine der drei Moiren
Lade/Sporaden-Insel: Schlacht b. (494 v. Chr.)
Lade, Insel vor Milet
Ladoga (Aldajgjuborg)/Rußl.: Wikingerfestung (9. Jh.)
Ladoga-See/Rußl.: neolith. Kultur
Laertes, Vater des Odysseus
Lääer, päonisches Volk in Makedonien
Lästrygonen, mythisches Volk in Sizilien
La Farge, Oliver (20. Jh.), amerikanischer Maya-Forscher
La Ferrassie/Frankr.: Hominiden-Fundort
Lagasch (arab. Tellō)/Mesopotamien: sumer. St-Staat
Lagoa Santa/Bras.: prähist. Fundort
Lagozza-Kultur, Kultur d. Urzeit
Lahamu, Ur-Ungeheuer in der babylon. Mythologie
Lahmu, Ur-Ungeheuer in der babylonischen Mythologie
Lahore/Pandschab, Pakistan:

Prov-Hptst. d. Ghaznawiden u. Ghoriden (12. Jh.)
Lahra, Gott
Laibach (latein. Emona, slowen. Ljubljana)/Slowenien: Schlacht b. (388)
Laios, König von Theben; Vater des Ödipus
Lakschmi, indische Glücks- und Fruchtbarkeitsgöttin
Lakshmi, indische Göttin und Gattin des Vishnu
Lalitaditya (8. Jh.), König von Kashmir
Lalla, Lal Ded (14. Jh.), indische Dichterin
Lamaštu, sumerischer weiblicher Dämon
Lamia/Thessalien: St, Lamischer Krieg (323/22 v. Chr.)
Lampedusa/ital. Insel westl. Malta: prähist. Kulturen
Lamphûn (Haripuñjaya/Siam: Mon-St u. Kgr (7. Jh.–1292)
Lampsakos, Stadt am Hellespont
La Naulette/Belgien; Hominiden-Fundort
Landa, Diego de (um 1524 bis 1579), erster Bischof von Yucatán
Lanning, Edward P. (geb. 1930), amerikanischer Archäologe
Laodikion, Stadt in Arkadien
Laokoon, spätgriech. Kunstwerk
Laokoon, troischer Priester des Apollon; Sohn des Boreas
Laomedon, König von Troja
Lao Tzŭ (um 300 v. Chr.), Begründer des Taoismus
Lappenbogen, islam. Architekturform
La Quina/Frankr.: Hominiden-Fundort
Larco Hoyle, Rafael (20. Jh.), peruanischer Archäologe
Larentia, Ziehmutter von Romulus und Remus
Larisa, Stadt in Thessalien nahe am Peneios
Larissa, Stadt in Äolis in Kl. Asien
Larsa (arab. Senkere, Sankara)/Mesopotamien; sumer. St-Staat, Erob. durch d. Elamiter
Lars Porsenna: siehe Porsenna
Lartius, Spurius, Gefährte des Horatius Cocles, römischer Soldat
Las Casas, Fray Bartolomé de (1474 bis 1566, spanischer Geistlicher und Geschichtsschreiber
Lascaux/Frankr.: eiszeitliche Wohnhöhle v.
Las, Küstenstädtchen in Lakonika
Later Stone Age, Kultur d. Urzeit
La Tène-Zeit, Jungeisenzeit
Lathyros, s. Ptolemaios IX. Soter II.
Latinus (Latinos), Sohn der Kirke und des Odysseus (oder des Telemachos); König von Latium
Latium/ital. Lsch.: prähist. Kultur, etrusk. Wanderung, lateinischer Bund
Latronico/Italien: prähist. Fundort
Laugerie Basse/Frankr.: paläolith. Fundort
Lauretian, präh. Kultur
Laurion, Berg in Attika
Lausitz/sächs.-schles. Grenzlsch.: Urnenfelderkultur
Lausitzer Kultur, Kultur d. Bronzezeit
La Venta/Mexiko: Sakralanlage v.
Lavinia, Tochter des Latinus, Gemahlin des Äneas
Lavô (Lophburi)/S-Siam: Hptst. v. Dvāravatī (7.–14. Jh.), Tempelbau d. Mon i.
Layard, Sir Austen Henry (1817 bis 1894), englischer Archäologe und Diplomat
Laz, göttliche Gemahlin Nergals
Leander (Leandros), Geliebter der Hero
Lebedos, Stadt in Ionien zw. Teos u. Kolophon
Leda, Tochter des Thestios, Königs von Ätiolien; Gemahlin des Tyndareos; Geliebte des Zeus
Leemans, holländischer Ägyptologe (19. Jh.)
Legrain, G., französischer Ägyptologe
Lektos, Stadt in Äolis in Kl. Asien
Lekythos, Castell von Torone
Lemnos/Ägäis-Insel: etrusk. Urbevölkerung, ionische Ansied.
Le Moustier/Frankr.: Hominiden-Fundort
Lena/Fl, O-Sibirien: paläolith. u. neolith. Besied. a. d. oberen L.
Lengyel/Ungarn: prähist. Fundort
Leninabad (Chodžent, Alexandria Eschate)/russ. Zentralasien: Gründung (327 v. Chr.), Erob. d. Dschingis-Chan
Lenzen, Heinrich J. (geb. 1900), deutscher Archäologe
Leon, Kundschafter unter Ptolemaios III. (246 bis 221 v. Chr.)
Leonnatos, Offizier unter Alexander dem Großen
Leon, Ort bei Syrakus
Leontini, Stadt an der Ostseite von Sizilien
Leontinoi/Sizilien: griech. Kol.
Le Plongeon, August (1826 bis 1908), französischer Maya-Forscher
Lepreon, Stadt im südl. Elis

Lepsius, Richard, deutscher Ägyptologe (19. Jh.)
Leros, Insel in der Nähe von Doris u. Ionien
Lesbos/Ägäis-Insel: Bronzezeit, griech. Ansied., byzant. Bes. (1124)
Les Jogasses a. d. Marne/Frankr.: prähist. Fundort
Lespugue/Frankr.: jungpaläolith. Fundort
Leto, Tochter des Titanen Koios und der Phoibe, Geliebte des Zeus, Mutter Apollons und der Artemis
Leukas, Insel bei Akarnanien
Leukimme, Vorgeb. von Kerkyra
Leukippos, Geliebter der Daphne
Leukonion, Ort auf Chios
Leuktra/Griechenl.: Schlacht b. (371 v. Chr.)
Leuktra, Stadt in Lakonika an der Grenze von Arkadien
Levalloisien, paläolith. Klingenkultur
Levanzo/ital. Insel: paläolith. Besied.
Levey, Martin (20. Jh.), englischer Archäologe
Lex Salica, fränk. Rechtssammlung
Leydener Platte, Maya Denkmal
Liang Wu Ti, Kaiser der Liang-Dynastie in Südchina (502 bis 549)
Libanon (Lubnān)/Gebirge u. Rep. a. d. O-Küste d. Mittelmeeres
Liber pater, altitalischer Gott der Befruchtung und später auch des Weines, dem griechischen Bacchus gleichgesetzt
Licchāvi/NO-Indien: Rep. (6. Jh. v. Chr.)
Lichas, Kundschafter und Elefantenjäger unter Ptolemaios III. und Ptolemaios IV. (221–204 v. Chr.)
Ligyer, Volk wahrsch. zw. Pyrenäen u. Rhone
Li Kao (gest. 417), Fürst von West-Liang
Li Kuang-li (gest. 94 v. Chr.), General des Han-Kaisers Wu Ti
Lilîtu, sumerisch-babylonischer Dämon, weiblicher Sukkubus
Lilliu, G. (20. Jh.), italienischer Archäologe
Lilu, babylonischer Dämon, männliche Entsprechung der Lilîtu
Lilybaion/Sizilien: phönik. Kol.
Limes, römische Grenzbefestigung
Limnäa, Dorf bei dem amphilochischen Argos in Akarnanien
Limnä, Platz in Athen
Limoges/Frankr.: altfranz. Dichtung
Lindii, früherer Name von Gela in Sizilien
Lindisfarne/Northumberland, angelsächs. Kloster: Zerst. durch d. Wikinger (793)
Lindos, Stadt auf Rhodos
Lipara/Sizilien: röm. Erob. (252 v. Chr.) die größte der Liparischen oder Äolos-Inseln bei Sizilien
Liparische Inseln/Mittelmeer: bronzezeitl. Kultur
Lipit-Ištar (1934–1924 v. Chr.), König von Isin
Li Po (701–761), größter Dichter der T'ang-Zeit
Liriope (Leiriope), Nymphe, Mutter des Narzissus
Li Shih-min, s. (T'ang) T'ai Tsung
Li Ssŭ (gest. 208 v. Chr.), Minister des Shih Huang Ti und Organisator der Bücherverbrennung
Lithikum, Kulturperiode d. Urzeit
Li Tsung, Kaiser der Süd-Sung (1225–1265)
Liu An (gest. 122 v. Chr.), König von Huai Nan; Taoist
Liu Chin (gest. 1510), Eunuch des Kaisers Wu Tsung
Liu Hsiang (80–9 v. Chr.), Gelehrter der Han-Zeit
Liu Hsin (1. Jh. v. und n. Chr.), Gelehrter der Han-Zeit
Liu Pang, Begründer und 1. Kaiser der Han-Dynastie (206–194 v. Chr.)
Liu Pei (162–223), Gründer der Shu-Dynastie in Szechuan
Liu Yüan (gest. 310), Führer der Hsiung Nu (Hunnen)
Livingstone, David (1813 bis 1873), englischer Forschungsreisender und Missionar
Livius Andronicus (um 284 – um 204 v. Chr.), römischer Dichter
Livius, Titus (59 v. Chr. – 17 n. Chr.), römischer Geschichtsschreiber
Livre des Merveilles, Reisebericht Marco Polos über Asien
Līlīt, entspricht in der hebräischen Mythologie der sumerisch-babylonischen Lilîtu
Löwen/Brabant: Schlacht b. (891)
Loftus, W. K. (19. Jh.), englischer Vermessungsingenieur und Archäologe
Lokri, Stadt in Unteritalien
Lo Kuang-chung (12. Jh.), Verfasser des San Kuo
Lo-lang (japan. Rakuro)/NW-Korea: chin. Verwaltungs-Zm. (2. Jh. v. Chr.), Zusammenbruch d. chin. Grenzmark (313 n. Chr.)
Lombardei/Lsch., N-Italien: Golasecca-Kultur d., Lango-

barden-Reich (seit 568), Erob. d. Karl d. Gr. (774)
London (Londinium)/Engl.: röm., Plünderung durch d. Dänen, Hptst. (seit 885), normann. Erob. (1066), Westminster Abbey (seit 1245)
Longinus, Cassius (um 213 bis 273 n. Chr.), griechischer Rhetor und Schriftsteller
Lorenzo der Prächtige (1449 bis 1492), Statthalter von Florenz
Loret, Victor, französischer Ägyptologe
Loryma, Stadt in Doris in Kl. Asien
Lourdes/Frankr.: eiszeitliche Wohnhöhle v.
Lo-yang/Honan, China: Hptst. d. Chou-Dyn. (seit 770 v. Chr.), Kulturzm. d. Chou-Zeit, buddhist.-religiös. Zm. (seit d. 2. Jh. n. Chr.), Hptst. d. Wei-Reiches (220–265), hunn. Erob. (311), Erob. durch d. Toba (423), Hptst. d. Toba-Reiches (493–550)1200
Lucan, Marcus Aenneus Lucanus (39–65), römischer Dichter
Lucretia, edle Römerin; Gemahlin des Collatinus (Borgia)
Lucullus, Lucius Licinius (um 117 bis um 57 v. Chr.), sehr reicher römischer Feldherr
Ludwigslied, althochdt. Gedicht auf den Sieg bei Saucourt
Luembe/Fl, Belg. Kongo: paläolith. Sied a.
Lübeck/N-Dtschl.: Dom, dän. Erob. (1201), freie Reichsst. (1226), Marienkirche (seit 1260)
Lugalbanda, sumerischer Schutzgott der Könige von Uruk
Lugalbanda (zwischen 2500 und 2350 v. Chr.), König von Lagaš
Lugaldimmirankia, s. Marduk
Lugalzagesi (um 2350 v. Chr.), König von Umma
Lukas, Apostel
Luka-Vrubleveckaja/Ukraine: neolith. Sied.
Lukian (um 120–180), griechischer Schriftsteller und Satiriker
Lukrez, Lucretius Carus (99/96–55 v. Chr.), lateinischer Dichter
Luli I. (um 725 v. Chr.), König von Tyros und Sidon
Lullu, Geschöpf der Göttin Mami
Lumbreras, Luis G. (20. Jh.), peruanischer Archäologe
Lu-Mešlam-ta-e, Name in einem Dokument
Lung-mên/N-China: Höhlentempel v. (5. Jh.)
Lung-shan/Shantung, China: Ausgrabungsort d. neolith. Kultur Chinas (etwa 2000 v. Chr.)
Lung-shan-Kultur, Meolithikum Nord-Chinas
Lun (Leon; um 230 v. Chr.), griechischer Kundschafter in Cochinchina
Lupembien, Kultur der Urzeit
Luristãn/W.-Iran: prähist. Kultur
Luvua/Fl, Belg. Kongo: prähist. Besied. a.
Luxor/Ägypten → Theben
Lydiat/Rhodesien: prähist. Besied.
Lykaion, Gebirge im S. von Arkadien
Lykaon, Sohn des Pelasgos und der Okeanide Meliboia, König von Arkadien
Lykien/SW-Kleinasien: röm. (43. n. Chr.)
Lykos, König von Theben
Lykurgos, Sohn des Dryas, König der thrakischen Edonier
Lynkos oder Lynkestis, Landschaft in Makedonien
Lyon (Lugdunum)/Frankr.: Hptst. d. röm. Prov. Gallien, ksl. Erob. (197 n. Chr.)
Lysimeleïscher Sumpf bei Syrakus

Maat, ägyptische Göttin der Wahrheit und des Rechts
Mabinogion, mittelalterl. Sagensammlung v. Wales
Macaulay, Thomas Babington (1800 bis 1859), Lord of Rothley, englischer Politiker und Historiker; Gouverneur von Agra
Ma-chang/NO-China: Fundort d. Yang-shao-Kultur
Machaon, Sohn des Asklepios, berühmter griechischer Arzt im Lager vor Troja
Machiavelli, Niccolo (1469 bis 1527), italienischer Politiker und Geschichtsschreiber
MacNeish, Richard (20. Jh.), kanadischer Archäologe
MacNutt, Francis Augustus (1863–1927), englischer Altamerikanist
Macridy-Bey, Th. (19./20. Jh.), Archäologe
Macrinus, Marcus Opellius (217–218), römischer Kaiser
Madhu Rao Sindia (18. Jh.), General und Mogul-Statthalter
Madhva (13. Jh.), indischer Philosoph
Madura/indones. Insel: Teil d. Mojopahit-Reiches
Madura/S-Indien: dravid. Turmtempel v.
Maes, s. Titianus
Mäandros, Fluß in Kl. Asien
Mäder, päonisches Volk in Makedonien
Mänalia, Gegend in Arkadien

Magalhães-(Magellan-) Straße/Meeresstr. zwischen S-Amerika u. Feuerld.: prähist. Kulturen a. d.
Magas (280–258 v. Chr.), König von Kyrene
Magdalénien, jungpaläolith. Kulturstufe: Charakterstil
Magellan (Magelhães, Fernão de; um 1480–1521), portugiesischer Seefahrer
Magna Charta (1215), wichtigstes altengl. Grundgesetz
Magnesia/Kleinasien: Apollo-Kult i., 278 – Schlacht b. (190 v. Chr.)
Magnesia, Stadt am Fluß Mäander
Magneten, Volk am Ostrande von Thessalien
Mago (gest. 203 v. Chr.), karthagischer Flottenadmiral und jüngster Sohn des Hamilkar Barkas; Hannibals Bruder
Magon, karthagischer Karawanenaufseher
Magosi/NO-Uganda: paläolith. Fundort
Magosien, Kultur Afrikas
Mago (um 396 v. Chr.), Kommandant eines punischen Geschwaders
Mago (um 550 v. Chr.), karthagischer Feldherr und Stammvater der Magoniden
Mago (3./2. Jh. v. Chr.), punischer Schriftsteller über Landwirtschaft
Magupatân, iran. Priesterklasse
Mahapadma Nanda (4. Jh. v. Chr.), König von Magadha
Mahavira (geb. um 680 v. Chr.), Begründer des Jainismus
Mahāballipuram/Dekhan, Indien: hinduist. Tempelbau v. (7. Jh.)
Mahābhārata, ind. Nationalepos
Mahāvihāra/Ceylon: buddhist. Hptkloster
Mahāyāna (Großes Fahrzeug)
Mahendravarman I. (600–630), Pallava-Herrscher
Maherprê, hoher Beamter (18. Dyn.)
Mahinda (3. Jh. v. Chr.), buddhistischer Missionar und Sohn Ashokas
Mahipala (um 1014–1042), König der Pala-Dynastie
Mahmud Begarha (1458 bis 1511), Sultan von Gujarat
Mahmud Gavan (1466–1481), Minister der Bahmanis
Mahmud von Ghazni (998 bis 1030), Fürst von Afghanistan
Mailand (etrusk. Melpum, latein. Mediolanum, ital. Milano)/Italien: Etruskerst. Insubrer-Hptst., röm. Erob. (223 v. Chr.), Goteneinbruch (256), Basilika San Lorenzo, Goten-Belag (401), Hunneneinfall (452)
Mainz (Moguntiacum)/ Dtschl.: röm. Legionslager, älteste Rheinbrücke b. (9. Jh.), Normanneneinfall (883), Dom
Maitreya Buddha, Beiname des Buddha und Bezeichnung für seine fünfte Inkarnation
Maitreya (chin. Mi Lo Fo), der „lächelnde Buddha“
Makarê, ägypt. Priester und Geschichtsschreiber (3. Jh. v. Chr.)
Makedonien/Lsch. i. N-Griechenl.: Neolithikum, Bronzezeit, patriarch. Kgr. (500–338 v. Chr.), Kämpfe gegen Athen, Hegemonie über Griechenl., Makedon. Kriege (1.–4.), röm. Prov. (seit 148 v. Chr.), Goteneinbrüche (256, 395/96), byzant. (seit 1014)
Makeris (Beiname: Herakles), Vater des Sardo(s)
Makkabäer, jüd. Aufständische gegen d. Seleukiden
Malatia (Malaṭya, Maladija, Melitene, Melidda)/SO-Anatolien: Hethiter-Hptst. (... Arslan Tepe), Schlacht v. (2. Hälfte d. 6. Jhs.), byzant. Erob. (934)
Malayālam, dravid. Sprache
Malco (um 550 v. Chr.), karthagischer General
Malea, Vorgeb. 1) an der südöstl. Spitze von Lakonika; 2) an der südöstl. Spitze von Lesbos. 3) ein Ort im Norden von Mytilene auf Lesbos
Maler, Teobert (1842–1919), deutscher Archäologe und Reisender
Malki-rammu (8. Jh. v. Chr.), König von Edom
Mallia/N-Kreta: minoische Sied.
Mallowan, Max Edgar Lucien (geb. 1904), englischer Archäologe
Mallowan, M. E. L. (geb. 1904), englischer Archäologe
Malta/Mittelmeer-Insel: prähist. Kulturen, phönik. Kol., Sitz d. Johanniterordens (1530–1798)
Malta b. Irkutsk/Sibirien: paläolith. Fundort
Maltan-Baal (um 670 v. Chr.), König von Arados
Malteser →Johanniter
Mamerkus (um 340 v. Chr.), Herrscher von Katana
Mamertiner, Söldnertruppe d. Agathokles v. Syrakus
Mami, babylonische Schöpfungsgottheit und Muttergöttin
Ma'mun (9. Jh. n. Chr.), Kalif
Mana: Begriff d. magischen Weltbildes
Manching, b. Ingolstadt, Keltenstadt

Manco Inka, fünfzehnter Inka-Herrscher (1534–1563)
Mandalay/Birma: Tempel u. Palast v.
Mandane, Tochter des Astyages
Mandschurei/Geb, nordöstl. Teil Chinas: prähist. Kulturen, chin. Okkupation d. S-M. (2. Jh. v. Chr.), Teil d. Ch'i-tan-Reiches (907 bis 1123), mongol. Kerngeb.
Manetho, ägyptischer Priester und Geschichtsschreiber unter Ptolemaios I. und Ptolemaios II. (285–246 v. Chr.)
Mangalia (Kallatis)/Dobrudscha: Thrakerfestung
Mangop/Krim, letzter byzant. Teilstaat
Manikkavasagar (6./7. Jh.), shivaitischer Heiliger
Manik, mayanischer Tagesott und Jagdgott
Maništūsu (2306–2292 v. Chr.), Herrscher der Agade-Dynastie
Mani (um 215–274 n. Chr.), Begründer des Manichäismus
Mani (23. Jh. v. Chr.), Fürst von Magan
Man (latein. Mona)/engl. Insel: röm. Erob. (59 n. Chr.), wiking. Erob. (9. Jh.), Kgr. (12. Jh.), schott. (1266)
Mantineia/Peloponnes: Schlacht b. (418 v. Chr.), Schlacht b. (362 v. Chr.)
Mantua (ital. Mantova)/Italien: Etrusker-St.
Manu Svayambhu, erster König von Indien und Sohn des Brahma
Manu (X.), Sohn des Manu Svayambhu
Manyč/Fl., Rußl.: prähist. Kulturen a.
Mao Ch'ang (2. Jh. v. Chr.), Han-Gelehrter und Herausgeber des Shih Ching
Mar-Amurrim, Name in einer Rechtsurkunde
Mar'aš (Marquasi, neutürk. Maraş)/S-Anatolien: Hethiter-St.
Marathon/Griechenl.: Schlacht v. (490 v. Chr.)
Marathussa, kleine Insel bei Klazomenä
Marbalos (um 480 v. Chr.), Flottenadmiral von Arados
Marbod, um 6, Begründer des Markomannenreiches, s. Quaden unter Tudrus
Marcellus, Neffe des römischen Kaisers Augustus
Marchand, Jean Baptiste (1863–1934), französischer General und Forschungsreisender
Marco Polo, s. Polo
Marcus Aurelius Antonius (121–180), römischer Kaiser (161–180)
Marcus Horatius, römischer Konsul
Mardonios (5. Jh.), Heerführer des Xerxes
Marduk-apil-iddin, s. Merodach-Baladan
Marduk, babylonische Gottheit, oberster Gott und Weltschöpfer, Sohn Eas
Marduk-balatsu-iqbi (um 811 v. Chr.), babylonischer König
Marduk, Stadtgott von Babylon, Nationalgott von Babylonien
Marduk-šahin-šum, Name eines hohen Tempelbeamten
Marduk-šapik-zēr-māti (1080 bis 1068 v. Chr.), babylonischer König
Marduk-šum-usur, Name in einem Brief
Mareia, Stadt in Oberägypten
Mari/Mesopotamien: Amoriter-St. – Zerst. d. Babylon
Maria Laach/Eifel, Dtschld.: roman. Kathed. (1093)
Marienburg/O-Preußen: Sitz d. Dt. Ritterordens (1309 bis 1459), Hochmeisterpalast
Marinanus Capella (um 420 n. Chr.), lateinischer Schriftsteller
Marinos von Tyros (um 100), griechischer Geograph
Mark Anton (82–30 v. Chr.), römischer Politiker
Mark Aurel (121–180), römischer Kaiser seit 161 (Selbstbetrachtungen)
Markleeberg b. Leipzig/Dtschld.: Fundstelle d. Levalloisien
Marlowe, Christopher (1564 bis 1593), englischer Dramatiker
Marseille (griech. Massalia)/Frankr.: griech. Gründung (um 600 v. Chr.), röm Belag. (49 v. Chr.)
Mars, römischer Kriegsgott, dem griechischen Ares gleichgesetzt
Marsyas, phrygischer Flußgott; Satyr
Martínez, Hernández, Don Juan (20. Jh.), spanischer Maya-Forscher
Martu, Gott der semitischen Nomaden
Marutukku, s. Marduk
Maschawer, libyscher Häuptlingssohn
Masinissa (um 240–149/148 v. Chr.), König der Massylier in Numidien
Maspero, Gaston, französischer Ägyptologe (gest. 1916)
Massalia, Stadt in Gallien
Massi, Sagenheld der Maiori
Mastarna, etruskischer Sagenheld
Matarām/Java: buddhist-hinduist. Staat (9. Jh.–1222)

Matera/Italien: prähist. Fundort
Matera-Kultur, Kultur d. Urzeit
Maternus, Iulius (um 100), römischer Offizier
Matopo/Rhodesien: paläolith. Fundort
Matrivishnu, Untervasall des Vasallen Surashmichandra
Matronenkult, Verehrung von Muttergöttinnen, vor allem indogermanisch
Mattan-bi'li (8. Jh. vo. Chr.), König von Arados
Mattan (um 480 v. Chr.), Flottenadmiral von Tyros
Matten-Baal (um 852 v. Chr.), Herrscher von Arados
Mattiwaza (14. Jh. v. Chr.), König des Mitannirechs, Vasall der Hethiter
Maudslay, Alfred (geb. 1850), englischer Archäologe
Maues (Moga; 80 v. Chr.), indischer Shaka-König
Maues (1. Jh. v. Chr.), erster Sakenkönig
Mauretania(-ien)/antiker Name NW- Afrikas: Paläolithikum i., Neolithikum i., Megalithkultur, karthag., röm. Prov. (seit 42 n. Chr.), Vandalen-Reich (seit 429), byzant. Prov. (seit 533)
Maurikios (582–602), Kaiser von Byzanz
Mauzer b. Heidelberg/Dtschld.: altsteinzeitl. Fundort
Maximilian (1832–1867), Kaiser von Mexiko (1864–1867)
Mayapan/Yukatan: Tolteken-St.
Mayon, flötenspielender Tamil-Gott
Mayr, A. (19./20. Jh.), Historiker und Archäologe
Mazar, B. (20. Jh.), israelischer Archäologe
Mazdaismus/Iran: Ahura-Mazda-Glaube d. Achämenidenzeit
Mazdak (5. Jh. n. Chr.), religiös-sozialer Revolutionär
Mazelpoort/Südafrikan. Union: paläolith. Besied.
Māḥūza (Machosa), mesopot. Judenst.
Mālwa (Mālava)/hist. Lsch., Indien: Kṣatrapa-Herrschaft (1./2. Jh.), Teil d. Gupta-Reiches (4.–6. Jh.), Kleinstaat (9.–13. Jh.)
Māyā, Illusion, Außenwelt i. d. hinduist. Philosophie
Málaga (antik. Malaca)/Spanien: phönik. Gründung (um 1100 v. Chr.)
Mástaba, altägypt. Grabbauten
Mâat, Göttin des Rechts
Mc. C. Adams, Robert (20. Jh.), amerikanischer Archäologe
Mechenti-Irti, Falkengott
Mechta al-Arbi/Algerien: prähist. Fundort
Medea (Medeia), Tochter des Königs Aietes von Kolchis; Gemahlin des Jason
Medeon, Stadt in Akarnanien
Medhatithi (10. Jh.), indischer Gelehrter
Medinet-Habu/Oberägypten: Kgs.-Sitz
Medīna (al-Madīna, Yatrib)/Arabien: Araber-St., Res. Mohammeds u. d. Wahlkalifen (622–656)
Medmäer, Pflanzvolk der italischen Lokrer in Bruttium
Medon, Herold im Hause des Odysseus
Medusa, Tochter des Phorcys und der Keto; schlangenhaariges Ungeheuer
Meek, T. J. (geb. 1881), kanadischer Religionsgeschichtler, Semitist und Orientalist
Megalapolis/Peloponnes: arkad. Hptst., Schlacht b. (331 v. Chr.)
Megalithikum, Kultur d. Vorzeit
Megara/Griechenl.: griech. St-Staat
Megara, Stadt 1) in Hellas; 2) in Sizilien an der Ostküste
Megara, Gemahlin des Herakles
Megaronbau, griech.
Megasthenes (um 300 v. Chr.), Gesandter Seleukos' I. bei dem indischen König Chandragupta
Meggers, Betty (20. Jh.), amerikanische Archäologin
Meidios, Fluß unweit Kynossema in der thrak. Chersones
Mekka (Makka)/Arabien: religiöses Zm. d. Islams
Mekyberna, Stadt nahe bei Olynth in Chalkidike
Melanesien/Inselgr. d. südwestl. Pazifik: Besied. (seit 7000 v. Chr.?)
Melanippe, Tochter des Aiolos; Geliebte des Poseidon
Melanthios, Ziegenhirt im Hause des Odysseus
Mela, Pomponius (um 40), römischer Schriftsteller
Meleager (Meleagros), Sohn des Oineus, Königs von Aitolien, und der Althaia
Meleager von Gadara (um 140–70 v. Chr.), griechischer Schriftsteller und Dichter
Melieer, Volk im S von Thessalien
Melitia, Stadt im phthiot. Achaia in Thessalien
Melos/Kykladeninsel: griech. Ansied.
Melqart-Baal, s. Melqart und Baal Menahem (um 700 v. Chr.), König von Samsimuruna
Melqart (= Stadtherr), phönikischer und karthagischer Gott
Memnon, Sohn des Tithonos

und der Eos, Fürst der Äthiopier; kämpfte im Trojanischen Krieg auf der Seite Trojas
Memnon von Rhodos (gest. 333 v. Chr.), persischer General
Memphis/Ägypten: altägypt. Hptst., pers. (525 bis 332 v. Chr.), Schlacht b. (451 v. Chr.), Alexanderzug (332 v. Chr.), arab. Erob. (641)
Menahhem (752–741 v. Chr.), israeelischer König
Menander (um 155 bis 150 v. Chr.), baktrischer König griechischer Herkunft
Menander von Ephesos (342/341 bis 291/290 v. Chr.), griechischer Komödiendichter
Menander (2. Jh. v. Chr.), griechisch-baktrischer König
Mencheperrê-sonbe, ägypt. Beamter (18. Dyn.)
Mencius (372–289 v. Chr.), Sitten- und Staatslehrer
Mendes/Ägypten: Kgs.-St.
Mendesion Keras, eine Mündung od. ein Arm des Nils
Mende, Stadt auf d. Halbinsel Pallene in Chalkidike
Menelaos, Sohn des Atreus und der Aerope, Bruder des Agamemnon; König von Sparta
Menes, erster ägypt. König (1. Dyn.)
Menhire, neolith. Steinsäulen
Menna, Verwalter der Feldmarken König Tuthmosis' III. (18. Dyn.)
Menoitios, Enkel des Okeanos; Titan
Menon, thessalischer Heerführer unter Kyros dem Jüngeren (423–401 v. Chr.)
Menophres, ägypt. König, Begründer einer Ära (angebl. 19. Dyn.)
Mentehotep I., ägypt. König (11. Dyn.)
Mentehotep II., ägypt. König (11. Dyn.)
Mentehotep III., ägypt. König (11. Dyn.)
Mentes, Heerführer der Kikonen; Freund des Odysseus
Mentor, Jugendfreund des Odysseus
Menua (um 780 v. Chr.), König von Urartu
Merbalos (um 556 bis 552 v. Chr.), König von Tyros
Mercurius (Merkur), römischer Gott des Handels; dem griechischen Hermes entsprechend
Merenrê (3. Jahrtausend v. Chr.), ägyptischer König der 6. Dynastie
Mereruka (3. Jahrtausend v. Chr.), hoher ägyptischer Beamter der 6. Dynastie
Merikarê, ägypt. König (10. Dyn.)
Merimde Benisalame/Ägypten: prähist. Fundort
Merirê, Schreiber und Priester
Merjotes, Nebenfrau des Snofru (4. Dyn.)
Merneptah, ägypt. König (19. Dyn.)
Merodach-Baladan (721–711 v. Chr.)
Merope, Gemahlin des Kresphontes, Königs von Messene
Meropis, Beiname der Insel Kos
Merseburger Zaubersprüche, althochdt. Sprachdenkmal
Mersin/Kleinasien: prähist. Fundort
Merutunga, Verfasser der Prabandhachintamani
Meru, Vater des Beamten Rensi in der Erzählung vom „Beredten Bauern"
Merwin, Raymond Edwin (1881–1928), englischer Archäologe
Meschenet, ägypt. Göttin der Geburt
Mesembrija (latein. Mesembria)
Me-silim (um 2600 v. Chr.), vermutlich König eines Stadtstaats
Mesnil du Buisson, Robert (geb. 1895), französischer Archäologe
Mesolithikum (Mittelsteinzeit), Stufe d. menschl. Urzeit
Mesopotamien/Lsch. zwischen Euphrat u. Tigris: pers. (seit 539 v. Chr.), Teil d. Parther-Reiches (seit 141 v. Chr.), vorübergehend röm., pers. (seit 231)
Mesozoikum (M'zeit), Erdzeitalter
Messalina, Valeria (gest. 48), dritte Gemahlin des römischen Kaisers Claudius
Messapier, 1) Volk in Unteritalien, 2) Bew. einer nicht bekannten Stadt im Ozol. Lokris
Messenien/Lsch. d. Peloponnes: messen. Krieg, erster u. zweiter (7. u. 6. Jh. v. Chr.), messen. Aufstand (464 v. Chr.), Staat (370 v. Chr.)
Messina (Messana)/Sizilien: syrak. Belag. (264 v. Chr.), civitas foederata Roms, byzant. Erob (1038)
Metallikum, Kulturperiode d. Urzeit
Metaneira, Gemahlin des Keleos, Königs von Eleusis
Metapontion, Stadt in Unteritalien
Metatti (8. Jh. v. Chr.), Herrscher von Zikirtu
Metellus Celer, Quintus Caecilius (60 v. Chr.), Prokonsul von Gallien

Meten, Gauverwalter unter Snofru (4. Dyn.)
Methone, Stadt 1) in Argos; 2) in Messenien; 3) in Makedonien unweit Pydna
Methusastratos (909 bis 898 v. Chr.), König von Tyros
Methydrion, Stadt in der Mitte von Arkadien
Methymna, Stadt auf Lesbos
Metis, Göttin der Weisheit; Mutter Athenes
Metrodoros von Skepsis (1. Jh. v. Chr.), griechischer Philosoph, Weltreisender und Geograph
Metropolis, Ort in Amphilochia in Akarnanien
Mettenos (849–821 v. Chr.), König von Tyros
Mettus (Mettius) Curtius, Feldherr der Sabiner
Metz/Lothringen, Frankr.: Zerst. durch d. Hunnen (451), Normanneneinfall
Mexiko (aztek. Tenochtitlan)/St, Mexiko: Azteken-Hptst., span. Erob. (1519 bis 1521)
Meyer, Eduard (1855–1930), Historiker, Verfasser der Geschichte des Altertums
Mezentius, Fürst von Agylla (Caere) in Etrurien; Gegner des Äneas
Mezin b. Brjansk/Rußl.: paläolith. Fundort
Mêng Tzû, s. Mencius
Michael, Erzengel
Michelsberg/Schweiz: neolith. Fundort
Michelsberger-Kultur/Schweiz
Micius, chin. Mo Tzǔ (500–420 v. Chr.), Philosoph und Begründer der Schule der Mohisten
Micoquien, Kultur der Urzeit
Mictlantecutli, Hauptgott der Unterwelt
Midakritos (um 600 v. Chr.), griechischer Geonaut und Entdecker der Zinninseln
Midas (7. Jh. v. Chr.), phrygischer König
Middlesex-Kultur, prähist. Kultur
Middle Stone Age, Kulturperiode d. Urzeit
Mihirakula (um 520–542), indischer Hunnenkönig
Mikal, phönikische Gottheit, die dem griechischen Herakles entspricht
Mikal, semitischer Gott
Mikashtart, in Spanien verehrte punische Gottheit
Mikrolithen, Kleingerät d. Mittelsteinzeit
Milazzo/Sizilien: prähistor. Gräberfeld
Milet/Kleinasien: kret. Kol., pers. Erob. (494 v. Chr.)
Milk, Hauptgott der Ammoniter
Milki-ashapa (um 670 v. Chr.), König von Byblos
Milkyaton (4. Jh. v. Chr.), König von Kition und Idalion; Sohn des Königs Baalram
Millon, René (20. Jh.), amerikanischer Archäologe
Mimas, Berg bei Erythrä in Ionien
Min, ägyptischer Gott der Fruchtbarkeit
Minangkabau/Geb. Sumatra: Zentralgeb. d. Malayu-Reiches
Minerva, römische Göttin, der Athene gleichgesetzt
Mingazzini, P. (20. Jh.), italienischer Archäologe
Ming Huang, T'ang-Kaiser (712 bis 756)
Min, Gott der Fruchtbarkeit
Minoa, Insel bei Megara
Minoische Kultur → Kreta
Minoriten, Mönchsorden
Minos, Gestalt aus der griechischen Mythologie; Sohn des Zeus und der Europa; König von Kreta
Minotauros, Gestalt aus der griechischen Mythologie; Sohn der Pasiphae und eines Stiers; Ungeheuer im Labyrinth zu Kreta
Minyas, sagenhafter Gründer der böotischen Stadt Orchomenos
Minyisches, Orchomenos in Böotien
Miolithikum (jüngeres Altpaläolithikum), Stufe d. menschl. Urzeit
Mioriţa-Ballade, rum. Volksballade
Miozän, Neogenzeit
Mirabai (15. Jh.), Bhakti-Sängerin und Prinzessin von Rajasthan
Mirza Najaf Khan (18. Jh.)
Misenus, Gefährte des Äneas
Miskar, karthagische Gottheit
Mison/S-Vietnam: ältest. Ziegeltempel Champas
Misor, phönikischer Gott der Redlichkeit
Mississippi/Fl., USA: prähist. Kulturen a.
Mišar-gamil, Name in einem Dokument
Mita (etwa 738–700 v. Chr.), König von Muški
Mitanni (Churrier)/Reich i. nördl. Vorderasien
Mithradates I. (171 bis 136 v. Chr.), König von Parthien
Mithradates II. (123 bis 87 v. Chr.), König von Parthien
Mithrenes (4. Jh. v. Chr.), Satrap von Armenien
Mithridates Kallinikos (kurz vor Christi Geburt), König von Kommagene
Mithridates (Mithradates) VI. Eupator Dionysos, der Große (um 121–63 v. Chr.), König von Pontos seit 111

Mitini (um 700 v. Chr.), König von Asdod
Mitinna (8. Jh. v. Chr.), König von Tyros und Nachfolger König Hirams II.
Mitra, altindische Gottheit
Mittelsteinzeit → Mesolithikum
Mittelzeit → Mesozoikum
Mixoohchtzin, Oberhaupt der Kaufleute von Tlatelolco unter Quauhlahtonatzin
Mixtcoatl (9. oder 10. Jh.), legendärer Führer der Tolteken
Mnaidra/Malta: Megalithbauten v.
Mnemosyne, Gedächtnis, Erinnerung; Mutter der neun Musen
Moab (Ehud)/Palästina: Kgr.
Mochlos/Kreta: bronzezeitl. Sied.
Moctezuma II. (um 1466 bis 1520), Herrscher der Azteken (1502 bis 1520)
Moctezuma Ilhuicamina, Moctezuma I., Oberster Sprecher der Azteken (1440–1469)
Moctezuma Xocoyotzin, Moctezuma II., Oberster Sprecher der Azteken (1502 bis 1520)
Modena (Mutina)/Italien: röm. Kol. (um 220 v. Chr.), mutinensischer Krieg (43 v. Chr.)
Modjokerto/Java: Hominiden-Fundort
Moeris, bei Herodot erwähnt, wahrscheinlich → Amenemhet III.
Mösien (Moesia)/Geb. zwischen Balkangebirge u. Donau: röm. Prov., Geteneinbruch (85–89 n. Chr.), Goteneinfall (um 250 n. Chr.), W-Gotenansied. (um 380), bulg. (679)
Mogollon-Kultur, prähist. Kultur
Moguntiacum → Mainz
Mohammed (um 570–632), Begründer des Islam
Mohenjo-Daro/Indien: prähist. Fundort
Moloch, altsemitische Gottheit, der Menschenopfer dargebracht wurden
Molosser, Volk in Epirus
Molykreion, Stadt im Ozol. Lokris
Momčilograd (Peritheorion)/Bulg.: byzant. Festung
Mommsen, Theodor (1817 bis 1903), Historiker, Verfasser der Römischen Geschichte
Mondsee-Kultur, Kultur d. Steinzeit
Mond, Sir Robert, englischer Ausgräber
Mongolei/Innerasien: prähist. Kulturen
Montagu/Kapland: prähist. Höhlenfunde b.
Montanisten, frühchristl. Sekte
Monte Alban/Mexiko: Tempelpyramide v.
Monte Cassino/Italien: älteste Benediktinerabtei (529)
Monte Cetona/Italien: prähist. Fundort
Monte Circeo/Italien: Hominiden-Fundplatz
Montejo, Francisco (16. Jh.), spanischer Konquistador
Montemhêt, thebanischer Stadtgouverneur
Montenegro (serbokroat. Crna Gora, Zeta), Ld. Jugosl.: Slaweneinwanderung u. Christianisierung, Fsm. unter byzant., serb., venezian. Oberhoheit
Montesinos, Fernando (um 1630), spanischer Chronist
Month, Kriegsgott von Theben
Moortgat, Anton (20. Jh.), deutscher Archäologe
Mopsos, griechischer Seher
Moquihuix (gest. 1473), Herrscher Tlatelolços
Morell, Thomas (1703–1784), englischer Philosoph und Historiker
Morgan, Lewis H. (1818 bis 1881), amerikanischer Ethnologe
Morgantine, Stadt in Sizilien
Morley, Sylvanus Griswold (geb. 1878), amerikanischer Romanist und Maya-Forscher
Morris, Earl Halstead, amerikanischer Archäologe
Moschos von Syrakus (um 150 v. Chr.), griechischer Dichter
Moses, jüdischer Gesetzgeber und Geschichtsschreiber (Altes Testament)
Moses (13. Jh. v. Chr.), Stifter der Jahwe-Religion
Moskau/Rußl.: erste Nennung (1147)
Mosul (al-Mawṣil)/Iraq: Tepe-Gavra-Tempel b. (um 3000 v. Chr.)
Mot, ugaritischer Gott der Unterwelt
Motye, Stadt im W von Sizilien
Mo Tzŭ, s. Micius
Moustérien, Kultur d. Altsteinzeit
Müller, Friedrich Max (1823 bis 1900), deutscher Sprachforscher und Sanskritist
München/Bayern: Gründung (1158)
Münster/Graubünden, Schweiz: karoling. Klosterkirche
Muġayyir/Mesopotamien: heutiger Name v. Ur → Ur
Muhammad bin Tughluq (1325 bis 1351), Sultan
Muhammad Ghuri (um 1192 bis 1206), indischer Fürst
Muhammad Hakim, Bruder Akbars
Muhammad ibn Qasim (8. Jh.), arabischer Eroberer von Sind

Muhammad III. (1325–1351)
Muhammad Khalji (13. Jh.), türkischer General
Muhammad Shah (1718 bis 1748), indischer Kaiser
Muhammed Ali, Beherrscher Ägyptens (1804–1849)
Mu, König der Chou-Dynastie (1001–946 v. Chr.)
Muluc, mayanischer Tagesgott und Regengott
Mummu, Wesen in der sumerisch-babylonischen Mythologie, dessen Bedeutung nicht geklärt ist
Mumtaz Mahal, Gemahlin Shah Jahans
Munaw-wirum, Name in einem Brief Hammurabis
Munda/Spanien: Schlacht b. (45 v. Chr.)
Mundy, C. S. (20. Jh.), englischer Turkologe
Munychia, Hafen von Athen
Murari, indischer Dramatiker
Murra, John V. (geb. 1916), amerikanischer Archäologe
Muršili I. (17./16. Jh. v. Chr.), hethitischer König
Muršili II. (1334–1306 v. Chr.), hethitischer König
Murugan, indischer Gott des Krieges und der Fruchtbarkeit
Musaios (6. Jh. n. Chr.), griechischer Dichter
Musasir/Armenien: urartäisch (seit 821 v. Chr.)
Museion, griech. Bibliothek zu Alexandrien
Musen, Töchter des Zeus und der Mnemosyne: Erato, Muse der Lyrik; Euterpe, Muse des Flötenspiels; Kalliope, Muse der epischen Dichtung; Kleio, Muse der Geschichtsschreibung; Melpomene, Muse des Gesanges und der Tragödie; Polyhymnia, Muse des ernsten Gesangs
Mušezib-Marduk (693–689 v. Chr.), babylonischer König
Mutak-kil-Aššur, Name in einem Brief
Mut-asqur, Sohn des Išme-Dagan
Mut, Göttin von Theben, Gemahlin des Amun
Mu Tsung, Kaiser der T'ang (821–825)
Muttra (Mathura)/Indien: Zm. d. Buddhismus
Mu-yeh/N-China: Schlacht b.
Muzencab, Bienengott
Mygdonia, Landschaft in Makedonien
Mykale/Kleinasien: Schlacht b. (479 v. Chr.)
Mykalessos, Stadt in Böotien nahe am Euripos
Mykenä, alte Stadt in Argolis
Mykene (Mykenai)/Griechenl.: Bronzezeit-Kultur
Mykerinos (Menkawrê), ägypt. König (4. Dyn.)
Mykonos, Insel westl. von Samos
Mylae/Sizilien: Schlacht b. (260 v. Chr.)
Mylä, Stadt bei Messene in Sizilien
Mylitta, s. Ištar
Myoneer, Bew. der Stadt Myon oder Myonia im Ozol. Lokris
Myonnesos, Stadt bei Teos in Ionien
Myres (20. Jh.), Archäologe
Myrkinos, edonische Stadt in Makedonien
Mytilene, Hauptstadt von Lesbos
Myttinos (6. Jh. v. Chr.), Herrscher v. Tyros
Myus, Stadt am Fl. Mäander

Naamel (8./7. Jh. v. Chr.), phönikischer Schreiber
Nabonidus, s. Nâbû-na'id
Nabonid (6. Jh. v. Chr.), König der Chaldäer
Nabopolassar (626 bis 605 v. Chr.), babylonischer König
Nabua, Name in einem Brief
Nabu, babylonischer Gott der Weisheit und Sohn
Nabupolassar (626 bis 605 v. Chr.), König von Babylon
Nachikufu/Rhodesien: prähist. Fundort
Nacxit Xuchit, s. Quetzalcoatl-Kukulcan
Nadab (Nedabja, Nedabel; um 909/908 v. Chr.), König von Israel und Vater Jeroboams
Nadina-ahu, Name in einem Gerichtsdokument
Nadin, Name in einem Brief
Nadir Shah (1736–1747), persischer König
Naevius, Gnaeus (um 270 – um 201 v. Chr.), römischer Dichter
Nagarjuna (2. Jh.), buddhistischer Kirchenvater und Begründer des Mahayana
Nagasena (2. Jh. v. Chr.), buddhistischer Heiliger und Philosoph
Nahapana (1. Jh.), Chola-König
Nahardaa, jüd. Amoräer-Akad. i. Babylonien, Abenteurerstaat i. 1. Jh. n. Chr., Reš galuta (Exilarchen), 779
Nahum (7. Jh. v. Chr.), einer der zwölf kleinen Propheten in Juda
Namadeva (1270–1350), Hymnenschreiber und Maharashtra-Heiliger
Nambanos (Nahapana; 1. Jh.), Sakhakönig
Nammalvar (6./7. Jh.), Hymnendichter
Namtar, babylonisch-assyrische Pestdämon
Nanak Guru (1469–1538),

Führer der Bhakti-Bewegung
Nanā, sumerische Göttin
Nancen Pinco (um 1370), Herrscher von Chimor
Nan-chao/Yün-nan, SW-China: Thai-Kgr. (7.–13. Jh.)
Nandivarman (um 753), indischer König
Nanking/O-China: Hptst. d. Teilreiches Wu (220–280), S-chin. Hptst. (317–589), Höhlentempel u. Grabanlagen (4. Jh.–550), Hptst. d. Südl. T'ang (937–975)
Nanna, babylonischer Mondgott, Schutzgottheit von Ur, identisch mit Sîn
Nanna-ibni, Name in einem Dokument
Nanše, weibliche Stadtgottheit von Lagaš
Nanus (um 600 n. Chr.), König von Massalia
Nanyuki-Kultur, Kultur d. Urzeit
Nanyuki: paläolith. Fundort
Napalta, mesopotamische Prinzessin
Naqsh i. Rustem (Naqs-i. Rustam)/Iran: sassanid. Felsbilder v.
Naqšbendīye, türk. Derwischorden
Nara/Japan: Erste Hptst. (710–794), Zm d. Buddhismus, Hōryūji-Tempel (607), ksl. Schatzhaus (756), Todaiji-Tempel (752), Kloster- u. Tempelst. (seit 794)
Narada, indischer Gesetzeslehrer
Narahari (15./16. Jh.), Hymnenschreiber
Naramsin-Stele, akkad. Plastik
Naranco/Spanien: german. Kgs.-Halle (8. Jh.)
Narasimhavarman I. (625 bis 660), Pallava-König
Narasimhavarman II. (um 731), Pallava-König
Narām-Sîn (2291 bis 2255 v. Chr.), Herrscher des akkadischen Weltreiches, Dynastie von Agade
Narām-Sîn (18. Jh. v. Chr.), assyrischer König; Herrscher von Ešnunna (?)
Narbada/Indien: Hominiden-Fundort
Narbonne (lat. Narbo)/S-Frankr.: Hptort d. röm. Provincia Narbonensis, westgót. Erob. (413), 2. westgot. Erob. (465), arab. Erob. (719/20), fränk. Erob. (759), Arabereinfall (793)
Narmer, ägypt. König der Frühzeit
Narona/Dalmatien (...): Zerst. durch d. Avaren, 1376
Narseh (293–302), Sassanidenkönig
Narses (um 478 – um 573), oströmischer Feldherr
Narzissus (Narkissos), Sohn des Flußgottes Cephisus
Nasatjas, altindische Gottheit
Natal/Südafrikan. Union: paläolith. Kultur i.
Natan, Prophet in Palästina zur Zeit Davids
Natuf/Palästina: prähist. Fundort
Natuf-Kultur/Palästina, Ägypten
Naukratis/Ägypten: griech. Handelskol.
Naulochos/Sizilien: Schlacht b. (36. v. Chr.)
Naumburg/Dtschl.: Dom (1230 bis 1280)
Naupaktos, Stadt im Ozol. Lokris
Nausikaa, Tochter des Alkinoos, Königs der Phaiaken
Nausinoos, Sohn der Kalypso und des Odysseus
Navaicha/Kenya: prähist. Fundort
Naxos/Sizilien: thrak., griech. Kol.
Naxos, eine der kykladischen Inseln
Nayachandra Suri, Jaina-Gelehrter
Naymlap, legendärer Herrscher an der peruanischen Küste
Nazca-Ica-Kultur/Peru
Nazi-bugaš (14. Jh. v. Chr.), Usurpator des babylonischen Thrones
Nazi-maruttaš (1323–1298 v. Chr.), babylonischer König der Kassitendynastie
Nápata/Äthiopien: ägypt.
Nâbû, babylonischer Gott der Weisheit, Sohn des Marduk
Nâbû-apal-iddin (um 851 v. Chr.), babylonischer König
Nâbû-bel-šumati (7. Jh. v. Chr.), chaldäischer Stammesführer, Enkel Merodach-Baladans
Nâbû-nadin-zer (734 bis 732 v. Chr.), babylonischer König
Nâbû-na'id (555–539 v. Chr.), letzter neubabylonischer König
Nâbû-nasir (746–734 v. Chr.), babylonischer König
Nâbû-šar-usur, Name in einem Brief
Neandertal/Dtschl.: Hominiden-Fundort
Neandertaler (Paläoanthropus), altsteinzeitl. Menschenrasse Mitteleuropas
Neapel (Neapolis, Napoli)/S-Italien: griech. Kol., byzant. Einfluß, langobardisch, Kgr. d. Anjou
Neapolis, Handelsplatz der Karthager
Nearchos (geb. 360 v. Chr.), griechischer Admiral unter Alexander dem Großen
Neb-amon, Bildhauer (18. Dyn.)
Nebethotep (Hathor), Göttin

Nebi-pu-Senwosret, königlicher Hofbeamter (12. Dyn.)
Nebitwirê Mentehotep III.: siehe Mentehotep III.
Nebukadnezar I. (1124–1103 v. Chr.), babylonischer König, II. Dynastie von Isin
Nebukadnezar II. (Nabuchodonsor 605–562 v. Chr.), babylonischer König
Neby, Mutter des Wesirs Ramose (18. Dyn.)
Nechabet, Geiergöttin von Elkab, Schutzgöttin der oberägyptischen Krone
Necho II. (610–595 v. Chr.), ägyptischer König der 26. Dynastie
Necho von Saïs (7. Jh. v. Chr.), unterägyptischer Fürst
Nedunj-Cheliyan I. (2. Jh.), König von Tamil
Nedunj-Cheliyan II. (2. Jh.), König von Tamil
Nedun Jeral Adan (2. Jh. v. Chr.), Chera-König
Neferhotep, thebanischer Beamter (18. Dyn.)
Nefer-Ihi, ägypt. Bildhauer
Neferirkarê, ägypt. König (5. Dyn.)
Neferkarê (Nephercheres), ägypt. König (21. Dyn.), Mitregent Psusennes' I.
Neferkarê, Thronname Phiops' II. (6. Dyn.)
Neferkarê, ägypt. König (3. Dyn.)
Nefertêm, jugendlicher Gott von Memphis (auf Lotosblüte)
Neferti, Weiser unter Snofru (4. Dyn.)
Nefretere, ägypt. Königin (19. Dyn.)
Negade-Kultur/Ägypten
Negade (Naqada)/Oberägypten: prähist. Gräberfeld v.
Nehan, buddhist. Sekte Koreas
Nehasi, Siegelbewahrer der Königin Hatschepsut (18. Dyn.)
Nehru, Jawaharlal (1889 bis 1962), indischer Staatsmann
Neith, kriegerische Göttin von Saïs
Neitokre (griech. Nitokris), ägypt. Königin (vermutl. 6. Dyn.)
Nektanebos I. (Nechtenebef), ägypt. König (30. Dyn.)
Nektanebos II. (Nechthar-ehbo), ägypt. König (30. Dyn.)
Nemareth, ägypt. Prinz (21./22. Dyn.)
Nemea, Stadt im N von Argolis
Nemesis, griechische Göttin, Herrscherin über Recht und Unrecht
Neogen, Erdzeitalter
Neolithikum, (Jungsteinzeit)
Neoptolemos (Pyrrhus), Sohn des Achilleus und der Deidameia
Nephthys, ägyptische Göttin und Schwestergemahlin des Osiris
Nepos, Cornelius (gest. 32. v. Chr.), römischer Geschichtsschreiber
Neptun, römischer Gott des Meeres, dem griechischen Poseidon entsprechend
Nereus, Sohn des Pontos und der Gaia
Nerezi/N-Makedonien: Wandbilder v.
Nergal, babylonischer Sonnengott und Herrscher der Unterwelt
Nergal-šar-uṣṣur (559 bis 556 v. Chr.), babylonischer König
Nergal-ušezib (694/693 v. Chr.), babylonischer König
Nerikos, Stadt auf Leukas
Nero, Claudius Caesar Drusus Germanicus (54–68), römischer Kaiser
Nerthus, vorgerm. Muttergöttin
Nerva, Marcus Cocceius, römischer Kaiser (96–98)
Nescha/Kleinasien: Hethiterst.
Nestor-Chronik, bedeutendste ostslaw. Chronik
Nestor, König von Pylos in Messenien
Nestos, Grenzfluß zw. Thrake und Makedonien
Neti, Wächter am Tor der Unterwelt
Netzahualcoyotl, Oberster Sprecher von Tetzcoco (um 1420 bis 1472)
Netzahualpilli, Oberster Sprecher von Tetzcoco (1472 bis 1516)
Neuberg/Steiermark: Abteikirche v.
Neu-Braunschweig (New Brunswick) → Akadien
Neuguinea/Insel nördl. Austr.: Megalith-Kultur
Neu-Schottland (Nova Scotia) → Akadien
Neuseeland/Doppelinsel d. S-See: neolith. Kultur u. Besied.
Neusithoos, Sohn der Kalypso und des Odysseus
Neuspanien (Vizekgr Mexiko)/ Mittelamerika → Mexiko
Neustrien/Geb. d. fränk. Reiches (zwischen Schelde u. Loire)
New Brunswick → Akadien
New Mexiko/USA: prähist. Kultur
New York (Neu-Amsterdam)/USA: prähist. Kultur
Ngandong/Java: Hominiden-Fundort
Ni-anch-Ptah, ägypt. Bildhauer
Nibelungenlied, german.-dt. Nationalepos
Nichiren-Sekte, buddhist. Sekte

Nidintu-Bel (6. Jh. v. Chr.), babylonischer Rebell
Niederösterreich/österr. Bundesld. prähist. Kulturen i.
Niger/Fl, franz. W-Afrika: prähist. Kulturen
Nig-si-sa-nabsa, Name in einem Dokument
Nikaia/Pandschab: Gründung Alexanders d. Gr.
Nikaia (türk. Iznik, Izníq)/Kleinasien: Schlacht (194 n. Chr.), 1. ökumen. Konzil (325), 7. ökumen. Konzil (787)
Nikanor (Ende des 4. Jh. v. Chr.), Satrap von Medien
Nikephorion (Callinicum, jetzt Raqqa) / NW-Mesopotamien
Nikitin, Athanasius (15. Jh.), russischer Abenteurer und Kaufmann
Nikopol a. d. Donau (Nicopoli, byzant. Nikopolis)/Bulg.
Nil/Fl, Afrika: Nilschwelle als ägypt. Kulturgrundlage
Nimchcaman (15. Jh.), letzter unabhängiger Herrscher von Chimor
Nimrod, Städteerbauer und großer Jäger
Nimrud Dagh/N-Syrien: parth. Skulpturen
Ninazu, sumerischer Gott
Nin-egal, sumerische Göttin
Ningal (Nin-gal), assyrisch-babylonische Göttin und Gemahlin des Mondgottes Sîn
Ning-hsia/NW-China: prähist. Fundort
Ningirsu, sumerischer Gott, Hauptgottheit von Lagaš, lokale Erscheinungsform von Ninurta
Ningizzida, sumerisch-babylonischer Gott der Heilkunst
Ning-po/O-China: Kultmalerei v.
Ninhursag, sumerische Göttin, Gemahlin Enki/Eas
Ninib, s. Ninurta
Nin-igi-ku, s. Enki und Ea
Ninive (türk. Kujunğik, Qoyunğuq)/St. a. Tigris: akkad., Hptst. d. assyr. Großreiches, Zerst. durch d. Meder (612 v. Chr.)
Ninkasi, Kind der Ninhursag in einer babylonischen Schöpfungsmythe
Ninki, göttliche Gemahlin Enkis
Ninkurra, Tochter von Enki und Ninmu
Ninlil, sumerische Göttin, Gemahlin des Enlil, später Gemahlin Aššurs
Ninmu, Tochter von Enki und Ninhursag
Nin-ni-bru, Göttin von Nippur
Ninos, sagenhafter König von Assyrien und Gemahl der Semiramis; Gründer von Ninive
Ninsun, babylonische Fruchtbarkeitsgöttin und Mutter des Gilgameš
Ninsutu, Kind der Ninhursag
Ninšubur, Wesir der Inanna
Ninti, Göttin, Tochter der Ninhursag
Nintu, sumerische Göttin
Ninurta, sumerischer Sonnengott, später Jagd- und Kriegsgott
Ninurta-tukulti-Aššur (1134/1133 v. Chr.), assyrischer König
Ninus, assyrischer König, Gemahl der Semiramis
Niobe, Tochter des Tantalos und der Dione; Gemahlin des Amphion, Königs von Theben
Nioro/franz. Sudan: paläolith. Fundort
Niqmad, König von Ugarit
Niqmanda, König von Ugarit
Niqmepa, König von Ugarit
Niré/Frankr. (zwischen Tours u. Poitiers): Schlacht b. (732)
Nisaba, babylonisch-assyrische Getreidegöttin
Nisäa, Hafenstadt v. Megara
Nisibis/NW-Assyrien: assyr. Erob., Schlacht b. (217), pers. (seit 364), Erob. d. Alexander d. Gr. (331 v. Chr.), byzant. Erob. (943)
Nisos (Nisus), König von Attika und Megara
Nissayas, hinterind. buddh.-relig. Texte
Niš (Naissus)/Serbien: Goten-Schlacht b. (269), Erob. d. Attila (441)
Nitokris, bei Herodot erwähnt, wahrscheinlich → Neitokre
Nizam-ud-din Aulia, Mystiker und Sufi-Heiliger
Njoro/Uganda: prähist. Fundort
Noah, Stammvater des neuen Menschengeschlechts nach der Sintflut
Nofret, ägypt. Fürstin, Gemahlin Rahoteps (4. Dyn.)
Nofretete, ägypt. Königin, Gemahlin Amenophis' IV.
Nonnos von Panopolis (5. Jh.), griechischer Dichter aus Ägypten
Norax, Anführer der Iberer bei ihrer Landung auf Sardinien und Gründer Stadt Nora; angeblicher Sohn des Hermes und der Erytheia
Nordische Kultur: Entstehung i. Neolithikum
Noreia/Kärnten (...): Schlacht b. (113 v. Chr.)
Noricum/O-Alpen-Lsch. östl. d. Inn: röm. Prov., Germanen- u. Sarmateneinbruch (166–175)
Normandie/Frankr.: Bes. durch d. Wikinger (911)
Norwich/Engl.: Kathedr. v. (1069)
Notion, Stadt bei Kolophon

Notos, der Südwind
Nova Scotia →Akadien
Novatianer, frühchristl. Sekte
Novgorod/Rußl.: Festsetzung Rjuriks (9. Jh.)
Novilara-Kultur, Kultur d. Frühgeschichte
Nubien/Lsch., NO-Afrika: prähist. Besied., Teil d. ägypt. Reiches, ägypt. Prov.
Nu-dim-mud, s. Enki und Ea
Nürnberg/Dtschl.: Reichs-St.
Nuffa (Nippur)/Mesopotamien: akkad. St-Staat
Numantia/Spanien: Schlacht b. (153 v. Chr.)
Nu'man (6. Jh. n. Chr.), Lahmidenkönig
Numa Pompilius, 2. König von Rom, Nachfolger des Romulus
Numenios, General Antiochos' IV. (175-163 v. Chr.)
Numenios, Statthalter von Mesene unter Antiochos
Numidien/N-Afrika: Kgr. i. röm. Machtbereich, Teilung (105 v. Chr.), röm. Diözese, Erob. durch d. Vandalen (429 n. Chr.)
Numitor, König von Alba Longa
Nun, Gott der unterirdischen Wasser
Nunurta-apal-Ekur (1192 bis 1180 v. Chr.), assyrischer König
Nuragen-Kultur, Kultur d. Urzeit
Nurhachu, Gründer des Mandschu-Reiches und Mandschu-Kaiser (1559-1626)
Nusku, babylonischer Feuergott
Nut, ägyptische Himmelsgöttin
Nuzi/b. Kerkuk, Mesopotamien: churrische Fundstätte
Nūna, Name in einem Brief
Nyandong/Java: Hominiden-Fundort 1407
Nyāya, ind. Logik

Oakhurst/Südafrikan. Union: prähist. Fundort
Obaku, Richtung d. Zen-Buddhismus
Oberkassel b. Bonn/W-Dtschld.: prähist. Fundort
Oberösterreich/Österr.: Pfahlbauten
OcEo/Kochinchina: archäolog. Fundort
Octavianus, s. Augustus
Odenath, König von Palmyra
Odomanten, thrakisches Volk in Makedonien
Odrysen, thrak. Volk
Odysseus, Gestalt aus der griechischen Mythologie; Sohn des Laertes und der Antikleia; König von Ithaka →Homer
Öanther, Stamm im Ozol. Lokris
Ödipus (Oidipus), Sohn des Laios und der Jokaste; König von Theben
Öneon, Stadt ebendas. am korinth. Meerb.
Öneus (Oineus), Vater des Meleager
Öniadä, Stadt in Arkananien am Ausfl. des Acheloos
Önoë, Feste in Attika an der Grenze von Böotien
Önophyta, Ort in Böotien nahe bei Tanagra
Önussä, Inseln bei Chios
Ösyme, Küstenstadt westl. von der Mündung des Strymon
Ötäer, Volk am Öta
Ofnet-Höhle/Bayern, Dtschl.: prähist. Fundort
Ogier, dänischer Sagenheld
Ogotai Khan (1185 bis 1241), Mongolenherrscher
Ohio/USA: Hopewell-Kultur
Oḥod (Uḥud)/Stadt i. Arabien: Schlacht b. (625)
Oinone, Nymphe; Geliebte des Paris
Oinophyta/Griechenld.: Schlacht b. (457 v. Chr.)
Okeanos, Sohn des Uranos und der Gaia; Titan
Oktavian: siehe Augustus
Oldoway/Schlucht, Tanganjika: paläolith. Fundplatz
Olen, Verfasser des ersten „Homerischen Hymnus"
Oligozän, Paläogen-Erdzeit
Olmo/Italien: Hominiden-Fundort
Olophyxos, Stadt am Berge Athos
Olorgesaillie/Kenya: paläolith. Fundort
Olpä, Hügel u. Feste in Amphilochia in Akarnanien
Olymp, Berg in Thessalien
Olympia/Peloponnes: griech. Kultort, Heratempel, Plastik v., Festspiele
Olympiaden, griech. Festspiele
Olympia, Stadt in Elis am Alpheios
Olympieion, Tempel und Feste bei Syrakus
Olynth/Thrakien: makedon. Erob. v. (348 v. Chr.)
Omar Chajjam (gest. 1121), persischer Dichter, Mathematiker und Astronom
Omri (879-869 v. Chr.), König von Israel
Onegasee/Rußl.: neolith. Kulturen
Oneios, Berg unweit Korinth
Onesikritos, griechischer Philosoph; Stellvertreter des Nearchos und Begleiter Alexanders auf dessen Expeditionen
Onomakritos (6. Jh. v. Chr.), Schmied; angeblich Verfasser von Berichten über die Taten des Orpheus
Onuris, Gott von Ihis
Ophellas (um 322 v. Chr.), griechischer Gouverneur in der Kyrenaika
Ophioneer, Volk in Ätolien

Opiker, Volk in Unteritalien
Opis, Beiname der Artemis; bei Vergil Gefährtin der Diana
Oppenheim, A. L. (20. Jh.), amerikanischer Orientalist
Optimates (nobiles), röm. Amtsadel
Opus, Stadt in Lokris
Oran (arab. Wahrān)/Algerien: prähist. Kultur
Oranien, Kultur d. Altsteinzeit
Oranje-Freistaat/Südafrikan. Union: Middle Stone Age-Kultur
Orchomenos/Griechenl.: Schlacht b. (85 v. Chr.)
Orchon/Nebenfl. d. Selenga, Mongolei: Zentralgeb. d. turko-mongol. u. mongol. Reiche
Orchon-Inschriften, älteste, alttürk. Sprachdenkmäler
Orden → Mönchswesen d. einzelnen Orden
Ordos/Steppentafel in der Huang-ho-Schleife, Shensi, China: prähist. Kulturen
Ordos-Kunst, hunnische
Ordovicium, geolog. Formation
Oreos, Stadt auf Euböa, früher Hestiäa
Orester, Volk in Makedonien
Orestes, Sohn König Agamemnons von Mykene und der Klytämnestra
Orestheion, Stadt in Arkadien. Oresthis wahrsch. die Umgebung derselben
Origenes (185–254 n. Chr.), Bischof von Alexandria
Orion, Sohn des Poseidon und der Euryale
Orléans (Cenabum, Aurelianum)/Frankr.: röm. Erob. (52 v. Chr.), Magyarensturm (955)
Orneä, Stadt in Argolis
Orobiä, Stadt auf Euböa an der engsten Stelle des Euripos
Orodes I. (56–um 36 v. Chr.), König der Parther
Orontes (4. Jh. v. Chr.), Satrap in Armenien
Oropos, Stadt im N von Attika
Orpheus, Sohn des thrakischen Flußgottes Oiagros und der Kalliope, eine der neun Musen; Sänger
Orphiker, griech. Religionsgemeinschaft (→ Orpheus)
Orsi, P. (um 1894/95), italienischer Archäologe
Orthagnes, indo-parthischer König
Orthia, Beiname der Artemis in Sparta und Arkadien
Orthodoxie: byzant. Reichskirche u. Außenkirchen
Osiris, ägyptischer Fruchtbarkeits- und Totengott von Busiris und Abydos
Osiris-Anedjti, Form des Osiris in Busiris
Oskios, Nebenfl. der Donau, im Gebirge Skomios entspringend
Oslo (Kristiania)/Norw.: Hptst., german. Mastenbau (um 800)
Osorkon I. (929–893 v. Chr.), ägyptischer König der 22. Dynastie
Osorkon II., ägypt. König (22. Dyn.)
Ostkaspische Kultur, Kultur der Vorzeit
Osymandyras, bei Diodor als Herrschername Ramses' II. überliefert
Otos, Sohn des Aloeus (oder des Poseidon) und der Iphimedea; Riese
Otrār/russ. Turkestan: Stützpunkt Dschingis-Khans
Ou-yang Hsiu (1007–1072), Staatsmann und Gelehrter der Sung-Zeit
Ovid, eigentl. Publius Ovidius Naso (43 v. Chr.–um 18. n. Chr.), römischer Dichter
Owasco, prähist. Kultur
Ozbaal (4. Jh. v. Chr.), König von Byblos
Ozbaal (5. Jh. v. Chr.), König von Kition und Idalion; Sohn des Baalmilk

Pachacamac/Peru: Inka-St.
Pachet, Löwengöttin
Padi (um 700 v. Chr.), Herrscher von Ekron
Padmagupta, König von Malva
Päonien, Landschaft in Makedonien
Pagä, Stadt in Megaris
Pagan (Tagaung, ind. Arimaddanapura)/Birma: Tantrismus i., Hptst. Birmas (9. Jh.–1287)
Pakores (um 79–115), indo-parthischer König
Paläoanthropus → Neandertaler
Paläogen, 1. Stufe d. Känozoikum
Paläolithikum (Altsteinzeit)
Paläozoikum (Altzeit), Erdzeitalter
Paläros, Küstenstadt in Akarnanien
Palästina/Vorderasien: Mesolithikum i., Neolithikum i., Eisenzeit i., Frühzeit i., Philistergeb., semit. Einwanderung (3. u. 2. Jahrtausend v. Chr.), Einwanderung d. israel. Stme. (13. Jh. v. Chr.), jüd. (bis 70 n. Chr.), ägypt., babylon.-assyr. Reiche
Palaiokastro/Kreta: minoisches Kulturzm.
Paleer auf Kephallenia
Palenque/Yucatan: Maya-St.
Palerm, Angel (20. Jh.), mexikanischer Archäologe
Palermo (griech. Panormos)/Italien: phönik. Kol., röm. Erob. (254 v. Chr.), Civitas foederata Roms, Erob.

durch d. Sarazenen (831), normann. Erob. (1072)
Palikao/Algerien: prähist. Besied.
Palinurus, Steuermann des Äneas
Pallas, Sohn des Euander
Pallava-Stil, ind. Tempelstil
Pallene, Halbinsel in Chalkidike
Pallis, S. A. (20. Jh.), dänischer Gelehrter
Palmyra (arab. Tadmur, aramäisch Thadmor)/Syrien: assyr. Erob. (11. Jh. v. Chr.), Reich v. P. (bis 272 n. Chr.), röm. Zerst. (272)
Paltibaal (4. Jh. v. Chr.), König von Byblos; Baalat-Priester; Vater des Osbaal
Pamphylien/S-kleinasiat. Lsch.: griech. Kolonisation, röm. (43 n. Chr.)
Panäer, thrak. Volk in Makedonien
Panakton, Feste in Attika an der Grenze von Böotien
Panataran/Java: Hpt.-Tempel d. Mojopahit
Pan Ch'ao (1. Jh.), chinesischer General
Pan Ch'ao (1. Jh.), erste gelehrte Frau der chinesischen Geschichte
Pan Chao (31–102), Offizier, Administrator und Eroberer
Pandaros, lykischer Bundesgenosse der Griechen im Kampf um Troja
Pandion, Vater der Prokne
Pandora, die von Hephästos geschaffene erste Frau
Pandschab (engl. Punjab, franz. Panjab)/Lsch., N-Indien–W-Pakistan: arische Einwanderung (2. Jahrtausend v. Chr.), Alexanderzug (326/25 v. Chr.), ind. u. griech. Dyn. (313 v. Chr.–2. Jh. n. Chr.), Hunnen i. (6./7. Jh.), türk. Erob. (1001–1027)
Pangäon, Berg links vom Strymon, nahe an der Küste
Pangala-Berge/Angola: prähist. Besied.
Pan, griechischer Wald- und Weidegott; Sohn des Hermes und einer Nymphe
P'an Kêng, 19. Herrscher der Shang-Dynastie (1401–1373 v. Chr.)
Pan Ku (gest. 92), Autor des Ch'ien Han Shu
Pannonien/Geb. zwischen Donau, O-Alpen u. Save: röm. Erob. (13–9 v. Chr.), röm. Prov. (seit 9 n. Chr.), Goten- u. Vandaleneinbruch, Bes. durch d. Hunnen (5. Jh.), Avarenansied. (567)
Panormos, 1) Stadt in Sizilien, 2) Hafen von Milet
Pan-shan/China: Fundort d. Yang-shao-Kultur
Pantakyas, Fluß in Sizilien unweit Megara
Pantalica-Kultur, Kultur d. Frühgeschichte,
Pantelleria/Mittelmeer-Insel: prähist. Kulturen
Pantheon, röm. Tempel, d. Verehrung aller Götter gewidmet
Panyassis von Halykarnaß (1. Hälfte 5. Jh. v. Chr.), griechischer Dichter
Pao P'u Tzŭ, s. Ko Hung
Papak (208–222?)
Paphlagonien/Lsch., N-Kleinasien: Sitz d. Palaier
Papremis/Ägypten: Schlacht b. (460 v. Chr.)
Paralier, ein Teil der Melieer am melieïschen Meerb.
Paralos, Küstenlandschaft in Attika
Paramara (10. Jh.), mythologischer Held
Paramartha (6. Jh.), indischer Mönch; Begründer einer Hînavâna-Schule in China
Parantaka I. (907–955), Chola-König
Parattarna (nach 1500 v. Chr.), König des Mitannireichs
Parauäer, Volk in Makedonien
Pareti, L. (20. Jh.), italienischer Archäologe
Pariaca, Schöpfungsgott aus dem Hochland von Huarochiri, Schöpfer der Bewässerungsanlagen
Paris (Lutetia Parisiorum)/Frankr.: röm. Erob. (52 v. Chr.), Schlacht b. (383), Plünderung durch d. Wikinger (845), normann. Belag. (885/86), Sorbonne (12. Jh.)
Paris, trojanischer Prinz, Sohn des Priamos und der Hekuba
Parma/Italien: roman. Dom (1130)
Parmenion (gest. 329 v. Chr.), General unter Philipp und Alexander von Makedonien
Parnass, Berg in Phokis
Parnes, Gebirge in Attika an der Grenze von Böotien
Paros/griech. Kykladen-Insel: byzant. Bes. (1126)
Paros, eine der kyklad. Inseln
Parrhasier in Arkadien
Parthenon, Athenatempel a. d. Akropolis
Parvati, eine der Manifestationen von Shivas Gattin
Parysatis, Gattin von Dareios II.
Pasiphae, Gemahlin des Minos, Mutter des Minotauros
Patmos, eine der sporad. Inseln
Paträ, Stadt in Achaia am korinth. Meerb.
Patras/Peloponnes: byzant. Wirtschafts-Zm.
Patrizier, röm. Stand d. regierungsfähigen Geschlechter
Patrokles (3. Jh. v. Chr.), Vertrauter Seleukos' I. und Antiochos' I.

Patroklos, Sohn des Thessaliers Menoitios, Freund des Achilleus
Patroklos (3. Jh. v. Chr.), Gesandter des Seleukos in Indien
Patroni, G. (20. Jh.), italienischer Archäologe
Paulikianer, manichäisch-gnost. Sekte
Paullinus, Suetonius (1. Jh.), römischer General
Paulus (um 10–67), Apostel und Missionar
Paulus von Theben (Alexandria; 228–341)
Pausanias (um 170), griechischer Schriftsteller und Perieget
Pavia/Italien: Hunneneinfall (452), ostgot. (seit 489), Erob. f. Karl d. Gr. (774)
Pazuzu, sumerischer Gott, Herr der Winddämonen
Pāli-Kanon, buddhist. hl. Schriften
Pech, Diego (16. Jh.), Kazike von Yaxcaba
Pech, Pedro (16. Jh.), heidnischer Maya-Priester in Yaxcaba
Pedra Pintada, Hptdenkmal Alt-Brasiliens
Pegu/Birma: St., Kgr. (9.–11. Jh., 13.–16. Jh., 18. Jh.)
Peiraios, verlassener Hafen im Korinthischen
Peirithoos (Pirithous), Sohn des Ixion und der Dia, König der Lapithen; einer älteren Form der Sage nach, Sohn des Zeus.
Peisander von Rhodos, griechischer Gelehrter
Peisistratos, Sohn des Nestor
Peisistratos (560–527), Tyrann von Athen
Peitholaos, Kundschafter Ptolemaios' III. (246 bis 221 v. Chr.)
Pekāḥ (740–731 v. Chr.), König von Israel
Peking (Chan-baligh, Cambalu)/China: Hptst. mongol. Nomaden-Reiche (936 bis 1215), Zerst. d. Dschingis-Chan (1215)
Pelasgikon, unbewohnter Platz in Athen
Pele, kleine Insel bei Klazomenä
Peleus, Vater des Achilleus
Pelias König von Jolkos
Pella/Makedonien: Hptst. d. makedon. Kge.
Pellene, Stadt in Achaia
Peloponnes (Morea)/griech. Halbinsel: neolith. Besied., griech. Ansied., P.-Bund (6. Jh. v. Chr.)
Pelops, Sohn des Tantalos
Peloris, Vorgeb. im NO von Sizilien
Pelusion/Ägypten: Schlacht b. (525 v. Chr.)
Penelope, Gemahlin des Odysseus
Penetes, Klasse d. Armen i. byzant. Reich
Peneus (Peneios), Flußgott in Thessalien; Vater der Daphne
Pentateuch, 5 Bücher Mose d. Alten Testamentes
Penthesilea, Tochter des Ares und der Otrere, Königin der Amazonen
Pentheus, Sohn des Echion und der Agaue; König von Theben
Peparethos, Insel an der NO-Küste von Euböa
Pepinacht, hoher Beamter (6. Dyn.)
Peraiber, Volk im N von Thessalien
Perdikkas (um 365–321 v. Chr.), Kommandeur und Leibwächter Alexanders des Großen; später Beherrscher des Alexanderreichs
Pergamon (türk. Bergama)/Kleinasien: Alexanderzug (334 v. Chr.), hellenist. Kgr. (263–133 v. Chr.), Schlacht b. (230 v. Chr.), Zeusaltar (222 v. Chr.), b. röm. Prov. Asia, Arabervorstoß (716), (Altar, Berlin)
Perikles (um 500–429 v. Chr.), athenischer Staatsmann
Peripatos (Peripatetiker), Phil-Schule d. Aristoteles
Perkins, A. L. (20. Jh.), amerikanischer Archäologe
Perm, Erdzeitalter
Peroz (459–484), Sassanidenkönig
Persephone (Kore, Proserpina), Gestalt aus der griechischen Mythologie; Tochter des Zeus und der Demeter; Gemahlin des Hades und Göttin der Unterwelt
Persepolis (Iṣṭahr, Ṣṭahr)/Iran: pers. Hptst., Zerst. d. Alexander d. Gr. (330 v. Chr.)
Perseus, Held der griechischen Mythologie, Sohn des Zeus und der Danae
Persien/Lsch. u. Staat i. Vorderasien (Iran): Elamitisch, Medisch, Achämenidenreich (6.–2. Jh. v. Chr.): (Zarathustrareligion), (Kgs.-Inschriften), (Palastbau), Partherzeit (Arsakidenzeit, 1. Jh. v. Chr. bis 2. Jh. n. Chr.): Sassanidenreich (3.–7. Jh. n. Chr.)
Pertosa/Italien: prähist. Fundort
Peru/indian. Reich i. S-Amerika: Vorzeit, Inka-Reich
Perusa/Italien: perusin. Krieg (40 v. Chr.)
Pesce, Gennaro (20. Jh.), italienischer Archäologe
Petosiris, Priester des Thoth in Hermupolis (4. Jh. v. Chr.)
Petra/Jordanien: St. d. röm. Prov. Arabia

Petra, Stadt im Gebiet von Rhegion
Petrie, Sir Flinders, englischer Ägyptologe und Ausgräber
Petronius (um 25. v. Chr.), römischer General
Petrus, Simon, Sohn des Jona (gest. um 64), Apostel und Jünger Jesu
Petubastis, ägypt. König (23. Dyn.)
Peukestas (4. Jh. v. Chr.), Satrap von Persien
Périgordien, Kultur d. Altsteinzeit
Périgueux/Frankr.: roman. Kathed. (nach 1120)
Pfahlbauten: neolith.
Phaeton, Sohn des Sonnengottes Helios und der Okeanide Klymene; in einer anderen Version der Sage Sohne der Eos und des Kephalos
Phagres, Stadt in Makedonien am Berge Pangäon
Phaidra, Tochter des Minos und der Pasiphae; Schwester Ariadnes und zweite Gemahlin des Theseus
Phaistos/Kreta: bronzezeitl. Sied.
Phakion, Stadt in Thessalien
Phalas (um 1190 v. Chr.), phönikischer Heerführer
Phanä, Ort auf Chios
Phanoteus, Stadt in Phokis
Pharasmanes, Herrscher von Chiva und Zeitgenosse Alexanders des Großen (336 bis 323 v. Chr.)
Pharasmanes: siehe Farsman
Pharisäer, Vertreter d. strengen Gesetzesreligion innerhalb d. Judentums
Pharos, Stadt in Unterägypten
Pharro, indischer Lichtgott
Pharsalos/Griechenl.: Schlacht b. (48 v. Chr.)
Phaselis, Küstenstadt in Karien
Pheia, Stadt u. Vorgeb. in Elis
Phelles (888 v. Chr.), König von Tyros
Phemios, Sänger
Pherä, Stadt in Thessalien
Pherekydes von Syros (6. Jh. v. Chr.), griechischer Prosaschriftsteller
Pheres, Vater des Admetos, Königs von Thessalien
Pherôn, ägypt. König bei Herodot
Phidias, griechischer Bildhauer (gest. um 432)
Philemon, griechischer Schriftsteller zur Zeit des Augustus (29 v. bis 14. n. Chr.)
Philetas von Kos (vor 320 - vor 270 v. Chr.), griechischer Dichter
Philippi/Makedonien: Schlacht b. (42 v. Chr.)
Philipp I. (359–336), König von Makedonien; Vater Alexanders des Großen
Philippus der Araber (244 bis 249), römischer Kaiser
Philipp V. (221–179 v. Chr.), König von Makedonien
Philistos von Syrakus (430 bis 356/355 v. Chr.), griechischer Geschichtsschreiber
Philo, Admiral unter Ptolemaios I. (gest. 283 v. Chr.)
Philodemos von Skarphe (um 110 v. Chr. - um 40 n. Chr.), griechischer Schriftsteller
Philoktetes, Sohn des Poias und der Demonassa, König zu Meliboia (Thessalien)
Philomela, Schwester der Prokne
Philonides, Landvermesser Alexanders des Großen (336–323 v. Chr.)
Philon, Kundschafter unter Ptolemaios III. (246–221 v. Chr.)
Philon von Byblos (etwa 64–141), phönikischer Gelehrter und Historiker
Philostratos Flavius (170 bis etwa 240/250), griechischer Schriftsteller
Philoxenos, General Alexanders des Großen (336–323 v. Chr.)
Phineus, König von Thrakien
Phineus, Oheim der Andromeda
Phiops I., ägypt. König (6. Dyn.)
Phiops II. (um 2285–2190 v. Chr.), ägyptischer König der 6. Dynastie
Phoebe, Tochter des Uranos und der Gaia; Titanin
Phöbus (Phoibos): siehe Apollon
Phönikus, Hafen bei Erythrä in Ionien
Phönix (Phoinix), Sohn des Amyntos und der Hippodameia, Erzieher des Achilleus
Phokäa, Stadt in Ionien
Phokis/mittelgriech. Lsch.: neolith. Besied.
Phokylides (6. Jh. v. Chr.), griechischer Lyriker
Phorcis (Phorkys), Sohn des Pontos und der Gaia; Meeresgottheit
Photius, byzantinischer Patriarch
Phraates I., Bruder des Mithridates I.
Phraates II. (um 138–128 v. Chr.), Arsakidenkönig
Phraortes: siehe Kaschtaritu
Phrataphernes (4. Jh. v. Chr.), Satrap von Parthien und Hyrkanien
Phrixos, Sohn des Athamas, Königs von Theben, und der Nephele
Phrygia, Ort zw. Athen u. Acharnä
Phrynichos (6./5. Jh. v. Chr.), griechischer Tragiker
Phthiotis, Teil von Thessalien
Phylai, griech. Stammesverband

Phyrkos, Feste in Elis
Physka, Stadt in Makedonien
Physkon, s. Ptolemaios VIII. Euergetes II.
Phytia, Stadt in Akarnanien
Piacenza (Placentia)/Italien: röm. Kol. (um 220 v. Chr.), Schlacht b. (270), Schlacht b. (456), Konzil v. (1095), roman. Dom (1122)
Pianchi, äthiopischer König (25. Dyn.)
Pianello della Genga/Italien: prähist. Gräberfeld
Picard, Pierre-Charles (geb. 1883), französischer Archäologe
Pictor, Fabius (3. Jh. v. Chr.), römischer Geschichtsschreiber
Piedras Negras/Yucatan: Maya-St.
Pierer, Volk in Makedonien
Pierien/Lsch., Makedonien: Thrakereinwanderung
Pierion, Stadt in Thessalien
Pietersburg/Südafrikan. Union: paläolith. Fundort
Pilatus, Pontius, römischer Prokurator von Judäa; beteiligt an der Verurteilung Jesu
Pileati, thrak. Adelsklasse
Pindar, griechischer Lyriker (522 oder 518 bis nach 447 v. Chr.)
Piräus, Hafen und Hafenstadt von Athen
Pirithous: siehe Peirithoos
Pisa/Italien: Dom (1063), See- u. Handelsmacht (11. bis 13. Jh.)
Pisidien/Lsch., Kleinasien: röm. Prov.
Pistoia (latein. Pistoria)/Italien: Schlacht b. (62 v. Chr.)
Pithecanthropus erectus, Frühmenschenform Javas
Pithon (4. Jh. v. Chr.), Satrap von Medien
Pizarro, Francisco (um 1475 bis 1541), spanischer Konquistador, Eroberer des Inkareichs
Pizarro, Pedro (1514–1571), spanischer Chronist
P-Kelten, Dialektgruppe der indogerm. Sprache, jüngere: Festlandskeltisch, Gallisch Kymrisch, Kornisch, Breton., s. Q-Kelten
Platäa, Stadt in Böotien an der Grenze von Attika
Plataiai/Griechenl.: Schlacht b. (479 v. Chr.)
Platon (427–347 v. Chr.), griechischer Philosoph
Platonische Akademie, Phil-Schule Platos
Platonismus, Ideenlehre Platos u. ihre Fortwirkung i. d. Philosophie
Plautus, Titus Maccius (251 bis 184/183 v. Chr.), römischer Komödiendichter
Plebejer, röm. Stand d. nichtregierungsfähigen Bürger
Pleione, Mutter der Pleiaden, der sieben Töchter des Atlas
Pleistozän, erste Zwischeneiszeit
Plemmyrion, Anhöhe am großen Hafen von Syrakus
Pleuron, Stadt in Ätolien
Plinius, Caecilius Secundus der Jüngere (61/62 bis 113/14 n. Chr.), römischer Redner und Epistolograph
Plinius der Ältere, Gaius Plinius Secundus (23–79), römischer Schriftsteller
Pliozän, Neogenzeit
Pliska/Bulg.: älteste bulg. Festung (679)
Plocamus, Annius, römischer Zollpächter für das Rote Meer zur Zeit des Claudius (41–54)
Plotin (205–270), griechischer Philosoph
Plutarch (um 46–120 n. Chr.), griechischer Historiker und philosophischer Schriftsteller
Pluto (Plutus), Sohn des Jasion und der Demeter; Gott des Reichtums und des Glücks
Pluto: siehe Hades
Pluvialzeit, eiszeitl. Regenzeit d. Tropengeb.
Pneuma, frühchristl. Begriff f. Gott a. reines Geistwesen
Pnyx, Platz in Athen
Poias, Vater des Philoktetes
Poidebard, A. (20. Jh.), französischer Archäologe
Poikehalbinsel/Halbinsel a. d. Osterinsel
Poitiers/S-Frankr.: Kathed. 1230
Polada-Kultur, Kultur d. Urzeit
Polanyi, K. (20. Jh.), amerikanischer Wirtschaftshistoriker
Poleisten → Wolkenreisende
Polichna, Stadt bei Klazomenä
Poliochni/Lemnos: bronzezeitl. Sied.
Polis, Dorf im Ozol. Lokris
Polis, griech. Kleinstaat
Pollux: siehe Polydeukes
Polo, Marco (1254–1324), bedeutender Weltreisender des Mittelalters, besonders in den Fernen Osten
Polonnaruva/Ceylon: buddhist. Kunst i.
Polybios (um 203–120 v. Chr.), griechischer Geschichtsschreiber
Polybos, König von Korinth
Polydektes, König von Seriphos
Polydeukes (Pollux), Sohn des Tyndareus und der Leda; Zwillingsbruder des Kastor und Bruder Helenas und Klytämnestras
Polydorus (Polydoros), Sohn des Priamos und der He-

kuba; trojanischer Prinz
Polygnotos (um 500 – nach 447 v. Chr.), griechischer Maler
Polyklet, griechischer Bildhauer (2. Hälfte des 5. Jh. v. Chr.)
Polyneikes, Sohn des Ödipus und der Jokaste
Polyphemos, Sohn des Poseidon und der Nymphe Thoosa; Kyklop
Pompeii a. Vesuv/S-Italien, Zerst. (79 n. Chr.), Ausgrabung (seit 1748)
Pompeius, Gnaeus Magnus (106–48 v. Chr.), römischer Feldherr und Triumvir
Pompeius Trogus, Geschichtsschreiber
Po-nagat/S-Vietnam: Tempel v. (8. Jh.)
Pong Massa, legendärer peruanischer Fürst
Ponsich, Archäologe
Pontifices, röm. Aufsichtsorgane über d. Religionsübung
Pontigny/Frankr.: roman. Kathed.
Pontos Euxeinos, das Schwarze Meer
Pontus/N-kleinasiat. Lsch.: hethit.; Kgr. (301 bis 63 v. Chr.), röm. Prov., Goteneinfall (265 n. Chr.)
Populonia/Italien: Etrusker-St., Schlacht b. (280 v. Chr.)
Poros, König der Paurara (Puru) zur Zeit Alexanders des Großen (336 bis 323 v. Chr.)
Porphyrion, Gigant
Porsenna, etruskischer König von Clusium
Porter, Bertha, englische Ägyptologin
Poseidon, Gestalt aus der griechischen Mythologie; Sohn des Kronos und der Rhea; Gott des Meeres
Poseidonio/S-Italien: griech. Gründung, röm. Kol.
Poseidonios (um 135 bis 50 v. Chr.), griechischer Philosoph und Geschichtsschreiber
Poteideia/Makedonien: griech. Kol., maked. Erob. (357 v. Chr.)
Pot, Francisco (16. Jh.), heidnischer Maya-Priester in Yaxcaba
Potidäa, Stadt auf Pallene in Chalkidike
Potidania, Stadt in Ätolien
Poznansky, Arthur (20. Jh.), bolivianischer Archäologe
Prabhakara-vardhana (6./7. Jh.), Pushyabhuti-König
Prada, Cristóbal de (gest. 1696), Dominikanermönch, wurde von den Itzá von Tayasal den heidnischen Göttern geopfert
Prämonstratenser, Mönchsorden
Prasiä, 1) Demos an der Ostküste von Attika; 2) Küstenstadt in Lakonika
Pravarasena I. (4. Jh.), Vakataka-König
Praxithea, Gemahlin der Erechtheus; Mutter der Chthonia
Prākrit, mittelind. Dialekte
Preslav/Bulg.: altbulg. Hptst. (821)
Prester John, Johannes der Priesterkönig, sagenhafter König und Priester im Osten; die Sage kam in der Mitte des 12. Jahrhunderts im Abendland auf
Prémontré/Frankr.: Mutterkloster d. Prämonstratenserordens
Priamos, Priamos, Sohn des Laomedon, König von Troja, Schatz des...
Priapos, Stadt an der Propontis
Priene/Kleinasien: griech. Küstenst.
Prithu, erster geweihter König der Erde und Sohn des Manu
Prithviraja III. (1179–1192), der letzte Chauhan-König
Procheiron, byzant. Gesetzbuch
Prodikos von Keos (Ende 5. Jh. v. Chr.), griechischer Sophist
Proetus (Proitos), Oheim des Perseus; Usurpator des Königreichs von Argos
Prokne, Tochter des Pandion
Prokopios (6. Jh. n. Chr.), byzant. Historiker
Prokris, Tochter des athenischen Königs Erechtheus; Gemahlin des Kephalos
Prokrustes, Riese
Prometheus, Gestalt aus der griechischen Mythologie; Sohn des Tytanen Japetos und der Klymene
Pronnäer auf Kephallenia
Propertius, Sextus (um 47 – um 15 v. Chr.), röm. Dichter
Propyläen/Athen, Festtor d. Akropolis
Proschion, Stadt in Ätolien
Proserpina: siehe Persephone
Proskouriakoff, Tatiana (20. Jh.), amerikanische Archäologin
Prosopitis, Nilinsel
Protagoras (um 485 – um 414), griechischer Sophist
Prote, kleine Insel an der W-Küste von Messenien
Proteus, ägypt. König bei Herodot
Proteus, Meergreis
Protis (um 600 v. Chr.), Leiter der phokaischen Gründungsexpedition von Massalia
Protolithikum (älteres Paläolithikum), Stufe d. menschl. Urzeit
Provence/Lsch., S-Frankr.: Teil d. fränk. Reiches (seit

536), Sarazeneneinfälle (bis 972), Ausgangslsch. d. Minnesangs
Prüfening/Bayern: roman. Kirche
Předmost/Mähren: paläolith. Fundplatz
Psammetich I. (663–610 v. Chr.), ägyptischer König der 26. Dynastie
Psammetich II. (Psammis; 594–589 v. Chr.), ägyptischer König der 26. Dynastie
Pseudo-Skymnos (um 185/84 v. Chr.), Autor einer Periegese der Küsten Europas und des Schwarzen Meers in Iamben
Psiax (6. Jh. v. Chr.), griechischer Vasenmaler
Psusennes I., ägypt. König (21. Dyn.)
Psusennes II., ägypt. König (21. Dyn.)
Psyche, Gemahlin Cupidos
Ptah, ägyptischer Schöpfergott von Memphis und Schutzgott der Künste
Ptahemdjedhuti, Verfasser einer Lehrschrift
Ptahhotep, Wesir und Verfasser einer Weisheitslehre (Altes Reich)
Pteleon, Stadt 1) bei Erythrä in Ionien; 2) viell. in Messenien
Ptolemaier (um 323 bis 30 v. Chr.), makedonische Herrscherdynastie in Ägypten
Ptolemaios, Claudius (um 100–um 180), griechischer Astronom, Mathematiker und Geograph
Ptolemaios I. Soter (360–285 v. Chr.), Feldherr Alexanders des Großen; Satrap und seit 30 König von Ägypten
Ptolemaios I., makedonischer Herrscher (360–283 v. Chr.)
Ptolemaios II. Philadelphos (285 bis 247 v. Chr.), makedonischer König von Ägypten
Ptolemaios II. Philadelphos, makedonischer Herrscher Ägyptens (reg. 221–205)
Ptolemaios III. Euergetes I. (246 bis 221 v. Chr.), makedonischer König von Ägypten
Ptolemaios V. Epiphanes (204 bis 181 v. Chr.), makedonischer König von Ägypten
Ptolemaios VI. Philometor (181 bis 145 v. Chr.), makedonischer König von Ägypten
Ptolemaios VIII. Euergetes II. Physkon (145–116 v. Chr.), makedonischer König von Ägypten
Ptolemaios IX. Soter II. Lathyros (116–80 v. Chr.), makedonischer König von Ägypten
Ptolemaios XII. Neos Dionysos Auletes (80–51 v. Chr.), König von Ägypten
Ptychia, kleine Insel bei Kerkyra
Pueblo-Kulturen, prähist. Kulturen
Puerto Carillo, Felipe, Gouverneur von Yucatán
Puerto Rico (Portorico)/Insel d. Kleinen Antillen: Entd. d. Kolumbus (1493)
Pugalendi (12. Jh.), schrieb eine neue Fassung des Ramayana
Puiemrê, reicher Grabherr
Pulakeshin II. (608–642), indischer König
Pumay, phönikische und karthagische Gottheit, entspricht dem griechischen Pygmalion
Pumayyaton (um 361–312 v. Chr.), König von Kition, Idalion und Tamassos
Pumbedita, jüd. Amoräer-Akad. i. Babylonien
Punischer Krieg: 1. (264–241 v. Chr.), 2. (219–202 v. Chr.), 3. (149–146 v. Chr.)
Purānas, hinduist. Buch d. hl. Schriften d. „Überlieferung"
Pushyamitra (2. Jh. v. Chr.), indischer König und Begründer der Shunga-Dynastie
Puškari/Ukraine: paläolith. Jägerlager v.
Puzur-Amurri, Schiffsführer der Arche im Gilgameš-Epos
Pūjā, hind. Verehrung d. Gottesbildes
Pūl, Pulu, biblischer Name des Assyrerkönigs Tiglat-Pileser III. als König von Babylonien
Pydna/N-Griechenl.: Schlacht b. (168 v. Chr.)
Pygmalion, griechischer Gott
Pygmalion, legendärer griechischer Bildhauer
Pygmalion (820–774 v. Chr.), König von Tyros; Bruder der Königin Elissa
Pylades, Freund des Orestes
Pylos, Gefährte des Herakles
Pylos (ital. Novarino)/Peloponnes: Bes. d. Athen (425 v. Chr.)
Pylos, verlassene Burg in Messenien
Pyramus (Pyramos), babylonischer Jüngling, Geliebter der Thisbe
Pyrasos, Stadt in Thessalien
Pyrrhä, Stadt auf Lesbos
Pyrrha, Tochter des Epimetheus und der Pandora; Gemahlin des Deukalion
Pyrrhos (319–272 v. Chr.), König von Epeiros
Pythagoras (um 582–497/96 v. Chr.), griechischer Philosoph und Mathematiker (Satz des ...)
Pythagoreer, griech. Religionsgemeinschaft
Pythangelos, Kundschafter un-

ter Ptolemaios III. (246–221 v. Chr.)
Pytheas von Massalia (4. Jh. v. Chr.), griechischer Geograph und Astronom

Qal'at Jarmo b. Kirkuk/Iraq: neolith. Fundort
Qal'at Šarqāt → Assur
Qaraqorum/Äußere Mongolei: Mongolen-Hptst.
Qarāšar (Karashar, chin. Yen-ch'i)/Sinkiang, China: indoeurop. Vasallenstaat Chinas
Qānūn, türk. Gesetzeskompilationen
Q-Kelten, Dialektgruppe der indogerm. Sprache, auch Goidels, heutige Irisch und Schottisch-Gälisch, Manx und Piktisch. s. P-Kelten
Quäker, christl. Sekte
Quandahār → Kandāhār
Quaquanhpitzaua, erster Herrscher von Tlatelolco
Quartär (Anthropozoikum), geolog. Erdzeitalter
Quauhlahtonatzin, dritter Herrscher von Tlatelolco
Quelpart/Insel südl. Korea: neolith. Besied.
Querumtumi (15. Jh.), General von Nimchcaman
Quetzalcoatl-Kukulcan, der gefiederte Schlangengott, Schutzgott der mexikanischen Eindringlinge, im Pantheon der Maya nur eine Randerscheinung
Quetzalcoatl (9. oder 10. Jh.), geistlicher und weltlicher Führer der Tolteken
Quibell, englischer Ausgräber
Quintilianus, Marcus Fabius (um 35–um 96 n. Chr.), römischer Redner und Schriftsteller
Quinzano/Italien: Hominiden-Fundort
Quito/Ecuador: Inka-St., span. Erob. (1533)
Quizquiz (16. Jh.), Inka-General unter Huayna Capac und Atahuallpa
Quôc ngu, latein. Transkription d. annamit. Sprache
Qurultai, Stm.-Versammlung d. mongol u. türk. Völker
Qutb-ud-din (um 1206), General Muhammad Ghuris und Begründer der Sklavendynastie
Qūt el-Amara (Qūṭ al'Amāra)/Mesopotamien

Rabat (Ribāṭ)/franz. Marokko: prähist. Besied.
Rabiṣu, babylonischer Dämon
Radha, indische Gottheit
Radha, Schäferin und Geliebte Krishnas
Raetia (Raetien)/Lsch. i. d. Schweizer Alpen u. Voralpen: röm. Prov. (15. v. Chr.)
Ragnarök, isländ. Mythos v. Sturz d. Weltherrn
Rahotep, ägypt. Baumeister (Mittleres Reich)
Rahotep, ägypt. Fürst (4. Dyn.)
Rai (Ray, Rhages)/Iran: pers. Handelsst. a. d. Seidenstr., arab. Erob. (7. Jh.), Erob. durch d. Dailamiten (931), türk. Erob. (11. Jh.), mongol. Erob. (1221)
Rajaraja I. (985–1014), Chola-König
Rajashekhara (um 900), indischer Dramatiker
Rajendra (1014–1042), Chola-König
Rama, Erbe des Königs von Kosala
Rama, Held des indischen Epos Ramayana und Inkarnation Vishnus
Ramagupta (um 375), indischer König
Ramananda, Vaishnava-Reformer
Ramanuja (1017 bis 1137), vishnuitischer Philosoph
Ramose, Beamter Amenophis' III. (18. Dyn.)
Rampsinit, bei Herodot als ägypt. König erwähnt
Ramses I., ägypt. König (19. Dyn.)
Ramses II. (1301–1234 v. Chr.), ägyptischer König der 19. Dynastie
Ramses III. (1182 bis 1151 v. Chr.), ägyptischer König der 20. Dynastie
Ramses IV., ägypt. König (20. Dyn.)
Ramses VI., ägypt. König (20. Dyn.)
Ramses IX., ägypt. König (20. Dyn.)
Ramses XI., letzter Herrscher der 20. Dyn.
Ramsesnacht, Hoherpriester des Amun (20. Dyn.)
Rana Ghundai/Beludschistan: prähist. Sied
Rana Kumbha, Stückeschreiber und Literaturkritiker; Verfasser eines Kommentars zu Jayadevas Gita-Govinda
Rangun (Rangoon)/Birma: Shwe Dagon-Tempel
Ranjit Singh (1799 bis 1839), Sikh-König
Ranke, Hermann, deutscher Ägyptologe (gest. 1953)
Ranke, Leopold v. (1795 bis 1886), Historiker, Verfasser von Geschichte des Altertums u. a.
Rano Raraku/Vulkan a. d. Osterinsel
Ranufer, hoher ägypt. Beamter (5. Dyn.)
Rao Surjan Hara (16. Jh.), Verteidiger von Ranthambor
Raphia/S-Palästina: Schlacht b. (720 v. Chr.)
Ras/Serbien: Burg d. altserb. Rascien

Rascien/Serbien: Kerngeb. d. serb. Reiches
Rasputino/Rußl.: neolith. Fundort
Ra's Šamra, v. →Ugarit
Raval, Angehöriger des Rathor-Clans
Ravana, Dämonenkönig von Lanka (Ceylon)
Ravenna/Italien: Ks.-Res. (5. Jh.), Hptst. Odoakers u. d. O-Goten-Kge. (bis 552), Palast d. Theoderich, byzant. Exarchat (seit 539), byzant. Basiliken (6. Jh.) langobard. Erob. (751), Rechtsschule v. (10. Jh.)
Ravivarman Kulashekhara (13. Jh.), Chera-König
Ra-wer, Priester
Raziyya (1236–1240), Sultanin und Tochter des Iltutmish
Rāmāvant, hinduist. Sekte
Rāmāyaṇa, ind. Volksepos
Rām-carit-mānas, hl. Buch. d. Hindus
Rechmirê, Wesir unter Tuthmosis III. (18. Dyn.)
Regensburg/Bayern: Ks.-Res. seit Ludwig d. Deutschen
Reggio Calabria (griech. Rhegion, latein. Rhegium)/S-Italien: griech. Gründung, röm. Erob. (270 v. Chr.), Civitas foederata Roms, normann. Erob. (1060)
Regulus, Marcus Atilius (gest. nach 255 v. Chr.), römischer Feldherr
Reims/Frankr.: Normanneneinfall (883), Magyareneinfall (10. Jh.)
Reisner, George A., amerikanischer Ägyptologe
Relilai/Algerien: prähist. Fundort
Remedello-Kultur, Kultur d. Urzeit
Remus, Zwillingsbruder des Romulus
Renan, Ernest (1823–1892) französischer Religionswissenschaftler, Orientalist und Schriftsteller
Rensi, ägypt. königlicher Beamter in der Erzählung vom „Beredten Bauern"
Resaina (Ra's al-'ayn)/Mesopotamien: Schlacht b. (242 n. Chr.)
Rescheph, asiatischer Gott
Reseph, kanaanitische Gottheit
Reshef-'lhyts, phönikische Gottheit, die dem griechischen Apollon Alasiotas entspricht
Reshef-Melqart, in Spanien verehrte punische Gottheit
Reshef-Mikal, phönikische Gottheit, die dem griechischen Apollon-Amyklaios entspricht
Reshef, phönikischer und karthagischer Gott des Donners, Regens und Sturmes; entspricht dem griechischen Apollon
Rê-Harachte, Sonnengott
Rê, Sonnengott
Rhadamanthys, Richter der Unterwelt
Rhea Silvia (Ilia), Tochter des Numitor; römische Vestalin
Rhea, Tochter des Uranos und der Gaia; Schwester und Gemahlin des Kronos
Rhegion, Stadt in Unteritalien
Rhein/Strom, Dtschl.: Brükkenschlag Caesars (55 v. Chr.), röm. Truppenbewegungen a. (12–9 v. Chr.), röm.-german. Grenze (Limes), Mainzer Brücke (9. Jh.)
Rheitoi, Ort in Attika
Rheitos oder Rheiton, unbekannter Ort bei Korinth
Rheneia, kleine Insel bei Delos
Rhesos, König der Thraker, Bundesgenosse Trojas im Trojanischen Krieg
Rhion, Vorgeb. 1) im Ozol. Lokris; 2) gegenüber in Achaia
Rhodanes, Gestalt aus dem Prosaroman Babyloniaka des Syrers Iamblichos
Rhodesien/S-Afrika: Paläolithikum i., Neolithikum i., Buschmannsied.
Rhodope, Gebirge in Thrakien
Rhodos/ägäische Insel: griech. Ansied., röm., arab. Erob. (653/54), byzant. (1124), Sitz d. Johanniterordens (1309–1522)
Rhöteion, Hafenstadt bei Ilion
Rhypä, Stadt in Achaia
Ridu, korean. Silbenschrift
Rifā'īya, islam. Derwischorden
Riga/Lettl.: Gründung (1201)
Rimini (Arminum)/Italien: röm. Kol. (268 v. Chr.)
Rimuš (2315–2307 v. Chr.), Herrscher des akkadischen Weltreichs aus der Dynastie von Agade
Rimut, Mitglied der Tempelbehörde unter Nâbû-na'id
Rinaldone-Kultur, Kultur d. Urzeit
Rin-Sekte d. buddh. Zen-Richtung/Japan
Rīm-Sîn (1822–1763 v. Chr.), König von Larsa
Río, Antonio del (19. Jh.), Artilleriehauptmann in der spanischen Armee, veröffentlichte 1822 das erste Buch über die Maya-Archäologie
Rolandslied, altfranz. Heldenlied
Rom/Italien: Hominidenfund, Forum romanum (575 v. Chr.), Zerst. durch d. Kelten (397 v. Chr.), Entwicklung d. Herrschaft über Italien, Hptst. d. Imperiums, Brand v. (64 n. Chr.), Titusbogen, Traianssäule, Ther-

men, Abstieg u. Verfall (seit 3. Jh. n. Chr.)
Romagna/oberital. Lsch.: Kelteneinwanderung
Rome, Tochter des Äneas
Romulus, Gründer und erster König Roms → Remus
Rosser, R. C. –20. Jh.), Anthropologe
Rougé, Emanuel Vicomte de, französischer Ägyptologe
Rowe, John H. (geb. 1918), amerikanischer Archäologe
Roxane, Tochter eines sogdischen Fürsten
Rubicon/Italien: Caesars Grenzüberschreitung (49 v. Chr.)
Rudradaman (2. Jh.), indischer Shaka-König
Rudrasena II. (gest. um 390), Vakataka-König
Rudra, vedischer Gott
Rumiñahui, Inka-General aus dem Theaterstück Ollantay
Runenschrift, ca. 3. Jh. n. Chr.
Rupamati, Gestalt eines Liebesromans
Ruppert, Karl (geb. 1895), amerikanischer Altamerikanist
Rusa I. (733–714 v. Chr.), König von Urartu
Russkaja Pravda, älteste ostslaw. Gesetzessammlung
Rustam, persischer Befehlshaber
Ryōbu-Shontō, Form d. Shintō-Religion
Ṛg- (Rig-)Veda, ältester Teil d. Veda

Saʿdābād (Tulpenzeitalter), osman. Kunstepoche
Sabazios, phrygische Gottheit
Sabos, Beduinenkönig zur Zeit des Augustus (29 v. bis 14. n. Chr.)
Saccopastore/Italien: Hominiden-Fundort
Sachmet, Schutzgöttin der Heilkundigen (eigentlich Göttin der Krankheiten)
Sachs, A. (20. Jh.), englischer Orientalist
Sachsenspiegel, ältestes dt. Rechtsbuch
Sachure (Sahurê; 3. Jahrtausend v. Chr.), ägyptischer König der 5. Dynastie
Saddalaputta, indischer Töpfer aus der Maurya-Zeit
Sadduzäer, jüd. Schicht d. priesterl. Familien, später Religionspartei
Sadoqiten, jüd. Sekte d. Pharisäer i. Damaskos
Safdar Ali Khan (1731–1741), Nawab des Karnatik
Saggil-kinam-ubbib, Name in einem Werk der babylonischen Weisheitsliteratur
Sagunt (röm. Saguntum, span. Sagunto, Murviedro)/Spanien: karthag. Zerst. (219 v. Chr.)
Sahagun, Bernardino de (1499 bis 1590), spanischer Dominikanermönch und Chronist
Sahara/Afrika: prähist. Kulturen d.
Sahurê, ägypt. König (5. Dyn.)
Saint-Denis/Frankr.: got. Dom
Saint-Savin/Frankr.: roman. Kathed.
Sais/Ägypten: Kgsst.
Sakkon, karthagische Gottheit
Saktschegözü/Syrien: hethit. Fsm.
Salamanca/Spanien: Kathed.
Salamis/Cypern: Schlacht b. (495 v. Chr.)
Salamis, außer der bekannten Insel eine Stadt auf Kypros
Salerno (Salernum)/S-Italien: Gründung (um 200 v. Chr.), Normannen-Ansied. (seit 1016)
Salii, röm. Priesterkollegium d. Mars
Sallust, Gaius Sallustius Crispus (86–35 v. Chr.), römischer Geschichtsschreiber
Salmakis, Nymphe; Geliebte des Hermaphroditos
Salmanassar I. (um 1281–1256 v. Chr.), assyrischer König
Salmanassar III. (858 bis 824 v. Chr.), assyrischer König
Salmanassar V. (726 bis 722 v. Chr.), assyrischer König
Salomon (Salomo; um 960–927 v. Chr.), König von Israel
Salomonischer Tempel/Jerusalem
Salona/Dalmatien: Zerst. durch d. Avaren (614)
Salzburg/St. u. Ld., Österr.: Bronzezeit-Bergbau
Samäer auf Kephallenia
Samarkand (Samarqand, griech. Marakanda)/Transoxanien, russ. Zentralasien: prähist. Kultur, Handelsst. a. d. Seidenstr., Erob. d. Alexander d. Gr. (328 v. Chr.), arab. Erob. (712)
Sambandar (6./7. Jh.), shivaitischer Heiliger
Sambesi/Fl., S-Afrika: prähist. Sied. a.
Saminthos, Stadt im Gebiete von Argos
Sam-kuk sa-küi, ältestes korean. Geschichtswerk
Sammu-ramat, Mutter des Adadnirari
Samoa/Inselgr. Polynesiens: (300 bis 1400 n. Chr.)
Samos/Ägäis-Insel: Altsteinzeit, griech. Ansied., Heratempel (6. Jh. v. Chr.), Aufstand (440 v. Chr.), byzant. Bes. (1124)
Samosata a. Euphrat, SO-Türkei: byzant. Erob.
Samsu-ditana (1625–1595 v. Chr.), König der I. Dynastie von Babylon
Samsu-iluna (1749 bis 1712

v. Chr.), babylonischer König der I. Dynastie von Babylon
Samudragupta (335–375), indischer König
Samurai (Buke), japan. Lehens-Kriegerstand
Sanabares, indo-parthischer König
Sanatruk, König von Hatra
Sanchuniathon (11. Jh. v. Chr.), phönikischer Priester aus Berytos (Beirut); Verfasser eines mythologischen Werks
Sandanes (Chandak; 1. Jh.), Unterkönig des Sakhakönigs Nambanos
Sanders, William T. (geb. 1926), amerikanischer Archäologe
Sandia, Kultur i. Amerika
Sandios, Hügel unweit des Mäander
Sandrakotta, s. Chandragupta
Sandrokottos, s. Chandragupta
Sandschaks, Lehensreiterei-Bezirke d. türk. Prov.
Sanduarri (um 650 v. Chr.), kilikischer König
Sane, Stadt auf der Akte in Chalkidike
Sanga, Rana (16. Jh.), König von Mevar
Sang hyang Kamahayanikan, javan. hel. Buch d. tantrischen Buddhismus
Sangiran/Java: Hominiden-Fundort
Sangoan, Kultur d. Urzeit Afrikas
Sango-Bay/Uganda: paläolith. Besied.
Sanherib (Sinachcherib); 705 bis 681 v. Chr.), assyrischer König
San Isidro b. Madrid/Spanien: paläolith. Fundort
Sankt Gallen/Schweiz: Benediktinerabtei irischer Stiftung
Sankt Gotthard/Schweiz: Alpenpaß
San Maura/Peloponnes: osman. Erob.
Sanskrit, ind. Schriftsprache
Sant Albans/Engl.: Kathed. (1077 bis 1088)
San Teodoro/Sizilien: paläolith. Fundort
Santiago de Campostela/Spanien: arab. Erob. (997), Wallfahrtsort, Ordensrittersitz
Sant'Ippolito-Kultur/Sizilien
Santon-Sekte, buddh. Schule i. Korea
Sappho (um 600 v. Chr.), griechische Dichterin
Sarah, Halbschwester und Frau Abrahams
Sardanapal, s. Assurbanipal
Sardes, Hauptst. von Lydien.
Sardinien/Mittelmeer-Insel: neolith. Kultur, Bronzezeitkultur, phönik. Handelskol. (9. Jh. v. Chr.), röm. Prov. (238 v. Chr.)
Sardo(s), afrikanischer Anführer einer Kolonistengruppe auf Sardinien nach Pausanias und Solinus
Sarduri II. (760–730 v. Chr.), König von Urartu
Sardus pater, sardinische Gottheit
Sargon I. (um 1860 v. Chr.), assyrischer König
Sargon I. von Akkad (2414 bis 2358 v. Chr.), mesopotamischer König
Sargon II. (721–705), König von Assyrien
Sargon (2371–2316 v. Chr.), Begründer der Dynastie von Akkad
Sarkel/S-Rußl.: Chazaren-Hptst. u. Festung
Sarmiento de Gamboa, Petro (1532 bis um 1592), spanischer Chronist
Sarmizegetusa/Banat: Daker-Hptst., 1. röm. Erob., (102 n. Chr.), 2. röm. Erob. (106 n. Chr.)
Sarpanitum, babylonische Geburts- und Fruchtbarkeitsgöttin und Gemahlin Marduks
Sarpedon, Sohn des Zeus und der Europa; im Trojanischen Krieg Bundesgenosse Trojas
Sarvistān/Iran: sassanid. Kgs.-Palast
Sasem, phönikischer Gott
Satakarni (1. Jh.), erster Satavahana-König
Satan, Widersacher Gottes, Teufel
Sataspes, persischer Seefahrer in Diensten des Xerxes (485–465 v. Chr.)
Satemsprachen, indogerman. Sprachen, Sprache der Reibelaute, s. Arisch, Armenisch, Slavisch, Baltisch, s. auch Kentumsprachen
Satet, Göttin der Kataraktgegend
Satrapes, griechischer Gott; Vergöttlichung des Satrapen als Stellvertreter des Großkönigs
Saturnus, römischer Gott des Ackerbaus, der Obst- und Weinkultur; entspricht dem griechischen Kronos
Satyros, Kapitän und Kundschafter unter Ptolemaios II. (285–246 v. Chr.)
Saul (11. Jh. v. Chr.), König von Israel
Saussatar (15. Jh. v. Chr.), König des Mitannireichs
Savignano/Italien: jungpaläolith. Fundort
Savitri, indische Sonnengottheit
Sāķala (Sagala, griech. Euthydemia)/ Pandschab, Indien: Hptst. d. indo-griech. Reiches (2. Jh. v. Chr.)

Sāmarrā/Iraq: prähist. Funde, Gründung (836) u. Hptst. (bis 891)
Sāmaveda, Teil d. Veda, Opferlieder
Sāṃkhya, hinduist. philos. Schule
Schaedel, Richard (geb. 1920), amerikanischer Archäologe
Schahpur I. (242–272), Sassanidenkönig
Schahpur II. (309–379), Sassanidenkönig
Schai, Gott des 11. Gaues von Oberägypten
Schepseskaf, ägypt. König (4. Dyn.)
Schisma: erstes (Acaciusschisma), zweites (Photiosschisma), großes (endgültiges)
Schlesien/Lsch. beiderseits d. mittleren u. oberen Oder: Urnenfelder-Kultur, La Tène-Kultur
Schleswig (Haithabu)/St., Dtschl.: dän. Handelsst. (9. Jh.–um 1050)
Schliemann, Heinrich (1822 bis 1890), deutscher Archäologe, Entdecker und Ausgräber von Troja und Mykene
Schöneus (Schoineus), König von Böotien
Scholes, France (geb. 1897), amerikanischer Historiker
Schonen/Schweden: dän. (seit d. 9. Jh.)
Schoschenk I., ägypt. König (22. Dyn.)
Schoschenk II., ägypt. König (22. Dyn.)
Schoschenk III., ägypt. König (22. Dyn.)
Schu, Gott der Luft
Schutruknachunte (um 1175 v. Chr.), König von Elam
Schwäbische Alb/Gebirge, S-Dtschld.: prähist. Kultur
Schwarzrheindorf b. Bonn/Dtschl.: roman. Turmkirche (n. 1150)
Schweden/O-skand. Staat: Vorzeit, Wikingerzeit (Birgitta), (urgerman. Kunst)
Schweiz: Vorzeit, Helvetier, Römerprovinz, Alamanneneinfall, Burgunder, Frankenzeit
Scipio, Lucius Cornelius (um 259 v. Chr.), römischer Feldherr und Sohn des Lucius Cornelius Scipio Barbatus
Scipio, Publius Cornelius Aemilianus Africanus minor (um 185–129 v. Chr.), römischer Feldherr
Scipio, Publius Cornelius (um 185–129), römischer Feldherr und Konsul
Sebennytos/Ägypten: Kg.-St.
Sebilien, Kultur d. Urzeit
Sebni, Kundschafter unter Phiops II. (um 2285–2190 v. Chr.)
Sechemchêt, König (3. Dyn.)
Sechet, Göttin des Feldes
Segovia/Spanien: got. Kathed.
Sehetepibrê, Verfasser einer Lehrschrift
Sekenenrê, thebanischer König (17. Dyn.)
Sekhmet, ägyptische Gottheit
Seladon, Eisenglasur-Keramik, korean.
Selene, griechische Mondgöttin
Seler, Georg Eduard (1849 bis 1922), Amerikanist am Berliner Museum für Völkerkunde
Seleukia (n. 226 n. Chr. → Ktesiphon)/Mesopotamien: Hptst. d. Seleukiden-Reiches, Erob. durch d. Parther (141 v. Chr.), röm. Erob. (115/16 n. Chr.), röm. Erob. (165 n. Chr.), röm. Erob. (199), pers. Erob. (226)
Seleukiden (um 312 bis 64 v. Chr.), syrische Herrscherdynastie
Seleukos II. Kallinikos (246–226 v. Chr.), Seleukidenkönig
Seleukos I. (305–281 v. Chr.), Begründer der Seleukidendynastie
Seleukos (2. Jh. v. Chr.), Geograph
Selinus, Stadt in Sizilien
Selkis, Göttin (weibl. Skorpion)
Sellasia/Griechenl.: Schlacht v. (222 v. Chr.)
Semele, Tochter des Kadmos und der Harmonia; Geliebte des Zeus und Mutter des Dionysos
Semenchkarê, ägypt. König, Mitregent des Achenaten (18. Dyn.)
Semiramis (Sammuramat), legendäre Königin von Assyrien und Gemahlin des Ninos
Sempronius, Tiberius Sempronius Longus (um 218 v. Chr.), römischer Feldherr
Sena Gallica/Italien: röm. Militärkol.
Senatoren, röm. Adelsstand
Sena (15. Jh.), indischer Hymnenschreiber und Barbier
Seneb, Zwerg und Hofbeamter (6. Dyn.)
Seneca, Lucius Annaeus (um 4 v. Chr. – 65 n. Chr.), römischer Philosoph und Dichter
Senğirli (Schamal)/N-Syrien: Hethiter-St.
Senlis/Frankr.: frühgot. Dom
Senmut, Haushofmeister der Königin Hatschepsut (18. Dyn.)
Sennacherib (705–681 v. Chr.), assyrischer König
Sens/Frankr.: frühgot. Dom
Sentium/Italien: Schlacht b. (295 v. Chr.)

Senwosret-anch, ägypt. Beamter (12. Dyn.)
Senwosri (Senwosret, Sesostris) III. (um 1878–1841 v. Chr.), ägyptischer König der 12. Dynastie
Sepa, Gott von Heliopolis (Tausendfuß)
Sephanja (7. Jh. v. Chr.), Prophet
Septimus Severus (146–211), römischer Kaiser seit 193
Sermonides von Samos, griechischer Gelehrter
Sermyle, Stadt auf Sithonia in Chalkidike
Serovo/Sibirien: neolith. Fundort
Serraferlicchio-Kultur, Kultur d. Urzeit
Sertorius, Quintus (um 123–72 v. Chr.), römischer Feldherr
Servius Tullius, 6. König von Rom
Seschât, Göttin
Sesi, Kosename →Ramses' II.
Sesklo/Griechenl.: neolith. Fundort
Sesklo-Kultur, Kultur d. Urzeit
Sesostris I. (um 1991 v. Chr.), ägyptischer König der 12. Dynastie
Sesostris II., ägypt. König (12. Dyn.)
Sesostris III., ägypt. König (12. Dyn.)
Sestos, Stadt in der thrak. Chersones
Setau, ägypt. Beamter, Gouverneur von Nubien
Sethe, Kurt, deutscher Ägyptologe (gest. 1934)
Seth, Gott der Wüste und des Gewitters
Sethos I. (1314–1292 v. Chr.), ägyptischer König der 19. Dynastie
Seti, ägypt. Architekt
Setnachte, König, Vater Ramses' III. (20. Dyn.)
Setna (Setna-Chamwêse), Held eines demotischen Romans
Severus, Lucius Septimius (193 bis 211), römischer Kaiser
Sevilla/Spanien: arab. (712 bis 1248), Normanneneinfall (844)
Sextus, Sohn des Tarquinius Superbus
Shadrapa, phönikische und karthagische Gottheit; entspricht dem römischen Liber pater
Shah Alam II. (18. Jh.), Großmogul
Shah Ismail (16. Jh.), Perserkönig
Shah Jahan (1592 bis 1666), Großmogul
Shahji (17. Jh.), Marathen-Häuptling und Lehnsmann Bijapurs
Shahu (18. Jh.), Sivajis Enkel
Shah Wali-ullah (18. Jh.), indischer Theologe
Shaibani Khan (15. Jh.), Usbeken-Häuptling
Shamshi-Adad V. (9. Jh. v. Chr.), assyrischer König und Vater des Königs Adadnirari
Shang Ti („der Erhabene Ahn"), eine Ahnengottheit; Personifizierung des T'ien
Shan-hsi (postamtl. Shansi)/ Prov., St., N-China: Yanshao-Kultur i., chin. Staatsbildung i. (1800 bis 1500 v. Chr.), Schwerpunktgeb. d. altchin. Reiche, Hunnen i. (seit 220 n. Chr.), Zm. kurzlebiger chin. Dyn. (907–959)
Shankaracharya (7. Jh.), indischer Brahmane und Philosoph
Shan-tung/Prov., N-China: Lung-shan-Kultur i. (ab 2000 v. Chr.), Fundgeb. altchin. Kunst, Beginn chin. Staatsbildung i. S-Sh. (1800–1500 v. Chr.), Aufstand d. Gelben Turbane (184 n. Chr.), Felsskulpturen d. Sun-Zeit i., mongol. Erob. (1258)
Shaoshyant, pers. Messiasbegriff
Shao Yung (1011–1077), Sung-Philosoph
Shed, karthagische Gottheit
Shen-hsi (postamtl. Shensi)/ Prov., NW-China: Yangshao-Kultur i., Zentralgeb. d. Chou-Reiches (100–250 v. Chr.), Funde d. Hunnenkunst i., tibet. Einfluß (8. Jh.), mongol. Erob., – Befriedung nach d. Mongolenzeit (1369)
Sher Khan Sur (gest. 1545), afghanischer Adliger und Herrscher von Bengalen
Sheshonq I. (950–929 v. Chr.), ägyptischer König der 22. Dynastie
Shê, Gottheit des Bodens und der Erde
Shêng Tsu, Kaiser der Mandschu-Dynastie (1662–1722)
Shên Nung (2838 bis 2698 v. Chr.), einer der „Drei Herrscher"; Gottheit der Medizin
Shên Tao, Taoist und Rechtsphilosoph
Shên Tsung, Ming-Kaiser (1572 bis 1620)
Shên Tsung, 6. Sung-Kaiser (1068–1085)
Shên Yo (441–513), Staatsmann und Dichter
Shi-ching (Buch d. Lieder)
Shih Huang Ti („Der Erste Kaiser"), Begründer des ersten zentralisierten Reiches (221–210 v. Chr.)
Shih Tsu, Kaiser der Mandschu-Dynastie (1644–1661)
Shih Tsung, Kaiser der Mandschu-Dynastie (1723–1735)

Shih Tsung, Ming-Kaiser (1521 bis 1566)
Shi-Huang-Ti (221 bis 210 v. Chr.), Kaiser von China
Shijō-Schule, japan. Malereischule
Shingon-Sekte, Sekte d. Māhāyana-Buddhismus
Shintō, Shintoismus, Urreligion Japans
Shipitbaal I. (880 v. Chr.), Herrscher von Byblos
Shipitbaal II. (um 400 v. Chr.), Herrscher von Byblos
Shishunaga (413 v. Chr.), König von Magadha
Shiva, eine der indischen Hauptgottheiten
Shōgun/Japan (8. Jh.–1867)
Shri Pulumavi, s. Vasishthiputra
Shu, ägyptischer Gott der Luft
Shu-chin (Buch d. Urkunden)
Shudraka (4. Jh.), indischer Dichter
Shukbath/Palästina: prähist. Fundort
Shun Chih, Mandschu-Kaiser, s. Shih Tsu
Shun (2255–2205 v. Chr.), einer der „Fünf Kaiser"
Shwe Dagon, hervorragendster Tempelbau Siams
Siam/Kgr. i. Hinterindien: 7.–19. Jh.: (Theravāda-Buddhismus)
Siamun, ägypt. König (21. Dyn.)
Sibawaih, arabischer Grammatiker aus Persien
Sibirien/russ. N-Asien: Paläolithikum i., Neolithikum i., Bronzezeit i., Äneolithikum i., Tataren-Reich Sibir. (seit d. 14. Jh.)
Sibitti-bi'li (8. Jh. v. Chr.), König von Byblos
Sibylle von Cumae, weissagende Frau. Führerin des Äneas durch die Unterwelt
Sibyllinische Bücher, röm. Orakelbuch
Sichem/Palästina: altkanaanit. Hlm., Hptst. Israels, Samariter-Hlm., Zerst. (120 v. Chr.)
Sidi Maula (15. Jh.), Mystiker und Scharlatan
Sidon (phönik. Siduna, jetzt Saida, Sa'īda)/Libanon: phönik. St.-Staat, Zerst. durch d. Hyksos, assyr. Zerst., Kreuzf.-Stützpunkt
Sidon, Sohn des Kanaan
Sidqia (596–586 v. Chr.), letzter König von Juda
Siduri, Seherin aus dem „Gilgamesch-Epos"
Sidussa, Stadt in Ionien
Siebenbürgen/Lsch., Rum.: bandkeram. Töpferkunst, prähist. Kultur, dakisches Siedlungsgeb., Teil d. röm. Prov. Dacia (107–271 n. Chr.), Avareneinfall (567), Rumänentum, bulg. Erob. (808) – ung. (seit 1000), Tätigkeit d. Dt. Ritterordens (1211–1225)
Sigeion, Küstenstadt bei Ilion
Sikandar (16. Jh.), Sohn Daulat Khan Lodis
Sikania, alter Name von Sizilien
Sikanos, Fluß in Iberien
Sikeler, Barbaren in Sizilien
Sikelioten, die Griechen in Sizilien
Silenus (Silenos), Satyr, Begleiter des Bacchus
Silim-Ištar, Name in einer Gerichtsurkunde
Silistria (Durostor)/Dobrudscha: byzant., waräg. Erob. (967), bulg. Patriarchat (926–972), osman. (1394)
Silius, Catius Silius Italicus (1. Jh.), römischer Konsul, Verfasser des epischen Gedichts „Punica"
Silur, Erdzeitalter
Simmias, Kundschafter unter Ptolemaios III. (246–221 v. Chr.)
Simonides von Keos (um 556–468 v. Chr.), griechischer Chorlyriker
Simonides von Magnesia (3. Jh. v. Chr.), griechischer Schriftsteller und Geograph
Simos (um 600 v. Chr.), Leiter der phokaiischen Gründungsexpedition von Massalia
Simson, Gestalt des „Alten Testaments"; einer der Richter Israels
Sinai/Gebirge, Offenbarungsstätte Jahves, orthod. Katharinenkloster
Sinai/röm. Prov. Arabia, Halbinsel i. N d. Roten Meeres: Kampfgeb. u. Handelswege d. Ägypter
Singi, Stadt am Athos
Sin-han/O-Korea: loser Staatsverband (bis 1. Jh. v. Chr.)
Sin-iddinam (18. Jh. v. Chr.), König von Larsa
Sin-iqišam, Name in einem Dokument
Sin-magir, Name eines Statthalters in einem Brief
Sin-muballit, Name in einer Rechtsurkunde
Sin-muštal, Name in einem Brief Hammurabis
Sinonis, Gestalt aus dem Prosaroman Babyloniaka des Syrers Iamblichos; Gattin des Rhodanes
Sinope/N-Kleinasien: byzant. Hafenst.
Sinope, Tochter des Asopos
Sin-šar-iškun (622? bis 612 v. Chr.), assyrischer König
Sinter, Volk in Makedonien am Gebirge Kerkine
Sinuessa/Italien: Schlacht b. (340 v. Chr.)

Sinuhe, Held eines ägypt. Romans
Siphä, Stadt bei Thespiä in Böotien am korinth. Meerbusen
Sippar (jetzt Abū Ḥabba)/Mesopotamien: akkad. St.-Staat
Siraj (um 1211–1227), indischer Historiker
Sirhindia, Sheikh Ahmad (17. Jh.), moslemischer Philosoph
Siriptolemaios, s. Sri Pulumayi
Siro Polemaios (138–170), Andhra-König
Sisak (Siscia)/Jugosl.: Schlacht b. (388)
Sisyphos, Sohn des Aiolos, Königs von Thessalien, und der Arete
Sita, Prinzessin von Videha und Gattin Ramas
Sit-Rê, Amme der Hatschepsut (18. Dyn.)
Sivaji (gest. 1680), Sohn Shahji Bhonsles
Sizilien/Insel, Italien: prähist. Kulturen, Sikuler, Sikaner u. Elymer (seit 900 v. Chr.), griech. Kol. a., Angriff Athens (415–413 v. Chr.), Reich v. Syrakus, karthag. Stützpunkte, röm. Prov. (241 v. Chr.), Sklavenaufstand (135 v. Chr.)
Sīstān (Drangiana, Sakastan, Seistan)/Lsch. O-Irans: Erob. d. Alexander d. Gr. (330 v. Chr.), Sakenansied. (um 155 v. Chr.), arab. Erob. (7. Jh.), arab. Teilstaat unter d. Saffāriden (bis 880), türk. Erob. (1003)
Sîn, assyrischer Mondgott, identisch mit Nanna
Sîn-muballit (1812–1793 v. Chr.), babylonischer König, Vater Hammurabis
Sjuren/Krim: mesolith. Höhlenstation
Skamandros, griechischer Flußgott
Skandagupta (gest. 467), indischer König und Nachfolger Kumaraguptas
Skandeia, Stadt auf Kythera
Skione, Stadt auf Pallene in Chalkidike
Skiritis, Landstrich von Lakonika an der Grenze von Arkadien
Skiros, Insel östlich von Euböa
Skolos, Stadt unweit Olynth
Skomios, Gebirge im N von Makedonien
Skorpion, ägypt. König der Frühzeit
Skylax von Karyanda (6. Jh. v. Chr.), griechischer Geograph und Forschungsreisender im Auftrag Dareios' I. (521–486 v. Chr.)
Skylläon, Vorgeb. in Argolis zw. Trözen u. Hermione
Skylla, Tochter des Nisos, Königs von Megara
Skyros/Ägäis-Insel: neolith. Besied.
Skythen, Volk im N des Istros
Slowakei: Pfahlbauten i. d.
Smendes, Fürst von Tanis und erster König der 21. Dyn.
Smith, A. Ledyard (20. Jh.), amerikanischer Archäologe
Smith, Elliot (20. Jh.), amerikanischer Ethnologe
Smithfield-Kultur, Kultur i. S-Afrika
Smith, Sidney (20. Jh.), englischer Assyriologe
Smith, Vincent, englischer Historiker
Smon, ägypt. Gott (Nilgans), mit Amin gleichgesetzt
Snofru (3. Jahrt. v. Chr.) ägyptischer König
Sobek, Krokodilgott
Soden, Wolfram von (geb. 1908), deutscher Akkadologe
Soest/Westfalen: roman. Turmkirche (Patrokli-Kirche, 12. Jh.)
Sogdiana (Sogdien)/hist. Lsch., russ. Zentralasien, pers. Satrapie, Erob. d. Alexander d. Gr. (329–323 v. Chr.), Samaniden-Herrschaft (874–999)
Sokaris, Fruchtbarkeits- und Totengott von Memphis
Sokar-Osiris (= Sokaris + Osiris) Gott
Sokrates (470–399 v. Chr.), griechischer Philosoph
Solana de Cabañas/Spanien: prähist. Fundort
Solà-Solé, J. M. (20. Jh.), französischer Semitist
Solinus, C. Iulius (um 250), römischer Grammatiker aus Astorga
Sollion, Stadt in Akarnanien
Soloeis, Stadt im W von Sizilien
Solon (um 640 – um 560 v. Chr.), griechischer Lyriker und Politiker
Solutréen, jungpaläolith. Kulturstufe W-Mitteleuropas
Solygeia, Dorf im Gebiete von Korinth
Somadeva (11. Jh.), indischer Dichter
Soma, indische Gottheit des berauschenden Saftes Soma
Somaliland NO-Afrika: Steinzeitkultur
Somasker, Mönchsorden
Sopd, Gott des Ostens
Sophagasenos (Ende des 3. Jh. v. Chr.), indischer König
Sophagasenos, s. Subhagasena
Sophienkonzil → Konstantinopel
Sophisten, griech. Klasse d. Gel.
Sophokles (um 497 – um 406 v. Chr.), griechischer Tragiker

Sophonisbe (gest. 201 v. Chr.), Tochter des Karthagers Hasdrubal
Sophon (Subhanu), indischer Verfasser eines Reiseberichts
Soter II. Lathyros, s. Ptolemaios IX.
Soto, buddh. Sekte, Richtung d. Zen-Buddhismus
Sozinianer → Unitarier
Sŏn-tsong, buddh. Sekte → Zen
Spanien/Staat d. Iber. Halbinsel: Vorzeit, Karthager, Römer, W-Gotenzeit, Byzanz, Maurenzeit, Reconquista (Ritterorden)
Sparta/Peloponnes: dorischer St.-Staat
Spartok (um 437 n. Chr.), König der Spartokiden
Spartolos, Stadt etwas westl. von Olynth
Speiser, Ephraim Avigdor (1902 bis 1965), amerikanischer Orientalist
Speyer/W-Dtschl.: Dom (1030), St.-Privileg (1111)
Sphakteria, Insel an der W-Küste von Messenien
Sphinx, altägypt. Plastik
Spiegelberg, Wilhelm, deutscher Ägyptologe (gest. 1930)
Spinden, Herbert J. (geb. 1879), amerikanischer Anthropologe
Spirale: bandkeram. Hpt.-Motiv, german. Spiralenornament
Spiritualen, strenge Richtung d. Franziskaner
Split (Spalato)/Dalmatien: Kirchenversammlung v. (925)
Springbock/Transvaal: prähist. Fundort
Spy/Belgien: Hominiden-Fundort
Sri Pulumayi (Siriptolemaios; 138–170) Andhrakönig
Ssu-ch'uan/Prov., SW-China: Prov. d. Han-Reiches, Aufstand d. „Gelben Turbane" (184 n. Chr.), Teilfsm. d. Shu (221–264), tibet. Einfluß i. (8. Jh.), mongol. Erob. (1256), chin. Rückerob. (1256)
Ssŭ-ma Ch'ien (um 136 – um 85 v. Chr.), Historiker und Gelehrter der Han-Zeit; Verfasser des Shih Chi
Ssŭ-ma Kuang (1019–1086), Gelehrter und Historiker der Sung-Zeit
Ssŭ-ma T'an (gest. 110 v. Chr.), Astrologe und Historiker am Hof des Wu Ti
Ssŭ-ma Yen (236–290), Großgeneral von Wei; Begründer der Tsin-Dynastie
Stageiros, Stadt am strymonischen Meerb.
Starcevo/Serbien: neolith. Fundort
Stasinos von Cypern, griechischer Gelehrter
Statius, Publius Papinius (um 45–96), römischer Dichter
Stavenhagen, Kurt 20. Jh., mexikanischer Altamerikanist
Steggerda, Morris (geb. 1900), amerikanischer Maya-Forscher
Steiermark/Österr.: Wohnsitz d. Taurikser, Kimberneinfall (105 v. Chr.), Trennung v. Bayern, Hzm. (1180)
Steinheim/Dtschl.: Hominiden-Fundort
Steinkohlenzeit → Karbon
Steinkupferzeit → Chalkolithikum
Stentinello-Molfetta-Kultur, Kultur d. Urzeit
Stephanos von Byzanz (6. Jh.), griechischer Grammatiker
Stephens, John Lloyd (1805 bis 1852), amerikanischer Diplomat und Archäologe
Sterkfontein/Südafrikan. Union: paläolith. Fundort
Stesichoros (um 600 v. Chr.), griechischer Dichter auf Sizilien
Steward, Julian (geb. 1902), amerikanischer Ethnologe
Sthenelos, Sohn des Perseus und der Andromeda
Stheno, Schwester der Medusa
Stillbay/Kapkol.: paläolith. Besied.
Stillbay-Kultur, Kultur i. S.-Afrika
Stirling, Matthew William (geb. 1896), amerikanischer Archäologe
Stoa (Stoizismus), griech. Phil.-Schule
Stockholm/Schweden: Gründung (11. Jh.)
Stonehenge/S-Engl.: Megalithkultur v.
Storting, norweg. gesetzgebende Volksversammlung
Strabon aus Amaseia (um 64 v. bis 19 n. Chr.), griechischer Geschichtsschreiber und Geograph
Stralsund/Pommern: Nikolai-Kirche (seit 1276)
Straßburg/Elsaß: Schlacht b. (357), Eid z. (842), Münster (1015)
Straton (um 362 v. Chr.), König von Sidon
Stratos, Stadt in Akarnanien
Strato (2. Jh. v. Chr.), hellenobaktrischer König
Strepsa, Stadt in Makedonien
Strongyle, eine der Liparischen Inseln
Strymon, Fluß in Makedonien
Styra, Stadt auf Euböa
Subbiluliuma, Hethiterkönig (12. Jh. v. Chr.)
Subhagasena (Sophagasenos; gest. um 206 v. Chr.), indischer König
Suchos, Krokodilgott: siehe Sobek

Sudas (10. Jh.), König der Bharat
Südafrikan. Union/Afrika: paläolith. u. neolith. Kultur
Sugandha (10. Jh.), Königin von Kashmir
Su Hsin (1009–1066), Philosoph; Gründer der Su-Schule
Suidas (Suda), fälschlich als Personenname aufgefaßter Titel eines byzantinischen Reallexikons aus dem 10. Jahrhundert
Sui Wên Ti, Herrscher der Sui-Dynastie (580–604)
Sumu-abum (1894 bis 1881 v. Chr.), babylonischer König, Begründer der I. Dynastie von Babylon
Sumu-ilum (1894 bis 1865 v. Chr.), König von Larsa
Sumu-la-ilum (1880 bis 1845 v. Chr.), babylonischer König der I. Dynastie von Babylon
Sundara Chola, Verfasser der Anbil-Schenkungsurkunde
Sundarar (6./7. Jh.), shivaitischer Heiliger
Sung Yun (um 518–522), chinesischer Buddhist in Indien
Sunion, Vorgeb. an der S-Spitze von Attika
Sunpad (8. Jh. n. Chr.), Gefolgsmann des Abu Moslem
Suppiluliuma (14. Jh. v. Chr.), hethitischer Herrscher
Sura, jüd. Amoräer-Akad i. Babylonien
Surashmichandra, Vasall eines Gupta-Monarchen
Surāstra/Kathiawar, Indien: Herrschaftsgeb. d. Ksatrapa (1./2. Jh.), Rajputen-Kleinstaat i. (10.–12. Jh.)
Surdas (1483–1563), Hindi-Dichter
Suren, parthische Feudalfamilie
Surman, englischer Botschafter am Mogul-Hof
Surya, indische Sonnengottheit
Susa/Iran: Elamiter-Hptst., Zerst. durch d. Assyrer (639), Einzug Alexanders d. Gr. (331 v. Chr.)
Sushruta (um 300), indischer Mediziner
Su Tsung, T'ang-Kaiser (756 bis 763)
Sverdlowsk (Jekaterinburg)/Rußl.: bronzezeitl. Funde b.
Swadesh, Morris (20. Jh.), amerikanischer Sprachforscher
Swanscombe-Engl.: Hominiden-Fundort
Swartz, Frederick Christian (18. Jh.), Missionar
Sweserenre Khian, Hyksos-König und Prototyp des legendären Sesostris
Sybaris/S-Italien: griech. Gründung, Handels- u. Kulturzm., Bevölkerungsentwicklung (bis zur Zerst. durch Kroton, 510 v. Chr.)
Sybaris, Fluß bei Thurii in Unteritalien
Sybota, 1) kleine Inseln an der O-Seite von Kerkyra. 2) Hafen in Thesprotis in Epirus
Sychäus (Sychaeus), Gemahl Didos, der Königin von Karthago
Sydyk, phönikischer Gott der Gerechtigkeit
Syke, Stadtteil von Syrakus
Sykyrion/Griechenl.: Schlacht b. (171 v. Chr.)
Syllaeus (um 25 v. Chr.), Leiter der Gallus-Expedition
Symäthos, Fluß bei Leontini in Sizilien
Syme, Insel zw. Rhodos und Knidos
Syrakus (ital. Siracusa)/Sizilien: griech. Gründung (um 735 v. Chr.), Handels- u. Kulturzm., röm. Erob. (211 v. Chr.), arab. (827–1038), byzant. Rückerob. (1038)
Syrinx, Nymphe
Ṣalāt, mohammed. Gebet
Ṣtahr → Persepolis
Šaktismus, hinduist. Kult
Śiva, indische Gottheit
Śrīvaiṣṇava, hinduist. Sekte
Šalmanassar I. (1274–1245 v. Chr.), assyrischer König
Šalmanassar III. (858–824 v. Chr., assyrischer König
Šalmanassar IV. (782–772 v. Chr.), assyrischer König
Šalmanassar V. (726–722 v. Chr.), assyrischer König
Šamaš, babylonischer Sonnengott, Gott des Rechts und der Gerechtigkeit, identisch mit Utu
Šamaš-eriba, Name in einem Brief
Šamaš-hasir, Name eines Statthalters in einem Brief Hammurabis
Šamaš-nasir, Name eines Statthalters in einem Dokument
Šamaš-šum-iddin, Name in einer Gerichtsurkunde
Šamaš-šum-ukin (668 bis 648 v. Chr.), babylonischer König
Šamšī-Adad I. (um 1814–1782 v. Chr.), assyrischer König
Šamšī-Adad V. (823–811 v. Chr.), assyrischer König
Šan-Koba/Krim: mesolith. Höhlenstation
Šara, Schutzgottheit von Umma
Šarkališarri (2254 bis 2230 v. Chr.), Herrscher des akkadischen Weltreichs aus der Dynastie von Agade
Šattuara I. (um 1300 v. Chr.), Herrscher des Mitannireichs
Šattuara II. (13. Jh. v. Chr.), letzter König des Mitannireichs
Šerua, assyrische Schöpfungs-

göttin, ursprünglich Gemahlin Aššurs
Šiškino a. d. Lena/Rußl.: paläolith. Fundort
Šub-Ad, Name in einer Grabinschrift
Šubiša, Name in einem Dokument
Šulgi (2095–2048 v. Chr.), Herrscher der III. Dynastie von Ur
Šulšagana, Gott
Šum-ukin, Name in einem Dokument
Šuppiluliuma (1375 bis 1335 v. Chr.), König des Hethiterreichs
Šuttarna II. (um 1390 v. Chr.), König des Mitannireichs
Šuzubu, Name in einem Brief
Šū-Suen (2038–2030 v. Chr.), Herrscher der III. Dynastie von Ur

Thomas (gest. 68), Apostel Christi
Tabnit (5. Jh. v. Chr.), König von Sidon
Taboriten, radikale Richtung d. Hussiten
Tabu, prähist. Vorschriften
Tacitus, Cornelius (um 55 bis um 120), römischer Geschichtsschreiber (Germania)
Tadmor, H. (20. Jh.), englischer Assyriologe
Täbris (Tabrīz, griech. Tauris)/iran. Azerbaidschan: Hptst. d. Ilchane
Tänaros, westl. S-Spitze von Lakonika
Taginae/Italien: Schlacht b. (552)
Taharka (Tearchos, Tirhaka; 688–663 v. Chr.), ägyptischer König der 25. Dynastie
Taharke (Äthiope), König (25. Dyn.)
Taharqa (um 670 v. Chr.), äthiopischer König von Ägypten der 25. Dynastie
Tahiti/Hpt.-Insel d. Gesellschafts-Inseln: Tangaroaner-Einwanderung (um 500–300 v. Chr.), Kulturbeziehungen zu Altperu
Taifang/Lsch., NW-Korea: chin. Grenzmark (bis 313 n. Chr.)
T'ai I (der „Großeine", die „große Einheit"), Gottheit
T'ai-p'ing, chin. halbchristl. Sekte
Taisho (702), altjapan. Gesetzbuch
T'ai Tsung, Gründer der T'ang-Dynastie und 2. T'ang-Kaiser (627–649)
T'ai Tsung, 2. Mandschu-Kaiser (1627–1643)
T'ai Tsung, 2. Sung-Kaiser (976–997)
T'ai Wu Ti, 3. Kaiser der nördlichen Wei (424–452)
Takelot II., ägypt. König (22. Dyn.)
Talbot Rice, D. (20. Jh.), englischer Kunsthistoriker
Talmud: spätjüd. Gesetzessammlung
Talos, Gigant mit ehernem Leib, den Hephästos dem König Minos als Wächter geschenkt hatte
Tamil, Dravida-Sprache
Tamlatum, Name in einem Brief
Tammuz, babylonische und assyrische Gottheit
Tammuz (Dumuzi), sagenhafter König von Uruk; chthonischer Fruchtbarkeits- und Hirtengott
Tanagra, Stadt in Böotien
Tancanama, legendärer erster Herrscher des Chimoreichs
T'ang, Gründer und 1. Herrscher der Shang- (oder Yin-)Dynastie (1766 bis 1753 v. Chr.)
T'ang Mêng (2. Jh. v. Chr.), Offizier und Unterhändler in Kanton
Tanit, Hauptgöttin im antiken Nordafrika; Stadtgöttin Karthagos; entspricht der phönikischen Astarte, der griechischen Hera, der römischen Juno
Tanit Pene Baal (= Baals Antlitz)
Tanka, japan. Gedichtsform
Tantalos, Sohn des Zeus
Tantrismus: buddh., hinduist.
Tanuatamun (664–656 v. Chr.), ägyptischer König
Tao, chin. philos. Begriff
Tao Hsüan (gest. 667), Gründer der Lu Tsung
Tao Kuang, Mandschu-Kaiser, s. Hsüan Tsung
Taormina/Sizilien: arab. Erob. (902)
Tao-tê-ching, Werk d. Laotse
Tapae/SW-Karpaten (Daker-St.): Schlacht b. (87 n. Chr.)
Tapsos-Kultur/Sizilien
Taq-i-Bostan (Tāq-i Būstān)/Iran: sassanid. Felsbilder v.
Taradell (20. Jh.), spanischer Archäologe
Taramelli, italienischer Archäologe
Taranatha (16. Jh.), buddhistischer Mönch und Geschichtsschreiber
Tardenoisien, Kultur d. Mittelsteinzeit
Tarditu- Aššur, Name in einem Brief
Tarent/S-Italien: neolith. Kultur, griech. Gründung, St.-Staat, Handels- u. Kulturzm., Civitas foederata Roms, byzant. Erob. (885)
Tarimbecken/Sinkiang, NW-China: prähist. Kulturen, indoeurop. Oasenstädte i. (bis 10. Jh.)

Tarpeia, Tochter des Spurius Tarpeius
Tarpeius, Spurius, Befehlshaber der römischen Burg unter Romulus
Tarquinia/Italien: Etrusker-St.
Tarquinius Priscus, 5. König von Rom
Tarquinius Superbus, 7. König von Rom; soll von 534–510 v. Chr. regiert haben
Tarqū (689–664 v. Chr.), ägyptischer König
Tarragona (Tarraco)/Spanien: Hptst. d. röm. Prov. Spanien (25 v. Chr.)
Tarsos/Kleinasien: pers. Erob. (260 n. Chr.), byzant. Erob. (965)
Tartaros, die Unterwelt; bei Hesiod personifiziert
Tartessos/SW-Spanien: phönik. Handelskol.
Tasien, Kultur d. Urzeit
Tašmetum, babylonisch-sumerische Göttin und Gemahlin Nâbûs
Tatenen, Urgott von Memphis (später mit Ptah gleichgesetzt)
Ta-t'ung/Shan-hsi, China: Hptst. d. Toba-Reiches (386–493), b. Ch'i-tan-Reich (10/11. Jh.), Erob. d. Dschingis-Chan (1211)
Taugast (arab. Tamǧāǧ, türk. Tabghač), griech. Name f. China
Taulantier, Volk in Illyrien
Taungs/Betschuanaland: Hominiden-Fundort
Taxila/Kashmir: Erob. d. Alexander d. Gr. (326 v. Chr.)
Taxiles, König von Taxila und Zeitgenosse Alexanders des Großen (336–323 v. Chr.)
Tearchos, s. Taharka
Teaspes, Vater des Sataspes
Teeple, John Edgar (1874 bis 1931), amerikanischer Chemiker und Maya-Forscher
Tefênet, Göttin der Feuchtigkeit
Tefnachte, König von Saïs (24. Dyn.)
Tegea/Peloponnes: Athenetempel v. (395 v. Chr.)
Teheran (Tihrān)/Iran: pers. Hptst.
Teichion, Städtchen in Ätolien
Teichiussa, Stadt im Gebiet von Milet
Teiresias (Tiresias), Sohn des Eueres und der Nymphe Chariklo, berühmter thebanischer Seher
Teje, ägypt. Königin, Gemahlin Amenophis' III. (18. Dyn.)
Tekoschet, nubische Dame
Tektaios (Mitte 6. Jh. v. Chr.), griechischer Bildhauer
Telamon/Italien: Schlacht b. (225 v. Chr.)
Telamon, König von Salamis und Sohn des Aiakos, Bruder des Peleus
Telegonos, Sohn des Odysseus und der Kirke
Teleilât (Telehat) Ghassul/Palästina: prähist. Fundort
Telemachos, Sohn des Odysseus und der Penelope
Telephanes, griechischer Bildhauer zur Zeit des Dareios und Xerxes (485 bis 465 v. Chr.)
Telephos, Sohn des Herakles und der Auge, einer Priesterin der Athene
Telipinu, hethitischer Vegetationsgott
Tell al-Ubaid (Tall al-'Ubayd)/Mesopotamien: prähist. Fundort
Tell Halaf (Tall Ḥalāf)/Mesopotamien: prähist. Fundort, Kultur d. Steinkupferzeit
Tell Hassuna b. Mosul/Iraq: prähist. Fundort
Tello, Julio T. (1880–1947), peruanischer Archäologe
Temenites, Platz bei Syrakus
Tempepaß/Griechenl.: Bes. i. 2. Perserkrieg (480 v. Chr.)
Templer, Ritterorden
Temudschin, s. Dschingis Khan
Tendai-Sekte: buddh. Lehre i. Korea
Tenedos, Insel an der Küste Kleinasiens
Tennes (354–344 v. Chr.), König von Sidon
Tenochtitlan → Mexiko
Tenos, eine der kyklad. Inseln
Teos, Stadt in Ionien
Teotihuacan/Mexiko: Tolteken-St.
Tepe Hissar (Tepe Ḥisār)/Iran: prähist. Sied.
Tepe Sialk/Iran: prähist. Sied.
Tepexpan/Mexiko: prähist. Fundort
Tepeyollotl, mexikanischer Gott des Erdinnern, entspricht dem Jaguargott der Maya
Teputztitoloc (um 1521), aztekischer Häuptling
Terek(gebiet)/Fl., Rußl.: Alanengeb., Chazarengeb. (7. bis 11. Jh.)
Tereus, Gemahl der Prokne
Terias, Fluß bei Leontini in Sizilien
Terillos (5. Jh. v. Chr.), Herrscher von Himera
Terinäischer Busen an der W-Küste von Italien, heute Golfo di Sant' Eufemia
Termopylen/Griechenl.: Schlacht b. (480 v. Chr.), Schlacht b. (191 v. Chr.)
Terramaren-Kultur, Kultur d. Urzeit
Tertiär, Erdzeitalter
Tertiarier, Laienorden
Tertry/Frankr.: Schlacht b. (687)

Tertullianus, Quintus Septimius (um 160 – nach 220 n. Chr.), römischer Kirchenschriftsteller
Teti, ägypt. König (6. Dyn.)
Teti-scheri, ägypt. Königin, Vorfahrin König Amosis'
Tetramnestos (um 480 v. Chr.), Flottenadmiral von Sidon
Tetzcoco/Mexiko: Azteken-St.
Teucrus (Teucros, Teuker), Sohn des Telamon und der Hesione; Verbündeter der Griechen im Kampf um Troja
Teutlussa, Insel unweit Halikarnassos
Teutoburger Wald/Dtschld.: Schlacht a. (9 n. Chr.)
Tezcatlipoca, Gottheit, die Quetzalcoatl überwand
Tezozomoc (gest. 1426), Herrscher von Atzcapotzalco
Tezozómoc, Hernando Alvarado (1519–1599), mexikanischer Historiker
Ténéré, Lsch., Sahara: prähist. Funde
Tê Tsung, T'ang-Kaiser (779 bis 805)
Thales von Milet (um 640–547 v. Chr.), griechischer Philosoph und Mathematiker
Thanatos, s. Mot
Thanatos, Sohn der Nyx (Nacht), Todesgott
Thapsos, Landzunge u. Stadt unweit Syrakus
Thapsus/Tunis: Schlacht b. (46 v. Chr.)
Thasos, Insel an der thrak. Küste
Theagenes aus Rhegium (um 537), griechischer Gelehrter
Theatiner, Mönchsorden
Theben/Griechenl.: griech. St.-Staat, Zerst. d. Alexander d. Gr. (335 v. Chr.), Normanneneinfall (1147)
Theben (jetzt Karnak u. Luxor)/Ägypten: altägypt. Kgsst. u. Kulturzm., assyr. Erob.
Themen, byzant., Militärbezirke
Themistios (um 317 bis um 388 n. Chr.), griechischer Redner und Schriftsteller
Themis, Tochter des Uranos und der Gaia; Titanin, Mutter der Horen
Themistokles (um 525–459 n. Chr.), athenischer Feldherr und Staatsmann
Thennit, s. Tanit
Theognis von Megara (um 550 v. Chr.), griechischer Dichter
Theoklymenos, Seher aus Argos
Theokritos (Theocritus) (um 310 bis um 250 v. Chr.), griechischer Dichter
Theophanes von Mytilene, griechischer Geschichtsschreiber in Diensten des Pompeius (106–48 v. Chr.)
Theophilos (1. Jh.), Kaufmann und Seefahrer
Theophrastos (um 372–287 v. Chr.), griechischer Philosoph
Theophylaktos Simokatta, byzantischer Historiker
Theopompos von Chios (um 377 bis um 324 v. Chr.), griechischer Geschichtsschreiber
Theosophische Gesellschaft, Vereinigung z. Vermittlung östl. Gedankengutes
Thera, eine der kyklad. Inseln
Therapeuten, mönchsähnl. Verband i. Ägypten
Theravāda-Buddhismus: Ceylon, Hinterindien
Therme, Stadt in Makedonien
Thermopylä, Stadt und Engpaß in Böotien
Theron (um 480 v. Chr.), Tyrann von Agrigent
Thersites, Grieche im Lager vor Troja, der seiner Lästerzunge und seiner Feigheit wegen berüchtigt wurde
Theseus, Gestalt aus der griechischen Mythologie; Sohn des Ägeus, Königs von Athen, und der Aithra
Thespiä, Stadt im S von Böotien
Thespis (6. Jh. v. Chr.), griechischer Tragiker
Thesproter, Volk in Epirus
Thessalien/griech. Lsch.: Sesklo-Kultur u. bandkeramische Einbrüche, Plünderung durch d. Goten (395/96 n. Chr.)
Thessalonike (Saloniki)/Griechenl.: Mission d. Paulus, Civitas foederata Roms, zweitgrößte byzant. Reichs-St., Slawenangriffe (675 bis 691), Magyareneinfall, arab. Plünderung (904)
Thestios, König von Aitolien; Vater der Leda
Thetis, Nereide; Tochter des Nereus, Mutter Achilleus'
Thinet, s. Tanit
Thing, german. Volksversammlung
Thinis (griech. Abydos)/Oberägypten: ägypt. Gräber- u. Kultstätte
Thisbe, junges Mädchen aus Babylon, Geliebte des Pyramus
Thoëris, Göttin von Theben, Schützerin der Frauen (Nilpferd)
Thomas, Apostel Christi
Thomaschristen, Christen d. W-ind. Malabarküste
Thomismus, phil.-theol. Lehre n. Thomas v. Aquino
Thompson, John Eric Sidney (geb. 1898), englischer Archäologe
Thompson, R. Campbell (20.

Jh.), englischer Semitist
Thomson, Edward (20. Jh.), englischer Archäologe
Thora, jüd. Gesetz d. 5 Bücher Mose
Thor, Donnergott
Thorikos Demos, an der O-Küste von Attika
Thot, Tnoth, ägyptischer Mond- und Weisheitsgott, als Ibis und Pavian in Hermupolis verehrt
Thrakien/Lsch., SO-Europa: Ansied. d. Thraker (um 1400 v. Chr.), bandkeramische Kultur, makedon. (339–323 v. Chr.), Kelteneinbruch (um 280 v. Chr.), röm. (seit 46 n. Chr.), Goteneinfall (um 250 n. Chr.), Slawenansied. (seit 578)
Thriasisches Gefilde, bei Eleusis in Attika
Thronion, Stadt im Epiknemid. Lokris.
Thüringen/Dtschl.: prähist. Kultur, Avareneinfall (562)
Thukydides (460 – nach 400 v. Chr.), athenischer Geschichtsschreiber
Thule-Kultur, Eskimokultur
Thun/Schweiz: kelt. Gründung
Thuria, Stadt in Messenien
Thurii oder Thuria, Stadt in Unteritalien
Thutmosis I. (1540–1501 v. Chr.), ägyptischer König der 18. Dynastie
Thutmosis III. (1501–1448 v. Chr.), ägyptischer König der 18. Dynastie
Thutmosis IV. (1413–1405 v. Chr.), ägyptischer König der 18. Dynastie
Thyamis, Fluß zw. Thesprotis und Kestrine in Epirus
Thyamos, Berg in Akarnanien
Thyestes, Sohn des Pelops und der Hippodameia; Bruder des Atreus
Thyrea, Stadt in Kynuria in Argolis
Thyssos, Stadt auf der Akte in Chalkidike
Tiamat, in der babylonischen Mythologie weibliches Urwesen, Ur-Ozean und Chaosmacht
Tiastames, s. Chastana
Tiberius, Claudius Nero (42. v. Chr. bis 37 n. Chr.), römischer Kaiser seit 14 n. Chr.
Ticinus/Fl., Italien: Schlacht a. (218 v. Chr.)
Ti, die Erde, personifiziert als weibliche Gottheit
T'ien, der Himmel, personifiziert als oberste Gottheit
Tien-shan/zentralasiat. Gebirge: prähist. Kulturen i., Uighuren-Reich (8. Jh.)
T'ien T'ai, Schule d. chin. Buddhismus
Tiflis (Tbilisi)/Georgien, UdSSR: Grabbauten b. (2. Jahrtausend v. Chr.), georg. Hptst. (5. Jh. bis 1088, seit 1122)
Tiglat-Pileser I. (1115–1077 v. Chr.), assyrischer König
Tiglat-Pileser II. (966–935 v. Chr.), assyrischer König
Tiglatpilesar III. (745–727 v. Chr.), assyrischer König
Tigranes I. (um 95–56 v. Chr.), armenischer König
Tigranokerta/Armenien: Schlacht b. (69 v. Chr.), vorchristl. Bauten i., röm. Einn. (59 n. Chr.)
Ti, Großgrundbesitzer (5. Dyn.)
Tikal/Yucatan: Maya-St.
Tilatäer, Volk nördl. von Makedonien
Timagetos (4. Jh. v. Chr.), griechischer Geograph
Timaios (um 356 – um 260 v. Chr.), griechischer Geschichtsschreiber
Timarchos, Statthalter der seleukidischen Ostprovinzen
Timmari/Italien: prähist. Gräberfeld
Timokles, attischer Komödienschreiber
Timoleon (um 410 – nach 336 v. Chr.), korinthischer Feldherr
Timonovka/Ukraine: paläolith. Jägerlager
Timur Lenk, Tamerlan (1336–1405), Großkhan der Mongolen
Tindaris (ital. Tindari)/Sizilien: griech. Kol. u. Kulturzm.
Tiphys, Steuermann der „Argo“
Tipu (18. Jh.), Sohn Haidar Alis
Tiridates I. (? bis 211 v. Chr.), Bruder des Arsakes I.
Tirol/Österr.: bronzezeitl. Bergbau i., Abtrennung v. Bayern (1180), Personalunion m. Kärnten (1282)
Tiryns/Griechenl.: bronzezeitl. Kultur
Tissaphernes, persischer Satrap und Feldherr unter Dareios II. und Artaxerxes II. (405 bis 359 v. Chr.)
Tissa (3. Jh. v. Chr.), König von Ceylon
Titanus, Maes (um 100), makedonischer Kaufmann
Tithonos, Gemahl der Eos
Ti Tsang Wang (Kshitigarbha), König der Unterwelt
Titus Herminius, römischer Soldat
Titus, Sohn des Tarquinius Superbus
Titus Tatius, König der Sabiner
Tityos, Sohn des Zeus; Riese
Tiu, indoeuropäischer Wettergott
Tiuz, Gott des Thinges

Tivoli (Tibur)/Italien: Hadriansvilla
Tizoc, Oberster Sprecher der Azteken (1481–1486)
Tjetji, hoher Beamter des Alten Reiches
Tlacaellel (1400 bis um 1480), Stellvertreter des Obersten Sprechers der Azteken
Tlacopan/Mexiko: Azteken-St.
Tlahcateotl, zweiter Herrscher von Tlatelolco
Tlahuicole, Krieger aus Tlaxcala
Tlalchitonatiuh („Sonne am Horizont"), Gott des Kriegerkultes
Tlaloc, mexikanischer Regengott; entspricht dem mayanischen Chac
Tlaxcala/Mexiko: Tolteken-St.
Toci, mexikanische Muttergöttin der Fruchtbarkeit
Todar Mal, Akbars Steuerminister
Tohan Timur (1320–1370), letzter Kaiser der Yüan-Dynastie (1333–1368)
Toledo (Toletum)/Spanien: Hptst. d. W-Goten-Reiches (507–713), arab. Einn. (711), Aufstand (836/37)
Tollamimichtzin, Oberhaupt der Kaufleute von Tlatelolco unter Quauhlahtonatzin
Tollan/Mexiko: Tolteken-Hptst.
Tolophon, Stadt im Ozol. Lokris
Tomyris, Königin der Massageten
Tonking/N-Vietnam: annamit. Sied.-Geb., chin. Erob. (43 n.Chr.), Einströmen d. Buddhismus n., chin. (3.–10. Jh.), javan. Erob. (767), annamit. (seit 939)
Topa Inka Yupanqui, zehnter Inka-Herrscher (1471–1493)
Toparca (gest. 1533), vierzehnter, von den Spaniern eingesetzter Inka-Herrscher
Toramana (um 500), indischer Hunnenkönig
Torone, Stadt auf Sithonia in Chalkidike
Torquemada, Thomas de (1420 bis 1498), Dominikaner und erster Großinquisitor von Spanien (1484–1498)
Torre Castelluccia/Italien: bronzezeitl. Gräberfeld
Torresstraße/Meerenge zwischen Austr. u. Neuguinea: prähist. Wanderung
Tosar, auch Tansar (3. Jh. n.Chr.), religiöser Führer unter Ardaschîr
Toscana (Etrurien, Tuscien)/Lsch., Italien: prähist. Kultur, etrusk. Besied.
Toscanella Imolese/Italien: prähist. Fundort
Toskana → Toscana
Toul/Frankr.: Bm. (seit d. 4. Jh.)
Toulouse (Tolosa)/S-Frankr.: Hptst. d. Tolosan. Reiches d. W-Goten, fränk., roman. Dom (1096)
Tournai/Niederl.: got. Dom (seit 1140)
Tournus/Frankr.: karoling. Kirche St. Philibert
Tours/Frankr.: karoling. Kirche St. Martin
Tours u. Poitiers: Schlacht zwischen (732)
Tou (2. Jh. v.Chr.), Gemahlin des Han-Kaisers Hsiao Wên
Toynbee, Arnold Joseph (geb. 1889), englischer Historiker
Tōshōdaiji/japan. Kloster: altjapan. Tempelanlage
Trachis, Stadt in Thessal. an der Grenze des Epiknem. Lokris
Tragia, Insel bei Milet
Traiansäule/Rom, Denkmal f. d. röm. Sieg über d. Daker
Trajan (Marcus Ulpius Traianus, 53–117), römischer Kaiser
Transkaukasien/Geb. zwischen Kaukasus u. nördl. Randgebirge d. armen. Hochld.: prähist. Kulturen, arab. (seit d. 7. Jh.)
Transoxanien/Lsch. jenseits d. Oxus, russ. Mittelasien: Seidenstr. durch T., Einfall d. Weißen Hunnen (5. Jh.), arab. Erob. (709–712), Samānidenstaat (9.–10. Jh.), Islamisierung (10. Jh.)
Transvaal/Südafrikan. Union: paläolith. u. neolith. Kultur
Trasimenische Seen/Italien: Schlacht b.d. (217 v.Chr.)
Trerer, Volk nördl. von Makedonien
Triballer, Volk ebenda
Trient (ital. Trento)/Italien: langobard. Grenz-Hzm.
Trier/Dtschld.: Hptst. d Treverer, röm. Grenzst.
Triest (ital. Trieste, slowen. Trst, latein. Artemidorus, Tergeste)/St. a.d. nördl. Adria: b.d. Illyrt Provinz d. franz. Ks.-Reiches
Trimborn, Hermann (geb. 1901), deutscher Ethnologe und Amerikanist
Trinakria, alter Name von Sizilien
Triopion, Vorgeb. von Knidos
Tripodiskos, Dorf am Gebirge Geraneia in Megaris
Tripolitanien (ital. Tripolitania)/Ld. N-Afrika: arab. Erob. (648), osman. Oberherrschaft (seit 1517)
Triptolemos, Sohn des Königs Keleos von Eleusis
Tritäeer, im Ozol. Lokris
Triton, Sohn des Poseidon und der Amphitrite; griechischer Meergott

Trivikrama (um 753), Verfasser eines Schenkungsprotokolls
Troas/antike Lsch. (Umgebung Troias), W-Kleinasien: neolith. Kultur
Trözen, Stadt im S von Argolis
Trogilos, Hafen nördl. von Syrakus
Troia (Ilion, latein. Ilium)/W-Kleinasien: bronzezeitl. St., i. d. griech. Mythologie u. Dichtung, got. Zerst. (263 n. Chr.) → Schliemann
Troilus, trojanischer Prinz, jüngster Sohn Priamos' und Hekubas
Trois Frères (Dreibrüdergrotte)/Frankr.: eiszeitl. Wohnhöhle
Trotilon, Ort nahe am Fl. Pantakyas in Sizilien
Trst → Triest
Ts'ai Ching (1046–1126), Minister der Sung
Ts'ao Hsüeh-ch'in (1719 bis 1763), vermutlicher Verfasser eines Teils des Hung Lou Mêng
Tsao P'ei (188–227), Sohn des Ts'ao Ts'ao: Kaiser der Wei-Dynastie
Ts'ao T'sao (155–220), General; Gründer des Wei-Reichs
Tschandragupta (331 bis 297 v. Chr.), indischer Herrscher, Begründer der Maurya-Dynastie
Tseng Kuo-fan (1811–1872), Heerführer
Tsin Wu Ti, s. Ssŭ-ma Yen
Tso Shih (um 300 v. Chr.), angeblicher Verfasser des Tso Chuan
Tuc d'Audoubert/Frankr.: paläolith. Wohnhöhle
Tueris, ägyptische Gottheit
Türkei/kleinasiat. Staat: Steppenreich d. Turkvölker, Seldschuken- u. Osmanenreiche, 11.–20. Jh.
Tui, Oberste der Tempeldienerinnen des Min
Tuja, Mutter der Königin Teje
Tukulti-Ninurta I. (1244–1208 v. Chr.), assyrischer König
Tukulti-Ninurta II. (890–884 v. Chr.), assyrischer König
Tullus Hostilius, 3. König von Rom; Zerstörer von Alba Longa
Tulsi Das von Benares (1532 bis 1623), der größte Dichter in Avadhi
Tulumaya, s. Ptolemaios II. Philadelphos
Tumba-Kultur, Kultur d. Urzeit
T'ung-k'ou/Mandschurei: Höhlengemälde v. (5. Jh.)
Tunis (az-Zaytūna(/St. u. Ld. N-Afrika: paläolith. Kultur, neolith. Kultur, arab. Erob. (670)
Tun-kuang/NW-China: Tarimkunst, Höhlentempel i. (5. Jh.), Umschlagplatz a. d. Seidenstr.
Tupac Amaru (gest. 1572), letzter Inka-Herrscher
Tupac Amaru, José Gabriel (1740–1781), peruanischer Indianerhäuptling, Nachkomme des letzten Inka-Herrschers Tupac Amaru
Turkestan/Geb. Zentralasien: prähist. Kultur, Skythen i. (bis 750 v. Chr.), Hunnen i. W-T. (2. Jh. n. Chr. – 12. Jh.), chin. Militärkolonie i. (1. Jh.), chin. T.-Kriege (629–640)
Tusa, V. (20. Jh.), italienischer Archäologe
Tusculum/Italien: Latinerst. Mysterien d. Dionysos i.
Tu Shan (557–640), Mönch; Begründer der Hua-Yen-Schule
Tušratta (um 1350 v. Chr.), König des Mitannireichs
Tutanchamun, ägypt. König (18. Dyn.)
Tutanchaten: siehe Tutanchamun
Tuthmosis I., ägypt. König (18. Dyn.)
Tuthmosis II., ägypt. König (18. Dyn.)
Tuthmosis III., ägypt. König (18. Dyn.)
Tuthmosis IV., ägypt. König (18. Dyn.)
Tydeus, Sohn des Oineus, Königs von Aitolien, Vater des Diomedes
Tyndareus, Vater des Polydeukes (Pollux)
Typhon, Gestalt aus der griechischen Mythologie; schlangenleibiger Riese
Tyrannis, griech. Herrschaftsform
Tyros (phönik. Zor)/Syrien: phönik. St.-Staat, Zerst. durch d. Hyksos, 13jährige babylon. Belag., Erob. d. Alexander d. Gr. (332 v. Chr.), Kreuzf.-Stützpunkt
Tyrsener (Tyrrhener), alter Volksstamm
Tyrtaios (Mitte 7. Jh. v. Chr.), griechischer Lyriker
Tzek, Juan (16. Jh.), Vorsteher von Yaxcaba
Tzontantzin, Oberhaupt der Kaufleute von Tlatelolco unter Tlahcateotl
Tzultacah, Götter der Erde, Berge und Täler
Tzutecatzin, Oberhaupt der Kaufleute von Tlatelolco unter Quaquanhpitzaua
Tzutzumatzin (15. Jh.), Oberster Sprecher des Stadtstaates Coyoacan

Uaxactum/Yucatan: Maya-St.
Ubar-tutu, Vater Utnapištims
Uchtata/Tunis: prähist. Fundort

Udayana (10. Jh.), indischer Philosoph
Udayaraja (15./16. Jh.), Hofdichter des Sultans Mahmud Begarha
Udayin (4. Jh. v. Chr.), König von Avanti
Uganda/O-Afrika: Paläolithikum, Neolithikum
Ugarit (jetzt Ra's Šamra)/N-Syrien: N-phönik. St., heth. Vasallenfsm., Zerst. 268
Uhle, Max (1856–1944), deutscher Archäologe
Uji[b. Kyōtō, Japan: Phönixhalle i. (1053)
Ukin-Zer (732–730 v. Chr.), Usurpator des babylonischen Thrones
Ukraine/UdSSR: prähist. Kulturen, skythisch, westhunnisch
Ulamburiaš (15. Jh. v. Chr.), babylonischer König der Kassitendynastie
Ulemā, osman. Klasse d. Schriftgel. (Kadi u. Müfti)
Ullusunu (8. Jh. v. Chr.), König der Mannäer
Ulomos, phönikische Gottheit
Umma (jetzt Ğocha, Ğūhā)/Mesopotamien: summer. St-Staat
Ummanaldaš (7. Jh. v. Chr.), König von Elam
Ummanigaš (7. Jh. v. Chr.), König von Elam
Ummiashtart (5. Jh. v. Chr.), Königin von Sidon und Mutter Eshmunazars II.
Una, hoher ägypt. Beamter (6. Dyn.)
Unas, ägypt. König (5. Dyn.)
Unasagusu (Z. Jh. v. Chr.), König von Ledra
Unbeschuhte Augustinereremiten, Mönchsorden
Unbeschuhte Karmeliten, Mönchsorden
Unter-Wisternitz/Mähren: paläolith. Fundort
Upanisaden, Teil d. ind. Veden-Lit.
Uppsala/Schweden: german. H/m., Zerst. d. heidn. Tempels, polit. u. sakral. Hptst., Dom (seit 1230)
Uräus, Kronenschlange des ägypt. Königs: siehe Edjža
Ural/Gebirge, Sowjetunion: Entstehung i. Karbon, prähist. Kulturen
Uranos, der Himmelsgott
Uranos, Sohn und Gemahl der Gaia
Urartu (Uruartu), bibl. Ararat)/Armenien: Reich
Uraš, Gottheit
Urco (15. Jh.), Sohn des Inka Viracocha
Urfa (Edessa)/N-Mesopotamien: Schlacht b. (260), byzant., pers. Bes. (603–620), arab. (646) byzant. Erob. (974) byzant. Erob. (1032), Kreuzf.-Staat (1098–1144)
Urimilk (5. Jh. v. Chr.), König von Byblos
Ur (jetzt Muġayyir)/Mesopotamien: sumer. St-Staat
Urkhilina (um 850 v. Chr.), König von Hama
Ur-Nammu (2113 bis 2096 v. Chr.), Begründer der III. Dynastie von Ur
Ur-Nanše (26. Jh. v. Chr.), Begründer der Lagaš-Dynastie
Urnenfelderkultur (ca. 1000), s. a. Lausitzer Kultur
Urnenfelderkultur, Kultur d. Bronzezeit
Ur-Ninmar-ka, Name in einem Dokument
Uršanabi, Fährmann im Gilgameš-Epos
Urukagina (25. Jh. v. Chr.), König von Lagaš
Uruk (bibl. Erech, arab. Warka)/SO-Mesopotamien: sumer. Hptst.
Uru-milki (um 700 v. Chr.), König von Byblos
Urzanu (8. Jh. v. Chr.), Statthalter des urartäischen Stadtstaates Musasir
Urzeit →Archäozoikum (geol.)
Usaphais, ägypt. König (1. Dyn.)
Usa, Sohn eines libyschen Häuptlings
Useramun, thebanischer Beamter (18. Dyn.)
Userhêt, Oberpriester, Sekretär König Amenophis' II. (18. Dyn.)
Userkaf, ägypt. König (5. Dyn.)
User, Wesir (18. Dyn.)
Ushavadatta (um 42), Sohn des Dinika
Usimarênacht, Oberpriester aus Koptos
Usimarê, Thronname Ramses' II.
Usoos, mythologischer Erfinder der Kleider
Uštan-Šarri, Name in einem Brief
Utica/N-Afrika: phönik. Kol., Civitas foederata Roms
Utnapischtim, akkadischer Weiser
Utnapištim, Held einer babylonischen Sintflutmythe
Utrecht/Niederl.: U.-Psalter (um 830), got. Kathedrale (nach 1245)
Uttu, nach einem sumerischen Schöpfungsmythos Tochter von Enki und Ninkurra
Utu-hengal (2120 bis 2114 v. Chr.), Herrscher von Uruk
Utu, sumerischer Sonnengott, Gott des Rechts und der Gerechtigkeit, identisch mit Šamaš
Uxmal/Yukatan: Maya-St.

Vachaspatimishra, brahmanischer Philosoph
Vadimonische Seen/Italien: 1.

Schlacht b. d. (307 v. Chr.), 516 – 2. Schlacht b. d. (280 v. Chr.)
Vadstena/Schweden: Hptkloster d. Birgittenordens
Vaibhāṣika, ind. philos. Schule d. „Kleinen Fahrzeugs"
Vaillant, Georges C. (20. Jh.), amerikanischer Archäologe
Vainamoinen, Held des finnischen Epos „Kalevala"
Vairocana (chin. P'i-lu Fo), der Allgegenwärtige, der Allwissende; einer der höchsten Buddhas
Vaiśali/NO-Indien: 2. buddhist. Konzil. v. (378 oder 383 v. Chr.)
Vaiśeṣika, brahman. philos. System
Vaiśyas, ind. Klasse d. Wirtschaftenden
Vajrabodhi (chin. Chin-kang Chih; 7./8. Jh.), indischer buddhistischer Mönch; Begründer des Tantrismus in China
Vajrapati, indische Gottheit
Vajrayāna (Diamantenfahrzeug), Hpt.-Richtung d. Buddhismus
Vakpati (8. Jh.), Verfasser der Gaudavadha
Valencia/Spanien: arab. Teilfsm. (11./12. Jh.)
Valera, Blas (1551–1597), spanischer Chronist
Valerian (Publius Licinius Valerianus), römischer Kaiser von 253 bis 260 n. Chr.
Valerius Flaccus (1. Jh. n. Chr.), römischer Epiker
Valerius, Freund des Collatinus
Vallabha (18. Jh.), Führer des Vaishnavismus und Begründer der Garba-Literatur
Vallabhācārya, hinduist. Sekte
Valmiki (8./7. Jh. v. Chr.), Dichter und angeblicher Verfasser des Ramayana
Valvassoren, ital. Kleinadel
Valverde, Pater (um 1533), spanischer Missionar und Konquistador
Varahamihira (um 499), indischer Astronom
Varahrān, König von Gilan
Varaz, parthische Feudalfamilie
Vargas, Jacinto de (gest. 1696), spanischer Dominikanermönch, wurde von den Itzá von Tayasal den heidnischen Göttern geopfert
Varius Rufus, Lucius (1. Jh. v. Chr.), römischer Dichter
Varro, Marcus Terentius Reatinus (116–27 v. Chr.), römischer Staatsmann und Schriftsteller
Varuna, indischer patriarchalischer Gott; entspricht dem griechischen Uranos
Varuna, wedischer Gott des Himmels, des Mondes und des Wassers
Varus, Publius Quinctilius (gest. 9), römischer Feldherr
Vasiliki/Kreta: bronzezeitl. St.
Vasishtha (10. Jh.), Oberpriester unter König Sudas
Vasishthiputra (2. Jh.), Satavahana-König und Sohn Gautamiputras
Vasudeva, indische Gottheit
Vayu, indischer Windgott
Veda, Gesamtname f. d. ind. hl. Texte
Vedānta, hinduist. philos. Schule
Vega, Garcilaso de la, El Inca (1539–1616), spanisch-peruanischer Dichter und Chronist
Veji/Italien: Etrusker-St.
Velázquez, Diego de Cuellar (1461/66–1524), spanischer Gouverneur von Kuba
Velden/Dtschl.: prähist. Fundort
Velianas/Veliunas, Thefane (5. Jh. v. Chr.), Fürst von Caere
Velleius Paterculus (1. Jh.), römischer Geschichtsschreiber
Venedig/Italien: Gründung (452), Handels- u. Seemacht (seit d. 9. Jh.)
Venus, altitalische Göttin des Frühlings; römische Göttin der Liebe; mit der griechischen Aphrodite gleichgesetzt
Venusia/Italien: röm. Militärkol.
Veracruz/Mexiko: span. Landung (1519)
Vercelli (Vercellae)/Italien: Schlacht b. (101 v. Chr.)
Vercoutter, Jean (2. Jh.), belgischer Ägyptologe
Verden a. d. Aller/Hannover, Dtschl.: Blutgericht v. (782)
Vereinigte Staaten v. N-Amerika/USA: indian. Vorzeit
Vergil, Publius Vergilius Maro (70 bis 19 v. Chr.), römischer Dichter
Verona/Italien: bayr. Mark, kärntner. Mark, Dom San Zeno (1125), Veroneser Bund (1162)
Verres, Gaius (gest. 43 v. Chr.), römischer Staatsmann
Verroneo, Geronimo
Versinikia b. Adrianopel/Thrakien: Schlacht b. (813)
Vespasian, Titus Flavius Vespasianus (69–79), römischer Kaiser
Vessantarajātaka, hinterind. hl. Text
Vestales, röm. Priesterkollegium d. Vesta
Vesuv/S-Italien: Ausbruch (79 n. Chr.)
Vettersfelde/Schlesien: prähist. Fundort
Vetulonia/Italien: Etrusker-St.
Vézelay/Frankr.: roman. Wallfahrtskirche i. (1120)

Via Egnatia, röm. Heerstr. v. Durazzo nach Saloniki
Via Flaminia, röm. Heerstr. über d. Apennin
Vibius, Gaius (um Christi Geburt), römischer Töpfer
Vibo/S-Italien: röm. Kol. (um 200 v. Chr.)
Vidtskofte/Schweden: Wandmalereien v.
Vidyaranya (14. Jh.), religiöser Führer
Vienne/Frankr.: weström. Res. (388)
Vijñānavādin, ind. philos. Schule d. „Großen Fahrzeugs"
Vikramaditya VI. (11. Jh.), Chalukya-König
Vilivayakura (Baleokuros; 2. Jh.), Andhrakönig
Villafrati-Kultur, Kultur d. Urzeit
Villagra, Agustín (20. Jh.), mexikanischer Maya-Forscher
Villanova-Kultur, Kultur d. Frühgeschichte
Vima Kadphises (1. Jh. n. Chr.), Kuschanenherrscher
Vima Khadphises (1. Jh.), Häuptling der Yueh-chi und Sohn Kujalas
Vindobona → Wien
Vindusara (296–264 v. Chr.), indischer König
Vinkovci (Cibalae)/Slawonien: Schlacht b. (314)
Viracocha (um 1438), achter Inka-Herrscher
Virginia, Tochter des Plebejers Virginius
Virupaksha, indische Gottheit
Vischtaspa-Hystaspes (6. Jh. v. Chr.), Vater des Dareios I.
Vishakhadatta, Verfasser des Mudrarakshasa
Vishnu, indische Hauptgottheit
Vishnuvardhana (12. Jh.), Hoysala-König
Vishvamitra (10. Jh.), Oberpriester unter König Sudas
Viṣṇuismus, Richtung d. Hinduismus
Vithoba, indische Gottheit
Viṭṭhalasvāmi/S-Indien: Tempel
Vivarium/Kalabrien, Italien: Klostergründung Cassiodors
Vologeses I. (um 51 bis 80 n. Chr.), Arsakidenkönig
Vologeses IV. (191–207), Arsakidenkönig
Vologeses V. (um 208 bis um 228), Arsakidenkönig
Volusenus, Gaius, römischer Offizier aus der Zeit Caesars
Vonones I. (um 7–12 n. Chr.), Arsakidenkönig
Vorkambrium → Algonkium
Vučedol-Kultur, Kultur d. Steinzeit
Vulgata, latein. Bibelübersetzung
Vuillemot, G. (20. Jh.), französischer Archäologe
Vulcanus, römischer Gott des Feuers; dem griechischen Hephästos gleichgesetzt
Vyasa, brahmanischer Dichter und angeblicher Verfasser des Mahabharata
Vyse, Howard, Reisender (19. Jh.)

Wadjak/Java: paläolith. Fundort
Wahhābiten, islam Sekte
Walachei/Rum.: Daker-Sied.-Geb., Teil d. röm. Prov. Dacia (107 n. Chr.), Kolonisation aus d. Illyricum, kirchenslaw. Kultur
Waldeck, Jean Frédéric (1766–1875), Graf und französischer Reiseschriftsteller
Waldenser, christl. Sekte
Waltharius, mittelalterl. latein. Epos
Wanen, Götterschicht der Edda
Wang An-shih (1021–1086), fortschrittlicher Wirtschaftspolitiker der Sung-Dynastie
Wang Mang (33 v. Chr. – 23 n. Chr.), Usurpator des Han-Thrones
Wang Pi (226–249), taoistischer Schriftsteller
Wang Shih-chên (1526–1593), Staatsmann und Schriftsteller der Ming-Zeit
Wang Shih-min (1592–1690), Maler der frühen Mandschu-Zeit
Wang Wei (699–759), Dichter und Maler der T'ang-Zeit
Wang Yüan-ch'i (1642–1715), Maler und Schriftsteller der frühen Mandschu-Zeit
Wan Li, Ming-Kaiser, s. Shên Tsung
Waschptah, Baumeister unter König Neferirkarê (5. Dyn.)
Wasugani/a. oberen Tigris (Lage noch nicht genau ermittelt): Hptst. d. Mitanni-Reiches
Waterford/Irland: gälisches Erneuerungs-Zm.
Wauchope, Robert (geb. 1909), amerikanischer Archäologe
Wei-Chuang (10. Jh.), Dichter der nördlichen Sung
Wei Yang, s. Kung-sun Yang
Weltanfangsmythos der Germanen, Twisto und s. Sohn Mannus = Mensch, von Mannus drei Söhnen sollen die Ingwionen, Ermionen, Istrionen abstammen
Wenamun, Held einer ägyptischen Reiseerzählung aus dem zweiten Jahrtausend v. Chr. (21. Dyn.)
Wen Chung (1. Jh. v. Chr.), Heerführer an der zentralasiatischen Grenze
Wessex/Engl.: Bronzezeit-Kultur
Weta, Aufseher der Gerbereien (4. Dyn.)

Wên Shu Yen K'ung (Manjusri), einer der zwölf göttlichen buddhistischen Lehrer; der buddhistische Apollon
Whitaker, J. I. S. (20. Jh.), englischer Archäologe
Wielandlied, german. Sagenstoff
Wien (latein. Vindobona)/Österr.: Römersied., freie Reichs-St. (1235)
Wilbour, amerikanischer Sammler, Besitzer wertvoller Papyri
Wilkinson, Sir Gardner, englischer Ägyptologe
Wilkins, Sir Charles (1749 bis 1836), englischer Orientalist
Willey, Gordon (geb. 1913), amerikanischer Archäologe
Wilton-Kultur, Kultur i. S-Afrika
Winchester/Engl.: got. Kathedrale
Wodan-Kult, Sturmdämon
Wolf, Eric R. (geb. 1923), amerikanischer Ethnologe
Wolga/Fl., Rußl.: neolith. Kulturen a.d.
Wolkenreisende (griech. Ktisten, Poleisten), getische Vorform d. Mönchtums
Wonderwerk-Höhle/Griquald: paläolith. Fundort
Woodlands Cultures, prähist. Kulturen
Woolley, Sir Charles Leonard (geb. 1880), englischer Archäologe
Worms/Dtschl.: Vwgszeit, Dom (1001), Kulturzm., Synode v. (1076), Konkordat v. (1122), Constitutio in favorem principum (1231)
Wu/Mittel-O-China: Teilreich (220–280)
Wu, Begründer der Chou-Dynastie (1122–1115 v. Chr.)
Würzburg/Bayern: Reichstag z. (1165)
Wu Hou (Wu Chao), T'ang-Kaiserin (684–705)
Wu Ling, König von Chao (325–299)
Wu Ti, Kaiser der Han-Dynastie (141–87 v. Chr.)
Wu T'ou Lao (1. Jh. v. Chr.), König von Chi Pin
Wu Tsung, Ming-Kaiser (1505 bis 1520)
Wu Tsung, T'ang-Kaiser (841 bis 846)

Xanten a. Rhein (Colonia Ulpia Traiana)/Dtschl.: röm. Gründung
Xanthos aus Lydien (um 5. Jh. v. Chr.), Historiker
Xenokles, griechischer Geograph in Diensten Alexanders des Großen (336–323 v. Chr.)
Xenophanes von Kolophon (um 565 - 470 v. Chr.), griechischer Philosoph und Dichter
Xenophon (um 430 - um 354 v. Chr.), griechischer Schriftsteller
Xeres de la Frontera →Jerez de la Frontera
Xerxes I. (485–465 v. Chr.), persischer König
Xicotencatl (um 1520), Tlaxcala-Häuptling
Xipe Totec, Vegetationsgott, in ganz Mittelamerika verbreitet
Xolotl (13./14. Jh.), Chichimekenhäuptling

Yahi-Milki (um 650 v. Chr.), König von Tyros
Yajnavalkya, indischer Gesetzeslehrer
Yajurveda, Teil d. Veda, Opfersprüche
Yakinlu (7. Jh. v. Chr.), König von Arados
Yama, indischer Todesgott
Yami, Schwester des Todesgottes Yama
Yang Chien (540–605), General; Begründer der Sui-Dynastie
Yang Chu (4. Jh. v. Chr.), Philosoph
Yang-shao/W-Ho-nan, China: Ausgrabungsort d. neolith. Kultur Chinas (etwa 2000 v. Chr.)
Yang-shao-Kultur, Kultur i. N-China
Yang Ti, 2. und letzter Kaiser der Sui (605–618)
Yang und Yin, das positive und das negative Prinzip des universellen Lebens
Yang u. Yin, chin Bez. f. zwei sich gegenseitig bedingende Grundkräfte
Yao (2357–2255 v. Chr.), einer der „Fünf Kaiser“
Yarkand (Jarkand, chin. Soch'ê-fu)/Sinkiang, China: Oasenst. a. d. Seidenstr., tibet. Erob. (nach 670), Islamisierung (seit 996)
Yarmūk/Fl. i. Palästina: Schlacht a. (636)
Yashovarman (um 733–753), Herrscher von Kanauj
Yathrib, Yatrib → Medīna
Yatonmilk (5. Jh. v. Chr.), König von Sidon
Yatung/S-Tibet: Handelsplatz
Yayoi-Kulturen (Yayoishiki)/Japan
Yazilikaya/Anatolien: prähist. Fundort
Yeharbaal (5. Jh. v. Chr.), König von Byblos, Sohn des Urimilk, Vater des Yehaumilk
Yehaumilk (5. Jh. v. Chr.), König von Byblos, Sohn des Yeharbaal
Yehimilk (um 920 v. Chr.), Herrscher von Byblos
Yemen (al-Yaman)/SW-Ara-

bien: Zaiditen-Herrschaft (seit d. 9. Jh.)
Yen-lo Wang, König der Hölle
Yesevīye, türk. Derwischorden
Ying Tsung, Kaiser der Ming-Dynastie (1435–1449)
Ying Tsung, Kaiser der Sung-Dynastie (1063–1067)
Yoga, ind. System d. Versenkung u. Askese
Yortan/Troja-Kultur, prähist. Kultur Kleinasiens
Young, Thomas, englischer Gelehrter (18.–19. Jh.)
Yucatán/Halbinsel, Zentralamerika: Maya-Kultur a., Küstenerforschung (1508/1509), Erforschung (1890)
Yüan Chuang (Hsüan Tsang, 602 bis 664), buddhistischer Pilger und Indienreisender
Yün-kang/N-China: Höhlentempel (5. Jh.)
Yün-nan/SW-Prov. Chinas: Thai-Kggr. Nanchao i. (7.–13. Jh.), mongol. Erob. (1253), chin. Erob. (1382)
Yürüken, türk. Nomadenbevölkerung Anatoliens
Yü (2205–2197 v. Chr.), Begründer der Hsia-Dynastie
Yung Chêng, Mandschu-Kaiser, s. Shih Tsung
Yung Lo, Ming-Kaiser, s. Ch'êng Tsu2501
Yupanqui s. Pachacutec

Zababa-šum-iddin, Name in einem Dokument
Zacalpuc, Geschlechtergott mexikanischen Ursprungs
Zac Ixchel, Mondgöttin
Zadruga, Großfamilie d. slaw. Völker
Zafar Khan, Hasan Gangu, 1347–1375 als Sultan Ala-ud-din Bahman bekannt
Zagreus, griechischer Gott; Erscheinungsform des Dionysos
Zaguëkönige (jüd.), i. Abessinien
Zaiditen, schiitische Sekte
Zakirbaal, König in Byblos in der Erzählung von Wenamun
Zakonik, serb. Gesetzbuch Stephan Dušans
Zakon sudnyj ljudem, ältestes Gesetzbuch a. slaw. Boden
Zakynthos/griech. Insel: paläolith. Besied.
Zakynthos, Insel an der Küste von Elis
Zama/N-Afrika: Schlacht b. (202)
Zankle, ursprüngl. Name von Messina in Sizilien
Zaragoza (Caesaraugusta)/Spanien: westgot., Reconquista d. Aragón (1118)
Zazija, König der Turukkäer
Zāb, linker Nebenfl. d. Tigris: Schlacht a. (50)
Zeb-un-nissa, Prinzessin der Mogul-Zeit
Zekarbaal (2. Jahrtausend v. Chr.), Fürst von Byblos
Zekerbaal, König von Byblos
Zela/Kleinasien: Schlacht b. (47 v. Chr.)
Zen (chin. Ch'an, sanskr. Dhyāna, korean. Sôntsong), buddh. Sekte
Zenǧ-Aufstand (871 bis 883), irak. Sklavenaufstand
Zenobia (267–274), Königin von Palmyra
Zenon von Kition (um 333–264 v. Chr.), griechischer Philosoph
Zeno (um 490–430 v. Chr.), griechischer Philosoph
Zephyros, der Westwind
Zerach, sagenhafter König im Alten Testament
Zer-banitum, s. Sarpanitum
Zeria, Mitglied der Tempelbehörde unter Nâbû-na'id
Zeta → Montenegro
Zetes, Sohn des Boreas
Zethos, Sohn des Zeus und der Antiope
Zeugen Jehovas, christl. Sekte
Zeusaltar/Pergamon, hellenist. Kunstwerk
Zeus, griechischer Göttervater
Zeus Kasios, s. Baal Saphon
Zeus Laphystios (= Opferheischende), Beiname des Zeus nach dem Berg Laphystion bei Koroneia
Zeus, Olympischer
Zeus, Sohn des Kronos und der Rhea, höchster griechischer Gott
Zeus von Theben, ägyptischer Gott
Zimrī-Lim (1779–1761 v. Chr.), König von Mari
Zimrī, Usurpator des Thrones von Israel
Zisterzienser, Mönchsorden
Ziusudra, sumerischer Held
Zivad (8. Jh.), arabischer General
Zoba/Syrien: Aramäerfsm.
Zohar, Hpt.-Werk d. jüd. Mystik
Zoroaster, Zarathustra (628 bis 551 v. Chr.?), Religionsgründer
Zoroastrismus: Lehre
Zoros, s. Azoros
Zor → Tyros
Zoskales (um 100), abessinischer König zu Axum
Zuidema, R. T. (20. Jh.), holländischer Ethnologe
Zurita, Oidor Alonso (16. Jh.), spanischer Regierungsbeamter
Zu, Vogelgott
Zwölfapostellehre → Didache
Zwölfer-Schia → Imāmiya, islam. Glaubensrichtung
Zwölftafelgesetz (Lex duodecim tabularum, 450 v. Chr.)

Zeitdiagramm
Alter Orient
Teil I + II

ZEITDIAGRAMM ALTER ORIENT

ORIENT I

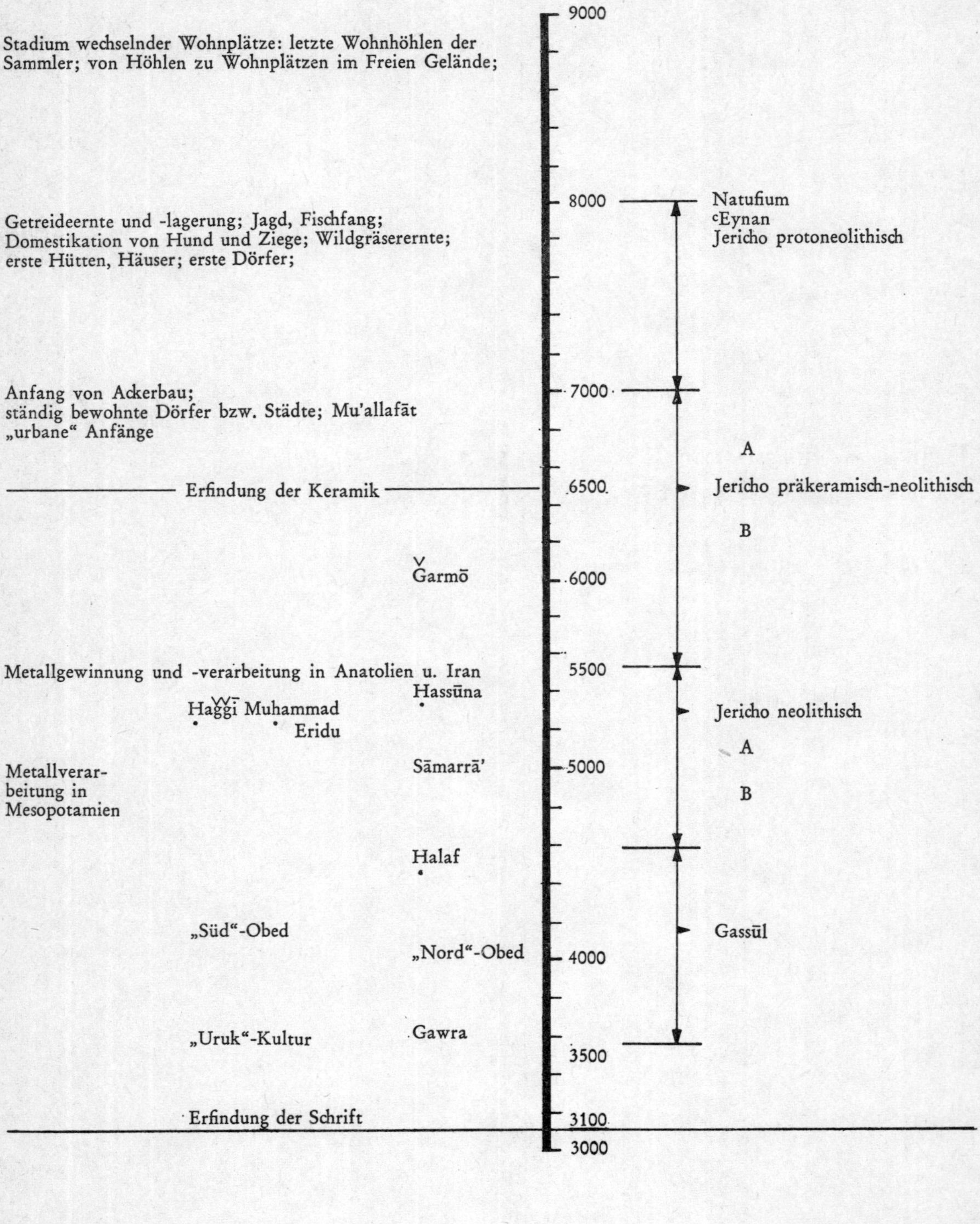

ZEITDIAGRAMM ALTER ORIENT
(FORTSETZUNG)

ORIENT II

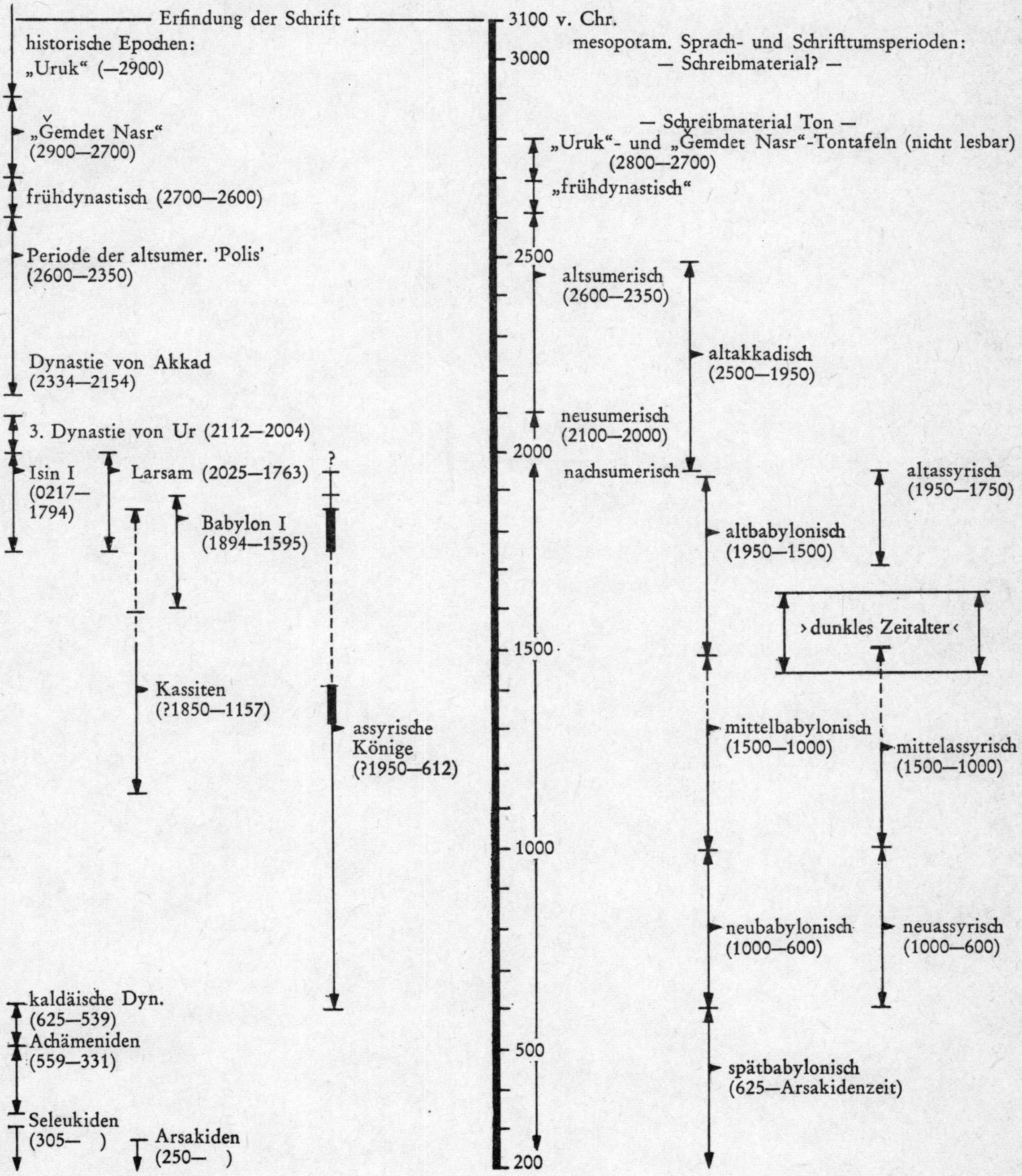

Vergleichende Zeittafel

(700 000 v. Chr.
bis
1500 n. Chr.)

Abriß

VERGLEICHENDE ZEITTAFEL

Frühe Entwicklungs- und Kulturperioden

Zeitalter	Europa	Der Nahe Osten und Nordafrika	Asien	Amerika
70 000 000 Primaten				
30 000 000 Menschenaffen				
600 000 Die Eiszeit beginnt			600 000 v. Chr. Sinanthropus	
500 000–100 000 Acheuléen-Kultur 250 000 Homo sapiens	250 000 v. Chr. Steinheim- und Swanscombe-Mensch 150 000 v. Chr. Fontéchevade-Mensch	400 000 v. Chr. Chelléen-Mensch	500 000 v. Chr. Java-Mensch 360 000 v. Chr. Peking-Mensch	
100 000–35 000	Moustérien-Kultur 100 000 v. Chr. Neandertaler 75 000–15 000 v. Chr. letzte Eiszeit			
35 000–8000	Alt- und Mittelsteinzeit 35 000–28 000 v. Chr. Frühes Périgordien 35 000 v. Chr. Combe-Capelle-Mensch 28 000–14 000 v. Chr. Cro-Magnon-Mensch 28 000–21 000 Aurignacien 21 000–18 000 Spätes Périgordien 18 000–14 000 Solutréen 14 000–8000 Magdalénien	23 000 v. Chr. Rhodesischer Mensch		ab 15 000 v. Chr. Die Vorfahren der Indianer überqueren die Beringstraße zwischen Asien und Alaska
8000–5000		8000 v. Chr. »Neolithische Revolution« im Nahen Osten 8000 v. Chr. Gründung von Jericho 6700 v. Chr. Stadtkultur von Catal Hüyük		8000 v. Chr. Die ersten Menschen erreichen die Magellanstraße
5000–4000	5000–2000 v. Chr. Jungsteinzeit	4500 v. Chr. Erster Ackerbau in Ägypten 4500–2900 v. Chr. Entwicklung der Hochkultur in Sumer		
4000–3000		3500–2500 v. Chr. Entstehung der ersten Städte am Nil, Tigris und Euphrat 3100 v. Chr. Menes vereinigt Ägypten	3500–2500 v. Chr. Die ersten Städte im Indus-Tal	
3000–2000	3000 v. Chr. Der neolithische Ackerbau beginnt in Europa	um 3000 v. Chr. Gilgamesch-Epos 2700 v. Chr. Beginn des Alten Reiches in Ägypten 2600–1200 v. Chr. Ägypten herrscht über Palästina und Syrien 2500 v. Chr. Bau der Königsgräber in Ur und in Sumer; Beginn der Bronzezeit 2360–2180 v. Chr. Semiten gründen das Reich der Akkader 2160 v. Chr. Ende des Alten Reiches in Ägypten 2100–2025 v. Chr. Ur-Nammu vereinigt Sumer und Akkad; Renaissance der Sumerer 2050 v. Chr. Beginn des Mittleren Reiches in Ägypten	2500 v. Chr. Beginn des Ackerbaus in Nordchina 2500 v. Chr. Beginn der Indus-Kultur 2500 v. Chr. Zähmung des Pferdes in Zentralasien	2500 v. Chr. In Mittel- und Südamerika wird Ackerbau getrieben
2000–1000	2000–750 v. Chr. Bronzezeit in Nord- und Mitteleuropa 2000–1400 v. Chr. Minoische Kunst auf Kreta 1900 v. Chr. Die Mykener kommen aus dem Norden nach Griechenland 1450–1150 v. Chr. Die Mykener beherrschen das Mittelmeer 1450–1400 v. Chr. Die Mykener herrschen in Knossos auf Kreta	2000 v. Chr. Abraham verläßt Haran in Nordmesopotamien 1900 v. Chr. Die Hethiter erobern Mittelanatolien 1728–1686 v. Chr. Hummurapi von Babylon erläßt seinen Gesetzeskodex 1567 v. Chr. Beginn des Neuen Reiches in Ägypten 1400 v. Chr. Hebräer fallen in Kanaan ein 1370 v. Chr. Echnaton versucht, Ägypten zum Monotheismus zu bekehren. Die Hethiter erobern Nordsyrien 1300–1100 v. Chr. Das Zeitalter der »Seevölker«	2000 v. Chr. Höhepunkt der Indus-Kultur in Harappa und Mohenjo Daro 1766–1122 v. Chr. Schang-Dynastie und Beginn der Bronzezeit in China 1400 v. Chr. unglasiertes Porzellan in China	1500 v. Chr. Vorklassische Zeit der Maya (bis 300 n. Chr.)

	1194–1184 v. Chr. Der Trojanische Krieg 1100 v. Chr. Die Phönizier gründen Gadir, das heutige Cadiz	1286 v. Chr. Schlacht bei Kadesch zwischen Ramses II. und den Hethitern 1198 v. Chr. Ramses III. und das Ende des ägyptischen Reiches 1100–600 v. Chr. Die Phönizier beherrschen das Mittelmeer 1020–922 v. Chr. Die Hebräer bilden unter den Königen Saul, David und Salomon ein Volk	1122–249 v. Chr. Chon-Dynastie in China	
1000–900		1000 v. Chr. Beginn der Eisenzeit in Palästina und Syrien 950 v. Chr. Die Phönizier gründen Karthago in Nordafrika	1000–700 v. Chr. Die Indoarier ziehen nach Nepal	1000 v. Chr. Entstehung der Cupisnique- und Chavin-de-Huántar-Kultur in Peru
900–800	850 v. Chr. Die Hallstattzeit beginnt in Mitteleuropa; die ersten keltischen Ansiedlungen entstehen 800 v. Chr. Homer schreibt die Ilias und die Odysee 800 v. Chr. Die Stadtkultur der Etrusker entsteht	883–612 v. Chr. Die Assyrer beherrschen Syrien, Palästina und Ägypten	800 v. Chr. Die Hiung-nu ziehen sich von Chinas Grenzen zurück	
800–700	776 v. Chr. Die ersten Olympischen Spiele 700–500 v. Chr. Expansion der Etrusker	700 v. Chr. Beginn der Eisenzeit in Ägypten 700 v. Chr. Die Skythen ziehen an das Schwarze Meer		799–700 v. Chr. Bau des zeremoniellen Zentrums in Chavin (Peru)
700–600	616–510 v. Chr. Etruskische Könige herrschen über Rom 600–300 v. Chr. Das klassische Zeitalter der Griechen	612–538 v. Chr. Das Neubabylonische Reich	um 600 v. Chr. Lao-tse	
600–500	510 v. Chr. Die Römer vertreiben die Etrusker aus ihrer Stadt und gründen eine Republik 500 v. Chr. Beginn der Latènezeit in Westeuropa	um 570 v. Chr. Zarathustra 550–485 v. Chr. Persische Eroberungen unter Cyrus II. und Darius I.	6. Jahrhundert v. Chr. Im Ganges-Tal entstehen Städte der indischen Eisenzeit 563 v. Chr. Geburt Siddhartha Gautamas, Begründer des Buddhismus 551 v. Chr. Geburt Konfuzius 500 v. Chr. Der Buddhismus kommt über Indien nach Nepal 5. Jahrhundert v. Chr. Skythische Gräber bei Pazirik (Sibirien)	
500–1 v. Chr.	5. Jahrhundert v. Chr. Herodot schreibt seine Weltgeschichte 490–479 v. Chr. Die Perser scheitern bei dem Versuch, Griechenland zu erobern 400 v. Chr. Expansion der Kelten beginnt 3.–1. Jahrhundert v. Chr. Die etruskische Kultur geht unter, Rom übernimmt ihr Erbe	332–323 v. Chr. Alexander der Große 146 v. Chr. Rom besiegt Karthago 100 v. Chr. Allmähliches Verschwinden der Skythen 30 v. Chr. Ägypten wird römische Provinz	221–206 v. Chr. Einigung Chinas unter der Ch'in-Dynastie und Bau der chinesischen Mauer 206 v. Chr.–220 n. Chr. Han-Dynastie in China	400 v. Chr.–400 n. Chr. Blütezeit der Paracas-Kultur in Peru
n. Chr. 1–500	2. Jahrhundert n. Chr. Römischer Seehandel mit Indien und Südostasien 4. Jahrhundert n. Chr. Die Hunnen ziehen aus Asien nach Europa			1.–5. Jahrhundert n. Chr. Nazca-Kultur an der Südküste, Mochina-Kultur im Norden Perus 3. Jahrhundert n. Chr. Beginn des klassischen Zeitalters der Maya. Entstehung des zeremoniellen Zentrums Tikal in Guatemala
500–1000	7. Jahrhundert n. Chr. Die Sachsen besetzen England 750–1000 n. Chr. Chasaren-Reich in Südrußland 800 n. Chr. Karl der Große gründet das Heilige Römische Reich 878 n. Chr. Oleg erobert Kiew und legt den Grundstein des russischen Staates	622 n. Chr. Mohammed flieht aus Mekka nach Medina (Hedschra); Beginn der islamischen Zeitrechnung	7. Jahrhundert n. Chr. Nepal wird von Tibetanern erobert	10.–12. Jahrhundert n. Chr. Blütezeit der Tolteken-Kultur 900–1450 n. Chr. Nachklassische Maya-Zeit 1000 n. Chr. Die Tiahuanaco-Kultur breitet sich in ganz Peru aus
nach 1000	1066 n. Chr. Normannen erobern England 1450–1500 n. Chr. Höhepunkt der Renaissance	1453 n. Chr. Die Türken erobern Konstantinopel	14. Jahrhundert n. Chr. Malla-Könige regieren in Nepal	14.–16. Jahrhundert n. Chr. Blütezeit der Azteken- und Inka-Kultur